임창희 X 홍용기

비즈니스 커뮤니케이션

4판

도서출판 청람

4판을 내면서

직장에서나 학교에서나 현대인의 하루 생활은 커뮤니케이션으로 이루어진다. 지하철에서도 길을 가면서도 알든 모르든 누군가와 대화를 나눈다. 이 책의 독자들은 지금도 이 책을 통하여 저자와 커뮤니케이션 중이라고 할 수 있다. 더구나 직장과 비즈니스 세계에서는 말할 것도 없다. 커뮤니케이션의 이러한 중요성에도 불구하고 그동안의 교과서들은 너무 이론 위주여서 무겁고 지나치게 전문적이었다. 오랜 불만을 품고 있었던 저자들은 학생과 직장인들이 읽기 쉽고 일상과 실무에 활용할 수 있는 비즈니스 커뮤니케이션 책을 세상에 선보였고 지금은 많은 대학에서 교재로 채택하여 사용해주시니 고맙고 뿌듯한 마음을 간직하게 되었다.

드디어 이 책이 세상에 태어난 이후 10여 년이 훨씬 넘어 이제 4판 개정을 하게 되었다. 그동안 비즈니스 커뮤니케이션 체계는 콘텐츠나 하드웨어 측면에서 말할 수 없이 많은 변화가 있었는데 차일피일 미루다가 이번에 독자들의 사랑을 듬뿍 안고 드디어 4판을 내어놓는다. 전반적으로 다시 꾸몄지만 책의 큰 틀은 3판과 일관성을 유지하고 있다. 오직 여러 독자와 교강사님들의 성원에 의해 동기화된 결과이다.

그간 조직행동, 인적자원관리, 리더십, 커뮤니케이션, 조직론, 인간관계론 등을 강의해오면서 나름대로 학생들에게 쉽게 가르치자는 결심에도 불구하고 수강하는 학생들이 어리둥절한 표정을 짓거나 하면 우리 자신이 커뮤니케이션을 잘못하고 있기 때문이라고 자책하였다. 커뮤니케이션론은 중요하면서도 이해하기도 가르치기도 쉽지 않다. 특히 비즈니스 세계의 커뮤니케이션은 더욱 복잡하고 많은 지식이 필요하다. 이에 관한 종합적인 이론과 실제를 간결하게 요약하여 소개하는 일은 매우 어려웠다. 이 책에서 다룬 내용과 범위가 기존 교과서를 무시한 채 기초이론에만 한정되는 것은 물론 아니다. 오히려 커뮤니케이션에 관한 난해한 이론에서 최근의 주제까지 그 원리와 주장들을 모두 실은 셈이다. 기존의 교과서들이 지나치게 특정 분야의 전문적인 내용만을 다루었다면 이 책은 개인, 집단, 조직이라는 각 차원에서 비즈니스 커뮤니케이션의 모습을 조망하였다.

이 책을 쓰는 내내 독자의 편에 서서 생각하고 기술했지만 아직도 부족한 점이 많다. 주로 학생고객의 이해를 위주로 하다 보니 [그림]과 [표] 이외에도 [스토리텔링] 공간을 마련하여 흥미로운 사례나 도움이 되는 글들을 삽입하였다. 특히 4판에서는 각 장별로 [수행과제]를 마련하여 학생들이 배운 내용을 복습하고 응용하는 차원에서 연습문제와 토론주제들을 삽입하였다. 이번 4판은 모두 13개 장으로 구성하여 교강사님들이 한 학기 동안 충분한 시간을 두고 강의하실 수 있도록 하였다. 전반부는 비즈니스 커뮤니케이션 이론 및 모형을 설명하였으며 후반부는 실제 적용사례를 중심으로 편성하였다.

우리 저자들은 지난 수십 년 동안 사제 간으로서 동료교수로서 상아탑에서 함께 토론하고 연구해온 터라 더욱 확고하고 뿌듯한 마음으로 이 책의 출판과 개정 작업에 참여하였다. 다만 세상은 노력하는 자의 것이라고 하지만 노력과 결과가 항상 일치하는 것 같지는 않다. 작업을 마치고 보니 애초의 포부에 못 미치는 것 같아 아쉬움이 남는다. 나머지 부분은 독자들과 같이 수정해 나가기를 기대한다. 아울러 도서출판 청람의 이수영 사장님, 그리고 Sean Hong의 표지디자인과 교정을 담당하신 모든 직원분들께도 감사드린다. 모쪼록 이 책으로 하여금 비즈니스 세계뿐만 아니라 양극으로 치닫는 우리 사회가 더욱 소통이 잘되는 사회가 되어 서로 가까워지면서 국민의 행복지수가 상승한다면 저자들은 꿈속에서라도 춤을 출 것이다.

2023년 여름

임창희 · 홍용기 씀

차례

PART 1 | 비즈니스 커뮤니케이션 이론

CHAPTER 01
비즈니스 커뮤니케이션의 기초

CHAPTER 02
커뮤니케이션의 접근법, 모형과 네트워크

CHAPTER 03
비즈니스 커뮤니케이션의 유형과 매체

CHAPTER 04
비즈니스 커뮤니케이션 효율화 방안

PART 2 | 비즈니스 커뮤니케이션 영향요인

CHAPTER 05
개인, 집단, 조직과 비즈니스 커뮤니케이션

| 그림 차례 |

| 표 차례 |

Business
Communication

PART 1

비즈니스 커뮤니케이션 이론

조직이 성공하느냐 못하느냐는 효율적 비즈니스 커뮤니케이션으로 판가름이 난다.
비즈니스 커뮤니케이션이 조직의 성공과 생존을 위한 기본이다.
효율적으로 조직이 관리되기 위해서는 비즈니스 커뮤니케이션이 필수적이다.
비즈니스 커뮤니케이션 없이는 조직이 존재할 수 없고, 성공할 수도 없다.
관심을 두는 대상에 대한 다양한 접근법, 즉 비즈니스 커뮤니케이션 접근법은
서로 다른 중요성을 강조하며, 서로 다른 결과를 가져온다.
따라서 커뮤니케이션 접근법과 통합적인 커뮤니케이션 접근법을 알아야 한다.
선형적 혹은 비선형적 원인과 결과(linear or nonlinear cause and effect)를
나타내는 모형(model)들의 과거와 현재를 비교하는 것도 필요하다.
효과적인 비즈니스 커뮤니케이션을 수행하기 위해서는 올바른 메시지,
커뮤니케이션 채널과 유형, 네트워크, 매체, 커뮤니케이션의 장애요소와 효율화 방안
등에 대한 올바른 이해와 통찰력이 필요하다.

CHAPTER

01

비즈니스 커뮤니케이션의 기초

"효과적인 커뮤니케이션은 20%는 아는 것이고, 80%는 아는 것에 대한 느낌이다." J. Rohn

"커뮤니케이션은 리더십의 언어이다." D. Quinn

"커뮤니케이션은 의미와 부여의 노력이다." D.C. Barnlund

"효과적인 커뮤니케이션을 위해서는 세상을 인식하는 방식이 모두 다르다는 것을 깨닫고 이러한 이해를 다른 사람과 커뮤니케이션 지침으로 사용해야 한다." A. Robbins

학습 목표

수업 이후 학습자가 할 수 있어야 하는 역량

1. 비즈니스, 커뮤니케이션, 비즈니스 커뮤니케이션에 대하여 비교할 수 있다.
2. 비즈니스 커뮤니케이션의 중요성에 대하여 설명할 수 있다.
3. 비즈니스 커뮤니케이션의 역할에 대하여 설명할 수 있다.
4. 비즈니스 커뮤니케이션에 대한 다양한 주장을 비교할 수 있다.

핵심 키워드

비즈니스 / 커뮤니케이션 / 직무
경력 / 사업 아이템 / 사업 분야
이익 / 수익 / 조직의 활동
제품 및 서비스 / 유형의 제품 / 무형의 서비스
경영환경 / 고객만족 / 기업의 사회적 책임
언어적 메시지 / 비언어적 메시지 / 이해관계자
언어 커뮤니케이션 / 문서 커뮤니케이션 / 조직의 성공
기업가정신 / 공동목표 / 비즈니스 커뮤니케이션
고용가능성 / 업무스트레스 / 인간관계
사회적 지원체계 / 상호작용 / 공식화 · 문서화
조직도 / 동기부여 / 욕구결핍
수평적 커뮤니케이션 / 수직적 커뮤니케이션 / 사회화
무관심 관계 / 갈등관계 / 경쟁관계
협상관계 / 협력관계 / 폐욜의 다리
호손효과 / 비공식적 커뮤니케이션 / 커뮤니케이션 채널
하부시스템 / 시스템 학파 / 개방체계

1 비즈니스 커뮤니케이션이란?

(1) 비즈니스의 이해

비즈니스 커뮤니케이션(business communication)을 살펴보기 전 비즈니스(business)가 무엇인지를 이해할 필요가 있다. 비즈니스라는 말을 들었을 때 일반인들은 무엇을 떠올릴까? 어떤 사람은 알리바바(Alibaba) 같은 회사나 마윈(J. Ma) 같은 유명한 창업자의 이름을, 어떤 사람은 100년 이상 된 삼성(Samsung) 같은 대기업을 떠올릴 것이다. 그런가 하면 다른 사람은 이름이 생소한 지방의 중소기업이나 학교 앞의 분식집을 떠올릴 수도 있다. 더 나아가서는 비즈니스를 하나의 직업 혹은 현재 하는 일(work)과 직무(job), 심지어 경력(career)으로까지 연상하기도 한다. "무슨 비즈니스를 하십니까?"라고 물으면 사업 아이템이나 사업 분야 등을 답하는 경우도 많다. 이처럼 비즈니스는 여러 의미로 쓰인다.

스토리텔링 1-1 **장사(상업)와 사업(비즈니스)의 비교**

1938년 맥도날드 형제(R.J. McDonald & D. McDonald)는 캘리포니아 어느 시골에서 햄버거 장사를 시작했다. 30분이 걸리는 다른 가게와 달리 고작 30초에 만든 햄버거 세트(감자튀김, 음료수 포함)는 불티나게 팔렸다. 맥도날드 가게에 밀크세이크 만드는 기계를 납품하던 레이 크록(Ray Kroc)이라는 영업사원이 있었다. 그가 1954년 맥도날드를 창업한다. 이를 다룬 파운더(Founder, 설립자)라는 영화가 있다. 햄버거로 전 세계를 집어삼킨 사람, Risk Taker, Rule Breaker, Game Changer라는 수식어가 늘 그의 이름 앞에 붙는다.

맥도날드 형제는 레이 크록의 프랜차이즈 사업을 거절했고, 소송까지 불사했지만 패소했으며 그 형제의 이름은 사라졌다. 최고의 음식을 만든 천재성도 소용없었다. 형제는 오는 손님을 기다리고, 변변한 전략이나 미래 없이는 사업이 아닌 장사에 불과했다.

52세 사업을 시작한 레이 크록은 2023년 기준, 전 세계 약 37,000개 매장에서 하루에 6천만 명의 고객이 햄버거를 즐기고 있다. 맥도날드 햄버거는 자본주의의 상징이다. 미국을 맥도날드화했다는 표현도 있다. 꿈을 향한 집념과 끈기, 고객을 재방문하게 만드는 경영요소를 손보며, 사망하던 82세 고령의 나이에도 샌디에이고 사무실에 거의 매일 출근하다시피 했다.

■ 이익창출 활동

비즈니스란 고객에게 제품 및 서비스를 제공하고 이익을 창출하는 활동이다. 고객 욕구를 만족시키고 수입을 얻음으로써 이득을 남기는 활동을 비즈니스라 한다.

■ 조직의 활동 및 운영

비즈니스는 상업활동, 산업활동, 직업활동에 종사하는 조직의 활동이다. 비즈니스는 규모가 작을 수도 클 수도 있다. 한 산업에서 운영되는 작은 단위부터 전 세계를 상대로 대규모로 운영되는 것까지 매우 다양하다.

■ 제품 및 서비스 제공

비즈니스는 고객에게 가구, 신발, 컴퓨터, 스마트폰, 자동차 등과 같은 유형의 제품(tangible goods)과 경영컨설팅, 회계상담, 세무상담, 노무상담, 심리상담 등과 같은 무형의 서비스(intangible service)를 제공한다.

■ 비즈니스 환경에의 적응

비즈니스 환경(business environment)은 비즈니스에 영향을 미치는 거의 모든 요인을 말한다. 비즈니스가 성장하고 생존하기 위해서는 필연적으로 다양한 경영환경, 즉

스토리텔링 1-2 용어 사용에 주의하자

비즈니스를 비지니스로 혼동하여 사용하는 사람들이 의외로 많다. 비지니스를 영어로 표기하면 Busyness로 바쁨이라는 뜻이 된다. 이처럼 사람들이 잘못된 용어를 쓰는 경우가 많다. 리더십을 리더쉽으로, 비전을 비젼으로 잘못 사용하고 있다. 이는 상대방의 이름을 잘못 표기하는 것과 같은 큰 실례이다. 상대와 비즈니스를 하면서 확인에 확인을 거쳐야 한다. 더불어 경영용어 사용과 함께 유의할 점은 각 용어에 대한 정의(definition)를 공부하여 대비하는 것이다.

- 보조 자막을 만들 때 맞춤법에 주의한다.
- 방송언어를 파괴하지 않도록, 저속한 표현을 쓰지 않도록 한다.
- 외래어, 유행어, 어려운 용어, 일본식 한자어, 어휘중복에 유의한다.

자연환경, 기술변화, 경제상황, 경쟁관계, 문화현상, 윤리와 가치관, 정치제도와 정치 상황, 법률과 사회제도 등이 요인에 속한다. 비즈니스 환경은 위협(threat)이면서 기회(opportunity)도 된다.

■ 기업의 사회적 책임

기업의 사회적 책임((Corporate Social Responsibility, CSR)은 기업이 비즈니스를 하면서 영리추구라는 기업 본연의 의무 이외 사회에 일정부분 공헌하고 긍정적 역할을 수행해야 한다는 주장이다. 기업의 경제적 목적 이외 사회적 책임을 반대하는 주장도 있다. 여하튼 사회적 책임에는 환경적 책임, 윤리적 책임 혹은 인권적 책임, 자선적 책임, 경제적 책임 등이 있다. 비즈니스는 성장·발전하여 제 역할을 다하는 것을 넘어 사회공익을 위해서도 일정부분 책임을 져야 한다. 기업은 창출된 이익을 사회에 환원함으로써 개인이나 정부가 하지 못하는 일들을 맡도록 요청받는다.

스토리텔링 1-3 비즈니스는 이익이 생명이다

기업은 돈을 벌어야 존재가치가 있으므로 이익은 어떤 비즈니스에서든 중요하다. 이익은 제품 및 서비스의 생산과 마케팅의 수익(수입)으로부터 지출(비용)을 차감한 금액을 말한다.

- 은행의 경우에는 수신과 여신의 차이와 이자까지 고려하여 이익을 계산한다.
- 손익계산서 작성 시 첫 단계에서 산출되는 이익으로서 매출총이익은 매출액에서 매출원가를 차감하여 구한다.
- 수익(매출액, 이자수익, 수수료 수익)에서 비용(매출원가, 급여, 여비 및 교통비, 임차료, 이자비용 등)을 차감하여 플러스면 수익(profit)이요, 마이너스면 손실(loss)이다.
- 국가 간의 거래를 나타내는 경상수지 적자 혹은 흑자 등도 동일한 개념으로 사용된다.
- 비즈니스 혹은 금융거래에서 이익을 계산할 때의 이익방정식(profit equation)은 이익=판매가(selling price)−비용(cost price)이다.

이익 = 수입(매출액) − 비용: 매출원가, 급여, 여비 및 교통비, 임차료, 이자비용

[그림 1-1] 이익방정식

(2) 커뮤니케이션의 이해

커뮤니케이션이란 개인 간에 의사, 감정, 사고, 정보가 교환되는 과정이다. 이 말은 라틴어 코뮤니케어(communicare)에서 유래했는데, 그 뜻은 "공유하다, 공동의 것을 만들다(to make common)."이다(Harper, 2011). 커뮤니케이션은 생각, 감정, 의도, 태도, 기대, 인식, 명령의 교환을 통해 말, 몸짓, 글, 행동 등의 수단을 통해 정보를 전달하는 활동 혹은 행동이다.

인간의 가장 기본적인 욕구 중 하나가 바로 다른 사람과의 교류, 즉 커뮤니케이션일 것이다. 인간에게 가장 큰 고통은 고독, 고립, 격리, 외면, 소외, 관계 단절 등이다.

스토리텔링 1-4 좋은 커뮤니케이터가 되기 위한 조건

아리스토텔레스(Aristotle)는 수천 년 전 커뮤니케이션의 중요성을 간파한 인물이다. 그는 좋은 소통을 위한 설득의 3요소, 즉 에토스(ethos, 인격), 파토스(pathos, 감성), 로고스(logos, 이성)를 주장하였다.

- 에토스는 화자의 인격, 권위, 인품, 신뢰감이다. 화자(speaker)가 특정 주제에 대해 말할 자격이 있음을 청중(請衆)에게 얼마나 확신시키느냐 하는 것이다.
- 파토스는 영어로 pathos(페이소스)로 연민의 정이나 슬픈 마음을 의미한다. 파토스는 청중의 감정에 호소하는 것으로 애처로움과 공감이라는 용어로 파생되었다. 그것은 은유, 비교, 열정적 전달, 문제가 부당하다는 단순한 주장 등의 형태이다.
- 로고스는 논리적 호소이며, 논리(logy)라는 용어의 어원이 되었다. 화자(話者)의 주장이나 내용을 뒷받침하는 사실과 수치를 설명하는 데 사용된다.

아리스토텔레스는 평소 행동을 통해 호감도와 진정성을 상대에게 인지시키고, 그 상대와 신뢰의 다리(에토스)를 구축한 다음, 그 사람이 당신의 마음을 받아들일 마음상태(파토스)일 때 논리적으로 설득을 진행(로고스)하라고 가르쳤다.

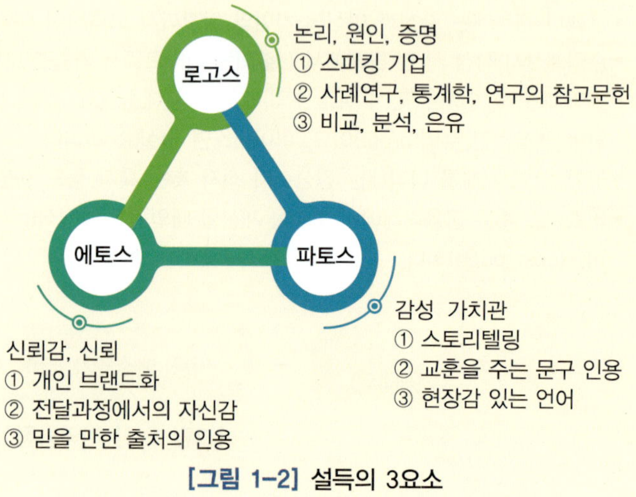

[그림 1-2] 설득의 3요소

그래서 인간은 커뮤니케이션을 열렬히 원하는지 모른다. 커뮤니케이션에는 다음과 같은 3가지 단계가 있다(Clark, 2013).

- **생각**(thought): 정보는 커뮤니케이터인 전달자(sender)나 수신자(receiver)의 마음에 존재하며, 개념(concept), 생각(idea), 정보(information), 감정(feeling) 등이다.
- **부호화**(encoding): 메시지는 단어 또는 기타 기호로 커뮤니케이터에게 부호화되어 전송된다.
- **해독화**(decoding): 커뮤니케이터는 단어나 기호를 사람이 이해할 수 있는 개념이나 정보로 이해한다.

커뮤니케이션은 인간이 가진 지식의 광범위한 범위(spectrum)에서 후천적으로 습득한 활동(activity), 기술(skill), 예술(art)의 결과물이다. 그러므로 효과적인 커뮤니케이션을 위해서는 치밀한 준비, 끊임없는 연습이 필요하다.

■ 의미를 이해하고 공유하는 과정

커뮤니케이션은 의미(meaning)를 이해하고(understanding) 공유하는(sharing) 과정이다. 즉 커뮤니케이션은 의미를 이해하고 정보를 주고받아 공유하는 행동, 스피킹(speaking, 말하기), 리스닝(listening, 듣기), 리딩(reading, 읽기), 라이팅(writing, 쓰기, 글쓰기) 등의 역동적 과정(process)이다. 이에 대하여 9장부터 12장까지 학습한다.

■ 언어 커뮤니케이션, 문서 커뮤니케이션, 비언어 커뮤니케이션

상대와의 커뮤니케이션을 통해 서로를 인지하고, 언어적 메시지와 글로 쓴 메시지, 비언어적 메시지를 효과적으로 사용하여 해석하고, 타인의 메시지에 경청하고 반응하며 적절한 메시지를 적용한다. 그러므로 커뮤니케이션 유형 혹은 매체, 채널이라고 불리는 3가지 중요한 커뮤니케이션 방법이 있다. 커뮤니케이션 방법은 언어(말하기), 문서(쓰기), 비언어 등을 통해 정보와 아이디어를 표현 · 교환 · 전달하는 과정 또는 행동으로 정의된다. 말하기 등의 언어 커뮤니케이션(oral, verbal communication), 글쓰기 등의 문서 커뮤니케이션(written communication), 얼굴표정 · 몸짓 등 비언어 커뮤니케이션(nonverbal communication)이다. 이에 대해서는 3장에서 더 자세하게 학습한다.

■ 조직의 성공자산

커뮤니케이션은 개인이 직장에서 성공적인 직장생활을 하는 데 핵심요소이며 탁월한 커뮤니케이션 능력을 갖춘 구성원이 많을수록 그 조직을 성공으로 이끄는 자산인 셈이다.

■ 커뮤니케이터의 능력

커뮤니케이션은 삶을 살아가는 데 있어 가장 근본적이며 인간 삶의 거의 모든 측면에 영향을 미치는 인간의 능력으로 알려져 있다. 인간이 근무시간 중 커뮤니케이션에 얼마만큼의 시간을 소비하는지에 대한 연구(E.T. Klemmer & F.W. Snyder, 1972)에 의하면 리더는 업무시간의 약 80%를 커뮤니케이션에 사용한다고 한다. 일반인들은 자신의 깨어있는 시간의 80%에서 90%를 타인과 커뮤니케이션하는 데 소비한다고 한다.

커뮤니케이션 능력이 많은 사람은 더 효과적으로, 능력이 적은 사람은 덜 효과적으로 사람과 관계하면서 살아간다. 그러므로 커뮤니케이션은 이 세상에서 가장 중요한 능력 중 하나인 셈이다. 현실에서 대부분의 사람은 손보다는 오히려 마음으로 삶을 꾸려나간다. 힘든 육체노동을 하더라도 다른 사람과 함께 협업을 잘하려면 커뮤니케

스토리텔링 1-5 **의사표현의 정확성과 논리성**

면접시험에 임하게 되면 면접위원은 지원자의 의사표현이 얼마나 논리적이고 정확한지를 평가한다. 대개 다음과 같은 세부 요소를 평가한다.

- 바르게 이해하고 적절한 판단을 내리는가?
- 음성이 명료하고 용어는 적절한가?
- 간결하고 정확하게 말하는가?
- 자기의 의견을 솔직히 표현하는가?
- 사고방식이 합리적인가?

이션 능력이 필요하다. 혼자서 잘하는 일보다 서로 협력하면서 하는 일이 더 많고 귀중하다. 더불어 커뮤니케이션을 효과적으로 학습하면 리더십 기술과 역량을 개발할 수도 있다.

(3) 비즈니스 커뮤니케이션의 이해

성공한 조직일수록 회사 내·외부에서의 커뮤니케이션은 공개적이고 명확하게 이루어지는 것을 알 수 있다. 최고경영진의 커뮤니케이션 능력이 뛰어나면 구성원과 조직 모두의 생산성을 효과적으로 향상시킬 수 있다. 그리고 좋은 커뮤니케이션은 직장 동료, 부하, 상사, 투자자, 고객 등에게 좋은 인상을 심어준다. 또한 커뮤니케이션을 통해 이해관계자(stakeholders)의 요구를 파악할 수 있으며, 그 요구에 대하여 어떻게 대응해야 하는지도 알 수 있다. 사장이 회사를 경영한다든지, 구성원이 직무를 수행한다든지, 특정 회사의 주식에 투자한다든지, 제품을 생산하거나 구매하는 것 등 거의 모든 조직 내·외부의 일 속에서 성공하느냐 못하느냐는 비즈니스 커뮤니케이션의 효율성 여부에 달려 있다.

■ 비즈니스 상황

사람 간에 이루어지는 정보, 의사, 감정의 교환이라는 일반적인 커뮤니케이션 정의에 비즈니스 상황을 추가하여 비즈니스 커뮤니케이션이란 용어를 사용하고 있다. 따라서 비즈니스 커뮤니케이션이란 조직의 공동목표를 달성하기 위해 직장 내 사람, 즉 경영진, 관리자, 부하, 동료와 회사 외부 사람, 즉 정부기관, 법집행기관, 공급자, 거래처, 경쟁회사, 고객 사이에 정보를 공유하는 과정이다.

■ 내부·외부 비즈니스 커뮤니케이션과 수평 비즈니스 커뮤니케이션

내부 비즈니스 커뮤니케이션(internal business communication)은 조직구성원 간의 커뮤니케이션을 말하고, 외부 비즈니스 커뮤니케이션(external business communication)은 조직 외부인과의 커뮤니케이션을 말한다. 수평 비즈니스 커뮤니케이션(lateral business communication)은 동료 간(peer to peer) 비즈니스 커뮤니케이션을 말한다.

■ 조직생활 시작과 조직의 성공

조직생활을 막 시작한 개인이 가장 필수적으로 확보해야 할 능력이 언어 커뮤니케이션 능력 혹은 문서 커뮤니케이션 능력이다. 조직의 내 · 외부에는 다양한 메시지가 포함된 정보망이 형성되어 있으며, 모든 구성원은 정보망에 직 · 간접적으로 연결되어 있다. 예를 들어 부서담당자 회의, 일일업무 보고서, 사업계획서, 시장조사분석 보고서, 고객만족조사 보고서 등은 조직 내부로부터 만들어지는 정보 혹은 지식이며, 대출문서, 구매계약서, 상품광고 서류 등은 주로 조직 외부에서 만들어지는 정보 혹은 지식이다. 직장생활을 하면서 이러한 정보 혹은 지식을 어떻게 받아들이고, 평가하고, 사용하고 다른 부서나 사람에게 어떻게 전달하는지가 개인의 성공은 물론 조직의 성공까지 좌우하게 된다.

스토리텔링 1-6 비즈니스 커뮤니케이션은 필수이다

조직은 공동목표를 달성하기 위해 사람들이 함께 모여 있는 곳이며, 그 속에 가장 중요한 핵심이 바로 비즈니스 커뮤니케이션이다. 비즈니스 커뮤니케이션은 공동목표가 설정되기 이전부터 활발하게 이루어진다. 사람들이 다른 사람들과 함께 일을 하는 과정에서 사람 간의 상호작용은 더욱더 빈번해진다. 이러한 비즈니스 커뮤니케이션은 해도 그만 안해도 그만이 아니라 조직에 속해 있다면 필수적으로 해야만 하는, 나아가 잘해야만 하는 것이다. 비즈니스 커뮤니케이션을 통하여 다양한 정보들이 공유되고, 조직의 각 활동이 조정되며, 그 결과 의사결정은 더 올바른 방향으로 내려질 수 있다.

- 기업가정신으로 창업한 기업이든 정부와 같은 비영리조직이든 대기업이든 중소기업이든 조직에서 비즈니스 커뮤니케이션은 필수적이다.

- 회사의 사장이나 종업원은 보고서를 읽고, 이메일을 주고받고, 회의에 참석하고 수시로 상사, 부하, 동료 간에 만남이 이루어지고 전화를 걸어 이야기하고 보고 과정에서 꾸중을 듣고 그 나무람에 반응을 보이고 사업기회를 서로 토론하고 고객반응에 고민하는 등 끊임없이 수많은 비즈니스 커뮤니케이션을 하기 마련이다.

(4) 비즈니스 커뮤니케이션을 배우는 이유

우리가 조직생활을 하면서 비즈니스 커뮤니케이션 기술(skill)을 개발하기 위해 노력해야 하는 이유는 무엇일까? 몇몇 사람이 다른 사람보다 음악적 재능을 타고나는 것처럼, 어떤 사람은 다른 사람과 탁월하게 소통할 수 있는 타고난 생물학적 능력이 있다. 비즈니스 커뮤니케이션 능력이 선천적이기 때문에 후천적으로 비즈니스 커뮤니케이션 능력 개발을 위해 노력을 멈추라는 것이 아니다. 아주 극소수의 사람만이 선천적으로 능력을 가지며, 대부분의 사람은 후천적으로 능력을 학습해서 자신의 것으로 만든다. 비즈니스 커뮤니케이션을 학습하면 얻을 수 있는 것을 3가지로 정리한다.

■ 고용가능성 향상

고용가능성(employability)은 학교를 졸업하고 채용될 가능성, 직장을 다니고 있는 사람이 고용상태를 유지할 가능성, 새로운 일자리를 얻을 가능성, 채용(고용)되는 데 필요한 능력(역량)을 말한다.

여러분이 맡는 특정 직무에서 효과적으로 말하고, 듣고, 읽고, 쓰는 것을 배워야 한다. 여러분은 대기업이든 우량기업이든 아주 작은 회사이든지 간에 기업에서 절대적으로 원하는 인재여야 한다. 여러분이 현재 학생이지만 앞으로 기업에서 요구하는 역량을 소유한 고용가능성 100%의 사람이 될 수 있는가? 개인의 고용가능성을 높이기 위한 다양한 국가직무능력표준(National Competency Standards, NCS), 즉 지식, 기술, 태도 등도 필요하며 자신의 비즈니스 커뮤니케이션 능력이 절대적으로 요구된다. 대학졸업 후 채용을 위해서 필요한 것을 나열해 보니 다음과 같은 순서였다. 더불어 직업

표 1-1 ▌채용에 필요한 10가지 역량

1. 언어 커뮤니케이션(스피킹) 능력	2. 문서 커뮤니케이션(보고서와 문서 라이팅) 능력
3. 경청능력(리스닝)	4. 열정
5. 기술적 역량	6. 업무경험
7. 외모	8. 균형감
9. 이력서와 자기소개서	10. 시간제, 계약제, 인턴제, 단기 업무경험

에서 기초적으로 요구하는 능력(3장 [스토리텔링 3-8] 직업에서 기초적으로 요구하는 능력 참조)도 필요하다.

■ 조직구성원 간 관계 향상

조직구성원 간 관계를 향상하기 위해서이다. 가족의 범위를 넘어 친구를 사귀고 우정을 쌓고 인간관계를 넓혀 나간다. 반대로 관계가 나빠지면 사람의 삶은 힘든 상황으로 빠져든다. 많은 사람은 비즈니스 커뮤니케이션의 역할과 기능을 통해 다양한 인간관계를 형성한다. 좋은 관계의 핵심은 좋은 비즈니스 커뮤니케이션의 결과이다. 동료와의 비즈니스 커뮤니케이션의 역할과 중요성을 이해하는 것은 조직에서 업무스트레스(work stress)를 효율적으로 관리함은 물론 직무에서의 멋진 성공을 가능하게 해준다.

■ 직장생활에서의 건강함 유지

조직에서의 종업원 웰빙(employee wellbeing)은 개인의 건강함을 유지하게 하는 직원 복지의 하나이다. HR 리더의 68%가 직원의 웰빙과 정신건강을 최우선적인 복지순위로 꼽았다(Future Workplace, 2021). 개인의 건강한 삶을 유지하거나 향상이 중요하다고 인식하고 있다. 직장생활을 하는 인간의 삶 자체가 상당한 직무스트레스(job stress)를 받는다. 밀접한 인간관계가 부족하거나 나빠지면 건강에 나쁜 영향을 준다. 그래서 사회적 지원체계(social support system)가 갖추어져야 한다. 사회적 지원체계란 감정적이고 실질적인 지원을 위해 의지할 수 있는 친구, 가족 및 동료와 같은 사람의 네트워크이다. 좋은 친구를 사귀고 좋은 모임에서 활동하고, 종교적 도움을 받는 것 등은 직무스트레스를 감소시켜, 우리 삶에 많은 긍정적 효과를 미친다. 좋은 친구와 우정을 갖고 밀접한 관계를 갖는 것은 스트레스를 관리해주면서 신체적 건강과 정서적 건강에도 도움이 된다. 타인과 효율적인 비즈니스 커뮤니케이션을 향상하는 방법을 학습하면 삶이 더 즐겁고 전체적인 웰빙이 향상될 수 있다. 그러므로 조직은 비즈니스 커뮤니케이션 능력이 뛰어난 사람을 채용할 가능성이 높다.

2 비즈니스 커뮤니케이션의 중요성

(1) 필수활동

조직(organization)은 두 사람 이상이 모여 공동목표를 달성하기 위해 지속적으로 상호작용하는 유기체이다. 상호작용(interaction)은 커뮤니케이션이라는 수단을 통해서만 가능하며, 비즈니스 커뮤니케이션 없이는 경영기능도 대인관계도 유지될 수 없다. 조직생활과 관련해 볼 때 인간을 인간답게 하고, 다른 사람과 더불어 살아가는 데 있어야 할 필수활동이 바로 비즈니스 커뮤니케이션이다.

한 통계에 의하면 직장인은 자기 시간의 70% 정도를 비즈니스 커뮤니케이션 활동에 쏟는다고 한다. 그중에서 가용시간의 30%는 스피킹(말하기)에, 40%는 리스닝(듣기)에, 20%는 리딩(읽기)에, 10%는 라이팅(쓰기)에 할애한다. 본서에서는 비즈니스 커뮤니케이션에서 스피킹, 리스닝, 리딩, 라이팅이 중요하므로, 그 순서로 배우게 될 것이다.

다른 조사(E.T. Klemmer & F.W. Snyder, 1972)도 유사한 결과를 보이는데 사람들이 하루의 약 80%를 커뮤니케이션에 사용하는 것으로 나타났다. 라이팅에 9%, 리딩 16%, 스피킹 30%, 리스닝에 45%를 사용했다.

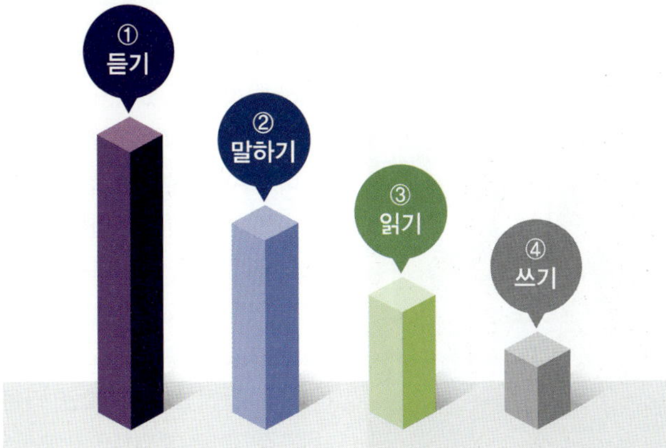

[그림 1-3] 직장인의 비즈니스 커뮤니케이션 소비시간의 순서

또한 사원이 아닌 경영진이나 관리자의 경우에는 그 이상의 시간을 비즈니스 커뮤니케이션에 집중한다. 좋은 성과를 올리는 관리자는 조직성과와 직원의 만족을 위해 하루 시간 중 44%를 일상적 커뮤니케이션으로, 11%는 네트워크 활동으로 보내고, 전통적 관리활동이나 인적자원관리에는 각각 26%와 19%의 시간만을 쓰고 있다고 한다.

물고기가 물을 떠나면 죽듯이, 사람이 커뮤니케이션을 하지 않는다면 소외되거나 낙오자가 되어 어두운 골방에 처박혀 있다가 사회와 단절될 것이다. 방구석에 처박혀 꼼짝하지 않은 사람은 그 방에서 나와야 한다. 원시사회든 현대사회든 사람은 그 사회가 인정하는 상징을 사용하여 다른 사람과 결속되고 서로 관계를 맺기 마련이다. 다른 사람에게 무언가를 전하기 위해 언어 커뮤니케이션의 스피킹, 문자 커뮤니케이션의 라이팅, 비언어적 커뮤니케이션의 신호, 제스처 등을 사용하는 것이다.

또한 인간은 커뮤니케이션 없이는 살 수 없다. 원시인도 아침에 일어나면 옷을 주섬주섬 입고 이를 닦고 머리를 빗었을까? 그렇지 않다. 누구나 선천적으로 이를 닦고 머리를 빗을 줄 알지는 않았을 것이다. 오늘날처럼 된 것은 커뮤니케이션이라는 시스템이 사회 속에 안착되면서 누군가에 의해 옷을 입는 법, 머리 빗는 법이 전파되어서이다. 특히 사회생활, 직장생활을 해야만 하는 현대인에게 있어 조직 속의 비즈니스

스토리텔링 1-7 **비즈니스는 사람 비즈니스(people business)이다**

경영의 목적은 "사람들이 성과를 내는 능력을 발휘하게 하는 데 있다." 피터 드러커(P. Drucker)가 한 말이다. 로버트 타운센드(R. Townsend)는 에이비스(AVIS) 렌터카 회사에서 CEO를 제안해왔을 때 렌터카에 대해서 아는 것이 없어서 갈 수 없다고 거절했지만, 에이비스에서는 "당신이 사장으로 오신다면 사람과 관련된 비즈니스를 하시게 될 겁니다."라고 정중하게 요청하였고 타운센드는 그 제안을 수용하였다. 1962년 타운센드가 그 새로운 최고경영자로 부임하였고 2년 뒤 에이비스는 적자를 벗고 흑자로 전환하였다.

커뮤니케이션은 생존을 위한 필연적 수단이 되었다. 결국 조직 속에서 리스닝, 스피킹, 리딩, 라이팅 등의 필수 활동을 계속해야만 살아갈 수 있다.

(2) 개인과 조직의 성공

인간생활의 대부분을 차지하고 있다는 것만으로 커뮤니케이션이 중요한 것은 아니다. 커뮤니케이션이 중요한 이유는 그것이 개개인을 묶어 사회를 만들게 하는 접착제 역할을 하기 때문이다. 커뮤니케이션은 효과적으로 기능을 다하면 의도된 목적을 달성할 수 있지만, 역기능으로 작용한다면 원하는 바를 이룰 수 없게 된다. 이 세상에서 일어나는 모든 문제는 커뮤니케이션에서 비롯된다고 할 수 있다. 그렇기에 비즈니스 상황에서 상대방과 어떻게 커뮤니케이션할 것인가 하는 점이 개인 · 집단 · 조직의 성공과 직결된다.

(3) 경영자 역할

비즈니스 커뮤니케이션은 조직 경영과 관련하여 경영자나 관리자의 중요한 역할 중 하나가 된다. 민츠버그(H. Minzberg)는 경영자의 3가지 중요한 대인관계로서의 역할, 정보보급자로서의 역할, 의사결정자로서의 역할을 들고 있다. 이는 모두가 커뮤니케이션에 의해서만 이루어질 수 있는 것이기 때문에 경영자 역할이 곧 비즈니스 커뮤니케이션을 잘하는 역할이라고도 볼 수 있다.

커뮤니케이션은 인간에 의한 창조적 행위로서 의미 없는 자료를 의미 있는 정보로 바꾸는 과정이다. 물론 전달된 자료가 각 개인에게 같은 의미를 갖지는 않는다. 저마다 선택하는 영역이 다르고 분류체계가 다르고 경험한 것이 다르기 때문이다. 커뮤니케이션은 자신의 현상에서 일어나는 사건에 의미를 부여하여 공유하는 것이다. 잠자리에 든 아이에게 잘 자라는 엄마의 포옹이 얼마나 부모와 자식 관계에 중요한지, 아침이면 상쾌하게 인사를 나누는 것이 얼마나 이웃 간에 정을 돈독히 하고 조직 분위기를 밝게 하는지를 생각해보면 커뮤니케이션은 정보의 전달이라는 차원만이 아닌 인간 삶의 질을 결정하는 그 이상이라고 할 수 있다.

3 비즈니스 커뮤니케이션의 역할

비즈니스 커뮤니케이션에 관한 내용을 일반화하기 전에 조직생활에서의 비즈니스 커뮤니케이션의 개인차원에서 역할과 조직차원에서의 역할에 대해 각각 살펴볼 필요가 있다.

(1) 개인차원에서의 역할

▪ 구성원 행동통제

다양한 사람들을 모아 회사를 만들었지만 이들을 그냥 방치해둔다면 그 조직은 엉망이 될 것이다. 따라서 구성원의 행동을 지시하고 서로 연결시키고 통제하는 데 사용하는 것이 비즈니스 커뮤니케이션이다. 상급자가 하급자에게 직접 말로써 명령을 내리기도 하고 어떤 회사는 미리 규정을 만들어 하급자에게 제시하기도 하는데 이 모두가 비즈니스 커뮤니케이션 활동이다. 조직에는 위계가 있고 구성원에게 요구하는 공식적인 지침이 마련되어 있다. 즉 조직은 구성원의 행동을 미리 공식화 · 문서화해 놓고 통제하려 한다. 어떤 조직은 공식화의 정도가 높고, 다른 조직은 공식화의 정도가 낮을 수 있다.

그렇다면 조직구조(organizational structure)와 비즈니스 커뮤니케이션의 관계는 어떤가? 조직이란 말은 조직구조라는 말을 줄인 것이다. 조직구조란 조직에 속한 구성원의 상호관계, 권력관계, 지위관계, 계층관계, 관리체계 등을 총칭하는 용어이다. 기능

조직, 사업부조직, 수평조직, 매트릭스 조직 등으로 조직구조의 유형을 구분하기도 하며, 기계적 조직(mechanistic organization)과 유기적 조직(organic organization)으로 구분하기도 한다.

기계적 조직구조에서는 명령, 지시, 보고 등의 비즈니스 커뮤니케이션이 빈번한 반면, 유기적 조직구조에서는 토의, 회의, 대화 등의 비즈니스 커뮤니케이션 활동이 더 많다. 그리고 환경이 동태적일 때 조직은 토론이나 상호작용으로 갈등을 해결하며 커뮤니케이션이 빈번해진다. 반명 환경이 안정적일 때 조직은 의사결정이 소수의 경영자에 의해 이루어지기 때문에 정보의 흐름에 제약이 따르고 커뮤니케이션 활동도 적게 이루어진다.

표 1-2 조직의 유형과 비즈니스 커뮤니케이션 활동

구분	기계적 조직	유기적 조직
공식화 · 문서화 정도	높다	낮다
환경	안정적, 고정적	변동적, 역동적
비즈니스 커뮤니케이션 방식	명령, 지시, 보고	토의, 회의, 대화

또한 공식적인 조직도(organizational chart)는 한 조직에서 비즈니스 커뮤니케이션이 이루어지는 통로를 의미한다(3장 **[그림 3-1]** 참조). 구성원은 조직도에 따라 해당 구성원의 권한관계를 파악하여 보고받거나 명령받는다. 이처럼 비즈니스 커뮤니케이션은 구성원의 행동을 통제하여 조직이 잘 운영되도록 하는 역할을 가지고 있다.

■ 동기부여 및 사기진작

동기부여(motivation)는 동기(motive)라는 단어에서 파생되었고, 사람의 필요, 욕망, 바램을 나타낸다. 직원에게 목표를 달성하기 위해 행동하도록 동기를 부여하는 과정이다. 이러한 동기부여이론(motivation theory)은 동기부여의 원인을 욕구(needs)로 설명하는 내용이론과 욕구의 설명 없이 동기부여가 되는 과정(process)으로 설명하는 과정이론으로 크게 구분된다.

욕구가 충족되지 않은 욕구결핍이 동기부여과정의 출발점이라 할 수 있다. 망가진 장난감이긴 해도 잘 가지고 놀던 아이가 옆방에서 온전한 장난감을 가지고 노는 아이를 보고 나면 의기소침해지거나 심지어는 반항하거나 자포자기까지 하게 된다. 이때 부모가 다음에 새것을 사주겠다든지 하는 식으로 더 좋은 제안을 하면서 위로할 수 있는데, 그 위로의 말 자체가 커뮤니케이션이다. 조직에서도 마찬가지로, 비즈니스 커뮤니케이션을 통하여 구성원이 자신의 욕구결핍을 채우기 위해 상급자에게 요구할 수도 있고 상급자가 욕구결핍으로 의기소침해진 부하직원을 위로할 수 있다.

또한 소외된 구성원이 있다면, 그가 다른 사람과의 비즈니스 커뮤니케이션이 자유롭다면 그는 고독의 수렁에서 벗어나 동기를 되찾을 수도 있다. 조직은 비즈니스 커뮤니케이션을 통해 개인에게 바람직한 행동, 높은 성과를 올리는 방법, 개인 업적의 피드백, 목표설정과 달성 방안 등 무슨 일을 어떻게 해야 하는지를 알려줌으로써 개인이 일을 하는 곳에서 보람을 찾고 성공의 보상을 받을 수 있도록 사기를 북돋아 준다.

스토리텔링 1-8 커뮤니케이션의 특성

- **커뮤니케이션은 교류이다**(Communication is transactional): 각각의 개인은 메시지를 동시다발적으로 주거니 받거니 한다. 커뮤니케이션 주체는 서로에게 영향을 미친다. 따라서 교환과 교류가 꾸준히 지속된다.
- **커뮤니케이션은 과정이다**(Communication is process): 사건과 관계에서 변화는 지속적인 흐름(flow)의 일부분이다. 모든 커뮤니케이션은 경험의 축적된 결과이다. 즉 커뮤니케이션은 단번에 이루어지기도 하지만 당사자 사이에서 오가는 것이 쌓이면서 완전한 의사전달이 되는 경우가 많다. 예를 들면 선물을 주면 상대를 좋아하며 고맙게 생각한다는 메시지 전달이 함께 이루어진다.

- **커뮤니케이션은 타인과의 의미공유이다**(Communication is sharing meaning with others): 커뮤니케이션은 나의 감정, 나의 생각을 그대로 상대방의 머릿속에 심어서 나와 똑같은 감정과 생각을 경험하게 하는 것이다. 잘못 전달되면 공유하기 어렵고 서로 다른 것을 소유하기도 한다. 동일한 단어라 하더라도 나라마다 다르게 해석되기도 한다.

이처럼 비즈니스 커뮤니케이션이 벽 없는 조직에서 왕성하게 일어날 때 그 조직의 구성원은 몰입이 높아져 스스로 할 일을 찾아다닌다. 구성원에게 동기가 부여되면 조직의 대인관계는 적대적 관계에서 호의적 관계로 바뀌고 집단결속력이 강화되며 구성원 각자가 조직의 건강을 위해 용기를 갖고 일하게 된다.

▪ 사회적 욕구충족 기능

동기부여이론의 욕구이론의 시작은 항상 매슬로우(A. Maslow)로부터이다. 그는 인간 욕구를 5단계로 계층화하여 설명하는데, 낮은 수준의 생리적 욕구와 안전욕구, 그리고 3단계의 욕구가 바로 사회적 욕구(social needs)이다. 그외 존경욕구와 자아실현욕구이다. 직장 밖에서 함께 어울리는 직원들이 직장에서 함께 협업하는 데 있어 훨씬 더 생산적일 수 있다. 그래서 한 달에 한 번, 사무실 밖의 시간과 장소에서 상사와 부하가 식사를 하거나 그 자리에 가족도 함께 올 수 있도록 하면 훨씬 사회적 관계가 나아질 것이다.

대부분의 구성원에게 직장은 사회적 상호작용의 기본적인 원천이 되는데, 인생의 절반 이상을 일터에서 소비하기 때문이다. 이렇듯 거의 모든 시간이 직장생활로 소모된다고 할 때 조직에서의 비즈니스 커뮤니케이션은 그만큼 중요해진다. 사람은 역시 사회적 동물이어서 다른 사람과의 상호작용이 있어야 진정 존재한다고 할 수 있다. 또한 인간의 삶 자체가 문제해결의 연속이어서 문제해결을 하지 않고는 살아갈 수 없다. 살면서 좌절도 하고 승리도 맛보고, 실패도 겪으면서 어려움에 직면하여 고민도 하고 타인에게 도움을 청하기도 하는 것이다.

이처럼 조직은 구성원의 좌절과 만족감을 표현할 수 있는 근본적인 장소가 된다. 그러므로 조직 내 커뮤니케이션은 사회적 욕구충족이나 감정표현의 수단이 되기도 한다. 동시에 감정의 교환은 사람과 사람을 이어줌으로써 인간의 사회적 욕구를 충족시킨다. 인간은 사회적 욕구가 충족되지 않는다면 의식주가 넘쳐나도 불만족하게 된다. 인간은 항상 다른 사람과 상호작용을 이루고자 하며 어디에든 소속되어 나의 사회적 욕구를 충족하려 하기 때문이다. 기쁨을 같이 나누고 슬픔을 위로해줄 상대를 만나게 해주고 비슷한 생각을 하는 사람끼리 자연스럽게 응집시키는 것이 바로 비즈니스 커뮤니케이션의 사회적 욕구충족 역할이다.

(2) 조직차원에서의 역할

▪ 의사결정 촉진 기능

개인이나 집단은 비즈니스 커뮤니케이션함으로써 의사결정에 필요한 자료를 제공하기도 하고 받기도 한다. 비즈니스 커뮤니케이션은 정보를 교환하는 것이요, 따라서 구성원은 필요한 정보를 주거니 받거니 하면서 조직인(organization man)이 되어가는 것이다. 조직인이라는 말은 화이트(W. Whyte)가 처음 쓴 용어로 조직을 개인보다 우선하는 회사의 이익을 위해 자신의 개인생활을 희생하는 사람을 지칭한다.

그런데 인간은 혼자 있을 때나 조직 안에서나 지속적으로 의사를 결정할 순간에 접하게 된다. 아주 사소하게 점심에 무엇을 먹을까, 퇴근할 때 어떤 교통수단을 탈까 등 결정해야 할 문제들이 수없이 많이 놓여 있다. 이때 비즈니스 커뮤니케이션은 감정전달이나 동기부여의 기능 이외에 좋은 의사결정을 위해 필요한 정보를 제공하는 역할을 담당한다.

스토리텔링 1-9 **최초의 커뮤니케이션**

최초의 커뮤니케이션이 언제, 어떻게 인간의 삶에서 의미 있는 요소로 부각되었는지는 알 수 없지만 아마도 커뮤니케이션의 중요성을 가장 먼저 강조하고 있는 것은 「성경」일 것이다.

「성경」의 창세기에는 하나님이 말씀으로 인간과 세상을 창조하셨다고 기록하고 있다. 하나님과 아담, 아담과 하와, 하와와 뱀 간에 커뮤니케이션이 이루어지고 있다. 그 대화 속에 거역, 변명, 핑계, 유혹, 저주 등이 등장한다. 이스라엘 사람들의 법이었던 십계명의 8번째 계명은 “네 이웃에 대하여 거짓증거하지 마라.”이고 「신약성경」에는 “혀는 곧 불(火)이니 조심하라.”는 구절이 있다.

그런가 하면 사람들이 세상에 살면서 오늘날까지 발전할 수 있었던 것은 커뮤니케이션이 있어서 가능했던 것이다.

그러므로 조직이 수행하는 과업이 다양해서 이에 대한 의사결정 사항이 많아지게 되면 그만큼 비즈니스 커뮤니케이션 활동이 빈번해진다. 즉 문제가 자주 발생하면 이를 해결하기 위해 필요한 정보를 공유하기 위한 활동이 더욱 많아지게 된다. 수시로 바뀌는 기술을 사용하는 업무라면 현장에서 옆 사람이나 타 부서 직원과 수평적 커뮤니케이션이 많이 이루어질 것이고, 반복적이고 일상적인 기술을 사용하는 업무라면 경험 많은 상사가 모두 알아서 결정해줄 것이므로 상사와 부하 사이에 수직적 커뮤니케이션이 더 많아질 것이다. 더구나 반복적인 업무라면 담당자가 이미 잘 알고 있기 때문에 타인으로부터 새로운 정보를 더 받을 필요도 없고 따라서 비즈니스 커뮤니케이션이 줄어들게 될 것이다.

■ 생존과 환경적응 역할

비즈니스 커뮤니케이션은 한 세대에서 다음 세대로 이어지는 조직의 존속을 위해 중요한 역할을 수행할 뿐 아니라 인간이 조직생활에 적응하는 데 없어서는 안 될 역할을 한다. 이런 관점에서 볼 때 비즈니스 커뮤니케이션은 사회화(socialization) 역할, 교육·훈련 역할도 한다. 이는 생존과 환경적응 역할의 일부이다. 예를 들어, 꿀벌의 경우 음식물이 있을 만한 지역으로 움직일 때는 다른 꿀벌에게 둥글게 추는 춤을 이용하여 그 위치를 전달해준다. 음식물이 50미터 앞에 있는 경우와 100미터 앞에 있는 경우에 각각의 춤 모양이 다르다. 새들은 저마다 자기 영역을 가지고 있다. 그래서 다른 새가 침범해 오면 자신을 방어하는 소리를 내어 영역을 지키려고 한다. 이것과 유사한 커뮤니케이션이 인간 사이에서도 일어난다. 자리를 잠시 비울 때 옷이나 가방을 걸쳐놓아 사용하고 있음을 표시한다거나, 해변에서 수건이나 우산을 펼쳐놓아 자리를 선점했음을 알리는 식으로 커뮤니케이션을 한다. 조직도 새로운 경쟁전략을 대외에 공표하거나 노동시장에 비싼 광고를 내어 자신의 위치를 강화하고 질 좋은 사원을 포섭하고 제품의 매출을 늘린다. 이 모두가 비즈니스 커뮤니케이션을 통한 조직의 생존 전략 내지는 환경적응이라고 볼 수 있다.

■ 관계향상 기능

비즈니스 커뮤니케이션은 직장에서 사람들 간의 관계를 향상시키는 역할을 한다. 효율적인 비즈니스 커뮤니케이션이 이루어질수록 신뢰의 수준은 높아지고 대인관계는 긍정적으로 발전해간다.

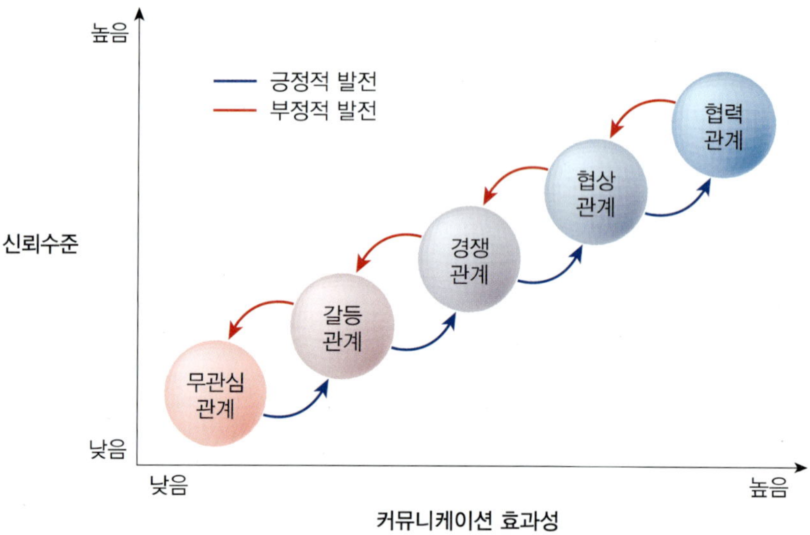

[그림 1-4] 비즈니스 커뮤니케이션의 단계

일반적으로 사람 간에는 상대를 인지하지 못하는 단계인 무관심 관계(non-recognition relationship)에서 상대와 대화가 이루어지고 상대를 파악하게 되면 자연스럽게 갈등관계(conflictual relationship)로 발전한다. 어느 정도의 갈등은 순기능적으로 작용하지만, 갈등이 지나치면 상대를 이기려고 하는 경쟁관계(competitive relationship)로 치닫게 된다. 하지만 세상은 혼자서는 살아갈 수 없는 곳이고, 직장생활은 더더욱 다른 사람과의 상호작용이 필수적이기 때문에, 양보하고 얻어낼 것은 얻어내는 지혜로운 협상관계(negotiative relationship)로 발전시켜야 한다. 궁극적으로 협력을 통해 개인의 목표와 조직의 목표를 달성하는 협력관계(collaborative relationship)가 되어야 한다.

4 비즈니스 커뮤니케이션에 관한 관심

(1) 페욜의 주장

비즈니스 커뮤니케이션이 본격적으로 연구된 것은 얼마 안 되었으며 그 연구조차 심리학, 사회학, 인류학, 언어학, 기호학, 정치학 분야에서 각각 진행되었다. 경영학과 관련해서는 조직행동론과 인간관계론 분야에서 최근에 거론되기 시작하였다.

경영역사에서 볼 때 과학적 관리 시대에는 커뮤니케이션에 별다른 관심을 두지 않았다. 특히 테일러(F. Taylor)는 커뮤니케이션에 대해서 언급이 거의 없다. 사실상 커뮤니케이션 문제를 해결하려는 정교한 선구자적 연구는 페욜(H. Fayol)에 의해 시작되었다고 할 수 있다. 동일직급에 있지만 서로 다른 부서에서 일하는 사원 F와 O 사이에 비즈니스 커뮤니케이션이 요구된다면 그들은 **[그림 1-5]**와 같이 꼭대기까지 메시지를 보고하여 다시 하달받는 식의 20단계를 거치는 공식적 접촉을 해야 한다. 그러나 F와 O가 여러 명의 상사를 거치지 않고 직접 커뮤니케이션한다면 훨씬 빨리 문제를 해결할 수 있다. 페욜은 비상시나 급박할 때 이와 같은 직접적이며 수평적인 커뮤니케이

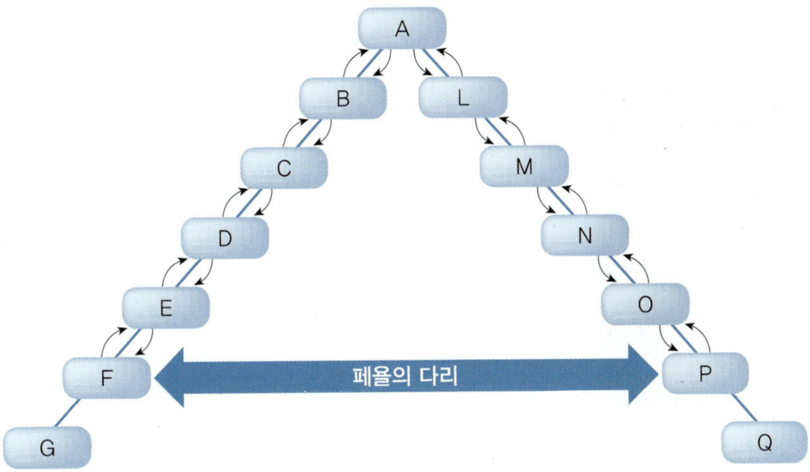

[그림 1-5] 페욜의 다리

션이 이루어져야 한다고 주장한다. 이것이 페욜의 다리(Fayol's bridge)라고 불리는 개념이다. 그는 배와 배 사이에 널빤지(gangplank)를 놓아야 한다고 하였다. 계층 간 수평 커뮤니케이션이 효과적으로 이루어져야 조직이 올바르게 기능한다고 본 것이다. 그는 조직의 공식적 위계구조는 유용한 비즈니스 커뮤니케이션의 흐름을 심하게 저해할 수도 있기 때문에 특별한 예외가 허용되어야 한다는 입장을 취하고 있는 것이다.

(2) 메이요의 주장

1920년대 노동 현장에서의 작업자의 특별한 행동에 관심을 둔 사람이 메이요(E. Mayo)와 그의 동료들이었다. 하버드 대학 교수 메이요와 그의 동료들은 생산성에 미치는 작업조건의 영향에 관한 일련의 현장실험을 통해 호손효과가 생산성에 영향을 미친다는 점을 밝혔다. 특히 작업자의 비공식적 커뮤니케이션 행동에 의해 생산성이 크게 영향을 받고 있음을 입증하였다.

스토리텔링 1-10 계층을 축소하라

타이밍을 생명으로 하는 오늘날, 피라미드 형태의 조직은 게으른 조직인 셈이다. 그러므로 피라미드 형태의 조직구조를 과감히 타파하라고 주문한다. 즉 의사결정 계층을 대폭 축소하라는 것이다. 예를 들어, 대리-계장-과장-부장-사업본부장으로 이어지는 결재 프로세스의 고정관념을 버려야 한다. 사원이 팀장(1st line manager)이 될 수도 있고, 과장이 팀장이 될 수도 있고, 부장, 이사, 상무, 전무도 팀장이 될 수 있는 조직이 되어야 한다. 직위가 높다고 회사에 공헌이 크다고 할 수 없다. 부하직원이 많다고 해서 회사에 공헌이 큰 것도 아니다.

플랫조직(flat organization, 수평조직)은 의사결정의 기동성도 높고, 계층 간 비즈니스 커뮤니케이션도 단축시키며 능력주의 인재등용을 가능케 한다. 그리고 이를 통해 전문간부의 핵심역량을 활용하고 외부의 여건변화에 탄력적으로 대응할 수 있는 것이다.

(3) 바나드의 주장

1930년대 들어 커뮤니케이션의 중요성이 대두되기 시작했다. 바나드(C.I. Barnard)는 조직 내 커뮤니케이션의 중요성을 신체의 심장에 비유하였다. 그는 관리에 있어 가장 중요한 기능이 커뮤니케이션을 유지 · 발전시키는 것이라는 점을 분명히 했다. 그는 권위적인 경영자의 메시지가 작업자에게 전달될 수 없는 이유는 전달자 입장에서 행해지는 커뮤니케이션은 실패한다고 보았다. 구성원과 더불어 조직은 공동의 목표를 위해 서로 협동해야 성공할 수 있다고 했다. 그는 조직의 3가지 기본요소로서 공동목표, 단결력, 커뮤니케이션을 들고, 특히 커뮤니케이션을 조직의 필수적 요소로 꼽았다. 커뮤니케이션이 개인 혼자서는 얻을 수 없는 것을 달성토록 해준다는 것이다. 이를 위해 관리자는 커뮤니케이션 체제를 유지하고 발전시키는 것을 중요시해야 한다고 강조하였다. 그는 커뮤니케이션 채널에 대하여 다음과 같은 일련의 몇 가지 원칙을 세웠다.

- 커뮤니케이션 채널은 구성원 모두에게 명확하게 알려져야 한다.
- 커뮤니케이션 채널은 조직의 모든 사람이 이용할 수 있어야 한다.
- 커뮤니케이션 채널의 중심역할을 담당한 사람은 효과적 커뮤니케이션이 이루어지도록 남보다 뛰어난 능력을 가지고 있어야 한다.
- 커뮤니케이션 채널은 서로 믿을 만한 것이어야 한다.

(4) 개방체계 주장

1960년대와 1970년대에 과학적 관리와 인간관계론의 종합으로서 어떤 조직에는 과학적 관리법이 적합하고 어떤 조직에는 인간관계론이 더 적합하다는 선택적 관점인 시스템 학파(system school)가 등장하였다. 시스템 이론은 커뮤니케이션을 시스템의 활력으로 간주하고 조직구성원 간 상호작용에 초점을 맞추고 있다. 이들의 주장에 의하면 조직구성원의 개방체계(open system) 입장에서 시스템 경계를 넘나들면서 외부

스토리텔링 1-11 이 한 장의 사진

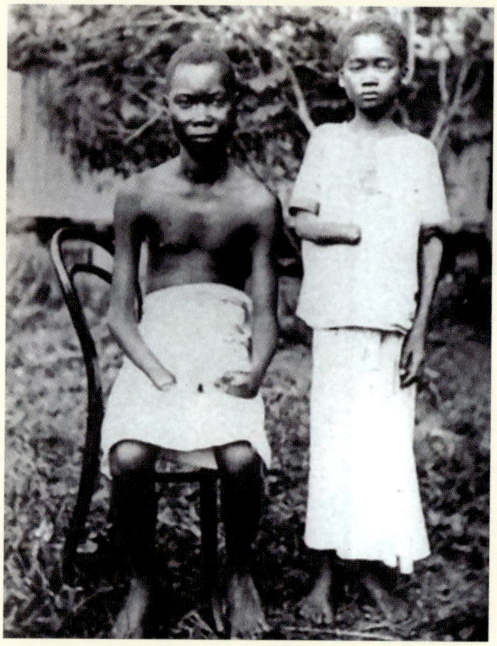

19세기 말 유럽열강이 아프리카, 동남아시아 각국에 식민지를 지배하고 있을 때 벨기에의 레오폴드 2세 국왕도 뒤늦게 아프리카 내륙으로 들어가 콩고를 지배했다. 너무 가혹하게 수탈하여 많은 희생자가 나왔는데 당시 콩고인구의 정확한 수치는 알 수 없지만 200만 명 정도가 그의 치세 동안 희생되었다. 히틀러보다 더 많은 학살을 자행한 것이다. 처음에 그는 원주민들을 시켜 코끼리를 사냥하여 상아를 수출하였으나 수입이 약소하여 고무농장으로 바꿨다. 그는 원주민 개인별로 할당량을 지정하고 이를 달성하지 못하면 한 손을 절단하고 두 번째도 못 채우면 나머지 손을, 세 번째에는 목숨까지 빼앗는 정책을 쓰면서 혹사했다. 이를 목격한 현지의 영국인 선교사 앨리스 해리슨(A.S. Harrison)이 이 사실을 본국의 각 언론사에 보내 극악무도한 벨기에의 통치를 멈추게 해달라고 하소연했으나 식민지를 더 많이 유지하고 있던 유럽제국들이 시큰둥했다. 그래서 그녀가 이번에는 손이 잘린 노예들의 사진을 찍어 동봉하였더니 이 사진이 매스컴을 타고 유럽전역에 퍼졌고 각국의 여론이 들끓었다. 심지어 벨기에의 성직자들까지 가톨릭 국가의 수치라며 비난하는 바람에 레오폴드 2세는 1908년 콩고 자유국을 자신의 사유지가 아닌 정부의 소유로 넘기면서 강압적 농장관리는 막을 내리게 된다. 해리슨 수녀의 편지글보다 한 장의 사진이 더 위력을 발휘하는 순간이었다. 이처럼 커뮤니케이션의 수단과 매체, 방식과 시스템에 따라 그 효과성은 매우 달라진다.

조직과 매우 많은 비즈니스 커뮤니케이션을 한다. 또한 각각의 하부시스템(sub-system)은 특정 목표를 갖고 전체 시스템에 공헌하고자 하며, 결과적으로 시스템의 상호의존성을 높이고, 이러한 상호의존성은 비즈니스 커뮤니케이션의 효율성에 따라 다르게 나타난다.

1장 수행과제

※ 각 문제가 요구하는 대로 ✔ 표시하세요.

01 커뮤니케이션이란 라틴어의 Communicare라는 말에서 유래되었다. 일반적으로 커뮤니케이션은 이해와 의미공유 과정으로서 정의된다. 앞으로 학습하게 될 커뮤니케이션의 핵심은 이해관계자 간에 상호작용을 포함한 관계라 할 수 있다. 이런 입장에서 커뮤니케이션의 핵심 키워드가 아닌 것을 선택하시오.

① 과정(process)
② 공유(sharing)
③ 의미(meaning)
④ 개인특성(individual characteristics)

02 비즈니스란 고객에게 제품 및 서비스를 제공하고 그 대가로 이익을 창출하는 활동이라고 정의된다. 다음 중 비즈니스의 핵심이라고 볼 수 있는 것은?

① 직무(job)
② 경제(economic)
③ 이익(profit)
④ 서비스(service)

03 기업은 고객이 원하는 제품을 제공해야만 이익을 창출할 수 있다. 기업은 영리추구 과정에서 일자리를 제공하고 세금도 내지만 사회에 일정부분 공헌해야 함을 말한다.

① 기업의 사회적 책임
② 이해관계자 경영
③ 기업의 경영환경
④ 비즈니스 커뮤니케이션 역할

04 다음 중 비즈니스 커뮤니케이션을 올바르게 이해하는 것은?

① 비즈니스 커뮤니케이션과 리더십 개발은 관계가 없다.
② 성공한 조직일수록 회사 내·외부의 비즈니스 커뮤니케이션은 공개적이고 명확하게 이루어진다.
③ 비언어적 비즈니스 커뮤니케이션보다 언어적 비즈니스 커뮤니케이션이 훨씬 더 중요하다.
④ 기업은 공동목표를 달성하기 위해 비즈니스 커뮤니케이션을 상당 부분 제한한다.

05 비즈니스 커뮤니케이션 학습의 이유로 보기 어려운 것은?

① 개인의 고용가능성 향상을 위해서
② 구성원 간 상하관계를 분명하게 하기 위해서
③ 직장 속의 인간관계를 넓혀가기 위해서
④ 조직 속의 건강한 삶을 위해서

06 효과적인 비즈니스 커뮤니케이션의 설명 중 잘못된 것은?

① 비영리조직을 제외한 대기업, 중소기업과 같은 조직에서 필수적이다.
② 공개적이고 명확한 소통을 통한 조직의 성공가능성을 높인다.
③ 경영진의 소통 능력은 생산성을 향상시킨다.
④ 이해관계자 요구를 파악하고 대응한다.

07 비즈니스 커뮤니케이션은 다음과 같은 이유로 중요하다. 옳지 않은 것은?

① 소통 없이 비즈니스를 성공으로 이끌기가 불가능하기 때문
② 커뮤니케이션이라는 상호작용을 통해 비즈니스가 이루어지기 때문
③ 조직을 관리하기 위해서는 강력하게 커뮤니케이션을 통제해야 하기 때문
④ 경영자 역할의 대부분은 커뮤니케이션 행동이기 때문

08 비즈니스 커뮤니케이션은 개인차원의 기능과 조직차원의 기능으로 구분된다. 다음 중 개인차원에서의 기능이 아닌 것은?

① 구성원 행동의 통제 기능
② 동기부여 기능
③ 사회의 욕구충족 기능
④ 생존과 환경적응 기능

09 커뮤니케이션 채널에 대한 원칙이 아닌 것은?

① 채널은 구성원 모두에게 명확하게 공개되어야 한다.
② 채널은 조직의 모든 사람이 이용가능해야 한다.
③ 채널에서 남보다 탁월한 커뮤니케이션 능력을 갖춘 사람이 중심역할을 하도록 한다.
④ 채널은 서로 경쟁하는 관계를 형성하도록 한다.

※ 각 문제가 요구하는 대로 ○, × 표시하세요.

10 ( ) 테일러(F. Taylor)는 커뮤니케이션에 대하여 많은 강조와 관심을 가지고 있었다.

11 ( ) 개인 커뮤니케이션과 조직 커뮤니케이션의 분석단위는 같다.

12 ( ) 경영자 역할은 비즈니스 커뮤니케이션 역할이라고 할 수 있다.

13 ( ) 조직의 3가지 기본요소로 공동목표, 단결력, 커뮤니케이션을 들고 그 중 커뮤니케이션을 필수적 요소로 본 사람은 바나드(C.I. Barnard)이다.

14 ( ) 기계적 조직구조에서는 토의, 회의, 대화 등의 커뮤니케이션 활동이 더 많다.

15 ( ) 공식적인 조직도는 한 조직에서 비즈니스 커뮤니케이션이 이루어지는 통로를 의미한다.

16 ( ) 사람 간에 상대를 전혀 인지 못하는 단계를 무관심 관계라 한다.

※ 각 문제가 요구하는 대로 괄호에 번호를 표시하세요.

① 환경 ② 기업의 사회적 책임 ③ 플랫조직 ④ 개방체계 ⑤ 커뮤니케이션 채널 ⑥ 사회적 지원체계

17 (　　　　) 기업본연의 영리추구 이외 기업이 당연하게 지켜야 할 공익 및 공헌을 말한다.

18 (　　　　) 기술변화, 경제상황, 경제관계, 문화현상, 정치제도, 정치상황, 법률, 사회제도 등을 포괄적으로 표현하는 용어이다.

19 (　　　　) 커뮤니케이션의 메시지가 전달되는 통로를 의미한다.

20 (　　　　) 구성원은 커뮤니케이션을 시스템의 활력으로 간주하고 시스템 경계를 넘나들면서 외부조직과 많은 커뮤니케이션 행동을 한다.

21 (　　　　) 조직의 결재라인 등 수직적인 계층을 축소하여 커뮤니케이션의 단계를 축소하여 수평적 커뮤니케이션이 가능한 조직을 말한다.

22 (　　　　) 삶, 직장생활, 대인관계 등에서 스트레스를 받을 경우 좋은 친구, 좋은 모임활동, 종교적 도움을 받는 것을 통해 어려움을 줄여 나가는 것이다.

※ 다음 문제에 대해 토론하시오.

23 다음의 3문장의 내용을 각각 파악하고, 파악된 내용을 문장으로 만들어 '비즈니스'가 무엇인지 라이팅하시오.

What is Business? A business is an exchange activity that provides goods or services in order to earn a profit. A Business is the profit-seeking activities that are organized and directed to provide goods and service to customer.

Business and Profit? Profit is important to any business. Profit is the money that remains after a firm deducts its expenses of producing and marketing goods or services from its revenue.

Why go into business? Business can offer financial independence. Business is income substitution(personal freedom and control). Business provides challenges. Business can bring power and influence.

24 여러분은 외식업 마케터이다. 아래의 리스트는 '팔리는 상품을 만드는 노하우'를 개발 중이다. 리스트 이외 어떤 것들이 있는가를 라이팅하시오. 작성된 메시지를 전략 기획회의에서 발표한다고 가정하고 스피킹하시오.

- 부가가치가 없으면 상품이 아니다.
- 오리지널 메뉴 구성방법
- 웰빙 지향의 메뉴개발과 맛
- 식재료의 차별화, 요리의 기본은 재료에 있다.
- 메뉴가격의 결정은 합리적인 가격(reasonable price)이다.
- POP 광고를 적극 활용한다.
- 종업원의 철저한 접객정신
- 손님 테이블에서 눈을 떼지 않는다.
- 손님의 평가는 계산 시에 결정된다.
- 특별한 날을 적절히 이용한다.

1장 도움글

Aguins, H. & Glavas, A. (2012). "What We Know and Don't Know about Corporate Social Responsibility: A Review and Research Agenda," *Journal of Management*, vol.38, no.4, pp.932-968.

Bamard, C.I. (1938). *The Functions of the Executive*, Harvard University Press, Cambridge, Mass.

Barnlund, D.C. (1968). *Interpersonal Communication: Survey and Studies*, Houghton Mifflin Company, Boston.

Chandler, D. (1994). *The Transmission Model of Communication*, University of Western Australia.

Craig, R.T. (1999). *Communication Theory as a Field*, International Communication Association.

Cronen, V. & Pearce, W.B. (1982). *The Coordinated Management of Meaning: A Theory of Communication*, In F.E. Dance, eds., *Human Communication Theory*, New York, NY: Happer & Row, pp.61-89.

Dance, F.E.X. & Larson, C.E. (1976). *The Functions of Human Communication: A Theoretical Approach*, NY, Holt, Rinehart & Winston.

Dance, F.E.X. (1970). "The Concept of Communication," *Journal of Communication*, vol.20, no.20, pp.201-210.

Dubrin, A.J. & Ireland, R.D. (1989). *Management and Organization*, South-Western, Publishing Co, Cincinnati, OH.

Goleman, D. (2001). An EI-Based Theory of Performance, In C. Chermiss, & D. Goleman, eds., *The Emotionally Intelligent Workplace*, pp.27-44.

Harper R. (2011). *Texture: Human Eexpression in the Age of Communications Overload*, Cambridge, MA: MIT Press.

Klemmer, E.T. & Snyder, F.W. (1972). "Measurement of Time Spent Communicating," *Journal of Communication*, June Issue, vol.20, pp.142-158.

Lasswell, H.D. (1948). *The Structure and Function of Communication in Society*, New York: Lyman Bryson.

Lewis, P.V. (1987). *Organization Communication: The Essence of Effective*

Management, New York, NY: John Wiley & Sons.

Luthans, F. (1982). *Organizational Behavior*, 6th eds., NY, McGraw-Hill.

McCroskey J.C. & Beatty, M.J. (2000). "The Communibiological Perspective: Implications for Communication in Instruction," *Communication Education*, vol.49, pp.1-6.

McLean, S. (2003). *The Basics of Speech Communication*, Boston, MA: Allyn & Bacon.

Mintzberg, H. (1975). *The Nature of Managerial Work*, NY, Harper & Row.

Pearson, J. & Nelson, P.E. (2002). *An Introduction to Human Communication: Understanding and Sharing*, Boston, MA, McGraw-Hill.

Quinn, D. (1996). *My Ishmael*, New York, Bantam Books.

Townsend, R. & Bennis, C. (2007). "Robert Townsend's Book Continues to Light up the Business World with," in Drucker, P.F. *The Human Side of Enterprise*, Douglas McGregor.

Waler, K. et al., (2002). "Communication Basics," *LEADS Curriculum Notebook Unit II*, *Module* 2-1, Kansas State University.

Weekly, E. (1967). *An Etymological Dictionary of Modern English*, vol.3, New York, NY: Dover Publications.

Winsor, J.L. Curtis, D.B. & Stephens, R.D. (1997). "National Preferences in Business and Communication, Education: A Survey Update," *Journal of the Association of Communication Administration*, vol.3, pp.170-179.

Wood, J.T. (2010). *Interpersonal Communication: Everyday Encounters*, 6th eds., London Wadsworth Pub Co.

CHAPTER

02

커뮤니케이션의 접근법, 모형과 네트워크

"커뮤니케이션은 공동체, 즉 이해, 친밀감, 상호가치 평가를 이끈다." Rollo May

"타고난 재능이 아무리 뛰어나더라도 쓰기 기술은 한 번에 배울 수 있는 것이 아니다." Jean-Jacques Rousseau

"읽고, 읽고, 읽고, 견습생처럼 일하면서 마스터가 되기를 연구하는 목수처럼." W. Faulkner

학습목표

수업 이후 학습자가 할 수 있어야 하는 역량

1. 커뮤니케이션 접근법을 비교할 수 있다.
2. 커뮤니케이션의 모형에 대하여 설명할 수 있다.
3. 커뮤니케이션 네트워크에 대하여 이해할 수 있다.
4. 공식 네트워크와 비공식 네트워크를 비교할 수 있다.

핵심키워드

커뮤니케이션 행동	기계적 접근법	심리적 접근법
상징적 상호작용 접근법	체계적 상호작용 접근법	채널
게이트키퍼	커뮤니케이션 효율성	태도
인지	지각	여과작용
커뮤니케이션 패턴	커뮤니케이션 체계	커뮤니케이션 상호작용
학제 간 학문분야	커뮤니케이션 모형	메시지
잡음	피드백	2단계 흐름
수렴 모형	3가지 원형	보완적 교류관계
교차적 교류관계	비노출 교류관계	커뮤니케이션 네트워크
언로	소시오메트리	소집단 네트워크
커뮤니케이션 구조	네트워크 유형	정보포만
커뮤니케이션 흐름	호손연구	그레이프바인
공식 소집단 네트워크	공식·비공식 네트워크	커뮤니케이션 방향
일방적 비즈니스 커뮤니케이션	쌍방적 비즈니스 커뮤니케이션	정보통신기술

1 커뮤니케이션 과정의 접근법

인간이 행하는 커뮤니케이션 행동은 다양하고 복잡하다. 더욱이 조직의 비즈니스 커뮤니케이션 행동은 더 복잡하고 중요하다. 인간이 하는 말(언어), 글(문서), 비언어 등으로 조직에서 인간을 평가하기 때문이다. 그런데 인간의 행동 중 하나인 커뮤니케이션을 이해하고 분석하기 위해서 사용하는 것이 있다. 이것이 바로 연구의 특정한 방식인 접근법(approach)이다. 어떤 접근법을 택하느냐에 따라, 즉 연구자의 관점에 따라 커뮤니케이션 결과도 다르게 나타난다.

커뮤니케이션 과정의 접근법에 여러 가지 주장이 있지만, 그동안의 접근법(T. Daniels & B. Speaker)을 정리하여 기계적 접근법, 심리적 접근법, 해석-상징적 접근법, 체계적 상호작용 접근법으로 설명한다(B. Sindhav & P.T. Adidam, 2005). 다른 접근법도 있을 수 있으며, 4가지 접근법 중에서 1가지에만 치중하는 것도 옳지 않다. 인간의 행동인 커뮤니케이션을 접근방식에 따라 이해하고 해석하는 것이 전혀 다른 결론이 나기도 한다(B.A. Fisher, 1978).

(1) 기계적 접근법

기계적(mechanistic approach)이란 현상을 보는 관점이 하나의 기계처럼 동작하는 것으로 해석하는 것을 말한다. 전달자는 수신자에게 매체를 통해 메시지를 전송한다. 모든 현상의 인과관계를 기계적 혹은 선형적으로 이해하려는 가장 오래된 초기의 접근법이다. 이 접근법은 쉐넌과 위버(C.E. Shannon & W. Weaver)에 기인한다. 다양한 커뮤니케이션 과정의 요소들을 파악하고 측정하는데 관심을 갖는다. 커뮤니케이션은 매체를 통해 한 지점에서 다른 지점으로 메시지가 이동하는 전달과정이다. 그러므로 매체, 즉 채널을 중시한다. 채널은 전달자와 수신자의 관계를 연쇄적으로 연결시킨다. 전달자 A가 수신자 B에 직접적 영향을 미치고, 이어서 B가 C의 기능을 유도하는 식으로 계속 이어진다고 보았다.

그런데 메시지가 중간에 잘못 전달되거나 잘못 이해되면 문제가 생긴다. 따라서 메시지 수신에 장애가 발생하면 커뮤니케이션은 와해(瓦解)된다. 그러므로 와해를 막는 역할을 담당하는 자를 지정해 두어야 한다. 이 사람이 게이트키퍼(gatekeeper)이다. 이는 전달자로부터 메시지를 받아 수신자에게 넘겨주거나 걸러주는 기능을 한다. 정보 흐름에 상당한 힘을 가지고 통제를 행사한다.

커뮤니케이션의 초기 이론은 커뮤니케이션 네트워크 분석 등 몇몇 연구를 제외하고 기계적 접근법을 따른다. 기계적 접근법은 개인의 커뮤니케이션 관계와 조직의 커뮤니케이션 구조를 분석하여 어떻게 커뮤니케이션이 채널을 따라 이동하는지를 연구한다. 로버트와 오렐리(K.H. Robert & C.A. O'Reilly, 1984, 1988)는 전달자와 수신자의 선형적 관계에 초점을 두고 커뮤니케이션 채널과 커뮤니케이션 효율성이 중요함을 밝혔다.

스토리텔링 2-1 문지기의 통제

문을 아무나 열고 들어오지 못하도록 막는 문지기가 있다. 문지기가 필요한 이유이다. 기업에는 다양한 문지기가 있다. 정문을 지키는 수위, 경비원, 안내원, 안전요원, 전화교환원, 상담원, 안내데스크, 콜센터 등을 모두 게이트키퍼라고 해도 좋다. 하지만 이들의 잘못된 역할이 문제가 되는 경우도 많다.

개인에게 정보가 제시되면 태도와 행동이 형성되는데 이를 프레이밍(framing)이라 한다. 정치인들이 왜 나쁜 프레임(frame)을 씌우냐고 따질 때 사용하는 말이기도 하다. 이는 가장 기본이 되는 생각의 처리방식이 공식화된 것을 의미한다. 프레이밍의 한 형태에 정보의 문지기, 즉 게이트키핑(gatekeeping) 되었다는 말과 똑같은 표현이다.

피어슨과 넬슨(J. Pearson & P.E. Nelson)에 따르면 게이트키핑은 어떤 뉴스, 정보 또는 오락 등이 대중에게 도달할지 결정한다고 했다. 심리학자 레빈(K. Lewin)이 은유라는 표현을 썼다. 정보가 청중에게 도달하기 전에 통과해야 하는 관문, 즉 편집자는 물론 해당 기사를 쓴 기자, 발행인 등 많은 정보의 문지기들이 있다고 하였다.

극단적 선택을 암시하는 말이나 글이 있다. 자살위험신호라고도 한다. 이러한 신호에 대한 잘못된 게이트키핑이 되어서는 안 된다. "나는 더 이상 부모에게 부담 주기 싫어. 차라리 내가 없는 게 나아. 난 너무 지쳤어, 더 이상 버틸 수가 없어!"

- 언어적 단서: 죽고 싶다는 표현
- 감정적 단서: 분노와 불안, 절망, 죄책감, 눈물
- 상황적 단서: 가족과 사별, 나쁜 건강, 사회적·경제적 자원을 상실한 상황
- 행동적 단서: 살인 방법 검색, 살상도구 구입, 약 모으기, 자해, 방에 혼자 있기, 씻지 않기

그들은 3개의 군사조직을 대상으로 조사한 연구에서 전문적 · 사회적 · 공식적 · 권위적 네트워크에 대한 정보를 밝혀냈는데, 집단의 구성원은 결코 공식적 지위관계 네트워크나 공식 채널만 따르는 것이 아니라 업무중심의 비공식집단을 이루어 상호 의사소통한다는 사실을 알아냈다. 이 연구는 커뮤니케이션 채널과 전달자와 수신자 사이의 선형적인 인과관계에 초점을 두고 연구함으로써 커뮤니케이션의 효율성을 높이는 데 공헌하였다고 볼 수 있다.

(2) 심리적 접근법

심리적 접근법(psychological approach)은 인간의 행동을 인간의 감각, 지각, 사고, 성격, 지능, 적성 등의 특성과 개인의 심리과정으로 해석한다. 개인의 심리적 과정을 통한 메시지 해석과정이 커뮤니케이션에 미치는 영향을 특히 더 강조한다. 이 접근법은 전달자, 수신자의 개인특성이 커뮤니케이션에 어떤 영향을 미치는지에 관심이 있다. 개인의 보이지 않는 내부상태(black box), 성격(personality), 가치관(value), 감정(emotion), 태도(attitude), 인지(cognition), 지각(perception) 등이 커뮤니케이션에 중요한 영향을 미친다고 보는 접근법이다.

전달자와 수신자의 심리상태에 따라 효율적 커뮤니케이션이 될 수도 있고 안될 수도 있다. 15개의 서로 다른 조직에서 선발한 800명을 대상으로 위계가 낮은 직급에 있는 사람은 상사와 부하 사이의 커뮤니케이션이 폐쇄적이라고 느끼는 반면, 높은 직급

표 2-1 태도, 신념, 가치관

정의		변할 수 있는지?	예
태도	개념이나 객체의 학습된 경향	변하는 것이 인간이다.	나는 오늘 비즈니스 커뮤니케이션 수업 시간에 쓰기 연습을 즐겼다.
신념	믿음의 표현 혹은 자신감	시간이 흐르면 변화할 수 있다.	내 경력에서 비즈니스 커뮤니케이션 스킬을 배우기 때문에 이 수업은 매우 중요하다.
가치관	인간의 행동을 이끄는 사상	일반적으로 오랜 시간이 걸린다.	비즈니스 커뮤니케이션 수업은 중요하다.

스토리텔링 2-2 **바벨탑 사건**

인류는 하나의 언어를 사용하였으나 신의 노여움을 받아 여러 언어를 가지게 되었다고 한다. 「성경」에는 노아의 후손이 바벨탑 사건을 겪으면서 언어가 혼잡스러워지는 과정에 관한 짧은 일화가 있다. 대홍수를 피해 살아난 노아의 자손은 메소포타미아의 바빌론 지역에 정착하고 인류의 도시문명을 건설하기로 결심한다. 이때 이들은 하나의 언어를 사용하고 있었다. 그런데 이들은 대홍수의 얘기를 실감나게 전해 들었을 뿐 아니라 가끔 이 지역에 홍수가 범람하는 것을 목격하고는 홍수를 피할 수 있는 거대한 탑을 세우기 시작한다. 이는 하늘에 대한 저항을 의미하기도 했다. 이들은 세계 최대의 탑을 세운 후 꼭대기에 하나님을 대신할 우상을 올려놓고 신으로 섬길 계획을 세웠다. 하지만 하나님은 인간의 거만함을 심판하여 탑을 쌓는 집단의 언어를 다르게 함으로써 탑 쌓는 일을 어렵게 만들었고, 탑은 미완성으로 남은 채 결국 민족은 뿔뿔이 흩어지고 말았다.

에 있는 관리자는 상사와 부하 사이의 커뮤니케이션이 누구에게나 개방적이라고 서로 다르게 인식하고 있었다. 이러한 차이는 상사와 부하 사이에 존재하는 불일치, 의미장애, 정보장애 때문이었다(F.M. Jablin, 1982).

(3) 해석-상징적 접근법

상징(symbol)은 추상적인 개념 혹은 대상을 구체적으로 나타낸다. 인간은 수동적이기보다는 능동적으로 개념이나 대상에 의미를 부여하고 그 의미가 상대에게 어떤 상호작용을 하는지 밝히려 한다. 이 접근법은 해석-상징적 접근법(interpretive-symbolic approach)이라고 하는데, 이 접근법에서는 커뮤니케이션은 상징을 해석하는 과정이 된다. 상징의 의미 있는 경험의 상호성과 커뮤니케이션 과정에서의 커뮤니케이터의 주관적 관점이 중요하다. 그러므로 행위자 간의 문화와 지식이 어떻게 형성되었는지에 관심을 갖는다.

커뮤니케이션은 조직을 생성 · 유지 · 해체시킬 수도 있으며 조직 속의 개인은 조직의 결정된 업무에 수동적으로 복종하기보다 능동적인 사회적 상호작용, 즉 상호 커뮤니케이션을 통해 사회적 실체를 창조한다는 입장을 취한다. 또한 문화적 요소들이 커뮤니케이션의 메시지를 자의적 혹은 능동적으로 해석하는 데 영향을 미치기 때문에 이에 대한 연구도 중시한다.

구성원이 스스로 정한 커뮤니케이션 패턴과 경영진에 의해 공식화된 커뮤니케이션 패턴을 비교한 결과, 구성원에 의한 커뮤니케이션 행동이 상징적 상호작용인 문화와 관계가 더 깊었다. 이는 조직구성원이 행하는 상징적 상호작용이 조직의 실체이며, 그러한 커뮤니케이션 활동의 효율성 여부가 조직성공과 일치한다는 점을 밝혔다(M.S. Schall, 1983).

(4) 체계적 상호작용 접근법

체계(system)란 일정 원리에 따라 낱낱의 부분이 짜임새 있게 조직된 것을 말한다. 체계는 조직이나 조직, 방식 등을 의미하는데, 특히 체계적 상호작용 접근법(system interactions approach)은 분석단위를 커뮤니케이션 자체보다 커뮤니케이션 외부에 둔다.

표 2-2 커뮤니케이션 접근법의 비교

접근법	가정	방법
기계적	커뮤니케이션은 다양한 요소로 분해될 수 있는 전달과정이다.	커뮤니케이션 요소는 구체적이고 실증적으로 측정된다.
심리적	커뮤니케이션은 전달뿐 아니라 개인의 관점을 가지고 어떻게 해석하느냐가 중요하다. 개인이 가진 심리적 필터가 메시지 해석에 영향을 준다.	자기보고식 혹은 심리적 방법이 개인의 심리적 특성상태를 감지하는데 사용된다.
해석-상징적	커뮤니케이션은 상징의 해석을 통해 이루어진다.	가장 쉽고 적합한 방법은 커뮤니케이터의 주관적 견해를 탐색조사하는 것이며, 설문조사와 실험이 사용된다.
체계적 상호작용	커뮤니케이션이 변수 간 관계보다 시간이 지남에 따라 순차적인 패턴, 즉 시대별로 쉽게 이해가 된다.	종단연구를 통해 이벤트 분석 및 네트워크 분석을 한다.

즉 심리적 접근법과 대조적으로 전체적 커뮤니케이션 체계가 조직 내의 행동을 결정한다고 강조한다. 여기서 커뮤니케이션 체계란 커뮤니케이션 네트워크의 형태, 커뮤니케이션의 빈도 등으로, 이 접근법은 커뮤니케이션이 어떻게 구성되고 어떻게 흘러가는가 하는 데 초점을 둔다. 따라서 체계적 상호작용을 추적함으로써 메시지 교류행동의 범주, 메시지의 형식, 메시지의 유형 등을 연구한다.

앞에서 언급된 4가지 접근법은 서로 다른 성격의 문제들을 해결하려고 한다. 예를 들어, 기계적 접근법과 심리적 접근법은 커뮤니케이션을 전달자와 수신자 개인이 의도적으로 행동한 것으로 인식한다. 해석-상징적 접근법에서는 커뮤니케이션을 문화로 인식한다. 체계적 상호작용 접근법은 커뮤니케이션을 참여적 행동으로 간주하며 개인은 커뮤니케이션을 주도적으로 행하는 것이 아니라 기존의 커뮤니케이션 체계 속의 일부이다. 이처럼 접근법에 따라 관심을 두는 목적이나 대상이 다르다. 특정 상황에서 다양한 관점을 조화시키는 노력도 함께 필요하다.

스토리텔링 2-3 동기부여적 언어

국제금융가인 버나드 바루치(B. Baruch)가 모간(J.P. Morgan)에게 텍사스 유황광산의 동업을 제의했다. 모간은 사업성이 있는 사업이라 생각해 동업을 승낙하려 했다. 그러나 모간은 "당신은 지금껏 이보다 더 큰 도박을 해왔지요?"라며 바루치가 말을 걸어오자 '도박'이라는 말에 동업을 거절하고 말았다. 모간은 건실한 종교인이었기에 지금껏 '성실하게 투자'해왔다는 자부심을 갖고 있었는데 그것을 도박이라고 표현한 데 대해 자존심이 상해버렸다. 결론적으로 바루치는 말 한마디를 잘못해 모간의 협조를 받지 못했고, 모간은 수천만 달러의 이익을 얻지 못하게 되었다.

동기부여적 언어가 있다. 예를 들어, "전화끊지 마세요!"라는 명령적인 언어보다는 "그것을 살펴볼 테니 잠시만 기다려주시겠어요?"라는 말이 상대를 더 기분 좋게 만든다.

스토리텔링 2-4

바이럴 커뮤니케이션

바이럴 커뮤니케이션(viral communication)은 바이럴 마케팅(viral marketing)이라는 용어로 널리 쓰인다. 바이럴은 감염시키는, 전이되는 의미이며, 입소문이라는 기법으로 알려져 있다. 바이럴 마케팅은 특정 제품에 대한 인지도 확산에 집중하는 사려 깊은 전략으로 정의된다. 따라서 입소문 마케팅이라고도 한다. 인터넷을 통해 대중의 관심을 끌기 위해 체계적으로 용어를 사용하는 것은 서비스 산업에서 절대적으로 중요하다.

커뮤니케이션 과정은 소비자의 관심을 끌 수 있는 가장 중요한 정보를 입소문 기법을 통해 제시하거나 유포하는 것이다. 그러므로 바이럴 커뮤니케이션은 기업이 제품 및 서비스를 제공하는 데 초점을 맞춘 전략이다. 고객 또는 소비자가 만족하면 제품 및 서비스를 다시 사용하고 제공된 방법을 계속 사용하는 형태로 피드백을 제공한다. 이 방법을 통해 이 제품 사용자는 제품 및 서비스에 관심이 있을 수 있는 친구나 잠재적 구매자에게 긍정적인 인상을 전달한다. 입소문을 통해 긍정의 신호가 전달되면 단기간에 많은 사람이 제품 및 서비스를 사용하게 될 수도 있다.

2 커뮤니케이션 모형

(1) 고전적 모형

1940년대 말과 1950대 초는 커뮤니케이션 연구영역을 이론적으로 체계화한 시기이다. 커뮤니케이션이 수사학, 화법, 저널리즘 분야에서 벗어나 하나의 학문(interdisciplinary)으로 나타나기 시작했다.

이미 2000년 전에 아리스토텔레스는 **[그림 2-1]**과 같은 견해를 가지고 있었다. 아리스토텔레스는 커뮤니케이션에 대해 연구한 최초의 인물이다. 그는 커뮤니케이션을 중요한 기술이나 기능으로 간주하고 관심을 가져야 할 대상으로 삼았다. 그리스 시대에는 상업, 정부의 법, 교육 등이 모두 연설이나 언어적 명령으로 이루어졌기 때문에 커뮤니케이션이 아주 중요했다.

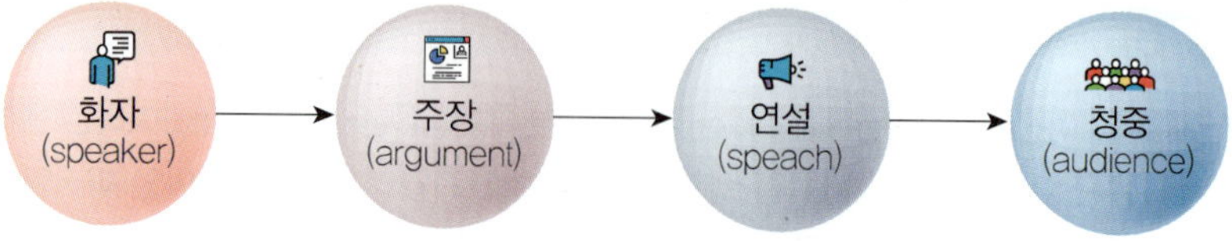

[그림 2-1] 아리스토텔레스의 커뮤니케이션 견해

■ 라스웰 모형

본격적인 커뮤니케이션 연구의 시발점으로 여겨지며 가장 영향력 있는 연구는 라스웰(H. Lasswell)에 의해서 이루어졌다. 그는 커뮤니케이션을 5W, 즉 누가(who) 무엇을(say what) 어떤 채널에서(in what channel) 누구에게(to whom) 어떤 효과를 미치는가(with what effect)로 정의했다. 그가 제안한 모형은 댄스(F.E.X. Dance) 모형(Lasswell, 1948)으로 알려져 있다.

라스웰은 커뮤니케이션에서 메시지의 중요성과 전달자, 메시지의 내용, 수신자 등의 요소를 강조했다. 단지 아리스토텔레스가 화술만을 이야기했다면, 라스웰은 매체의 개념 및 커뮤니케이션 목적과 효과를 강조했다는 차이가 있을 뿐이다. 라스웰의 모형은 **[그림 2-2]**와 같다.

[그림 2-2] 라스웰의 모형

라스웰은 구어적 연설에 채널 및 매체를 포함하여 설명함으로써 단순히 누군가 연설이나 대화를 통해 남을 설득하는 것 이외에도 다양한 범주에서 커뮤니케이션 행위가 이루어질 수 있다는 사실을 지적했다. 그는 커뮤니케이션에 대한 연구의 폭을 넓힌 인물이다.

▪ 쉐넌과 위버의 모형

1948년 수학자이면서 전기공학자인 쉐넌(C.E. Shannon)은 벨(Bell)회사의 연구과제로 전화통신의 문제점에 관한 연구를 수행하였다. 즉 주어진 전달수단을 통해 어떻게 하면 정보를 최대한 정확하게 전달하는가의 문제와 특정한 전달수단을 이용할 경우 얼마만큼의 정보가 전달가능한가의 문제를 연구하였다. 위버는 쉐넌과 함께 「커뮤니케이션의 수학이론(A Mathematical Theory of Communication)」이라는 논문에서 5가지 기본 구성요소를 소스(원천), 송신기(인코더), 채널, 수신기(디코더), 목적지로 설명하였다. 이들의 모형은 **[그림 2-3]**과 같다.

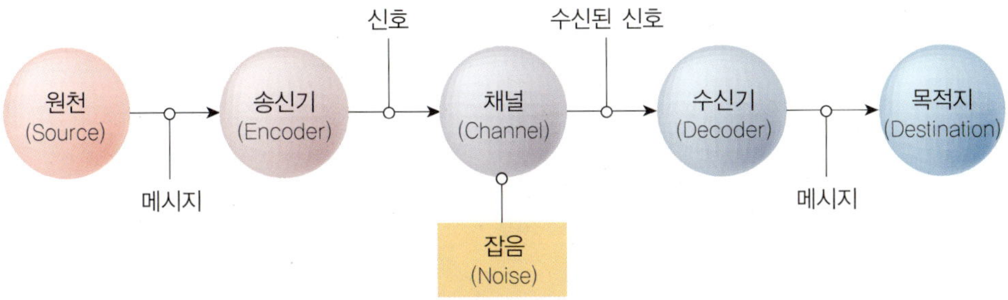

[그림 2-3] 쉐넌과 위버의 모형

쉐넌과 위버 모형의 특성은 신호와 메시지, 전달자(정보원천)와 송신기, 그리고 목표(목적지)와 수신기를 구분했다는 데 있다. 이들의 모형은 처음으로 잡음(noise)의 개념을 도입하였다. 전달자와 수신자가 맞지 않았을 때 덧붙여지는 신호가 바로 오류를 잡기 위한 수정채널이 된다. 이는 커뮤니케이션의 메시지가 메시지가 보낸 사람의 의도대로 보내지고 해석될 것이라는 기계적 통념을 바꾸었다는 데 의의가 있다.

쉐넌과 위버는 심리학과 사회학 관점에서 커뮤니케이션의 새로운 모델에 대한 연구를 촉발했다. 쉐넌과 위버의 모형은 컴퓨터 과학에 크게 기여했으며 정보를 측정 가능하게 만들면서 정보이론을 만드는 데 큰 공헌을 했다고 평가받는다.

■ 슈람의 견해

슈람(W. Schramm)은 커뮤니케이션을 송신자(인코더)와 수신자(디코더) 간의 과정으로 간주하며, 사람들이 메시지를 해석할 때 개인의 배경, 경험 및 지식이 해석에 영향을 미치는 요소라고 주장한다. 커뮤니케이션은 결국 전달자와 수신자가 공통부분을 형성해나가는 작업이라 규정했다. 이를 설명하기 위해 경험의 장, 예를 들어, 공통언어, 공통배경, 공통문화 등의 조건이 없다면 메시지가 옳게 전달될 수 없다는 점을 강조했다. 슈람은 쉐넌과 위버 모형을 일부 따르면서 잡음의 문제를 극복하는 수단으로서 피드백(feedback)의 중요성을 제안하였다. 이로써 라스웰과 쉐넌과 위버 모형과 달리 커뮤니케이션을 순환적 과정으로 간주하였다. **[그림 2-4]**는 슈람의 모형이다.

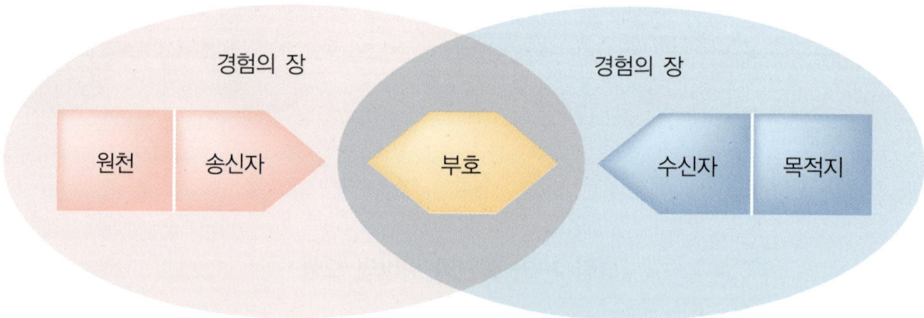

[그림 2-4] 슈람의 모형

■ 캐츠와 라자스펠드의 견해

1955년 캐츠와 라자스펠드(E. Katz & P. Lazasfeld)는 커뮤니케이션의 2단계 흐름이론(two-step flow theory)을 주장했다. 매체가 청중에게 직접적이고 강력한 영향을 미치는 것으로 알고 있었는데, 실제적으로는 매스 미디어보다 다른 사람들의 영향을 더 많이 받는다는 사실을 발견하였다. 이를 오피니언 리더(opinion leader, 여론선도자)라고 명명했다. 그러므로 1단계는 메시지가 실제로 전달되는 과정은 전달자와 수신자 사이의 영향보다는 주위 사람에게 유달리 강한 영향력을 행사하는 몇몇 사람들을 거치고, 2단계로 최종적으로 수신자에게 전달된다는 것이다. 이들의 모형은 **[그림 2-5]**와 같다.

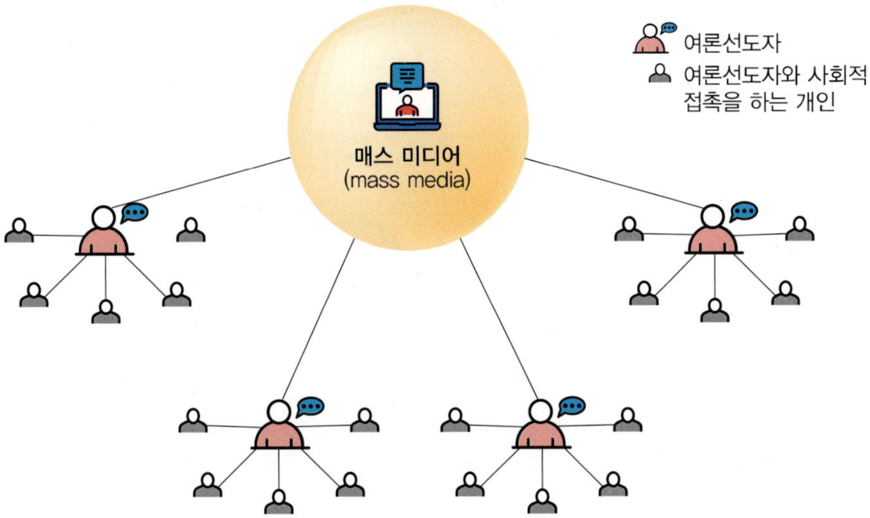

[그림 2-5] 캐츠와 라자스펠드의 모형

(2) 현대적 관점

1960년대 말과 1970년대 초는 커뮤니케이션 이론이 급성장한 시기였다. 이 시기에 조직행동 분야에서 조직, 경영, 리더십 등과 관련한 조직 커뮤니케이션 연구의 기초가 마련되었다.

▪ 벌로의 견해

벌로(D.K. Berlo)는 1960년에 「커뮤니케이션 과정(The Process of Communication)」이라는 책에서 커뮤니케이션의 기본 프로세스의 구성요소를 약어 SMCR 모형으로 설명한다. SMCR은 발신자(sender), 메시지(message), 채널(channel), 수신자(receiver)를 의미한다.

벌로의 모형은 아리스토텔레스 개념과 유사하지만 커뮤니케이션이 하나의 과정이라는 점을 강조하였다. 벌로는 "의미는 말 속에 있는 것이 아니라 사람들 속에 있다."라고 하였는데, 메시지 자체는 주로 보내는 사람의 몸짓과 채택한 단어 그리고 듣는 사람의 생각, 기대, 경험 등에 따라 해석이 달라진다는 것이다. 벌로의 모형은 **[그림 2-6]**과 같이 정보전달 과정의 모든 요소들이 복합적으로 작용함을 강조하고 있다.

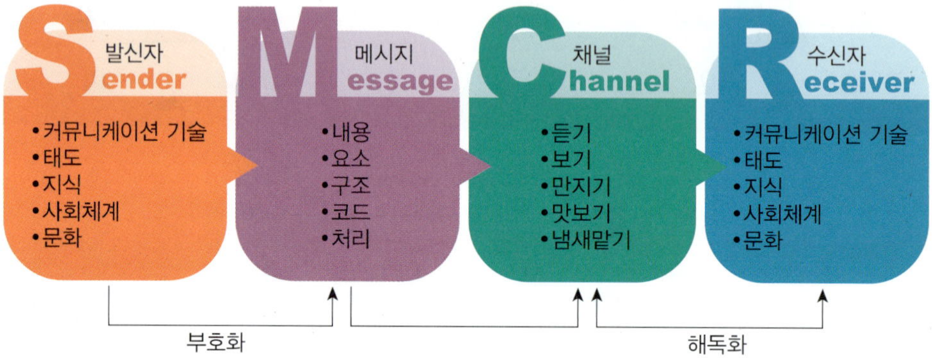

[그림 2-6] 벌로의 모형

■ 로저스와 킨케이드의 견해

로저스와 킨케이드(E.M. Rogers & D.H. Kincaid)는 컨버전스 모델(convergence model, 수렴 모형)을 강조하였는데, 커뮤니케이션은 이벤트가 아니라 과정으로 설명한다. 커뮤니케이터인 발신자와 수신자는 상호 이해의 목표를 향해 메시지를 해석하고 반응에 참여한다. 메시지에 의미는 없으며, 의미는 커뮤니케이터에 의해 해결되는 것으로 본다. 개인을 사회적인 네트워크로 연결시키는 방식과 정보의 중요성을 강조한다. **[그림 2-7]**은 이들의 수렴 모형이다. 이 모형에 의하면, 사람들은 메시지 주고받기를 반복하면서 정보공유를 통해 상호이해를 증진시키고 이런 과정을 반복($I_1 \rightarrow I_2 \rightarrow I_3 \rightarrow I_4$)하면서 상대방과 의미를 수렴하여 공통적인 결론이나 동일한 견해를 공유하기에 이른다.

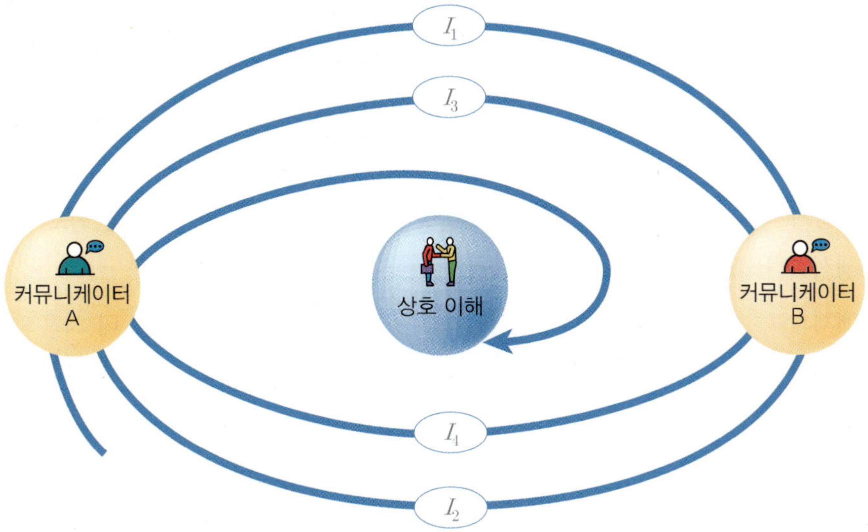

[그림 2-7] 로저스와 킨케이드의 모형

■ 교류적 커뮤니케이션 모형

현대적 커뮤니케이션 모형(modern communication model)의 대표격은 교류적 커뮤니케이션 모형(transactional communication model)이라 할 수 있다. 교류적 커뮤니케이션 모형이란 의사결정 과정에 참여하는 두 명의 참여자 간 동시다발적으로 주고받는 교환과 같은 양방향 대화형 모형이다. 고전적 모형에서는 전달자와 수신자를 구분짓는 일방향의 선형적 커뮤니케이션(linear communication)의 효과를 강조했지만 현대적 모형에서는 각 당사자는 송신자이자 수신자이다. 즉 커뮤니케이터이며 중개자의 역할은 거의 필요가 없다. 이 과정에서 송신자와 수신자 간 서로 다른 이해나 오해가 발생할 수 있다. 교류적 커뮤니케이션 모형은 다음과 같이 8가지 필수적인 구성요소로 나눈다.

- 소스(source, 원천): 전달할 메시지 또는 일련의 메시지를 생성하는 정보소스(information sources, 정보원)이다(Shannon, 1948). 메시지를 상상하여 만들어내고 상대에게 보내는 내용 등을 말한다. 대중 앞에서 연설하는 상황이라면 소스는 스피치를 하는 사람을 말한다. 화자(speaker)는 목소리 톤, 몸짓언어, 옷 선택을 통해 메시지를 전달

한다. 화자는 무엇을 말해야 하고 어떻게 말해야 하는지 먼저 메시지를 결정한다. 의도한 의미를 전달하기 위해 올바른 순서나 완벽한 단어를 선택하여 메시지를 암호화(encoding)한다. 수신자 또는 청중에게 정보를 제시하거나 보내고 청중의 반응을 관찰함으로써 메시지를 얼마나 잘 받았는지 인식하고 반응한다.

- **전달자**(sender, encoder, 송신기): 채널을 통해 전송(transmitter)에 적합한 신호(signal)를 생성한다(Shannon, 1948). 아리스토텔레스는 이를 화자라 했다.
- **매체**(channel, 채널): 단순히 송신기에서 수신기로 신호를 전송하는 데 사용되는 매체이다(Shannon, 1948). 채널(channel)은 메시지가 원천과 수신자 사이를 이동하는 방식이다. 말하거나 글을 쓸 때 채널을 사용하여 메시지를 전달한다. 음성 채널에는 대면 대화, 연설, 전화 대화 및 음성 메일 메시지, 라디오 등이 포함된다. 서면 채널에는 편지, 각서, 구매 주문서, 송장, 신문 및 잡지 기사, 블로그, 이메일, 트위터 등이 포함된다.
- **수신자**(receiver, decoder, 수신기): 수신자(기)는 송신자(기)가 수행한 작업의 역작업을 수행하여 신호에서 메시지를 재구성한다(Shannon, 1948). 수신자(receiver)는 소스에 의해 의도되었든 의도되지 않았든지 간에 채널을 통해 메시지를 분석하고 해석하는 사람, 즉 소스로부터 메시지를 받아들이는 사람이다. 소스로부터 메시지를 수신하여 메시지를 분석하고 해석한다.
- **메시지**(massage): 메시지(message)는 "보내다(to send)."라는 의미이다. 수신자에게 구두, 서면, 기록 또는 시각적 형식으로 전송되는 개념, 정보, 통신 또는 진술이다. 수신자 또는 청중을 위해 소스에서 생성된 자극 또는 의미이다. 연설을 하거나 보고서를 작성할 계획을 수립할 때 메시지는 의미를 전달하기 위해 선택한 단어만 있는 것처럼 보일 수도 있다. 단어는 문법 및 구성과 함께 제공된다. 메시지는 연설에서 어조, 몸짓, 외모와 함께 말하는 방식과 보고서에서 작성 스타일, 구두점, 제목 및 형식 선택으로 구성된다.
- **피드백**(feedback, 환류): 의도적이든 아니든 보내어진 소스에 반응을 보이는 것이 바로 피드백(feedback)이다. 피드백은 수신자가 소스로 다시 보내는 메시지로 구성된

다. 언어적이든 비언어적 피드백은 피드백 신호를 통해 소스인 메시지가 얼마나 잘, 얼마나 정확하게 수신되었는지 확인할 수 있다. 피드백은 또한 수신자 또는 청중이 설명을 요청하거나 동의 또는 동의하지 않거나 원천이 메시지를 더 흥미롭게 만들 수 있음을 나타낼 수 있는 기회를 제공한다. 피드백의 양이 증가할수록 커뮤니케이션의 정확도도 높아진다.

- **환경**: 환경(environment)이란 메시지를 주고받는 물리적 · 심리적 분위기이나 상황이다. 환경은 커뮤니케이션이 이루어지는 회의실, 회의실 안의 테이블, 의자, 조명 및 음향 장비를 포함할 수 있다. 환경에는 토론이 개방적이고 배려가 있는지 혹은 보다 전문적이고 형식적인지를 나타낼 수 있는 예복과 같은 요소도 포함될 수 있다.
- **맥락과 간섭**: 맥락과 간섭(context & interference)은 개인이 포함된 환경, 장면, 기대 등을 포함한 커뮤니케이션 상호작용의 모든 전후이다. 전문적인 커뮤니케이션 맥락에는 참가자들 간의 언어 및 행동에 대한 기대치에 직 · 간접적으로 영향을 미치는 비즈니스 소송이 포함되기도 한다. 잡음(noise)이라고도 하는 간섭은 일종의 방

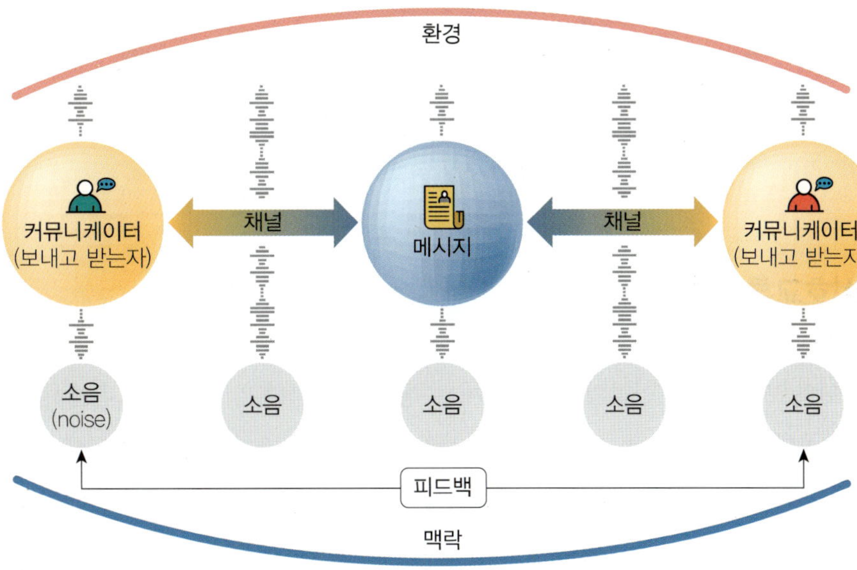

[그림 2-8] 교류적 커뮤니케이션 모형

해이다. 외부의 개입 및 방해 등의 오류로 모든 소스에서 발생할 수 있다. 간섭은 소스가 의도한 메시지 의미를 차단하거나 변경하는 모든 것이다. 소스와 수신기 사이의 채널에 의해 전달되는 메시지의 정상적인 암호화(encoding) 및 해독화(decoding)에 있어서도 간섭이 생길 수 있다.

▪ 구성적 커뮤니케이션 모형

구성적 커뮤니케이션 모형(constructivist communication model)은 메시지로 전달되어야 하는 진정한 의미가 커뮤니케이션의 과정을 통해 상호교환되는데 이때 공통기반 또는 협상된 의미에 초점을 둔다. 커뮤니케이션은 상대와의 단순한 교환을 넘어 송신자와 수신자로 번갈아 가며 기능하면서 전달하려는 의미를 협상하고 새로운 공동구간을 구축해가는 것이다. 서로 다른 문화적 맥락에서 적절하고 효과적으로 커뮤니케이션할 수 있도록 대안과 경험을 만들어 최종적으로 상호 이해의 폭을 넓히는 건설적인 커뮤니케이션이라 할 수 있다.

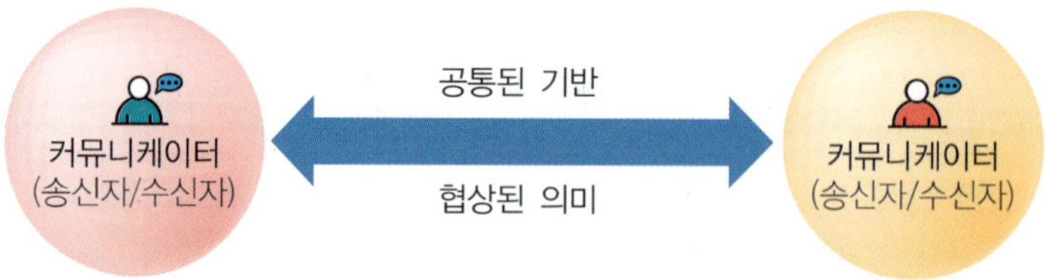

[그림 2-9] 구성적 커뮤니케이션 모형

(3) 상호교류분석

프로이드(S. Freud)는 인간의 품성 속에는 행동을 자극하고 조정하고 통제하는 3가지 원형이 있다고 했다. 즉 세상의 모든 사람은 누구나 3가지 형태의 자아를 갖고 남들과 관계한다는 것이다. 3가지 형태의 자아란 원자아(id, 철모르는 어린애처럼 본능처럼 살고 싶어 하는 자기), 자아(ego, 본능을 적절하게 조절하면서 보통의 어른들처럼 살고 싶어 하는 자기),

초자아(superego, 본능을 억제하고 도덕과 윤리를 모토로 하여 자녀를 통제해주는 부모나 일반인에게 가르침을 주는 신실한 종교인으로 살고 싶어 하는 자기)를 말한다. 프로이드는 누구에게나 이 3가지 형태의 자아가 있지만 셋 중 어느 것을 강하게 가지고 태어났는지에 따라서 누구는 아이 같고 누구는 어른 같으며 누구는 항상 고상하게 성인군자처럼 살아간다고 한다.

이 같은 3가지 자아는 타인을 상대하여 이야기를 나눌 때에도 똑같이 적용된다는 견해를 갖는다. 즉 프로이드 학설에 근거하여 베른(E. Berne)에 의해 교류분석(Transactional Analysis, TA)이 개발되었다. 교류분석이란 개인의 성장과 개인의 변화에 대한 성격이론이면서 체계적인 심리치료이다. 이는 해리스(T.A. Harris)에 의해 더욱 정교해졌고 커뮤니케이션 효율증대를 위한 훈련 프로그램으로 보편화되었다.

상호교류라는 말은 대인관계를 의미한다. 모든 사람은 3가지 자아상태(ego state), 즉 부모상태(P: parent), 어른 상태(A: adult), 아이상태(C: child)를 지니고 타인과 상호교류를 한다. 사람들이 타인과 대인관계를 가질 때는 3가지 자아상태 가운데 어느 하나의 입장에서 커뮤니케이션을 한다는 것이다. 상호교류분석이란 사람들로 하여금 그때그때의 상황에 적합한 자아상태를 찾는 법을 개발하여 커뮤니케이션의 효율성을 높이고자 하는 것이다. 대인관계는 3가지 자아상태의 교류에 따라 다음의 상호작용 유형으로 구분된다.

■ 보완적 교류관계

[그림 2-10]과 같이 부하가 아이상태를 취하면 상사는 부모상태로 반응한다(a)거나 그 반대이다(c). 부하가 어른상태로 질문하면 상사도 어른상태로 대답한다(b). 이렇듯 대화가 서로 평행으로 이루어질 때 가장 이상적이며 커뮤니케이션은 매우 효과적이고 서로 의미가 잘 통하며 오해의 소지도 없다.

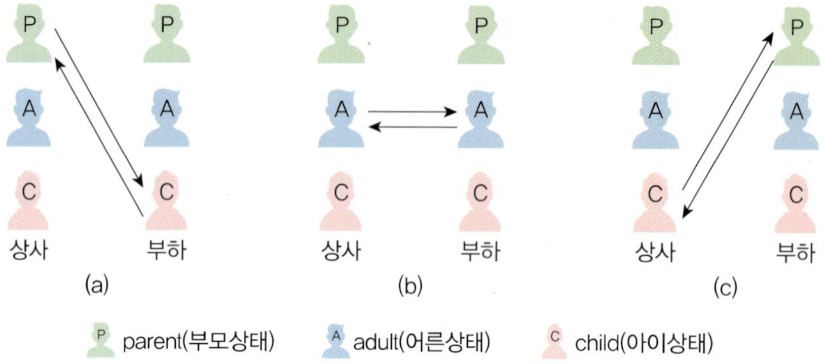

[그림 2-10] 보완적 교류관계

▪ 교차적 교류관계

[그림 2-11]과 같이 교차적이란 한쪽 당사자가 3가지 중에서 한 개의 자아를 선택하면서 부적합한 것을 꺼내어 사용할 때이다. 예를 들어, 상사가 부하를 아이상태로 상대한 데 대하여 부하는 상사에게 자신도 어른이고 상사도 어른이라고 여기고 대화하는 상황이다. 다음의 상황을 보자. 상사가 부하에게 "홍길동 씨, 오늘 퇴근할 때에는 곁길로 빠지지 말고 누가 불러도 따라가지 말고 곧장 집으로 가세요. 그래야 착한 가장이 되는 거에요."라고 충고했다고 하자. 이때 부하는 "네, 알았어요, 가장 노릇 잘할게요."라고 어른스럽게 답하면 대화가 어긋난 것이 아니다. 즉 보완적 교류이다. 그런데 부하가 그 말을 듣기를 부모가 어린애한테 하는 얘기로 해석하고 상사는 그 부모에 해당하지만 자기 역시 어른이라고 여기면서 "제가 집에 가는 길도 모르겠어요? 왜 나를 어린애 취급하세요?"라고 응대한다면 서로 오해가 생긴 것이다. 이것이 교차적

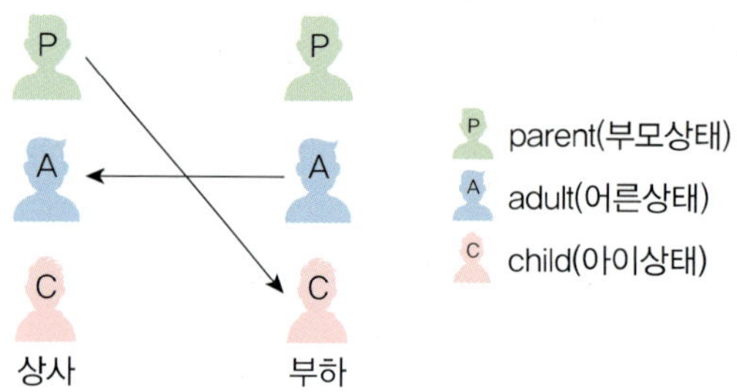

[그림 2-11] 교차적 교류관계

교류관계이다. 이러한 대화형식은 커뮤니케이션의 역기능을 초래하여 대인관계에서 많은 갈등을 불러일으키게 된다.

■ 비노출 교류관계

이것은 전달되는 메시지의 표면적 내용과 그 메시지가 의미하는 바가 따로 존재할 때 발생하는 상호작용 유형으로, 자아상태가 숨겨진 경우이다. 즉 부모로서 말하는지 어른으로서 말하는지 아이로서 말하는지 잘 모를 때 일어날 수 있는 교류관계이다. 전달자인 상사가 어른상태로 말하지만(**[그림 2-12]**에서 실선) 그 속에는 전혀 다른 부모 상태(**[그림 2-12]**에서 점선)가 숨어 있는 경우로 이런 교류관계는 상대의 감정에 상처를 주기 쉽다. 또 부하가 이를 파악하지 못하고 어른상태로 반응한다면(**[그림 2-12]**에서 실선) 대화는 겉돌게 된다. 따라서 숨겨진 의미를 찾는 노력도 커뮤니케이션에서는 매우 중요하다. 앞의 예에서 상사는 자신도 부하도 어른상태로 인지하고 있으나 겉으로는 부모가 아이에게 하는 것처럼 말했을 뿐이므로 부하가 이를 잘 새겨들어 상사에게 고맙다고 생각하고 "네 잘 았겠습니다. 고맙습니다." 했더라면 둘의 관계는 더욱 돈독해질 것이다.

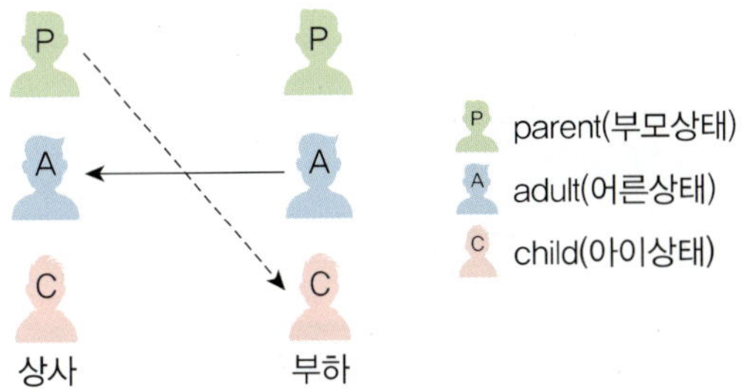

[그림 2-12] 비노출 교류관계

3 커뮤니케이션 네트워크와 중요성

많은 사람들이 모여 있는 조직 속에서 다른 모든 사람과 손쉽고 동등하게 이야기할 수 없을 때 우선 이야기가 잘되는 사람들끼리 대화의 망이 구축되는데 이것을 커뮤니케이션 네트워크(communication network)라 한다. 집단 내 개인 간 커뮤니케이션을 통해 특정 구조에서 정보가 흘러 다니는 관계이다. 두말할 필요도 없이 수천 명의 개인으로 이루어진 거대한 조직 속에는 수많은 네트워크가 존재한다고 할 수 있다.

스토리텔링 2-5 네트워크 조직의 형태

네트워크가 만들어질 때는 단계를 거치는데, 첫 번째 단계인 오리엔테이션 단계에서는 구체적 연결이 이루어지지 않는다. 커뮤니케이션이 계속 진행되면서 대립이 생긴다. 두 번째 단계인 초보적 네트워크 단계가 갈등단계이다. 세 번째 단계는 네트워크 출현단계로 구성원들과 하부집단들 사이에 조정이 이루어진다. 네 번째 단계는 통합된 네트워크가 형성되는 강화단계이다. 이로써 구성원 상호 간의 커뮤니케이션과 협력은 증가하게 된다. 다음은 네트워크 조직의 예이다.

- 세잎 클로버(shamrock), 가상(virtual), 모듈(module), 세포(cellular), 피자(pizza), 거미줄(spiderwebs), 별폭발(starbursts), 클러스터(cluster) 조직

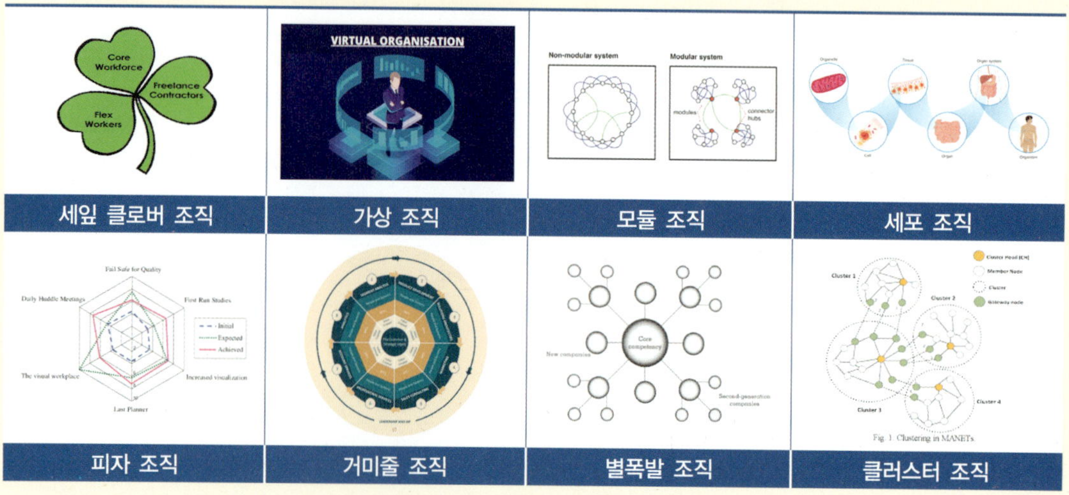

[그림 2-13] 다양한 네트워크 조직

스토리텔링 2-6 **벽을 허물자**

니체(F.W. Netzsche)는 여러 권의 책을 저술하고도 친구에 보낸 편지에서 "지금까지 내가 쓴 책은 실패다. 하고 싶은 말을 제대로 전달한 것이 한 권도 없다."라고 고백했다. 러시아에서 태어나 자란 유대인 화가 마르크 샤갈(M. Chagall)이 프랑스에서 전시회를 할 때 몰려든 기자에게 그는 "나는 프랑스어를 모릅니다. 내 작품에게 물어보십시오." 라고 말했다. 통하는 마음이 있다면 언어는 중요한 것이 아니라는 것이다.

서로 알아들으려면 자기 공간의 벽부터 헐어야 한다. 며느리 공간인 부엌에 시어미를 못 들어오게 하고, 시어미 텃밭에 며느리가 고추를 따러 들어가면 탐탁지 않게 여겼던 것이 고부간 갈등의 원인이었다.

GE사는 10년 만에 세계 랭킹 2위로 올랐는데, 벽 없는 조직이 이 회사의 모토이다. 일본의 가오(花王) 그룹은 연구, 개발, 생산, 판매부서의 벽을 헐고 하나로 통일하였다. 물론 벽을 허물고 문을 열어 놓았다고 해서 저절로 커뮤니케이션이 이루어지는 것은 아니다. 나를 먼저 알려야 서로 통하게 되듯이 커뮤니케이션은 주고받는 것이지 받고주는 것이 아니다. 대개의 상급자는 문을 열어 놓아도 부하가 들어오지 않는다고 불평인데, 먼저 접근하고 알리는 것이 커뮤니케이션이다. 노조가 비밀이 많다. 경영진이 비밀이 많다는데 이 모두가 맞는 말이다. 그러나 먼저 알리지 않았기 때문에 소통이 없게 되고 소통이 없으니 알릴 기회가 더욱 없게 되는 것이다.

(1) 커뮤니케이션 네트워크란?

커뮤니케이션 네트워크란 한마디로 조직구성원 상호 간에 벌어지고 있는 반복적인 상호작용의 패턴이다. 듀블린과 이를랜드(A.J. DuBrin & R.D. Ireland, 1993)는 정보를 주고받기 위해 사람과 집단을 연결하는 과정으로 네트워크를 정의하고 있다. 팀이나 직원들 간의 커뮤니케이션을 용이하게 하는데 사용되는 방법이다. 비즈니스는 효율적이고 성공하기 위해 메시지의 목적에 따라 다양한 방식으로 커뮤니케이션해야 한다. 어떤 메시지는 간단하고 경영진의 신속한 발표만 필요하지만 어떤 것은 문제해결, 직원의 문책과 보상 등 보다 더 긴급하고 세심한 협력이 필요한 경우도 많다. 따라서 조직 내 네트워크를 따라 사용하여 다양한 방식으로 조직 전체에 정보를 공유하고 발생되는 문제들을 해결할 필요가 늘어난다.

다양한 구성원의 상호작용 패턴에는 집단 내 · 외의 공식적인 것과 비공식적인 것이 있다. 공식적 상호작용 패턴은 조직도에 따라 형성되고, 비공식적 상호작용 패턴은 조직구성원 개개인 사이의 수평적 상호작용의 결과에 따라 형성된다. 요컨대 커뮤니케이션 네트워크는 전달자와 수신자를 이어주는 커뮤니케이션의 통로라고 할 수 있다. 실무에서는 언로(言路)라는 용어를 주로 사용한다. 원래 통로란 확 트이거나 꽉 막히는 것과 같이 눈에 보인다. 그러나 커뮤니케이션 네트워크는 어떤 경우에는 눈에 보이지 않는다.

대부분의 조직은 겉보기에 조직의 여러 부분이 크고 단단하게 연결되어 있는 것처럼 보이지만 사실은 마치 잡동사니처럼 다소 느슨하게 연결되어(loosely coupled) 있다. 많은 사람이 다양한 목적을 가지고 함께 모여 있고, 조직적 구분으로 인해 다른 사람과 서로 이야기할 수 없는 것처럼 보이지만, 그 속에는 개인 상호 간의 커뮤니케이션 네트워크가 곧 만들어지는 것이다. 그래서 수천의 개인으로 이루어진 거대한 조직 내에서 수많은 커뮤니케이션 네트워크가 존재하게 된다. 즉 조직구성원끼리 끊임없이 상호작용을 하는 수많은 개인의 관계가 존재하는 것이다. 그렇다고 해서 모든 커뮤니케이션 네트워크가 일괄적으로 조직 내에서 만들어지는 것은 아니다. 우선 커뮤니케

스토리텔링 2-7 **기막힌 네트워크**

어느 캐나다인 부부가 아이를 보모에게 맡기고 프랑스 여행을 떠났다. 그런데 캐나다의 집에 있던 아이가 갑자기 아팠다. 보모는 캐나다 외무부에 연락을 취했고, 외무부는 프랑스 주재 캐나다 대사관에, 그리고 대사관은 프랑스 라디오방송국에 부모를 찾아달라고 요청했다. 방송국에서는 그 부부의 렌터카 차량번호를 입수하여 방송을 했고 고속도로를 달리는 한 청년이 우연히 그 방송을 들었는데 자기 앞차가 그 부부가 탄 차라는 것을 알고 그 차를 추월하여 아이의 소식을 극적으로 알려주었다.

이션이 잘되는 사람들부터 공식적 · 비공식적 커뮤니케이션 네트워크를 구축하게 된다. 따라서 조직 내에는 누가 누구와 커뮤니케이션을 할 수 있는가 하는 것이 어느 정도 미리 결정된다. 로저스와 로저스(E.M. Rogers & R.A. Rogers, 1976)는 커뮤니케이션 네트워크를 개인과 조직 사이의 중간 크기에서 양자를 매개하는 하나의 묶음이라고 표현하였다.

(2) 커뮤니케이션 네트워크 연구

여기서는 커뮤니케이션 연구의 2가지 중요한 결과들을 살펴보고자 한다. 그중 하나는 소집단 네트워크이고, 다른 하나는 조직 내 커뮤니케이션 흐름에 관한 소시오메트리(sociometry) 분석이다.

■ 소집단 네트워크 연구

소집단 네트워크(small group network)는 소규모 집단의 구성원을 연결하는 4가지 유형의 네트워크가 있다. 원형 네트워크(circle network), 바퀴형 네트워크(wheels network), 사슬형 네트워크(chain network), 전체연결형 네트워크(all channel network)이다. 소집단 네트워크 연구는 작업의 성격, 구성원의 행동동기, 집단의 크기 및 구성원 간 상호작용 형태에 초점을 둔다. 즉 집단구조가 그 집단의 커뮤니케이션의 능률에 어떠한 영향을 미치는가 혹은 집단구조 내의 개인의 위치가 각 개인의 모티베이션과 직무만족에 어떠한 영향을 미치는가에 관심을 둔 것이다. 그중에서도 바벨라스(A. Bavelas, 1950), 레비트(H. Leavitt, 1951), 쇼(M.E. Shaw, 1964)에 의해 행해진 3가지 연구가 소집단 네트워크에 관한 연구 중에서 가장 대표적이다.

바벨라스의 연구

바벨라스는 피험자 5명을 칸막이로 나눈 공간에 들어가게 한 다음, 칸막이에 뚫린 구멍을 통해서만 서로 연락하며 그 연락도 글로 쓴 것으로만 하도록 제한하였다. 이

때 **[그림 2-14]**와 같은 커뮤니케이션 구조가 부여되었다. 피험자 5명 각각에게 과제를 준 다음, 정해진 과제를 해결할 자료와 정보를 나누어주고 상호 협조해서 과제를 풀도록 하였다. 그 결과 5명이 각각 받은 정보(메시지)는 중심부로 모였고, 중심부에 있는 사람은 과제들을 해결하여 주변 사람을 통하여 과제 해결법을 전달하였다. 이 실험에서 각 네크워크 유형에 있어 문제해결에 걸린 시간의 양, 서로 주고받았던 메시지의 수, 소시오메트리 기법에 의한 리더 지명권, 문제해결 참여의 만족도 등을 종속변수로 하였을 때 다음과 같은 2가지 결론을 얻을 수 있었다.

- 바퀴형과 같이 고도로 중앙집권화된 커뮤니케이션 네트워크는 반복적인 업무나 일상적 업무에 적합하였다.
- 원형과 같이 분산형 네트워크는 틀에 박힌 과업보다 유연한 적응이나 혁신적 사고를 요하는 업무에 더 적합하였다. 바퀴형처럼 집중형 커뮤니케이션이 허용되었을 경우 과업이 성공적으로 해결되는 일이 드물었고, 원형과 같은 분산형 커뮤니케이션이 허용되었을 때 성과가 향상되었다.

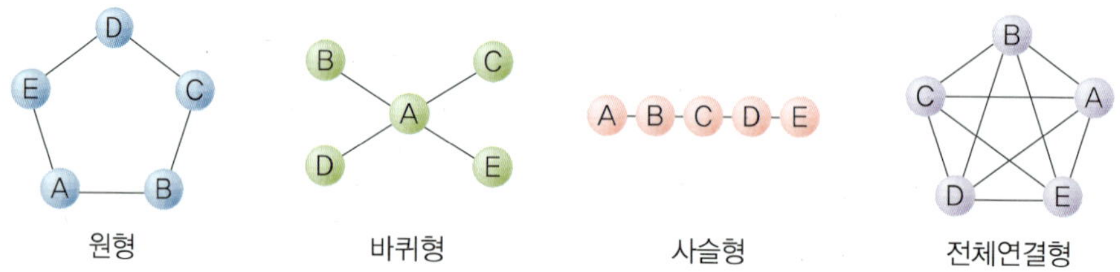

[그림 2-14] 커뮤니케이션 네트워크

레비트의 연구

레비트 교수는 서로 다른 커뮤니케이션 네트워크 유형(**[그림 2-15]** 참조)에 따라 과업성과가 어떻게 달라지는지를 실험하였다. 6개의 상징적 그림이 그려져 있는 1장의 카드를 피험자 집단에게 주어서 하나의 정확한 상징을 찾아내도록 하였다. 정보는 한 집단을 구성하고 있는 5명 모두가 정확한 답을 찾아낼 때까지 서로 교환하도록 하였다. 그 결과 바퀴형의 경우 주변부 사람들은 정보(메시지)를 중심부 C로 흘려보내고,

중심부에서 결정을 내리고 나면 그것이 주변부의 4명에게 전달되었다. 그러나 전체 연결형의 경우에는 정보의 전달이 어떤 것은 이루어지고, 어떤 것은 이루어지지 못하여 일관성이 없었다. 과제의 성과는 정확한 해결을 얻는 데 소모된 시간, 정확한 답을 맞히지 못하는 비율 등으로 평가하였고 다음과 같은 결론을 얻었다.

- 바퀴형이 전체연결형보다 부여된 문제해결의 속도가 빠르고 정확한 답을 맞히는 비율도 높았다. 그 이유는 바퀴형에서는 C위치에 있는 사람만이 정보를 기록하거나 실책을 간파할 수 있는 반면, 전체연결형에서는 5명 모두가 정보를 기록할 수 있기 때문에 각자 독특한 해결책을 가지고 있었다.
- 집단구성원은 말할 자유를 가질수록 더 만족했다. 모든 구성원이 말할 수 있었던 전체연결형에서 가장 만족했던 반면, 사슬형의 끝에 있는 D와 E는 단지 한 사람하고만 커뮤니케이션할 수 있었기에 만족이 가장 적었다.
- Y형의 경우 A, B의 의견을 조율하는 C의 역할이 매우 중요하였다. C가 잘못 커뮤니케이션할 경우 E에 도달된 메시지는 A와 B가 의도한 메시지와는 전혀 다른 경우가 많았다.

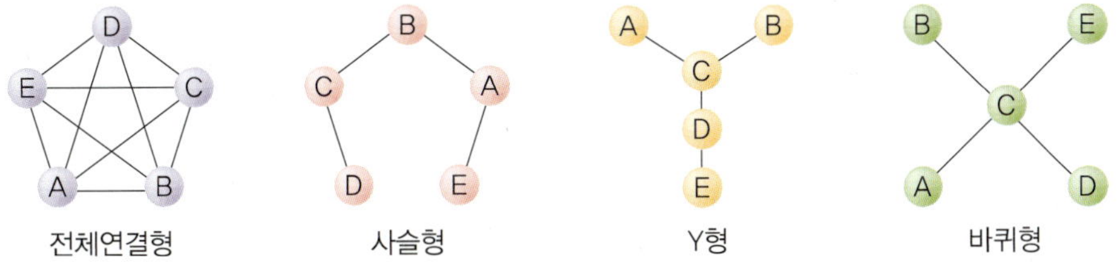

[그림 2-15] 레비트의 커뮤니케이션 네트워크 유형

쇼의 연구

1954년 쇼는 소집단 행동의 심리학인 집단역학(group dynamics)에 관심을 가졌다. 그는 한 개인이 어떤 집단 내에서 행할 수 있는 자율성의 정도와 개인이 부담해야 하는 정보의 투입과 산출의 양을 의미하는 정보포만 개념에 관해 연구하였다.

전체연결형과 같은 분산형 네트워크에서는 개인의 자율성이 매우 강하게 작용하고 있으며 이러한 자율성이 높을수록 만족도는 더 높았다. 정보포만 상태는 바퀴형에서

A가 가장 높았고(**[그림 2-15]** 참조), 과중한 정보는 집단의 과업해결에 오히려 역효과를 냈다. 쇼의 1954년 연구결과를 정리하면 다음 4가지이다.

- 바퀴형처럼 중앙집권식 네트워크가 신속한 과업수행에는 효과적이지만 과업수행 결과의 실패율이 높다. 그 이유는 쌍방적 커뮤니케이션과 피드백이 억제되었기 때문이다. 결국 서로 연결되어 있는 네트워크가 많으면 많을수록 구성원이 보유하고 있는 정보가 많아지기 때문에 문제를 해결하기가 그만큼 쉬워지는 것이다.
- 전체연결형에서와 같이 중앙집권적 양상이 낮고 개인의 독립성과 자율성이 높으면 구성원의 만족도 높아진다.
- 네트워크 구조는 특정 개인을 리더로 만드는 데 기여한다. 예를 들어, 바퀴형에서는 실험자가 그 집단의 리더를 정해주지 않았는데도 구성원은 A를 리더로 인식하고 있었다.
- 네트워크 안에서 중심부에 위치하고 있다는 사실로 인해 리더의 정보포만 상태는 높아진다. 즉 모든 메시지가 중심부에 있는 사람을 통해서만 전달되었다.

커뮤니케이션의 소집단 연구는 커뮤니케이션 네트워크 내에서 구조의 영향력에 관한 정보를 제공해주었다는 데 의의가 있다. 하지만 캠벨(D.T. Campbell, 1969)이 지적한 것처럼 실험실 연구는 이론을 증명할 수 있으며, 단지 이론들을 시험할 뿐이라는 비판을 면하지 못하였다.

▪ 소시오메트리 분석

소시오메트리라는 말은 인간의 사회적 관계를 측정하는 정량적 방법을 말한다. 이는 모레노(J.L. Moreno)에 의해 처음 명명되었다. 소시오메트리 분석은 레빈(K. Lewin)으로부터의 영향이 크다. 사회심리학자인 레빈은 미국의 아이오와 시의 주부에게 소의 허파와 간 같은 내장을 먹는 아이디어를 제공함으로써 집단구성원 간에 상호작용을 하도록 하여 그 결과 상호 간에 어떤 공통적인 감정을 형성하도록 만들었다. 이렇게 형성된 감정은 집단구성원의 태도와 행동에 영향을 주게 되고 상호관계에 다시 영향을

스토리텔링 2-8 **소시오그램**

소시오그램(sociogram)은 집단 내 인간관계를 차트로 표시하는 도구이다. 각 개인이 가지고 있는 사회적 연결고리 및 사람에 대한 선호도를 시각적으로 표현해 놓은 그림인데, 리더에게는 이러한 그림이 많은 참조가 된다. 상호작용이 이루어지는지, 한쪽 방향으로만 상호작용이 강요되는지, 두 개인 간 긍정적 관계인지, 서로 미워하는지 파벌이 있는지, 고립자가 있는지 등을 파악하고 대처할 수 있다.

[그림 2-16] 소시오그램

미친다.

이러한 사회연결망을 보면 집단구성원 간에 형성된 좋고 싫어하는 관계구조를 파악할 수 있다. 인간관계의 질적 측면을 양적으로 가시화해 놓고 잘못된 문제나 단절된 커뮤니케이션 네트워크를 복구할 수 있다.

(3) 커뮤니케이션 네트워크의 중요성

네트워크란 커뮤니케이션 흐름을 유형화한 것이며 이를 통해서 서로 상호작용하는 개인으로 구성된다. 따라서 네트워크는 어느 정도 규칙적인 구조 내의 개인으로 이루어진 비공식집단과 관련이 있다. 로저스와 로저스는 작업집단 내에 커뮤니케이션 네트워크가 저절로 만들어지는 이유를 "어떤 공동직무에 관한 상호 관심사 때문이거나 상호 간의 공동취향, 매력 또는 어떤 화제에 대한 관심의 상호관계 때문이다."라고 설명한다. 그렇다면 커뮤니케이션 네트워크가 왜 중요한가?

커뮤니케이션 네트워크는 어느 정도 자발적으로 형성된다. 즉 네트워크는 한 조직 내 개인들 사이의 일상적이고 제도적인 커뮤니케이션 활동과 무관하게 발생한다. 따라서 커뮤니케이션 네트워크는 시간을 거듭하면서 끊임없이 변하게 되어 있다. 공식적 커뮤니케이션 체제, 예를 들어, 조직도 같은 것은 구성원에게 어느 정도 강제적인데 비해, 커뮤니케이션 네트워크는 자연스럽게 나타나는 것이라고 볼 수 있다. 결국 커뮤니케이션 네트워크에 대해 정확히 이해한다면 커뮤니케이션을 이해한 것이나 다름없다.

호손연구에 의하면 14명의 작업자 사이에 비공식집단이 있음이 발견되었다. 예를 들면, 높은 생산량을 올리던 작업자는 동료로부터 너무 많은 생산을 하지 말도록 압력을 받았다. 또 다른 예에서 금주자 혹은 음주자로 구성된 학생집단에서 집단의 규범에서 벗어난 학생(금주집단 내의 음주자 혹은 음주집단 내의 금주자)은 집단 속에서 잘 어울리지 못하고 동료와의 커뮤니케이션 빈도도 훨씬 낮았다.

쇼메이커(F.F. Shoemaker, 1971)는 조직 내에서 커뮤니케이션 네트워크가 개별구성원의 행동에 미치는 영향력이 매우 강하다고 밝히고 있다. 이는 어떤 시스템 내에서 그 시스템을 구성하는 개개인의 행동에 미치는 타인의 영향인 시스템 효과가 커뮤니케이션 네트워크 관계를 통해 영향력을 행사하는 것이라고 할 수 있다.

또한 밀그램(S. Milgram)에 의한 연구는 커뮤니케이션 네트워크의 중요성에 대해 시사하는 바가 크다. 생면부지의 아무개에게 누구를 아느냐고 물었을 때 그가 안다고 말하면 세상이 참 좁다는 것을 느낄 것이다. 밀그램은 최종의 누군가에게 메시지를 전달하기 위해 우선 무작위로 뽑은 첫 번째 사람으로 하여금 다음 사람을 지명하게 하고 이런 방식으로 계속해서 메시지가 전달되도록 했다. 그런데 놀랍게도 그 메시지는 네브래스카 주를 출발하여 메사추세츠 주에 있는 최종 목표의 사람에게까지 도달하는 데 약 5명의 중개자만을 거쳐 전달되었다. 처음 전달자가 흑인인 경우, 그 흑인은 가까운 백인이 아닌 좀 더 멀리 떨어져 있는 흑인에게 전달되었고, 백인도 이와 유사한 과정을 거쳐 전달되었다. 그리고 80%는 동성인 전달자와 수신자 사이에서 전달이 이루어졌다.

이는 한 조직의 메시지가 어떻게 흐르는가 하는 시사점을 제공하기도 하지만, 사람들이 사는 세계 속의 연결고리가 바로 커뮤니케이션 네트워크라는 것도 암시하고 있다.

(4) 공식 · 비공식 커뮤니케이션 네트워크

커뮤니케이션 네트워크란 정보가 흘러가는 채널을 말한다. 이러한 채널에는 공식채널과 비공식채널이 있다. 공식 네트워크는 일반적으로 수직적이며 위계사슬에 따른다. 하지만 비공식 네트워크는 보통 비밀 정보망으로 알려진 그레이프바인(grapevine)과 같이 위계를 뛰어넘고 방향에 구애받지 않는다. 또한 집단구성원의 사회적 욕구를 만족시킨다.

▪ 공식 소집단 네트워크

[그림 2-17]에서와 같이 공식 소집단 네트워크는 3가지로 간략하게 나타낼 수 있다.

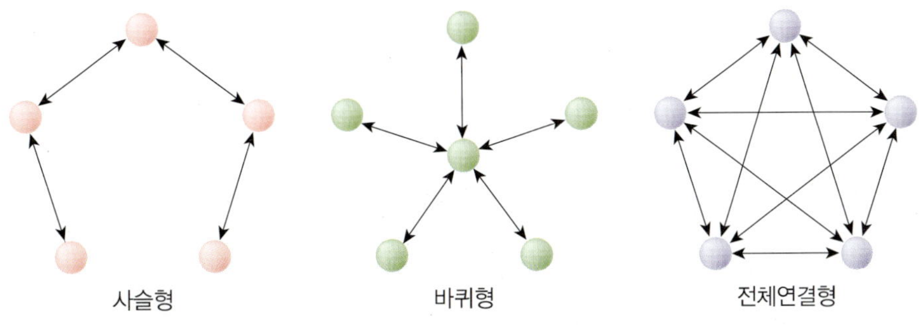

[그림 2-17] 공식 소집단 커뮤니케이션 네트워크

- 사슬형은 엄격하게 공식적인 명령사슬을 따른다.
- 바퀴형은 중심의 리더에게 집단의 모든 커뮤니케이션을 일임한다.

- 전체연결형은 모든 상황이 항상 좋을 수만은 없으므로 상황에 따라 가장 적합한 최선의 네트워크를 선택한다.

이러한 3가지 네트워크 유형별로 각각의 유효성을 살펴보면 **표 2-3**과 같다. **표 2-3**에서 보면 사슬형은 정확성이 아주 높고, 바퀴형은 리더의 위기관리능력을 촉진하는 데 좋고, 전체연결형은 커뮤니케이션에 참여하는 구성원들의 만족에 가장 적절한 유형이라는 것을 알 수 있다.

표 2-3 소집단 네트워크의 유효성

구분	네트워크 유형		
	사슬형	바퀴형	전체연결형
속도	보통	빠름	빠름
정확성	높음	높음	중간
리더의 위기관리 능력	보통	높음	없음
구성원 만족	보통	낮음	높음

비공식 네트워크

조직의 커뮤니케이션이 공식적인 시스템에 의해서만 이루어지는 것은 아니다. 정보는 비밀정보통이나 소문, 유언비어 등을 통해서도 전달된다. 이러한 비공식 네트워크는 3가지 중요한 특징을 가진다.

- 관리자에 의해 제대로 통제되지 않는다.
- 대부분의 조직 구성원은 관리자에 의한 공식적 발표보다는 비공식 커뮤니케이션 네트워크에 의한 정보를 더 신뢰하는 경향이 있다.
- 자기의 이익을 충족하는 데 그러한 비공식 네트워크를 사용한다는 것이다. 즉 흥미 있는 정보가 비공식 네트워크를 통해 끊임없이 전달되며, 이러한 비공식 커뮤니케이션 네트워크는 조직도상에도 나타나지 않는다. 그러면서도 공식 커뮤니케이션과 공존한다.

비공식 커뮤니케이션이 조직에서 많이 사용되는 이유는 무엇일까?

- 조직 내 갈등을 줄이는 데 사용될 수 있다. 즉 개인의 흥미를 돋우거나 근심을 줄이는 데 아주 효과적이다.
- 제한되어 있거나 단편적인 정보를 이해하는 데 좋다.
- 조직구성원을 단결시키는 수단으로도 사용된다.
- 전달자의 지위나 힘을 표현하는 데 적절하다.

조직 내에 흔히 있는 인사발령, 신임 사장의 임명에 대한 정보가 비공식 커뮤니케이션 네트워크를 따라 소리 없이 움직인다. 이러한 정보는 인사발령 공표가 완료되거나 신임 사장이 임명되어 그 사장의 괴팍한 성격에 대한 우려가 없어질 때까지 계속된다. 그렇다면 관리자는 비공식 커뮤니케이션 네트워크를 완전히 제거할 수 있을까? 한마디로 그렇게 할 수 없다. 그렇지만 부정적인 비공식 네트워크를 최소화하는 것이 관리자가 할 일이다.

(5) 커뮤니케이션의 방향

요즘 사람들은 정보의 홍수 속에서 산다. 아침에 눈을 뜨면서부터 듣게 되는 스마트폰 속의 광고, 온종일 볼 수 있는 IPTV와 인터넷 정보, 길거리 어디를 가나 볼 수 있는 현수막이나 포스터 등 그야말로 정보의 홍수다. 그리고 정보의 홍수 속에서 정보가 전달되는 현상은 비즈니스 커뮤니케이션의 전형적인 예이다.

비즈니스 커뮤니케이션은 편의상 일방적 비즈니스 커뮤니케이션과 쌍방적 비즈니스 커뮤니케이션으로 나누기도 하는데, 흔히 비즈니스 커뮤니케이션을 상호 간의 커뮤니케이션이므로 쌍방적 비즈니스 커뮤니케이션을 지칭한다고 봐야 한다. 라디오 광고나 방송 뉴스 등은 정보가 한쪽 방향으로 흐르는 일방적 비즈니스 커뮤니케이션의 예라고 할 수 있다. 일방적 비즈니스 커뮤니케이션에서는 정보의 투입만 있을 뿐이지만, 쌍방적 비즈니스 커뮤니케이션에서는 정보(의사)를 소통 교환함으로써 상호 간에 공통된 인식에 도달할 수 있다.

기업 내의 비즈니스 커뮤니케이션도 기본적으로 이러한 2가지 측면에서 생각해볼 수 있는데, 지시나 명령 혹은 보고 등이 일방적 비즈니스 커뮤니케이션의 예라고 한다면 면담, 회의, 간담회 등의 형태는 쌍방적 비즈니스 커뮤니케이션의 예일 것이다. 그것이 일방적이든 쌍방적이든 전달자와 수신자 사이의 메시지 전달을 위해서는 다양한 방향과 방법이 있을 수 있다. 이때의 방향이나 방법은 학자에 따라 커뮤니케이션 경로(channel), 흐름(flow), 매체(media), 유형(type), 형태(form), 패턴(pattern) 등의 다양한 명칭으로 사용되지만, 그 내용은 대부분 일치한다.

본서에서는 이러한 다양한 명칭 중 비즈니스 커뮤니케이션 형태를 전달자와 수신자 사이의 메시지 전달방향 및 방법으로 지칭하였다. 따라서 비즈니스 커뮤니케이션 형태는 다음과 같이 3가지로 구분할 수 있다.

- 내 · 외부에 따라 내부 비즈니스 커뮤니케이션(internal business communication)과 외부 비즈니스 커뮤니케이션(external business communication)으로 구분하는 것
- 방향을 중심으로 일방적 비즈니스 커뮤니케이션(one-way business communication)과 쌍방적 비즈니스 커뮤니케이션(two-way business communication)으로 구분하는 것
- 방법을 중심으로 언어 비즈니스 커뮤니케이션(verbal business communication)과 비언어 비즈니스 커뮤니케이션(nonverbal business communication)으로 구분하는 것이다.

여기서는 비즈니스 커뮤니케이션 방향을 중심으로 구분하는 것만을 논의하고 나머지 비즈니스 커뮤니케이션 형태는 장을 바꾸어서 3장에서 자세히 배우기로 한다.

■ 일방적 비즈니스 커뮤니케이션

일방적(one-way)이란 일방통행과 같은 흐름을 말한다. 즉 개인이 많은 사람을 상대로 일방적으로 이야기를 진행하는 것이다. 구체적 형태로는 강의, 연설, 발표, 설교 등이 있다. 예로부터 웅변 또는 연설로서 알려져 왔고 그래서 웅변조의 화법에 큰 비중

을 두었다. 이런 의미에서 일방적 비즈니스 커뮤니케이션은 준비된 혹은 계획된 비즈니스 커뮤니케이션이라 할 수 있다. 일방적 비즈니스 커뮤니케이션의 경우에는 전달자 개인의 판단이 상당히 중요하다. 그래서 전달과정에서 상대방의 비언어적 커뮤니케이션 채널인 얼굴표정, 제스처, 눈접촉 등을 세심히 파악하는 것이 필요하다.

■ 양방향 비즈니스 커뮤니케이션

양방향(twp-way)이란 피드백을 통한 상호관계를 가지는 것이다. 개인적인 대화, 인사, 소개, 상담, 면담 등이 이에 속한다. 전달자의 이야기에 대해 수신자가 반응하여 그 전달자에게 또 다른 이야기를 전달하는 식이다. 그러므로 일방적 비즈니스 커뮤니케이션이 전달자 개인에게 비중을 둔다면 쌍방적 비즈니스 커뮤니케이션은 전달자와 수신자 양쪽의 역할이 중요하다. "무슨 말인지 알겠어?", "이런 것은 안 되나요?", "이해가 안 되는데 다시 설명해주세요.", "이제 이해하셨어요?"와 같이 쌍방적 비즈니스 커뮤니케이션은 그때그때 상황에 맞는, 준비되어 있지 않았던 비즈니스 커뮤니케이션이라 할 수 있다.

최근에 정보통신기술을 이용한 비즈니스 커뮤니케이션은 대화식으로 이루어지고 있다. 전문가를 초빙하여 관심사항에 대하여 앵커가 의견을 묻고 초대된 전문가가 질문에 답하는 경우는 대화식으로 이루어지는 쌍방적 비즈니스 커뮤니케이션이다.

2장 수행과제

※ 각 문제가 요구하는 대로 ✔ 표시하세요.

01 학문을 연구함에 있어 각 학문별 연구의 전통이라는 것이 있다. 비즈니스 커뮤니케이션도 그런 연구전통이 있다. 비즈니스 커뮤니케이션을 연구하는 접근법이 아닌 것은?

① 인간관계론 접근법
② 심리학적 접근법
③ 해석-상징적 전근법
④ 체계적 상호작용 접근법

02 커뮤니케이션이란 말이 경영학에 등장하기 시작한 시기를 1930년대로 보고 있다. 1940년부터 커뮤니케이션이란 학문으로 성장하게 된다. 고전적 관점이라 보기 어려운 것은?

① 라스웰의 모형
② 잡음의 개념
③ 피드백 중요성
④ 상징의 중요성

03 (   ) 접근법은 분석단위를 커뮤니케이션 외부에 두고 있으며, 전체적인 커뮤니케이션 체계에 초점을 둔다. 특히 메시지 교류행동의 범주, 메시지의 형식, 메시지의 유형 등에 관심을 둔다.

① 기계론적 접근법
② 심리학적 접근법
③ 해석-상징적 전근법
④ 체계적 상호작용 접근법

04 다음 설명이 잘못된 것은?

① 기계론적 접근법과 심리학적 접근법은 커뮤니케이션을 의도적 혹은 자의적으로 행한 것으로 인식한다.
② 체계적 상호작용 접근법은 커뮤니케이션을 참여적 행동으로 본다.
③ 체계적 상호작용 접근법은 자의적보다는 순응적 커뮤니케이션을 강조한다.
④ 체계적 상호작용 접근법은 개인이 커뮤니케이션을 주도적으로 행하는 것으로 강조한다.

05 커뮤니케이션의 고전적 모형이 아닌 것은?

① 라스웰의 모형
② 로저스와 킨케이드 모형
③ 쉐넌과 위버의 모형
④ 슈람의 모형

06 (　　) 모형은 커뮤니케이션이 하나의 과정이라는 점을 강조하면서 정보전달 과정의 모든 요소들이 복합적으로 작용함을 주장하였다.

① 로저스와 킨케이드 ② 벌로
③ 캐츠와 라자스펠드 ④ 슈람

07 교류적 커뮤니케이션 모형의 필수 구성요소가 아닌 것은?

① 정보원천 혹은 소스 ② 메시지와 채널
③ 수신자와 피드백 ④ 촉진과 장애극복

08 (　　)은 메시지로 전달되어야 하는 진정한 의미가 커뮤니케이션의 과정을 통해 상호 교환되는데 이때 공통기반 또는 협상된 의미에 초점을 둔다. 서로 다른 문화적 맥락에서 적절하고 효과적으로 커뮤니케이션할 수 있도록 대안과 경험을 만들어 최종적으로 상호 이해의 폭을 넓히는 건설적인 커뮤니케이션이라 할 수 있다.

① 구성적 커뮤니케이션 모형
② 교류적 커뮤니케이션 모형
③ 쉐넌과 위버의 모형
④ 벌로의 모형

09 상호교류분석의 설명 중 다른 것은?

① 탑 다운과 바튼 업 방식
② 프로이드의 3가지 형태의 자아에서 힌트를 얻음
③ 베른(E. Berne)에 의해 구체화
④ 아이상태, 부모상태, 어른상태

10 커뮤니케이션 네트워크가 구축되는 단계가 아닌 것은?

① 구체적 연결은 이루어지지 않으나 오리엔테이션 단계가 있다.
② 초보적 네트워크 단계에서는 갈등이 발생한다.
③ 통합된 네트워크 단계에서 네트워크의 결속력이 강화된다.
④ 생겨난 네트워크는 소멸의 단계를 항상 겪는다.

11 커뮤니케이션 채널(경로)과 다른 개념은?

① 메시지(message) ② 패턴(pattern)
③ 흐름(flow) ④ 형태(form)

※ 각 문제가 요구하는 대로 괄호에 ○, × 표시하세요.

12 (　　　) 비즈니스 커뮤니케이션에는 동기부여적 언어라는 표현이 있다.

13 (　　　) 조직의 공식 조직도 역시 커뮤니케이션 네트워크라 할 수 있다.

14 (　　　) 공식 네트워크를 포도넝쿨에 비유한 것을 그레이프바인이라 부른다.

15 (　　　) 부정적인 비공식 네트워크를 최소화해야 한다.

16 (　　　) 부서 간 무형의 장벽을 허무는 것은 커뮤니케이션 활성화를 위해 필요하다.

※ **각 문제가 요구하는 대로 괄호에 번호를 표시하세요.**

① 자아상태 ② 소시오메트리 ③ 밀그램 효과 ④ 양방향 비즈니스 커뮤니케이션 ⑤ 호손연구

17 (　　　) 인간관계, 커뮤니케이션 등을 규명한 그래프나 연결망을 의미한다. 그림에 좋아하는 사람과 좋아하지 않는 사람을 기록하여 인간관계를 도표화한다.

18 (　　　) 잘 알지 못하는 사람들과 이상하게 쉽게 연결되는 경우를 말한다.

19 (　　　) 원자아, 자아, 초자아를 아이상태, 어른상태, 부모상태로 간주한다.

20 (　　　) 일방적 소통이 아닌 Two-way Business Communication을 말한다.

21 (　　　) 14명의 작업자 사이에 비공식집단이 존재함을 밝혀냈다.

※ 각 문제가 요구하는 대로 빈칸을 채우세요.

22 인사는 감사의 마음, 반가운 마음, 죄송한 마음 등의 감정을 표현하는 수단이며, 상대방을 응대하는 시작과 마무리이기도 하다. 평소 인사를 잘하면 친절하다, 인상이 좋다는 말을 듣는 법이다. 타인과 대면하여 어떤 인사로 시작하느냐에 따라 상대의 마음을 사로잡을 수도 있다. 이렇듯 인사는 인간관계의 시작점이다. 혹시 좋지 않은 인사법을 습관적으로 하고 있지 않는지 스스로 체크하는 것도 직장생활에서 좋은 비즈니스 커뮤니케이션을 위해 필요하다. 조직 내 구성원과의 인사예절에 대하여 자신이 속한 조직이 어느 상태에 있는지 체크하시오.

체크리스트	예	아니오
1. 인사는 공손히 하고 있는가?		
2. 항상 즐거운 마음으로 인사하고 있는가?		
3. 인사를 받고도 인사를 하지 않은채 그냥 지나친 적은 없는가?		
4. 고개만 까딱거리는 인사를 하고 있지 않은가?		
5. 손을 주머니에 넣은 채 인사를 하고 있지 않은가?		
6. 인사를 할 때에는 항상 명랑한 인사말을 교환하고 있는가?		
7. 인사를 할 때 의자에 앉은 채로 한 적은 없는가?		
8. 형식적인 겉치레 인사를 하고 있지 않은가?		
9. 인사의 각도, 몸가짐, 시선, 속도는 알맞게 하고 있는가?		
10. 인사를 상사뿐만 아니라 고객에게도 잘하고 있는가?		

23 다음 상황별로 사용해야 할 표현을 작성하시오.

피해야 할 표현	호감주는 표현
통화중입니다.	지금 ○○ 중이신데, 메모를 남겨주시겠습니까?
누구세요?	누구신지 여쭈어 봐도 되겠습니까?
여보세요?	안녕하세요?
당장	이제
무엇 때문에	무엇을 도와 드릴까요?
여보세요! 여보세요!	○○입니다. 잘 안들립니다. 다시 전화주시겠습니까?
부재중입니다.	사무실에 안 계시는데, 메시지를 전해 드릴까요?
모르겠습니다.	알아보겠습니다.
조용히 하세요.	조용히 해주셨으면 좋겠습니다.
오전 내내	오전 ○○시에
확실하지 않습니다.	확인해 보겠습니다.
내 잘못이 아닙니다.	즉시 확인해 보겠습니다.
할 수 없습니다.	○○○ 해 보시지요.
~을 하셔야 합니다.	~을 해주셨으면 좋겠습니다.

2장 도움글

Abrecht, T.L. & Ropp, V.A. (1982). "The Study of Network Structuring in Organizations through the Use of Triangulation," *Western Journal of Speech Communication*, vol.46, pp.146-178.

Bavelas, A. & Barrett, D. (1951). "An Experimental Approach to Organizations Communication," *American Management Association*, New York, pp.57-62.

Bavelas, A. (1950), "Communication Patterns in Task-Oriented Groups," *Journal of the Acoustical Society of America*, vol.22, pp.727-730.

Berlo, D.K. (1960). *The Process of Communication: An Introduction to Theory and Practice*, New York, NY: Holt, Rinehart and Winston.

Berne, E. (1961). *Transactional Analysis in Psychotherapy: A Systematic Individual and Social Psychiatry*, New York: Grove Press.

Campbell, D.T. (1969). "Prospective: Artifact and Control," Rosenthal R., & Rosnow R.L. eds., *Artifacts in Behavioral Research*, New York, Academic Press.

Daniels, T. & Speaker, B. (1987). *Perspectives on Organizational Communication*. Dubuque, IA: W.C. Brown Publishers.

Davis, K. & Newston, J.W. (1989). *Human Behavior at Work, Organizational Behavior*, 8th eds., NY: McGraw-Hill Book Company.

DuBrin, A.J. & Ireland, R.D. (1993). *Management & Organization*, 2nd eds., South-Western.

Fisher, B.A. (1978). *Perspectives on Human Communication*, New York: Macmillan.

Freud, S. (1905). *Three Contributions to the Theory of Sex: The Basic Writings of Sigmund Freud*, New York: The Modern Library.

Grice, L.G. & Skinner, F.J. (2001). *Mastering Public Speaking*, Needham Heights, MA: Pearson Education.

Harris, T.A. (1969). *I'm OK You're OK: A Practical Guide to Transactional Analysis*, NY: Harper & Row.

Jablin, F.M. (1982). "Organizational Communication: An Assimilation Approach, In Roloff, M.E. & Berger, C.R. eds., *Social Cognition and Communication*,

Newbury Park, CA: Sage, pp.255-286.

Johnson R.J. & Clark, G. (2012). *Service Operations Management, Improving Service Delivery*, 2nd., Prentice–Hall.

Katz, E. & Lazarsfeld, P.F. (1956). *Personal Influence: The Part Played by People in the Flow of Mass Communication*, New York: Free Press.

Lassewell, H. (1948). The Structure and Function of Communication in Society, In Bryson, eds., *The Communication of Ideas*, New York: IHarper and Row.

Leavitt, H.J. (1951). "Some Effects of Certain Communication Patterns on Group Performance," *Journal of Abnormal and Social Psychology*, vol.46, pp.38-50.

Leavitt, H. & Mueller, R. (1951). "Some Effects of Feedback on Communication," *Human Relation*, vol.4, pp.401-410.

Lewin, K. (1951). *Field Theory in Social Science*, New York: Harper & Row.

Luthans, F. & Larsen, J.K. (1986). "How Managers Really Communicate," *Human Relations*, vol.39, no.2, pp.161-178.

Luthans, F. (2004). *Organizational Behavior*, 6th eds., NY: McGraw-Hill.

McLean, S. (2005). *The Basics of Speech Communication*, Boston, MA: Allyn & Bacon.

Nolte, D.L. (1975). "Child Learn What They Live L Nolte," In *Looking Out Looking*, Adler, R.B. & Proctor II, R.F., Cengage Advatage Books.

Robert, K.H. & O'Reilly, C.A. (1974). "Measuring Organizational Communication Structure," *Journal of Applied Psychology*, vol.59, no.3, pp.321-326.

Rogers, E.M. & Kincaid, D.H. (1981). *Communication Network*, New York: Free Press.

Rogers, E.M. & Rogers, R.A. (1976). *Communication in Organizations*, Free Press New York.

Schall, M.S. (1983). "A Communication-Rules Approach to Organizational Culture," *Administrative Science Quarterly*, vol.28, pp.557-581.

Schramm, W. (1947). "Measuring Another Dimension of Readership," *Journalism Quarterly*, vol.24, pp.293-306.

Shannon, C.E. & Weaver, W., (1949). *The Mathematical Theory of Communication*, Urbana, IL: University of Illinois Press.

Shaw, M.E. (1964). "Communication Network," In Berkowits, L., eds., *Advances in Experimental Psychology*, New York: Academic Press, pp.111-147.

Sindhav, B. & Adidam, P.T. (2005). "Marketing Communication as Organizational Communication : Exploration and Synthesis of the Underlying Theoretical Perspectives," *Innovative Marketing*, vo1.1, no.2, pp.77-88.

Shoemaker, F.F. (1971). *System Variables and Educational Innovativeness in Thai Government Secondary Schools*, Ph D. Thesis, East Lansing, Michigan State University.

Sindhav, B. Adidam, P.T. (2005). "Marketing Communication as Organizational Communication: Exploration and Synthesis of the Underlying Theoretical Perspectives," *Innovative Marketing*, vol.1, no,2, pp.77-87.

Steinmetz, L.L. (1979). *Human Relations: People and Work*, NY: Harper & Row.

Travers, J. & Milgram, S. (1969). "An Experimental Study of the Small World Problem," *Sociometry*, vol.32, no.4, pp.425-443.

Watson, K.M. (1982). "An Analysis of Communication Patterns: A Method for Discriminating Leader and Subordinate Roles," *Academy of Management Journal*, vol.25, pp.107-120.

Webber, R.A. (1970). Academic Courses in Comparative Management: Objectives, Topics, Methods and Results, In Boddewyn, J.J., *Comparative Management Teaching, Training and Research*, New York University.

Wiener, N. (1967). *The Human Use of Human Beings: Cybernetics and Society*, New York: Avon Book.

CHAPTER

03

비즈니스 커뮤니케이션의 유형과 매체

"인간은 몸짓에 극도로 경계하며, 어디에도 쓰여 있지 않고, 아무도 모르고, 모두가 이해하는 정교하고 비밀스러운 코드에 따라 반응한다고 말할 수 있다."

E. Sapir

"커뮤니케이션에서 가장 중요한 것은 말하지 않고 듣는 것이다."

P.F. Drucker

"내 인생의 절반은 수정하는 행위이다."

J. Irving

학습 목표

수업 이후 학습자가 할 수 있어야 하는 역량

1. 비즈니스 커뮤니케이션 맥락을 이해할 수 있다.
2. 비즈니스 커뮤니케이션의 커뮤니케이터로서의 책무에 대하여 이해할 수 있다.
3. 내부 비즈니스 커뮤니케이션에 대하여 설명할 수 있다.
4. 외부 비즈니스 커뮤니케이션에 대하여 설명할 수 있다.
5. 커뮤니케이션 매체에 대하여 이해할 수 있다.

핵심 키워드

커뮤니케이션 맥락	대인 커뮤니케이션	자기 대화
대인 간 커뮤니케이션	집단 커뮤니케이션	대중 커뮤니케이션
매스 커뮤니케이션	커뮤니케이터	청중
로고스	간결성	에토스
평등주의자	파토스	황금률
내부 커뮤니케이션	외부 커뮤니케이션	저층조직
고층조직	조직도	상향식 정보흐름
하향식 정보흐름	수평적 정보흐름	그레이프바인
비공식 커뮤니케이션 채널	배회관리	분파의식
위기 커뮤니케이션	커뮤니케이션 매체	언어 커뮤니케이션
구두 커뮤니케이션	언의 가변성	비언어 커뮤니케이션
말없는 언어	비언어적 단서	비언어 커뮤니케이션 매체
눈접촉	성희롱	준언어

1 커뮤니케이션 맥락과 책무

2장에서 커뮤니케이션의 8가지 요소를 살펴보았다. 8가지 요소 중 하나가 바로 커뮤니케이션 맥락(context)이다. 커뮤니케이션 맥락이란 커뮤니케이션을 둘러싼 환경과 상황으로 물리적 위치 및 특성, 커뮤니케이터와 관련된 문화, 커뮤니케이터 간의 관계, 과거 행동을 기반으로 예상되는 행동 등과 같은 요소가 맥락에 영향을 준다. 예를 들어, 수업 시간에 토론하기, 대중 앞에서 발표하기, 긴장 상태에서 생소한 사람과 저녁 식사하면서 대화하기 등 다양한 맥락이 있다. 맥락이란 어떤 사물이나 대상이 서로 연결된 관계를 뜻한다. 2개 문장의 내용 흐름이 같다면 "문맥이 같다."라고 하고, 말속에 표현된 앞뒤의 관계가 맞지 않으면 "맥락이 안 맞는다."라고 말한다. 이렇듯 커뮤니케이션 맥락은 정황이나 환경을 뜻하는 말이며, 시간과 장소를 말하는데, 이러한 맥락은 거의 사람의 커뮤니케이션 행동이나 과정에 큰 영향을 미친다. 맥락은 중첩되기도 하고 훨씬 더 역동적인 프로세스를 생성하기도 한다.

스토리텔링 3-1 **맥락효과**

맥락효과(context effect)는 자극에 대한 지각의 한 과정으로서 환경요인의 영향을 설명하는 인지심리학(cognitive psychology)의 한 효과이다. 사건을 둘러싼 맥락, 즉 환경적 요인이 사건을 인식하고 기억하는 방식에 영향을 미친다는 것이다.

주어진 자극은 부분적으로 우리가 가진 스키마(schema) 혹은 맥락 때문에 근본적으로 서로 다른 인식을 하게 만든다. **[그림 3-1]**에서 쫓아오는 사람이 공격적으로 보이는지 아니면 쫓기는 사람이 무서워 보이는지? 여러분은 맥락효과를 경험하고 있는 것이다. 두 사람의 크기는 같다(R.N. Shepard, 1990).

[그림 3-1]
지각된 크기와 거리 간
상호작용에서의 맥락효과

(1) 커뮤니케이션 맥락의 5가지 유형

■ 개인 간 커뮤니케이션

개인 간 커뮤니케이션(intrapersonal communication, 대인커뮤니케이션)은 둘 이상의 사람이 주고받는 커뮤니케이션과 달리 자아 내부에서 발생하는 것으로 자기 자신과의 커뮤니케이션을 의미한다. 일종의 자기 대화(self talk), 자신과의 혼잣말, 상상하면서 자신을 드러내거나, 낙서를 하면서 중얼거리는 것 등이 포함된다. 이는 자신과 소통하는 방법, 자신의 필요 및 감정, 동기를 얼마나 잘 이해하고 있는지에 관한 것이다.

■ 대인 간 커뮤니케이션

대인 간 커뮤니케이션(interpersonal communication)은 일반적으로 두 사람을 포함하며 친밀하고 매우 개인적인 것에서 공식적이고 비인격적인 것까지 다양하다.

■ 집단 커뮤니케이션

집단 커뮤니케이션(group communication)은 소수의 사람이 대화에 참여하는 역동적인 과정이다. 집단 커뮤니케이션은 일반적으로 3명에서 8명이 참여하는 것으로 정의된다.

■ 대중 커뮤니케이션

대중 커뮤니케이션(public communication)은 한 사람이 한 집단의 사람들에게 커뮤니케이션하는 것이다. 한 사람이 소규모 또는 대규모 집단에게 메시지를 작성한 후 서면 공개하는 것 같은 것이다.

■ 매스 커뮤니케이션

매스 미디어는 매스 커뮤니케이션(mass communication)을 통해 많은 청중에게 도달하는 다양한 미디어를 의미한다. 현대사회와 우리의 일상생활에서 강력한 힘을 발휘하며 새로운 기술에 빠르게 적응하고 있다.

(2) 효과적인 비즈니스 커뮤니케이터로서의 책무

비즈니스 환경에서 말하거나 글을 쓸 때마다 청중(audience), 경영진 및 직업에 대한 책무가 있다. 비즈니스에서 청중은 커뮤니케이터가 비즈니스 커뮤니케이션 책무를 다할 것이라는 내재된 기대를 가지고 있다.

■ 준비된 커뮤니케이터

비즈니스 커뮤니케이터의 첫 번째 책무는 얼마나 준비되어 있는가 하는 점이다. 여기에는 조직되고 준비된, 명확성, 간결성과 시간엄수 등이 있다.

체계적으로 조직된

준비가 되어 있는 커뮤니케이터는 체계적으로 조직된 것이다. 아리스토텔레스(Aristotle)는 이를 로고스(logos) 혹은 논리(logic)라고 불렀고, 이는 커뮤니케이션이 결론에 도달하는 각 단계로 조직되어 있어야 함을 의미한다.

명확성

준비가 되어 있는 커뮤니케이터는 명확하다. 메시지가 명확하지 않으면 청중이 흥미를 잃고 관심을 잃게 되어 효과적인 커뮤니케이션이 중단된다.

간결성과 시간엄수

간결성(concise)은 간단하고 중요한 요점을 의미한다. 대부분의 비즈니스 커뮤니케이션에서 즉시 비즈니스에 착수해야 할 때 간결성과 시간엄수는 매우 필요하다. 준비된 커뮤니케이터는 요점을 명확하게 진술하고 비교적 간단하고 선형적, 즉 원인과 결과를 설명하는 방식으로 명확한 증거로 뒷받침할 수 있어야 한다. 좋은 비즈니스 커뮤니케이션은 말이나 시간을 낭비하지 않는다.

■ 윤리적 커뮤니케이터

비즈니스 커뮤니케이터의 두 번째 근본적인 책무는 윤리적이어야 한다는 것이다. 윤리란 올바른 행동을 위한 일련의 원칙 또는 규칙을 말한다. 윤리를 아리스토텔레스가 에토스(ethos)라고 지칭했다(1장의 **[그림 1-2]** 참조). 윤리란 전달자의 좋은 성품과 옳은 일을 한다는 평판을 반영한다. 윤리적으로 커뮤니케이션하는 것은 평등주의, 존중, 신뢰가능성 등을 포함한다.

평등주의

"윤리적인 커뮤니케이터는 평등주의자(egalitarian)이다."라는 말은 상호 커뮤니케이션에 있어 평등(equal)하여야 한다는 말이다. 평등주의자가 된다는 것은 기본적인 평등을 믿는 것이고 모든 사람이 사회로부터의 혜택과 부담을 동등하게 나누어야 한다는 것이다.

존중

사람들은 논리뿐만 아니라 감정의 영향을 받는다. 아리스토텔레스는 로고스와 에토스 다음으로 커뮤니케이션의 3가지 중요한 부분 중 세 번째로 파토스(pathos) 또는 열성, 열정, 에너지라고 이름 붙였다(스토리텔링 1-4 참조). 그러므로 그러한 감정을 정중하게 표현하는 것이 중요하다.

신뢰가능성

신뢰는 커뮤니케이션의 핵심요소이며, 특히 비즈니스에서 더더욱 그렇다. 소비자가 신뢰하지 않는 회사의 상품을 구매할까? 여러분이 사장님이라면 신뢰하지 않는 사람을 채용할까? 효과적인 커뮤니케이터로서의 목표는 청중과 건강한 관계를 구축하는 것이며, 이를 위해 청중이 여러분을 신뢰할 수 있는 이유와 여러분이 제공하려는 정보가 믿을 수 있는 이유를 보여주어야 한다.

스토리텔링 3-2

황금률

확실하지 않을 때는 대접받고 싶은 대로 남을 대접하라는 황금률(golden rule)을 참조하면 된다. 이는 다른 사람이 해주었으면 하고 바라는 행동을 하라는 것이다. 다양한 형태의 황금률이 있는데, 문화, 언어, 배경 및 관심사를 넘어 인간의 친절, 협력 및 호혜를 통합한 것이다. 황금률은 적극적이고 주도적이다. 커뮤니케이터로서 준비하고 윤리적으로 행동할 책무가 있다. 준비한다는 것은 체계적이고, 명확하고, 간결하고, 시간을 엄수하는 것을 포함한다. 또한 윤리적이라는 것은 평등주의적이고 존중하며 신뢰할 수 있고 전반적으로 황금률을 실천하는 것을 포함한다. 실버룰(silver rule)도 있다. 내가 하기 싫은 것을 남에게 시키지 않는 것이 실버룰인데, 이는 금지와 소극적 방식이다. 백금률(platinum rule)도 있다. 이는 남이 나에게 해주기를 바라는 독선적이고 기만적인 삶의 태도이다.

2 내부 커뮤니케이션

조직구성원 간의 커뮤니케이션은 효과적인 비즈니스를 만들어 나가는 데 필수적인 과정이다. 그래서 조직은 나름대로의 내부 비즈니스 커뮤니케이션을 수행한다. 단지 5명~6명 정도밖에 되지 않는 기업의 경우라 하더라도 수많은 정보가 교환된다.

(1) 공식 비즈니스 커뮤니케이션 채널

공식 비즈니스 커뮤니케이션 채널은 조직의 공식적 구조를 말한다. **[그림 3-2]**의 조직도를 보면 전형적인 공식 비즈니스 커뮤니케이션 채널을 알 수 있다. 이러한 그림은 누구의 권위가 더 높고 낮은지를 보여주며, 여기서 네모상자를 연결한 굵은 실선은 공식적인 메시지를 전달하는 공식 채널을 의미한다.

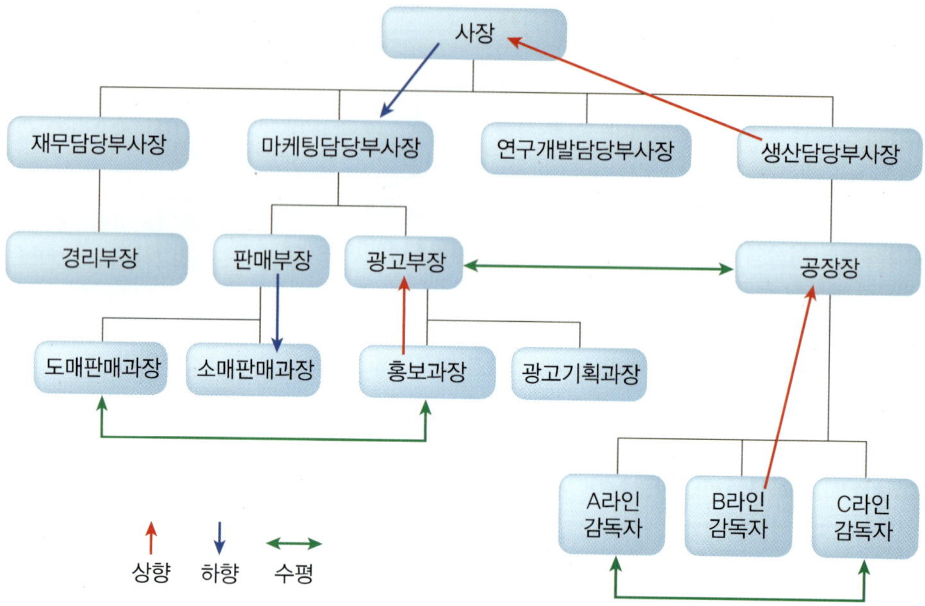

[그림 3-2] 공식 커뮤니케이션 채널

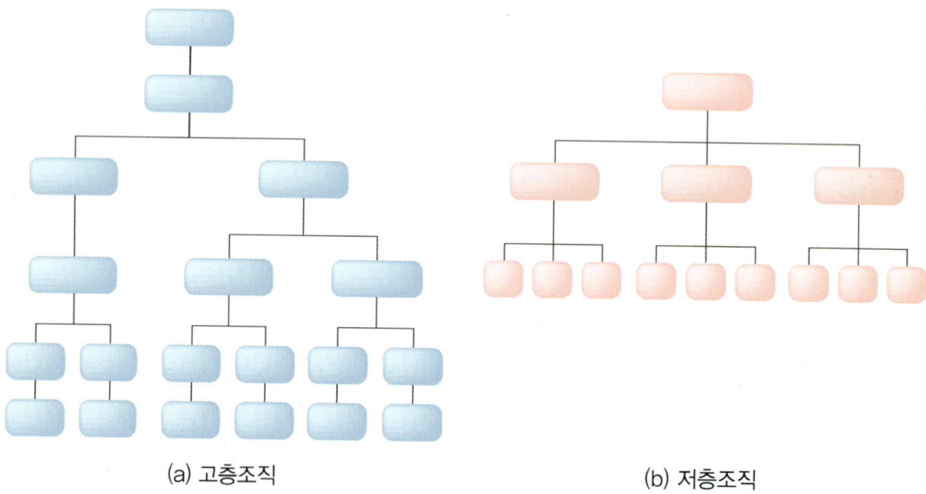

[그림 3-3] 조직구조의 유형: 고층조직과 저층조직

경영자가 지나치게 공식 채널을 통한 커뮤니케이션에만 의존할 경우 메시지 왜곡, 메시지 오해 등을 초래할 수 있다. 메시지가 여러 단계를 거쳐 상향 혹은 하향으로 전달되면서 그 본질이 바뀔 수도 있는 것이다. 따라서 조직구조상의 위계계층의 수를 줄이는 것이 메시지 왜곡을 줄이는 방법 중 하나가 된다. 커뮤니케이션 사슬의 연결이 적으면 적을수록 메시지 오해가 일어날 확률은 더 작아진다. 일반적으로 대규모 기업은 많은 위계구조를 가지고 있다. 따라서 **[그림 3-3]**에 나타나 있듯이 저층조직(flat organization)이 고층조직(tall organization)보다 메시지 왜곡가능성이 더 적다. 결국 메시지 왜곡을 없애는 가장 좋은 방법은 조직 전반에 커뮤니케이션이 상하좌우로 자유롭게 흐르도록 하는 것이다.

■ 하향식 정보흐름

대부분의 조직에서의 의사결정은 최고경영진에 의해 이루어지고 난 다음에야 그것을 수행할 구성원에게로 전달된다. 이렇듯 하향식 메시지는 상사와 신입사원 사이의 공식적인 면접, 워크숍이나 회의에서 구두로 전달되는 상사의 지시나 명령 등을 말한다. 이런 메시지는 또한 메모의 형태나 매뉴얼, 사보, 게시판, 기안문으로 된 정책입안서 등으로 전달되는 것이 일반적이다.

전형적인 메시지로는 조직의 사명이나 전략, 업무수행에 관한 다양한 지시, 정책과 절차에 대한 바램과 기대, 종업원 성과에 대한 피드백, 사기를 북돋우기 위한 각종 동기부여 계획 등이 있다. 하향식 메시지가 중요한 까닭은 종업원 입장에서 보면 아래로 내려오는 메시지를 통해 자신이 어떻게 행동하고 목적을 달성하기 위해 무슨 일을 해야 할지, 앞으로 직면할 어려움이나 미래에 나타날 것들을 예측하는 데 도움을 받을 수 있다.

■ 상향식 정보흐름

하향식 커뮤니케이션만큼이나 상향식 커뮤니케이션 역시 중요하다. 문제의 해결이나 현명한 판단을 하기 위해서 경영자는 조직의 누구에게든지 도움을 받아야 한다. 현장에서 일하는 기술자의 노하우가 의사결정에 절대적으로 필요하다. 또한 회사가 종업원 고충을 들어주는 것이나 제안제도 등도 상향식 커뮤니케이션 수단의 일종이다. 상급관리자가 앞으로 나타날 미래 추세, 고객불만, 시기적절한 시장의 변화를 알고 있는 판매원의 주장을 듣고 나서 정책에 반영하는 것은 매우 중요하다. 물론 위험한 측면도 있다. 하급 종업원이 제출하는 보고서는 아주 좋은 내용만 담고 있다고 보기가 어렵다. 사람이란 자기의 실수가 밝혀지는 것을 두려워하기 때문에 윗사람에게 보고되는 자료는 엉터리인 경우도 많다. 따라서 기업은 핵심적인 정보가 빠진 '장밋빛으로 치장된' 보고서를 지양해야 한다.

■ 수평적 정보흐름

공식 커뮤니케이션 채널 안에서의 수평적 커뮤니케이션은 종업원 간 또는 부서 간의 커뮤니케이션을 말한다. 수평적 커뮤니케이션은 종업원이 과업을 조정하여 특히 복잡한 문제를 해결하거나 어려운 문제를 해결하려고 할 때 매우 필요하다. 예를 들어, 앞의 **[그림 3-2]**에서도 부서 간을 가로지르는 수평적 커뮤니케이션이 나타나 있다. 이러한 수평적 커뮤니케이션을 잘 유도하는 회사는 부서 간의 벽을 허물고, 조직 내 관료주의적 장벽을 없애면서 상호 협력하는 분위기를 만들어냄으로써 조직 전체의 생산성 향상을 가져오게 할 것이다. 특히 정보통신기술의 발달로 보다 수월한 수평적 커뮤니케이션이 이루어질 수 있게 되었다.

(2) 비공식 커뮤니케이션 채널

기업의 공식 조직도에는 정보가 흘러가는 커뮤니케이션 경로가 잘 구현되어 있다. 하지만 기업의 실제 현실을 들여다보면 공식적 커뮤니케이션 말고 공식 채널을 보조하는 포도넝쿨(grapevine) 모양의 비공식 커뮤니케이션 채널이 더 많이 존재하고 있음을 알 수 있다. 구성원은 회사 안팎에서 서로 은밀한 대화를 나누기도 하며, 정규적인 만남을 통해 상호 이해관계를 넓히려 한다. 한 조사에 의하면 정보의 약 80%는 이러한 포도넝쿨을 따라 움직이며, 그중 75%에서 95% 정도가 매우 정확한 것으로 나타났다. **[그림 3-4]**는 실제 기업의 권력관계의 구조에서 존재할 수 있는 비공식 커뮤니케이션 채널을 보여준다.

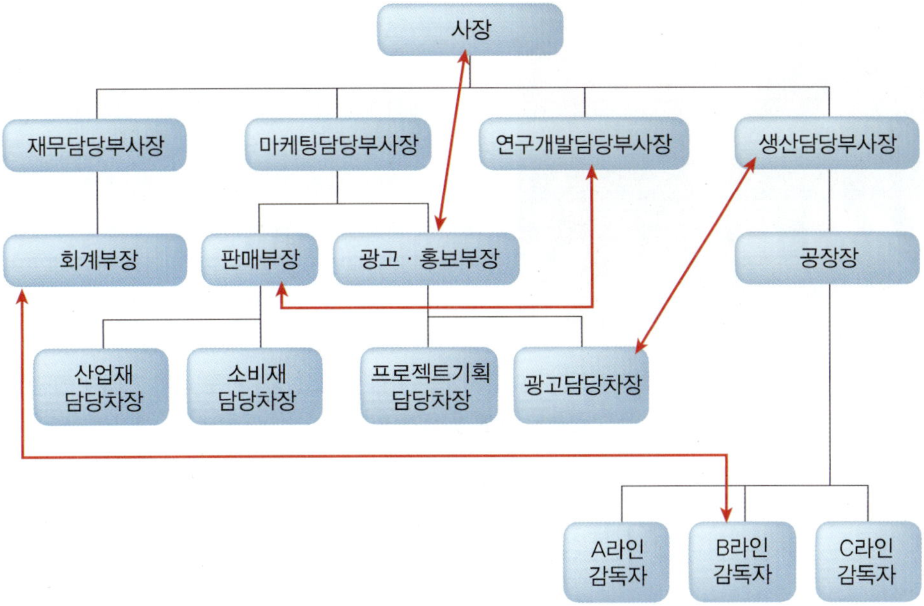

[그림 3-4] 비공식 커뮤니케이션 채널

그러므로 훌륭한 관리자나 성공적인 경영자는 이러한 비공식적 메시지에 주목한다. 휴렛팩커드사의 경우 경영자의 배회관리(Management By Walking Around, MBWA)가 있다. 종업원 주위를 돌아다니며 현장의 쓴소리, 된소리에 귀 기울이며 지금 어떤 부하가 어떤 고민에 빠져 있는지, 어떤 일에 관심을 보이고 있는지 등 부하의 삶에 밀착하여 정보를 취재해서 이를 종업원 처우에 이용하고 있는 것이다. 이와 유사하게 전 스타벅스 CEO 하워드 슐츠(H. Schultz)의 리더십을 보면, 그는 매주 시간을 내어 매장을 방문하고 운영방식을 파악하고 직원들과 소통, 방황관리 혹은 배회관리(managing by wandering around)를 통해 직원들의 목소리를 적극적으로 경청하였다.

스토리텔링 3-3 안주처럼 씹으며 하는 커뮤니케이션

상사는 직원이 스트레스를 풀기 위해 술자리에서 상사를 안주 삼아 오징어처럼 씹고 있다는 사실을 알아차려야 한다. 일방적인 의사결정은 불필요한 비용을 지불하게 만든다. 특히 사장님이 권위적인 리더십을 선호하여 독단적인 의사결정을 하면 많은 문제점을 야기한다. 우리나라는 아직도 중앙집권적 풍토가 강하기 때문에 사장님의 역할이 아주 중요하다. 위에서부터 권위적인 리더십에서 탈피하여 민주적인 리더십으로 전환하면 조직구성원의 사기가 올라가고 생산성이 높아질 수 있다. 경영자나 경영진, 상급자는 "나도 언제든지 틀릴 수 있다."는 겸손한 자세를 가져야 한다. 자기는 항상 옳다고 생각하는 데서 오류가 발생한다. 그리고 자신이 한 말에 대해서도 자문자답하는 연습도 해볼 필요가 있다.

■ 비공식 커뮤니케이션의 특성

조직 내에는 공식적이 아닌 것도 많이 존재한다. 공식 커뮤니케이션은 공식적인 조직계층이나 조직구조상의 위계 사다리를 따라 흐르는 업무와 관련된 것이 대부분이지만, 공식적인 권한이나 과업수행과 상관없이 오가는 커뮤니케이션도 존재한다. 이것이 비공식 커뮤니케이션이다. 사람은 일반적으로 정해져 있는 길로 다니지만, 자신의 감정, 욕구를 표출하고 다른 사람과의 교류를 넓힐 수 있는 보이지 않는 길을 걷고 하는 것과 마찬가지이다. 그러면 왜 정해진 길로 가지 않고 보이지 않는 길을 택하는 것일까? 정보의 내용이 다음의 경우 공식 커뮤니케이션보다 비공식 커뮤니케이션을 주로 이용한다.

- 새로운 뉴스가 전해질 때
- 자신에게 영향을 미치는 중요한 사안일 때
- 자신에게 불안감을 갖게 할 소지가 있는 사안일 때
- 논의될 사안이 명확히 드러나지 않고 모호한 상태에 있을 때

어느 실험상황에서 A와 B 두 집단 각각에게 30분 뒤, A집단에게는 영화를 보여주겠노라 했고, B집단에게는 주사를 한 대씩 놓겠다고 말해두었다. 30분 후 A집단에 가보니 아주 자연스러운 분위기 속에서 개인행동을 하고 있는 반면, B집단은 삼삼오오 모여 불안감을 피력하고 있었다. 이와 같이 조직에서 공식적 발표나 조직개편에 대한 의사결정이 있을 때는 자연스럽게 불안과 공포에 대한 의사전달과 소문이 암암리에 비공식적으로 이루어진다. 이처럼 비공식 커뮤니케이션은 공식 커뮤니케이션을 보완해주는 역할을 하는 것은 분명하지만, 다른 한편으로는 집단 간 장벽을 높이고 분파의식(파벌, 派閥)을 조장하여 조직분위기를 해치기도 한다.

▪ 그레이프바인

앞에서 조직에는 상당히 많은 비공식 커뮤니케이션이 존재한다는 것을 알았다. 이러한 비공식 커뮤니케이션이 여러 방향으로 한없이 뻗어나간다는 의미에서, 혹은 포도넝쿨처럼 얽혀 있다는 의미에서 그레이프바인(grapevine)이란 개념이 데이비스(K. Davis)에 의해 제시되었다. 이는 조직 내 비공식 커뮤니케이션 과정과 관련하여 다음과 같이 해석될 수 있다.

- 포도원 농부(관리자)가 가지치기(통제)를 자기가 원하는 대로 할 수 없다.
- 개인은 변화라든가 자신에게 중요한 영향을 미치는 사안, 불안한 내용들에 대해 비공식 루트를 통해서 불안을 퇴치하고 욕구를 충족하려 한다.
- 가지(정보)는 놀라울 정도로 빨리 전파되며 가지가 튼튼할수록(정보가 중요할수록) 그 속도는 더 빨라진다.
- 가지의 근원(소스)에 대하여 믿을 만하다고 여기며 어떤 경우는 진실 그대로 퍼져나가지만 어떤 경우는 왜곡 · 첨가 · 삭제되기도 한다. 결국 무엇이 원인이고 무엇이 결과인지가 불명확해지기도 한다.

그렇다면 그레이프바인을 통해 전달되는 정보의 정확성은 어떤가? 연구자들은 그레이프바인에 의해 전달된 메시지의 정확도가 상당히 높다는 것에 어느 정도 의견의 일치를 보인다. 혹자는 50%~80%가, 혹자는 75%~95%가 정확하다고 하는데, 대부분의 학자들은 75% 정도가 정확하다고 주장하고 있다.

3 외부 커뮤니케이션

내부 커뮤니케이션이 단지 정보를 상향, 하향, 혹은 조직전반에 흐르게 하는 것이라면 외부 커뮤니케이션은 조직 외부로의 커뮤니케이션을 의미한다. 회사는 고객, 고용주, 유통업자, 경쟁자, 정부, 지역대표, 금융기관 등과 지속적으로 메시지를 교환하게 된다. 이러한 커뮤니케이션은 비공식적이거나 상호 독립적이기보다 상호 협력적으로 결집되는 경우가 대부분이다.

(1) 외부와의 공식접촉

커뮤니케이션 중 대부분의 외부인과의 관계에서 우연히, 비의도적으로 발생한다. 조직은 고객이나 일반대중에게 정보를 제공해주어야 하기 때문이다. 특히 이런 일을 맡고 있는 부서는 외부 메시지의 흐름을 관리하는 것이 매우 중요한 업무가 된다. 주로 마케팅부서나 고객접촉을 주 업무로 하는 고객경험부서, 판매부서, 홍보부서 등에서 이런 일을 담당하고 있다.

▪ 마케팅부서의 역할

고객은 판매원과 직접대면을 통해서 메시지를 전달받게 된다. 전형적인 마케팅부서의 업무란 제품개발, 물류, 시장조사, 고객서비스 등과 관련된 것과 정보를 고객과 주고받아서 사내의 타부서에게 전달 내지는 상호의견교환을 하고 의사결정을 내리는 것이라 할 수 있다. 그러나 이러한 업무 말고도 마케팅부서는 3가지 책임을 진다. 첫째

스토리텔링 3-4

기업에서 싫어하는 10가지 유형의 사람

- 개인 의견 없이 입 다물고 있는 사람
- 나는 나고, 너는 너고 식으로, 다른 사람과 어울리지 못하는 사람
- 시야가 좁아서 나 이외에는 가족밖에 없는 사람
- 한 번의 실패로 어깨가 처지는 사람
- 한번 결심했다 해도 3일밖에 못 가는 사람
- 자존심은 강한데 능력이 안 되는 사람
- 가진 건 학벌밖에 없는 단순한 수재
- 모든 일을 힘으로 밀어붙여 해결하려는 사람
- 내일은커녕 한 치 앞도 내다보지 못하는 사람
- 입으로만 미래를 말하며 자기계발을 못하는 사람

고객이 원하는 것이 무엇인지를 파악하는 것이고, 둘째 이러한 고객욕구를 만족시키는 제품을 개발하는 것이며, 셋째 고객이 원하는 제품을 고객의 손에 전달해주는 것이다. 또한 조직의 다양한 이해당사자와 메시지 교환은 물론 기업의 평판, 기업이미지 관리에도 신경을 써야 한다. 외부로 유출되는 사보, 특별 이벤트, 카탈로그, 메모, 보고서, 재무제표, 기업내부자료 등에도 마케팅부서는 신경을 써야 한다.

■ 위기 커뮤니케이션

기업의 외부 커뮤니케이션 중 가장 가시적인 것이 위기에 대하여 어떻게 대처하는가 하는 점이다. 좋은 평판을 유지하기 위해 기업 주위를 둘러싸고 있는 환경으로부터 잠재적 문제점을 항상 살피며, 예기치 못한 상황에 대처할 각종 준비를 고심해야 하는 것이다. 예를 들어, 디즈니랜드는 지진가능성에 대비하여 1만 명이 5일 동안 먹을 수 있는 각종 음식, 음료수, 의약품을 준비해놓고 있다. 디즈니랜드는 종업원이 무전기를 비롯한 구난장비를 잘 다루도록 훈련하여 공원에 놀러 온 고객이 각종 놀이기구를 안전하게 즐기는데 도움을 주고 있다. 이 정도면 당연히 평판이 좋을 수밖에 없다.

이처럼 기업의 위기관리 능력은 매우 중요하다. 그 위기를 잘 벗어나면 새롭게 도약할 수 있고, 그렇지 못하면 고객으로부터 신용을 완전히 잃어 회복불가능 상태가 되어 버리기 때문이다. 그러므로 적극적으로 최상의 대응방법을 찾아야 한다. 예를 들면, 미국의 AT&T사에서 1990년 1월에 있었던 일이다. 약 8,000만 명의 이용자들이 갑자기 장거리전화를 서로 이용함으로써 용량초과로 인하여 9시간 동안이나 전화가 불통되는 일이 벌어졌다. 당연히 이용자들의 항의가 빗발쳤다. 이때 AT&T사는 해야 할 일과 해서는 안 될 일을 나누어 차분하게 고객이 항의와 문의에 대응함으로써 위기를 넘겼다. 이때 그들이 사용한 위기대응 커뮤니케이션 기준은 **표 3-1**에 나타나 있다.

표 3-1 위기 커뮤니케이션에서 해야 할 일과 해서는 안 될 일

해야 할 일(Do's)	해서는 안 될 일(Don't)
• 잠재된 문제점이 무엇인지 확인할 것, 확인된 즉시 문제해결팀을 구성할 것 • 준비된 위기관리 프로그램을 즉각 가동할 것 • 문건이나 행동방침 등을 통해 조직의 입장을 고객에게 명확하게 숨김없이 알릴 것 • 대중매체를 활용한 신속한 뉴스보도를 할 것 • 고객의 요구에 부응할 수 있는 전문가집단의 평가나 정보를 제공할 것 • 조직의 입장을 대변할 수 있는 매우 숙련된 인사를 선정할 것 • 조금이라도 결점이 발견되면 즉시 고객에게 사과할 것	• 무슨 이유에서든지 상대방을 비난하는 행위 • 사실확인이 안 된 내용을 공론화하는 행위 • 상대방의 질문에 즉각적으로 답변하지 않는 행위 • 개인의 권리와 사생활을 침해할 수 있는 정보를 유포하는 행위 • 제품 및 서비스를 악용하여 고객에게 피해를 주는 행위 • 언론 등과 결탁하여 고객에게 악영향을 끼치는 행위 • 책임을 회피하며, 아무도 책임지지 않으려는 행위 • 가짜뉴스를 살포하거나 반대의견을 확산하여 본질을 호도하는 행위

응급상황에서 커뮤니케이션은 다음과 같이 이루어져야 한다.

- 순서에 따른 정보를 제공하고, 지원과 결론을 위한 메시지를 제공한다.
- 간결하고 정확한 단어를 사용한다.
- 은어, 코드, 약어 사용을 피한다.
- 가능하면 모두가 알고 있는 공통언어를 사용한다.
- 불필요하게 상세한 설명을 피한다.
- 관련된 권한을 가진 사람과 평등한 관계에서 대화한다.
- 다양한 매체 간에 일관성 있는 메시지를 유지한다.

스토리텔링 3-5

응급상황에서의 비즈니스 커뮤니케이션

위기 및 응급상황에서 일반시민들은 물리적 혹은 정서적 편안함을 주는 정보에 의존하는 경향이 있다. 응급커뮤니케이션이 효과적이기 위해서는 시기적절하고 정확하게 이루어져야 한다. 이를 이해하기 위해서 응급커뮤니케이션과 일상적인 커뮤니케이션 사이의 차이를 살펴보자.

- **응급상황에서는 정보가 중요함**
  응급상황이 벌어지는 동안 정보는 사람에게 물과 음식이 필요한 것처럼 매우 중요한 것이다. 명확한 정보가 삶과 죽음 사이를 갈라놓을 수도 있을 뿐 아니라 상황에 적합한 반응행동을 알 수 있게 하며 응급상황에서 무사히 벗어날 수 있게 한다.

- **타이밍을 맞추는 것이 본질**
  응급상황 시에는 불필요한 정보와 많은 루머들이 오간다. 이때 공식적인 발표나 객관적인 커뮤니케이션이 없다면 루머와 온갖 추측은 더욱 난무하고 마침내 정보부재상황보다도 못한 지경에 이른다. 그러므로 유포된 정보를 올바르게 수정하는 것뿐 아니라 돌아다니고 있는 잘못된 정보를 바로잡는 대응력도 필요하다.

- **커뮤니케이션 방해물을 제거해야 함**
  응급상황 동안 메시지를 들으려는 사람들을 방해하는 것들이 있다. 스트레스, 일상의 변화, 수면 부족 등과 같은 것들은 응급상황에서 커뮤니케이션을 하려고 할 때 극복되어야 하는 방해물이다.

- **관련자들에게 메시지를 제공해야 함**
  응급상황에 참여하는 수많은 반응자가 있다. 이때 정보는 수많은 관련자가 하나의 목소리를 내도록 결집시킨다. 난세 영웅이 나온다고 했다. 영웅은 사람들로 하여금 하나의 목소리를 내게 하고 같이 행동하게 하는 등 하나같이 같은 목적과 희망을 가지게 한다.

- **메시지가 명확해야 함**
  응급상황에서는 커뮤니케이션이 더욱 힘들어진다. 누구나 급한 상황에서는 당황하게 되어 두서없이 말을 하거나 메시지를 명확하게 전달하기가 어렵다. 이럴 때일수록 메시지를 명확하고 간결하게 전달해야 한다. 응급상황 시에는 언제 어디서 생길지 모르는 응급상황을 대처하는 좋은 대응책일 수 있다.

(2) 외부와의 비공식접촉

조직구성원들은 자연스럽게 비공식적으로 기업의 외부와 연결되어 있기 때문에 그들과 커뮤니케이션은 아주 당연한 것이 된다. 직장은 업무만으로 이루어지는 것이 아니라 크고 작은 세상 얘기를 비롯하여 개인의 관심사에 대한 일상대화, 이직 준비를

스토리텔링 3-6 **열린 사고와 소통**

'임금님 귀는 당나귀 귀'라는 설화가 있다. 임금님이 가진 비밀을 알고 있던 한 복두장이(감투를 만드는 사람)가 후환이 두려워 말을 못 하다가 죽을 때에 이르러 결국 대밭에 들어가 그 비밀을 소리쳐 말했다는 이야기이다. 언론의 자유가 없고 왕이 절대권력을 행사하던 시절에는 그랬을 수도 있다. 누구나 마음속에 있는 속내를 솔직히 드러내고 싶은 욕구가 있다. 하고 싶은 말을 제대로 못 하면 속병이 난다.

과거 산업화 시대에는 닫힌 사고를 가지고 경영을 하더라도 크게 문제가 안 되었다. 일방적인 지시와 복종에 의해서도 조직효율성이 어느 정도 유지될 수 있었기 때문이다. 그러나 4차 산업혁명 시대가 되면서 개성과 창의성이 중요해짐에 따라 조직구성원의 아이디어를 얼마나 잘 이끌어 내느냐가 경쟁력을 좌우한다. 상사가 무슨 이야기든지 듣고 싶어 하는 열린 사고를 가지고 있다면 부하직원이 건설적인 아이디어나 비판을 제기하는 것을 두려워할 이유가 없다. 그러나 상사가 좋은 얘기만 듣기를 원한다면 부하직원 누구도 귀에 거슬리는 말을 하지 않으려 할 것이다. 그러므로 경영자는 구성원이 의견을 자유롭게 제시할 수 있도록 분위기를 마련해야 할 것이다. 왜 부하직원의 말에 귀 기울여야 하는가? 그것은 바로 경영자 자신을 위해서이다.

위한 은밀한 대화, 친구 부모로부터의 충고나 부탁 등 여러 가지 메시지가 비공식적으로 돌아다닌다. 가끔 경영자는 별 볼일 없는 비공식적 소문이나 정보에 주목함으로써 의외로 상당히 수확을 올리기도 한다. 그렇기 때문에 외부인과 비공식적 접촉에도 관심을 가지는 것이 중요하다.

4 커뮤니케이션 매체

커뮤니케이션은 방법에 따라 언어 커뮤니케이션과 비언어 커뮤니케이션으로 분류된다. 그리고 같은 맥락에서 언어 커뮤니케이션을 언어(oral) 커뮤니케이션과 문서(written) 커뮤니케이션으로 분류한다. 따라서 이 절에서는 언어 커뮤니케이션의 구두 및 문서 커뮤니케이션, 비언어 커뮤니케이션으로 구분하여 설명하고자 한다.

(1) 언어 커뮤니케이션

사람들이 상당수의 비언어 커뮤니케이션을 사용한다고 하더라도 언어의 사용 없이 커뮤니케이션하기란 한계가 있을 것이다. 만일 과거에 일어난 사건, 즉 특정사안에 관해 토론을 한다고 가정해보자. 아마도 개인은 자신의 생각을 주장하기 위해 여러 가지 상징을 사용할 것이다.

언어 커뮤니케이션(verbal communication)은 의미 있는 패턴 안에서 단어를 잘 배열하는 것이다. 어떤 언어이든지 신조어가 계속 추가되고 있는데, 영어의 경우 지금까지 파악된 것만 무려 750,000단어가 있다고 한다. 그중에서 대부분이 사람들이 20,000단어

스토리텔링 3-7 언어의 기원

학자들은 언어의 기원을 지금으로부터 5만 년에서 5십 만 년 전까지 다양하게 추정한다. 언제부터 우리 인간이 복합적인 언어를 사용했는지에 관한 학자들의 의견이 분분하다. 하지만 최근의 언어학자들 사이에서는 현대적인 언어의 기원을 호모사피엔스의 초창기인 5만 년에서 10만 년 전 사이로 추정하는 주장에 거의 동의하고 있다. 그리고 본래 인간은 1가지 언어를 쓴 것으로 추측하고 있다. 이러한 사실은 각 어족(語族)들의 독특한 배후에 본질적이고 동질적인 측면이 있다는 점에서 유추된 것이다. 발음적인 측면에서만 보더라도 많은 언어들이 공통의 어원을 가졌음을 암시한다(▌표 3-2▐). 예를 들면, 고대 인도의 야여타국의 드라비다어와 한국어는 1,300개의 단어가 어원이 동일하다고 한다(▌표 3-3▐).

▌표 3-2▐ 공통의 어원을 짐작케 하는 언어별 발음

한국어	아빠(Appa)	엄마(Umma)
한자어	부(Bu)	모(Mo)
영어	파파(Papa)	맘(Mam)
프랑스어	빠빠(PaPa)	마망(Maman)
히브리어	에브(Eb)	엠(Em)
공통점	P, B, F, ㅂ	M, ㅁ

▌표 3-3▐ 드라비다어와 한국어 중에서 어원이 동일한 단어

드라비다어	한국어
나르	나라
도라비	다리
밧	밥
살	쌀
아부지	아버지
난	나
니	너

정도만을 사용하고 있을 뿐이다.

▪ 말하기와 글쓰기

[그림 3-5]에 의하면 직장인은 언어 커뮤니케이션(oral communication)을 선호하는 경향이 있다. 메모나 편지를 쓰는 것에 비해 언어 커뮤니케이션이 훨씬 신속하고 편리하기 때문이다. 그리고 사람들이 말하거나 경청할 때 비언적 단어와 함께 즉각적인 피드백이 가능하기 때문이다. 이때 효과를 극대화하기 위해서는 문서와 언어 커뮤니케이션 채널을 동시에 사용하는 것이 좋다. 미국의 시티콥(Citicorp)사는 종업원 후생복지 프로그램 차원에서 다양한 커뮤니케이션 채널을 사용한다. 종업원은 후생복지 프로그램에 대한 프린트물이나 후생복지와 관련된 내용이 들어 있는 USB 파일, 탬플릿과 브로슈어, 특수한 대면식 교육훈련 회의자료, 그리고 SNS 채널 등을 제공받는다. 이런 자료 중에서 종업원 자신이 가장 사용하기 편한 매체를 선택하여 원하는 프로그램을 이용할 수 있다.

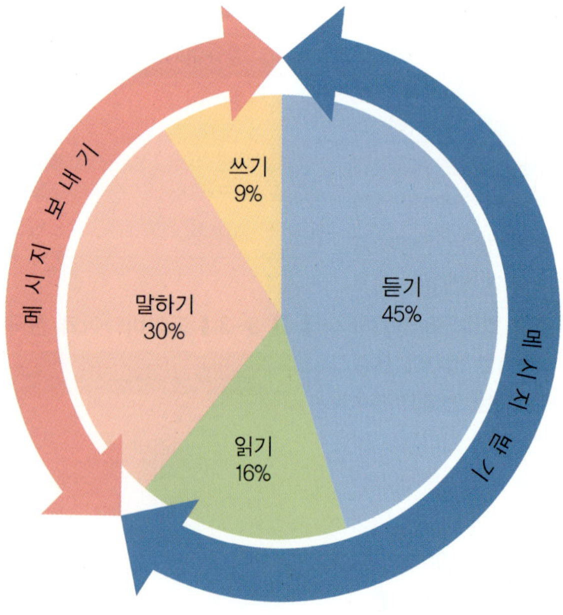

[그림 3-5] 직장에서 비즈니스 커뮤니케이션에 소요되는 시간

스토리텔링 3-8

직업에서 기초적으로 요구하는 능력

- **커뮤니케이션 능력**: 읽기능력, 쓰기능력, 듣기능력, 말하기능력, 비언어적 표현능력, 외국어 읽기능력
- **수리능력**: 사칙연산이해능력, 통계와 확률에 대한 계산능력, 도표이해능력
- **문제해결능력**: 사고능력, 문제인식능력, 대안선택능력, 대안적용능력, 대안평가능력
- **자기관리 및 개발능력**: 자기관리능력, 진로개발능력, 직업에 대한 건전한 가치관과 태도
- **자원활용능력**: 자원확인능력, 자원조직능력, 자원계획능력, 자원할당능력
- **대인관계능력**: 협동능력, 리더십능력, 갈등관리능력, 협상능력, 고객서비스능력
- **정보능력**: 정보수집능력, 정보분석능력, 정보조직능력, 정보관리능력, 정보활용능력, 컴퓨터활용능력
- **기술능력**: 기술이해능력, 기술선택능력, 기술적용능력
- **조직이해능력**: 국제감각능력, 체제이해능력, 경영이해능력, 업무이해능력

■ 리스닝과 리딩

[그림 3-4]에서 보면 사람들이 메시지를 전달하는 것보다 수신하는 것에 더 많은 시간을 소비하고 있음을 알 수 있다. 리스닝과 리딩은 스피킹과 라이팅만큼 매우 중요하다. 그러나 불행하게도 대부분의 사람은 좋은 경청자가 되지 못한다. 10분 정도 분량의 연설을 듣고 난 후 연설자가 무엇을 얘기했는지 물으면 고작 50% 정도밖에 기억해내지 못하는 것이 일반적이다. 그나마 며칠이 지난 뒤에는 머리에 들어온 메시지 중에서 75% 정도는 잊어버리고 만다. 경청의 문제는 우리들이 받은 교육과 어느 정도 관계가 있다. 학교교육에서는 생각의 표현에 많은 시간을 투자한 반면, 듣기에 대한 훈련이 거의 안 되고 있다. 그럼에도 불구하고 다양한 노동력이 모이는 직장에서 상호 협력하고 상대방을 이해하기 위해서는 경청능력을 향상시키는 활동이 매우 중요한 것은 어찌 보면 당연하다.

또한 읽기 능력도 매우 중시된다. 한 통계에 의하면 미국 같은 선진국에서도 성인의 대략 20%가 문맹으로 나타났다. 그중 14% 정도는 객관식 시험의 문제 자체를 이해하지 못해서 적절한 응답을 할 수 없는 상태이며, 38% 정도는 신문을 아무의 도움 없이 자연스럽게 읽지 못하며, 26% 정도는 월급명세서의 각종 항목을 제대로 이해하지 못하는 것으로 나타났다.

리스닝과 리딩에서 어렵기는 하지만 무엇보다 중요한 것은 메시지를 듣거나 읽고서 핵심정보를 잘 뽑아내는 것이다. 그러고 나서 정보를 해석하거나 평가해야 한다. 듣거나 읽은 메시지를 잘 이해하면서 무엇이 중요하고 무엇이 중요하지 않은 것인지를 판단해야만 하는 것이다.

■ 언어의 특성

인간은 수만 년 전부터 언어를 사용한 것으로 전해진다. 문자와 숫자와 기호를 포함하는 언어의 창조와 사용은 인류의 가장 중요한 성과물 중의 하나이다. 오늘날 전 세계에는 약 1만 개의 언어와 방언이 사용되고 있다고 한다.

언어의 가변성

책상 옆에 꽃병에 예쁘게 꽂혀 있는 꽃은 살아 있는 것으로 보이나 실제로 죽어가고 있다. 한 달이 지나고 나면 그것은 전혀 꽃이 아니라 한 줌의 재일 수도 있다. 일몰을 지켜본 사람이 어느 시점부터 밤이 되는가를 정확하게 표현하려고 할 때 낮과 밤이라는 단어를 적용하기가 어려워진다. 그래서 황혼, 땅거미, 여명이라는 단어를 만들어 사용한다. 세상의 모든 것이 변화하고 있으나 그들을 가리키는 말(이름)은 변하지

스토리텔링 3-9 효과적인 커뮤니케이션 계획

커뮤니케이션 계획은 다른 전략적 계획들처럼 정밀하게 짜여지는 것이 맞다. 이를 위해 다음과 같은 것들을 포함해서 커뮤니케이션 계획을 수립해보자.

- 현행 배경, 과거 역사, 주어진 상황, 문제 규명, 새로운 기회 등에 대한 분석
- 목표와 목적
- 청중에 대한 분석과 이해
- 목표와 목적 달성을 위한 전략과 합리적 근거
- 실행가능한 전술
- 성공과 실패를 위한 계획안에 대한 평가

않고 있다. 그러므로 현실세계나 실상(reality)은 항상 변하고 있다는 것을 염두에 두어야 한다. 이 세상에서 변하지 않는 언어란 없다. 그저 "변하지 않는 언어란 없다."라는 말만 변하지 않을 뿐이다.

■ 언어 커뮤니케이션과 문서 커뮤니케이션

언어 커뮤니케이션은 다시 언어 커뮤니케이션과 문서 커뮤니케이션으로 분류할 수 있다. 언어 커뮤니케이션은 문서 커뮤니케이션보다 더 직접적이며, 효율성과 즉시성(긴급성 확보)이라는 장점을 가진다. 반면에 문서화의 필요성이 클 때, 즉 반드시 남겨두어야 할 때, 미래에 다시 참고해야 하는 사안일 때 문서 커뮤니케이션이 보다 효과적이다.

그러나 무엇보다 효과적인 커뮤니케이션을 위해서는 상황에 따라서 서로 다른 방법이 요구된다는 것을 이해해야 한다(**표 3-4** 참조). 또한 메시지에 따라서 적합한 방법을 선택하는 것이 역시 중요하다.

표 3-4 상황에 맞는 커뮤니케이션

커뮤니케이션의 목적	효과적인 수단	비효과적인 수단
공식성 정도 긴급한 행동유발	언어 커뮤니케이션과 문서 커뮤니케이션 함께	문서 커뮤니케이션만
장기적 행동유발	문서 커뮤니케이션만	언어 커뮤니케이션만
일반적인 정보소통	문서 커뮤니케이션만	언어 커뮤니케이션만
회사 지시 혹은 명령 소통	언어 커뮤니케이션과 문서 커뮤니케이션 함께	언어 커뮤니케이션만
회사 정책상 주요 안건의 소통	언어 커뮤니케이션과 문서 커뮤니케이션 함께	언어 커뮤니케이션만
캠페인의 촉진	언어 커뮤니케이션과 문서 커뮤니케이션 함께	문서 커뮤니케이션만
작업지시에 대한 권고 사항	언어 커뮤니케이션과 문서 커뮤니케이션 함께	문서 커뮤니케이션만
홍보에 대한 질책 사항	언어 커뮤니케이션만	문서 커뮤니케이션만

언어 커뮤니케이션으로 주로 직접 얼굴을 맞대고(face to face) 말로 하는 대화, 지시, 연설, 전화를 통한 대화, 비공식적 루머, 집단토의, 전체회의 등이 있다. 문서 커뮤니케이션에는 서신, 메모, 보고서, 사보, 포스터, 매뉴얼(작업지침서), 정기간행물 등이

스토리텔링 3-10 **실언**

두 발로 선 순간부터 인류는 발을 헛디디는 실수를 저질러 왔다. '헛디디다'의 프랑스어인 '포빠(faux pas)'는 황당한 실수를 의미한다. 인류가 제아무리 옷을 화려하게 차려입어도 실수를 하기 마련이다. 오랜만의 만남에서 "어머님 잘 계시죠?"라면 미소를 지었는데 상대가 "어머님께서 돌아가신 지 몇 년 되었어요."라고 답하면 어떻게 되겠는가? 날씨 이야기로 화제를 돌려야 하나? 우선 화장실로 직행해서는 벽에 머리를 들이받아야 하나? 일단 한번 뱉어버린 말은 주워 담을 수 없다. 가능하면 말을 적게 해야 하지만 부득이 해야 할 경우에는 말하기 직전에 몇 초 정도 생각하는 습관이 필요하다.

포함된다. 몇몇 연구에서는 문서 커뮤니케이션이 구두 커뮤니케이션에 비해 덜 선호되는 것으로 밝혀졌는데, 이는 정확성을 기하여 혼란을 피하려 하기 때문이다.

(2) 비언어 커뮤니케이션

■ 비언어 커뮤니케이션이란?

커뮤니케이션을 하는 데 반드시 말을 써야만 하는 것은 아니다. 붕괴사고 현장에서, 매몰되어 있던 생존자와 구조대원 사이에는 숨소리, 신음소리, 벽을 긁는 소리, 스마트폰 터치음, 몸짓, 손발을 흔들어대기, 공포에 질려 있는 상태 등으로 커뮤니케이션하였다. 이 모든 것이 언어를 뛰어넘은 비언어 커뮤니케이션 수단이다. 홀(E.T. Hall)은 비언어 커뮤니케이션을 말없는 언어(silent language)라고 이름 붙인다. 이 절에서는 비언적 커뮤니케이션을 상세하게 설명할 것이다(**표 3-5** 참조).

시간에 대한 태도, 공간의 사용, 제스처와 같은 단서도 중요한 커뮤니케이션 도구가 된다. 인류학적으로 보면 인간은 오랫동안 말을 사용하지 않고 몸짓으로 커뮤니케이션하였다. 몹시 화가 났음을 나타낼 때는 치아를 드러내 보이고, 상대방에게 호감을 가질 때 미소와 신체접촉 제스처를 쓴다. 상대방에 대한 감정, 사랑, 존경, 증오, 종속, 우월성 등을 표현하는 데 다양한 비언어적 단서가 인간 사이에 존재하고 있다.

심지어 무표정한 얼굴과 행동도 비언어 커뮤니케이션 수단이 될 수 있다. 안면 있

표 3-5 맞선과 미팅의 성공지침

긍정적인 행동	부정적인 행동
• 시선을 또렷이 마주친다. • 손을 가지런히 놓는다. • 상대방의 말에 맞춰 움직인다. • 자주 미소를 짓는다. • 시선을 떼지 않는다. • 행복한 얼굴을 한다. • 이를 드러내고 활짝 웃는다. • 입을 벌리고 웃는다. • 상대방을 마주 대하고 똑바로 앉는다. • 긍정적으로 고개를 끄덕인다. • 입을 오므린다. • 입을 쫑긋거린다. • 눈썹을 올린다. • 눈을 크게 뜬다. • 말하는 동안 손짓을 사용해 표현한다. • 짧은 눈맞춤을 한다.	• 차갑게 노려본다. • 가짜로 하품한다. • 손톱소재를 한다. • 조소한다. • 천정을 바라본다. • 찡그린다. • 입을 실룩인다. • 입을 삐죽인다. • 상대방과 마주치지 않고 비스듬히 앉는다. • 부정적으로 고개를 젓는다. • 줄담배를 피거나 담배를 피러 나간다. • 손가락을 꺾는다. • 주위를 둘러본다. • 머리를 만지작거린다. • 삿대질을 한다. • 다른 곳으로 시선을 돌린다.

는 사람과 함께 엘리베이터를 타고 수십 층을 올라가면서 한마디 말도 건네지 않고 조용히 있다면 "너에게 감정이 있다." 혹은 "나는 너에게 무관심하다."는 내용의 메시지를 전달한 것이나 다름없다.

기본적으로 언어 커뮤니케이션과 비언어 커뮤니케이션은 차이가 있다. 먼저 비언어 커뮤니케이션은 언어 커뮤니케이션에 비해 덜 구조화되어 있기 때문에 모방하거나 보고 따라 배우기가 더 어렵다. 예를 들어, 갓난아기는 많은 제스처를 쓰며 울거나 웃곤 하지만 왜 그렇게 울고 웃고 하는지 그 아이의 엄마도 정확하게 알지 못할 때가 많다. 비언어 커뮤니케이션은 학습한다고 배울 수 있는 것이 아니며 몸짓언어, 제스처, 표현방법 등은 모두 문화와 관계가 깊다. 특히 색깔이나 특정 제스처는 문화에 따라 그 의미가 매우 다르다.

또한 비언어 커뮤니케이션으로 신념과 의지 또는 시간성을 표현하기는 어렵다. 예를 들어, 인간은 원래 말이나 글로써 계획을 짜는 것이 일상적이다. "이번 주 금요일까지 약속을 꼭 지켜주시기 바랍니다."라고 말할 때 메시지에는 의식적인 목적이 배어 있는 것이다. 이처럼 말로써 커뮤니케이션을 하면 보다 분명해진다. 이를 비언어 커뮤

스토리텔링 3-11 신호에 담겨져 있는 의미

인체의 각 부위가 만들어내는 신호에는 무수한 의미와 욕구가 숨어 있다. 신체를 서로 다르게 보이려고 다양한 문화적 표상과 신체적 관습 그리고 각종 패션에 이르기까지 온갖 시도를 하고 있음에도 불구하고 우리는 기본적으로 동일하다. 길고 치렁치렁한 머리털은 영장류의 다른 종과 구분 짓는 가장 큰 특징이다. 오늘날에는 그것이 유행을 따라 또 다른 성별 신호로 그 의미가 바뀌었다. 길고 부드럽게 휘날리는 머리칼은 매혹적인 여성들의 상징처럼 여겨진다.

성적 금기가 많았던 청교도 시대에는 긴 머리털은 도발적인 것으로 여겨졌다. 이로 인해 공개된 장소에서는 여성의 길게 늘어뜨린 머리칼을 보기 어려웠다. 반면 남성들은 아주 짧게 깎은 머리로 남성다움을 과시했다. 면도로 머리를 밀어버리는 것은 지배적이고 강력한 남성상을 상징한다. 그런데 사랑에 빠져 여인과 가까이 붙어 앉아 있을 때 남성의 삭발한 머리는 갓난아기를 연상시키기도 한다.

니케이션으로 표현하기 위해 눈을 치켜뜨고 미간을 찡그린다고 해서 시간약속이나 며칠 몇 시까지라는 시한을 알려주기는 불가능하다.

■ 비언어 커뮤니케이션의 중요성

언어 커뮤니케이션이 비언어 커뮤니케이션보다 더 효율적이라고 하더라도 언어 커뮤니케이션만 혹은 비언어 커뮤니케이션만 단독으로 사용하는 것은 바람직하지 않다. 어떤 연구에서는 비언어적 단서가 감정을 전달하거나 다른 사람과의 상호작용에서 정서적 의미를 교환함에 있어 무려 93% 정도를 담당하고 있는 것으로 보고되기도 했지만, 어떤 메시지에 주는 전체 영향력은 언어·비언어 커뮤니케이션을 함께 사용하는 것이 더욱 효과적이다.

또한 비언어 커뮤니케이션의 장점 중 하나는 커뮤니케이션의 신뢰성이다. 대부분의 사람은 표정이나 몸짓과 같은 비언어보다는 직접 말로 하는 언어 커뮤니케이션에 의해 더 쉽게 속는다. 언어는 몸짓언어, 얼굴표정, 음색 등에 비해 조정하고 바꾸기가 상대적으로 쉽기 때문이다. 따라서 비언어적 단서들을 주의 깊게 살피다 보면 말하는 자의 정직함이나 사기성을 알아차릴 수 있다. 그러므로 사람들이 언어적 메시지보다 비언어적 단서(몸짓, 표정, 눈빛 등)를 더 믿는 경향이 있는 것은 그리 놀라운 일이 아니라고 할 수 있다. 만약 어떤 사람이 애매모호한 메시지를 비언어적 신호로 보냈다면 듣는 사람은 이를 매우 다양하게 해석하고 믿으려 할 것이다. 따라서 우리는 비언어적 메시지를 사용할 때나 받아들일 때 매우 많은 주의가 요망된다.

비언어 커뮤니케이션이 중요한 이유는 또 있다. 비언어 커뮤니케이션은 전달자와 수신자 모두에게 메시지 전달에 효과적이다. 전달자가 별다른 생각 없이 언어 커뮤니케이션과 함께 비언어적 메시지를 전달하였을 때 수신자가 의미를 파악하기가 훨씬 수월해지기 때문이다. 더구나 어떤 공통된 주제나 목적을 가지고 커뮤니케이션을 한다면 말 한마디 없이 제스처만 가지고도 상대에게 뜻을 전할 수 있는 것이다.

■ 비언어 커뮤니케이션 매체

외모와 행동

"옷이 날개다."라는 말이 있다. 이는 사실 그렇지 않는 사람이 그렇게 보인다는 의미를 가진다. 커뮤니케이션에서는 정보가 부족할 때 표면적 자료가 중요한 역할을 한다. 가령 첫인상에 관한 정보라면 아마도 외모가 가장 중요한 소스가 아닌가 싶다. 처음 보는 까닭에 입은 옷이나 얼굴모양 말고는 다른 정보가 없기 때문이다. 한 연구에서는 파트너를 좋아하게 되는 결정적 요소로 학력, 인격, 종교보다는 외모매력을 꼽고 있다. 얼굴, 눈, 옷, 장신구, 체격, 몸짓 등과 같은 많은 외모의 요소들이 언어는 아니지만, 비언어로서 상대에게 많은 의미와 정보를 전달하는 것이다.

얼굴표정

얼굴표정은 말보다 더 정확한 표현수단이 될 수 있다. 얼굴은 하나의 커뮤니케이션 시스템이다. 이때 이마, 눈, 코, 입, 턱 등은 따로따로 부분적으로 기능한다기보다 유기적으로 결합하여 커뮤니케이션 기능을 한다. 얼굴표정은 행복감, 두려움, 놀람, 슬픔, 화냄, 싫음, 흥미에 대한 최선의 소스이다. 마음속에 있는 감정이 얼굴에 드러나

스토리텔링 3-12 **상대방에 대한 호의적 평가**

상대를 어떻게 평가하느냐 하는 것은 만나는 장소와 분위기에 따라서도 영향을 받는다. 실제 실험에 의하면 쾌적한 방에 있던 사람들이 무더운 방에 있던 사람들보다 낯선 사람을 호의적으로 평가하는 것으로 나타났다. 또한 별로 재미없는 다큐멘터리 영화를 본 직후의 사람과 재미있는 코미디 영화를 본 직후의 사람에게 만나보지 못한 어떤 사람의 프로필을 건네주고 그 인물에 대해 느끼는 호감을 평가하게 했더니 코미디 영화를 본 사람이 확실히 상대방에 대해 호의적인 평가를 내리는 것으로 밝혀졌다.

상대방에게 말하고 있는 것이다.

눈접촉

커뮤니케이션 측면에서 가장 영향력 있는 얼굴요소는 역시 눈이다. 또한 언어적 커뮤니케이션을 할 경우에도 어느 정도의 눈접촉은 필수적이다. 쳐다보는 것은 흥미와 관심이 표현이 된다. 눈도 그렇지만 눈동자에 대한 연구도 많다. 흥미를 끄는 사람이나 사물을 바라볼 때 눈동자가 커지는 경향에 대한 연구가 그것이다. 어느 정도 거리를 두고 대화를 하는 문화권에서는 눈동자의 크기를 확인할 수 없지만 거의 붙어서 커뮤니케이션을 하는 중동문화권에서는 눈동자가 중요한 소스이기 때문에 눈동자를 감추는 수단으로 선글라스를 권유하기도 한다.

옷과 장신구

옷은 장식, 신체보호, 성적(性的) 표현, 자기주장 및 거절, 헌신과 동의, 신분과 지위의 표시 등을 포함한다. 액세서리, 안경, 가짜 속눈썹, 퍼머머리, 가발, VIP 신용카드, 명함, 아이패드, 서류가방, 치장된 열쇠고리, 사는 집의 위치, 타고 다니는 자동차까지도 어떤 정보를 전달하는 역할을 한다. 결국 옷과 장신구는 성, 연령, 재정수준, 계층, 기호, 문화, 정체성, 지위 등의 정보를 알려주는 기초가 된다.

스토리텔링 3-13 **인간에게만 있는 얼굴 홍조**

볼이 붉어지는 것은 사람에게만 있는 특징이다. 부끄러울 때 볼에서 시작해서 목, 코, 귀까지 2초~3초에서 길게는 5분 정도 빨개지는 홍조는 얼굴 혈관이 넓어지면서 피가 몰리기 때문에 생기는 현상이다. 얼굴은 피부 두께가 약 1mm로 손바닥의 그것보다 얇은데다 실핏줄이 집중되어 있어서 붉어지는 것이 금방 드러난다.

체격과 몸짓

사람들은 신체의 형태와 크기에 기초하여 성격을 추론한다. 우리는 대개 뚱뚱한 체격을 가진 사람은 상냥하고 따뜻할 것이고, 마른 체격은 차갑고 다혈질일 것이라는 고정관념을 갖고 있다.

몸짓(body language, gesture: 몸, 머리, 팔, 다리 또는 발 등의 움직임)은 커뮤니케이션에서 중요한 역할을 한다. 즉 그 움직임을 관찰하면 그 사람의 생각을 어느 정도 알아차릴 수 있다. 생후 3개월 된 아기는 몸 전체의 불규칙적인 움직임으로 괴로움을 표현한다. 3개월에서 5개월에 이르면 기쁘거나 화가 났음을 표현하는 데 보다 율동적인 몸짓을 한다. 5개월부터 14개월 사이의 아기는 얼굴표정, 고갯짓 같은 의도적 몸짓을 하고, 15개월부터 24개월의 어린아이는 때리고 애무하는 접촉을 통해 기쁨, 질투, 애정 등을 표현한다. 일례로 '아니오'라는 말 대신 머리를 좌우로 흔드는 것처럼, 몸짓은 언어를 대신하거나 보완한다.

인사와 접촉

인사는 몸짓의 한 종류이다. 그러나 그 중요성 때문에 별도로 설명되어야 한다. 가장 친숙한 인사형식은 누군가의 도착에 대한 기쁨이나 떠남에 대한 아쉬움이나 출발의 중요성을 표현하는 악수, 포용, 키스 등이다. 또한 인사는 불편함, 거리감을 표현한다. 악수와 같은 접촉형식은 인간에게 있어서는 태어나기 전부터 이미 지니고 있던 것이다. 접촉은 따뜻함, 편안함, 안도감 등을 전달하는 중요한 수단이다. 즉 긍정적 감정을 드러내는 가장 확실한 방법이 된다. 다양한 접촉을 허용하는 정도는 성, 연령, 상대지위, 상대가 속해 있는 문화적 배경에 의해 달라진다. 비즈니스 관계에서는 지위가 높은 사람이 낮은 사람에게, 여성이 남성에게 먼저 악수를 권하는 것이 옳다. 접촉을 잘못 행사하면 성희롱(sexual harassment)으로 간주되기도 하기 때문에 특히 주의해야 한다.

공간과 시간의 사용

접촉과 같이 시간과 공간은 권위를 확인하는 것으로 종종 쓰인다. 많은 문화권에서 다른 사람을 기다릴 때 시간과 공간의 사용은 매우 중요한 전달수단이 된다. 시간에 있어서는 제시간에 도착하는 것이 바른 예절이다. 때로는 늦게 도착하는 것은 지위가 높음을 상징한다. 공간에 있어서는 대개의 사람들이 최상이 공간을 사용함으로써 자신의 지위를 드러낸다. 예를 들어 최고경영자들은 사무실의 구석진 공간을 차지하고 있거나 가장 전망이 좋은 위치를 차지한다. 자기 공간의 넓이와 위치로써 상대방에게 자신의 지위를 알려준다고 볼 수 있다.

공간의 사용

상대방과 이야기할 때도 용인되는 거리가 있어서 너무 가깝거나 너무 멀면 불편을 느끼게 된다. 개인적 공안이 침해당한다면 개인은 반응을 보인다. 점심시간에 붐비는 엘리베이터 안에서 쓸데없이 부딪치거나 극장에서 앞사람의 앉은 키가 크면 불편을 느끼게 된다. 이러한 불편을 느끼면 그냥 참고 있는 게 아니라 필요하다고 생각하는 만큼의 공간을 확보하려 애를 쓴다. 한편 크리스마스이브 때에는 백화점에서 사람들로 꽉 차 있어서도 밀집되어 있다는 것을 못 느끼기도 한다. 이는 크리스마스 전후 기간에는 좀 붐벼야 크리스마스 기분이 난다고 생각하기 때문이다.

어떤 연구에서는 대부분이 사람이 밀집된 상황에서 일정시간 동안 개인적 공간이 극단적으로 침해받게 되었을 때 조절, 공격과 같은 반응을 보인다고 주장한다. 메시지

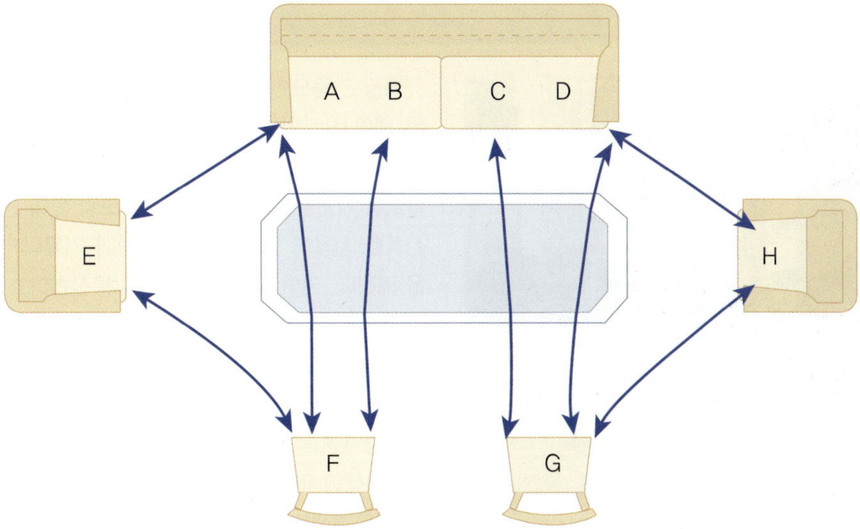

[그림 3-6] 공간의 사용

전달에 있어 공간적 거리는 매우 중요하다. 홀(E.T. Hall)은 직접대면식 대화를 할 때 공간의 개념이 중요함을 연구하였다. 공식적 상황일 때는 개인 간 공간거리가 3.5m 정도였지만 비공식적 상황일 때는 최소 74cm까지 근접하였다. 또한 더욱 친밀한 대화는 거의 붙어 있는 0~46cm 정도에 불과했다.

[그림 3-6]에서처럼 좌석의 배열은 대화의 수준과 방향에 영향을 미치는 중요한 요소이다. 다른 요소들이 모두 같다고 할 때 대화는 화살표대로 가장 빈번히 이루어진다. 긴 의자에 같이 앉아 있는 사람들(A, B, C, D) 사이에서 오히려 상호작용이 별로 이루어지지 않는다. 어디에 앉느냐에 다라 커뮤니케이션 빈도가 영향을 받는 것이다.

시간의 사용

시간을 사용하는 것과 타이밍은 커뮤니케이션에 있어 중요한 요인이다. 사람은 언제(시간) 말하고 언제 침묵할 것인지, 언제 많이 말하고 언제 적게 말할 것인지 등에 대해 의도적인 결정을 내리는데 이것이 커뮤니케이션에 영향을 미친다. 너무 적게 말하는 것은 다른 사람들에게 '무관심함', '수줍다', '재미없다'로 읽힐 수 있는 반면에

스토리텔링 3-14 **색을 이용한 신호**

색깔도 중요한 커뮤니케이션 수단이다. 중앙선은 넘어서는 안 될 생명선으로 비유된다. 따라서 가장 명시성이 높은 노란색으로 표시된다. 오랜 옛날부터 사람들은 소리, 색깔, 빛, 모양 등의 일정한 신호를 사용해 떨어져 있는 사람과 커뮤니케이션을 해왔다. 언어나 몸짓이 근거리 통신법이고 문자가 장거리 통신법이라고 하면, 신호는 인간의 시청각 범위 내에서 커뮤니케이션하는 중거리 통신법이다. 이 중에서 교차로의 신호등은 색을 이용한 대표적인 시각신호이다. 여기에는 빨강, 초록, 노랑의 3색이 이용된다. 신호등 색은 처음부터 지금과 같은 3색으로 시작되었다.

사람들이 색에 대해 갖는 이미지에 따라 안전감을 주는 초록색이 진행신호로 쓰이고, 주의를 나타내는 노란색과 빨간색이 정지의 의미로 쓰였다는 것이 당연할지 모르지만 더 과학적이 이유가 있다. 신호등에서 가장 중요한 것이 정지신호이다. 따라서 빨간색은 가능한 먼 곳에 있는 운전자도 볼 수 있어야 한다. 안개가 낀 날에는 더욱 그렇다. 이러한 조건을 만족시키는 것이 긴 파장에 해당하는 빨간색 빛이다. 즉 파장이 길어 더 멀리까지 보이는 빨간색이 정지신호로 쓰인 것이다.

말을 많이 하면 '쌔다', '지나치게 자신만만해 보인다', '수다쟁이'로 보일 수 있다. 비즈니스 세계에서 고객을 방문하는데 5분 늦은 것만으로 계약이 깨질 수 있지만, 동창회에 15분 늦게 나타난다면 약간의 미안함만을 느끼면 된다. 때로는 늦게 나타날수록 지위의 높음을 상징한다고 볼 수 있다. 이처럼 시간의 적절성과 적시성(정각, 지각, 일찍 와 있기)은 커뮤니케이션의 소스가 된다.

▪ 준(準)언어

언어 커뮤니케이션에서의 단어, 문장만큼 중요한 것이 어떤 식으로 말하느냐 하는 언어의 사용방식이다. 누가 말을 하며 주저주저하거나 말을 더듬는다면 두려워하고 있다거나 숨기는 것이 있음을 알아차릴 수 있다. 목소리의 고저와 강약, 억양과 리듬이 언어의 보조수단이 된다. 예를 들어, "네가 유학가기를 원하는군."의 평범한 문장을 단지 '네'자와 '군'자 두 글자의 억양을 높여서 발음하면 "너같이 게으르고 공부도 못하는 놈이 유학을 가겠다니 한심하다. 나는 반대한다."라는 뜻을 전달한 것이 된다.

기호, 단음조, 큰 목소리, 짜증 섞인 투덜댐 등은 커뮤니케이션 내용을 이해하는 데 중요한 단서가 된다. "들어오세요."와 "들, 들어오, 오세요."가 부여하는 의미가 다르듯이, 마침표, 철자, 단어들 사이의 공간, 문장구조, 글씨체, 잉크색깔 등은 반응에 영향을 미친다. 사용되는 단어 자체보다는 준언어를 통해서 결정된다고 봐도 된다. 즉 이러한 모든 것이 커뮤니케이션 매체가 되어 전달되는 메시지의 의미와 내용을 변화시키거나 확정해주는 것이다. 이렇듯 준언어는 감정상태의 전달에 중요한 역할을 한다. 사랑한다는 말의 음색이나 억양도 부모가 자식에게 말할 때와 연인끼리 말할 때가 매우 다르다. 사랑의 감정이 다르기 때문이다.

스토리텔링 3-15

준언어의 해석

준언어 역시 정확하지 못하며, 사람들을 혼동시킬 때가 많다. 준언어적 표현은 듣는 사람에 따라서 다음과 같이 여러 가지로 해석이 가능하다.

- **말하면서 주저주저한다면 말의 내용과 관계없이**
  - 무엇을 숨기고 있나?
  - 나를 두려워하고 있나?
  - 말할 내용에 대한 확신이 없나?
  - 저 사람 원래 말주변이 없나?
  - 성격이 소심한 편인가?
- **큰 소리로 말한다면 역시 내용과 관계없이**
  - 저 사람 흥분했군!
  - 저 사람 거짓말하는군!
  - 저 사람 성격이 거칠군!
  - 저 사람 말할 내용에 자신을 가졌군!
  - 저 사람은 허풍장이군!

3장 수행과제

※ 각 문제가 요구하는 대로 ✔ 표시하세요.

01 공식 커뮤니케이션 채널에 속하지 않는 것은?

① 공식 조직도 ② 조직의 위계
③ 상향식 정보흐름, 하향식 정보흐름 ④ 그레이프바인

02 비공식 커뮤니케이션 특징으로 보기 어려운 것은?

① 조직 내에는 공식적이지 않은 비공식적 이야기도 많이 흘러 다닌다.
② 소문은 소문일 뿐 조직은 공식적인 것만 중요하다.
③ 구성원에게 불안감을 줄 소지가 많은 주요 사안이 진행될 때는 비공식적 소통도 중요하다.
④ 관리자는 비공식적 채널에도 관심을 가지고 제어할 수 있어야 한다.

03 ( )은 소수의 사람들이 대화에 참여하는 역동적인 과정이다

① 대인 커뮤니케이션 ② 대인 간 커뮤니케이션
③ 집단 커뮤니케이션 ④ 매스 커뮤니케이션

04 효과적인 비즈니스 커뮤니케이션을 하려면 얼마나 준비되어 있는가 하는 점이 중요하다. 여기에 속하지 않는 것은?

① 체계적인 조직 ② 명확성
③ 간결성과 시간엄수 ④ 친밀성과 역동성

05 비즈니스 커뮤니케이터의 윤리적 책무에 속하지 않는 것은?

① 평등주의 ② 존중
③ 논리성 ④ 신뢰가능성

06 (   )은 최고경영진에 의해 의사결정이 이루어지고 난 다음에 그것을 수행할 구성원에게로 전달된다. 여기에는 상사와 신입사원 사이의 공식적인 면접, 워크숍이나 회의에서 구두로 전달되는 상사의 지시 등이 있다.

① 수평적 정보흐름 ② 하향식 정보흐름
③ 상향식 정보흐름 ④ 수직적 정보흐름

07 공식 커뮤니케이션보다 비공식 커뮤니케이션을 주로 사용하는 이유가 아닌 것은?

① 새로운 뉴스를 접할 때
② 자신에게 영향을 미치는 중요사안일 때
③ 자신들에게 불안감을 줄 소식
④ 명확하게 논의할 사안

08 위기 커뮤니케이션에서 해서는 안 될 일은?

① 준비된 위기관리 프로그램을 즉각 가동할 것
② 대중매체를 활용한 신속한 뉴스보도를 할 것
③ 상대방의 질문에 즉각적인 답변을 피할 것
④ 조직의 입장을 대변할 수 있는 매우 숙련된 인사를 선정할 것

09 응급상황에서의 커뮤니케이션이 아닌 것은?

① 간결하고 정확한 단어를 사용
② 가능하면 모두가 알고 있는 공통언어의 사용
③ 불필요하게 상세한 설명 피함
④ 은어, 코드, 약어를 사용

10 직업에서 기초적으로 요구하는 능력이 아닌 것은?

① 직무수행능력 ② 커뮤니케이션능력
③ 문제해결능력 ④ 조직이해능력

11 상호교류분석의 설명 중 다른 것은?

① 탑 다운과 바튼 업 방식
② 프로이드의 3가지 형태의 자아에서 힌트를 얻음
③ 베른(E. Berne)에 의해 구체화
④ 보완적, 교차적, 비노출적 교류관계

12 커뮤니케이션 네트워크가 구축되는 단계가 아닌 것은?

① 초보적 네트워크단계에서는 갈등이 발생한다.
② 네트워크가 출현하면서 구성원 사이에 조정이 이루어진다.
③ 통합된 네트워크단계에서 네트워크의 결속력이 강화된다.
④ 생겨난 네트워크는 소멸의 단계를 항상 겪는다.

13 비언어 커뮤니케이션이 아닌 것은?

① 구두 커뮤니케이션　② 외모와 몸짓
③ 얼굴표정　④ 눈접촉

※ 각 문제가 요구하는 대로 괄호에 ○, × 표시하세요.

14 (　　　) 종업원의 고충처리나 제안제도는 상향식 커뮤니케이션을 의미한다.

15 (　　　) 휴렛팩커드사의 배회관리는 공식적 채널을 관리하기 위함이다.

16 (　　　) 작업지시에 대한 권고사항 등은 문서 커뮤니케이션만으로 충분하다.

17 (　　　) 달성하려는 목적과 상황에 맞는 커뮤니케이션이 필수적이다.

18 (　　　) 비언어 수준에서 언어 수준이 높아지면 추상 수준도 당연하게 높아진다.

※ 각 문제가 요구하는 대로 괄호에 번호를 표시하세요.

① 수평적 정보흐름 ② 응급커뮤니케이션 ③ 비언어 커뮤니케이션 ④ 경청하기 ⑤ 듣기

19 (　　　) 타이밍을 맞추는 것이 가장 중요한 상황이다.

20 (　　　) 부서 간 소통원활화가 필요하다.

21 (　　　) 직장에서 커뮤니케이션에 사용하는 시간 중 가장 많이 사용하고 있는 것이다.

22 (　　　) 말 없는 언어, 즉 침묵도 소통이다.

23 (　　　) 상대의 의견이나 제안을 제대로 파악하기 위해서는 이것이 우선한다.

※ 각 문제가 요구하는 대로 빈칸을 채우세요.

24 소개에도 순서가 있다.

상하관계를 소개할 경우	지위가 낮은 사람을 높은 사람에게
연령이 다른 사람을 소개할 경우	연소자를 연장자에게
후배와 선배를 소개할 경우	후배를 선배에게
지위, 연령이 같을 경우의 소개	자신과 친한 사람을 상대에게
외부 사람이 왔을 경우	외부중심
남성과 여성을 소개할 때	남성을 여성에게

25 소개할 때

소속과 이름	○○○ 씨 이쪽은 □□□에 근무하고 있는 ***입니다.
자기를 소개할 경우	자신의 일과 관련하여 무엇을 알리는 것이 가장 효과적인지 생각하고 소개한다. 소개 전 어떤 부분에 대해 말할 것인지를 잠시 계획한다.
외국인에게 소개할 경우	소개할 때는 성과 이름을 말하고 직업을 말한다.
자기를 소개할 경우	"I would like to introduce~~~"라고 한다.

26 소개받았을 때

상대방에 대한 예의	앉아 있는데, 소개를 받게 되면 반드시 일어서서 인사한다. 남성이 여성을 소개받을 때는 일어나서 받는다. 하지만 여성이 남성을 소개받을 때는 일어날 필요가 없다.

27 악수할 때

악수 예의	• 여성이 남성에게, 손윗사람이 아랫사람에게, 선배가 후배에게 • 기혼자가 미혼자에게, 상급자가 하급자에게 • 절대로 느슨하게(죽은 물고기) 쥐지 말자. • 상대가 악수를 청하면 자리에서 일어나는 것이 예의(여성은 앉아도 됨)

28 명함 주고받을 때

준비	독립된 명함집
매너	명함은 서서 주고받는 것이 매너이며, 상대보다 먼저 꺼내고, 자신의 소속과 이름을 밝히면서 명함을 꺼낸다. 명함을 받는 쪽으로 자기의 이름이 향하도록 하고, 오른손으로 명함을 받아서 왼손으로 가볍게 받친다. 상대방의 명함을 받으면 바로 집어 넣지 말고 테이블에 위에 놓고 보아가면서 이야기를 나눈다.

3장 도움글

Amsbary, J.H. & Staples, P.J. (1991). "Improving Administrator/Nurse Communication: A Case Study of Management by Wandering Around," *Journal of Business Communication*, vol.28, Spring, pp.101-112.

Argyle, M.F. Alkema, F. & Gilmour, R. (1971). "The Communication of Friendly and Hostile Attitudes: Verbal and Nonverbal Signals," *European Journal of Social Psychology*, vol.1, pp.385-402.

Barnard, P.J. & Teasale, J.D. (1991). "Interacting Cognitive Subsystems: A Systemic Approach to Cognitive-Affective Interaction and Change," *Cognition and Emotion*, vol.5, no.1, pp.1-39.

Blumer, H. (1969). *Symbolic Interaction: Perspective and Method*, Englewood Cliffs, NJ: Prentice-Hall.

Buck, R. & VanLear, A. (2002). "Verbal and Nonverbal Communication: Distinguishing Symbolic, Spontaneous, and Pseudo-Spontaneous Nonverbal Behavior," *Journal of Communication*, vol.52, no.3, pp.522-539.

Davis, K. (1977). *Human Behavior at Work*, 5th eds., New York, NY: McGraw-Hill.

Friedman, S.S. (1981). *Psyche Reborn: The Emergence of HD*, India University Press, Bloomington.

Gibson, J.L. Ivancevich, J.M. & Donnelly, J.H. (1991). *Organizations*, 7th eds., IL: Irwin, Homewood.

Griffin, R.W. (1993). *Management*, 4th eds., Houghton Mifflin.

Hall, E.T. (1959). *The Silent Language*, Garden City, N.Y.: Doubleday.

Hall, E.T. (1963). "A System for the Notation of Proxemic Behavior," *American Anthropologist*, vol.65, pp.1003-1026.

Holt, D.H. (1993). *Management Principles and Practices*, Englewood Ckiffs, NJ: Prentice-Hall.

Lewis, P.V. (1987). *Organizational Communication: The Essence of Effective Management*, NY: John Wiley & Sons.

Luthans, F. (2010). *Organizational Behavior*, 12th eds., New York, McGraw-Hill.

Mintzberg, H. (1980). *The Nature of Managerial Work*, Englewood Cliffs, NJ:

Prentice-Hall.

Robbins, S.P. & judge, T.A. (2013). *Organizational Behavior*, 15th eds., NJ: Prentice-Hall.

Ruben, B.D. (1992). "The Communication-Information Relationship in System-Theoretic Perspective," *Journal of the American Society for Information Science*, vol.43, pp.15-27.

Shepard, R.N. (1990). *Mind Sights: Original Visual Illusions, Ambiguities, and other Anomalies, with a Commentary on the Play of Mind in Perception and Art*, Freeman/Times Books/Henry Holt & Co.

Tubbs, S.L. & Moss, S. (2000). *Human Communication*, 8th eds., NY: McGraw-Hill.

Ulloth, D. & Alderfer, R. (1998). *Student Workbook for Public Speaking: An Experiential Approach*, Belmont, CA: Wadsworth.

Vocate, D.R. (1994). *Intrapersonal Communication: Different Voice, Different Minds*, Hillsdale, NJ: Lawrence Erlbaum.

Vrij, A. Katherine, E. Kim. P.R. & Ray, B. (2000). "Detecting Deceit via Analysis of Verbal and Nonverbal Behavior," *Journal of Nonverbal Behavior*, vol.24, no.4, pp.239-263.

Wood, J. (1997). *Communication in Our Lives*, Boston, MA: Wadsworth.

CHAPTER

04

비즈니스 커뮤니케이션 효율화 방안

"커뮤니케이션 문제는 커뮤니케이션을 달성했다는 환상에서 발생한다." G.B. Shaw

"세상에서 하나의 사물을 바라보는 관점은 그 사물이 가진 내면의 어떤 것을 볼 줄 알아야 하는 것이다." L. Wittgenstein

"남의 말을 경청하는 사람은 어디서나 인기가 있을 뿐 아니라 시간이 지나면 무언가를 더 많이 알고 있는 사람이 된다." W. Mizner

학습 목표

수업 이후 학습자가 할 수 있어야 하는 역량

1 비즈니스 커뮤니케이션 기본요소를 이해할 수 있다.
2 비즈니스 커뮤니케이션 방해요인이 무엇인지 설명할 수 있다.
3 효율적 비즈니스 커뮤니케이션 갭 극복방안에 대하여 설명할 수 있다.
4 효과적인 비즈니스 커뮤니케이션을 위한 요인을 비교할 수 있다.

핵심 키워드

소스 메시지 전달자
수신자 피드백 잡음
부호화 해독화 방해요인
지각 여과 경청
정서 정보 과부하 메시지 복잡성
메시지 경쟁 신분과 지위 신뢰부족
폐쇄적 커뮤니케이션 비윤리적 커뮤니케이션 비효율적 커뮤니케이션
커뮤니케이션 갭 추적조사 정보충족의 원칙
감정이입 반복 상호신뢰
적극적인 청취 커뮤니케이션 원칙 공개적 커뮤니케이션
커뮤니케이션 윤리 문화 간 커뮤니케이션 커뮤니케이션 기술

1 비즈니스에서의 효과적 커뮤니케이션

성공적인 비즈니스 커뮤니케이션은 글을 잘 쓰고 말을 잘하거나 능숙하게 하는 것과 관련이 깊다. 효과적인 비즈니스 커뮤니케이션을 개선하거나 악화시킬 수 있는 방식이 무엇인지, 조사해보자. 이를 위해 비즈니스 커뮤니케이션의 기본요소부터 알아야 한다.

커뮤니케이터가 전달하려는 것이 의도대로 신속하게 전달되어 다른 커뮤니케이터를 정확하게 이해시켰을 때 커뮤니케이션이 효율적으로 이루어졌다고 할 수 있다. 이를 위한 커뮤니케이션 도구는 매우 다양한데 어느 것을 사용하는 것이 가장 효율적일지는 상황에 따라 다를 것이다. 하지만 말하기와 글쓰기, 경청하기와 읽기 어느 것이든 효과적인 커뮤니케이션은 단지 하나만을 단독으로 사용하는 것보다 여러 개를 동시에 같이 사용하는 것이 좋다. 하나의 메시지가 상대방에게 전달되는 과정은 다음과 같이 단계를 거치는 것이 보통이다.

- 커뮤니케이터가 생각(소스, 정보원)을 가진다: 전달자는 전달할 내용을 가지고 있어 이를 상대와 공유하기를 원한다.
- 생각은 하나의 메시지가 된다: 생각을 표현하는 커뮤니케이터의 생각이 메시지로 바뀌게 되면 상대가 제대로 이해할 수 있도록 부호화(encoding)되어야 한다. 이때 부호화를 위해 메시지 형태(언어, 얼굴표정, 제스처), 메시지 길이, 메시지 체계, 목소리 톤, 스타일 등이 결정되어야 한다.
- 메시지가 전달된다: 커뮤니케이터에게 메시지가 전달되기 위해서는 물리적인 경로가 있어야 한다. 전달자는 커뮤니케이션 채널, 즉 언어, 비언어, 말하기와 글쓰기와 같은 채널과 매체(핸드폰, 컴퓨터, 편지, 메모, 보고서, 대면접촉 등)를 선택해야 한다.
- 커뮤니케이터는 메시지를 받고 자신의 메시지를 생각한다: 커뮤니케이터에게 들어온 부호화된 메시지는 다시 풀어져서, 즉 해독화(decoding)를 통해 해석되고 이해된다.
- 커뮤니케이터 간에 피드백(feedback)이 활발히 이루어진다: 이는 커뮤니케이터의 당

연한 반응이다. 메시지를 얻고 나서 상대에게 여러 가지 방식으로 피드백을 할 수 있다. 피드백은 수신받은 메시지의 효과성을 평가하는 데 있어 핵심요소이다. 만일 커뮤니케이터가 메시지를 이해하지 못했을 때 메시지를 재확인하거나 반응에 대하여 물어봄으로써 메시지를 재확인할 수 있다.

이러한 과정은 커뮤니케이터 사이의 최종적인 완성이 이루어지기까지 계속 반복되는 것이지만, 커뮤니케이션은 각 단계가 얼마나 성공적인가에 그 성과가 달려 있다. **[그림 4-1]**은 커뮤니케이션 과정을 보여준다.

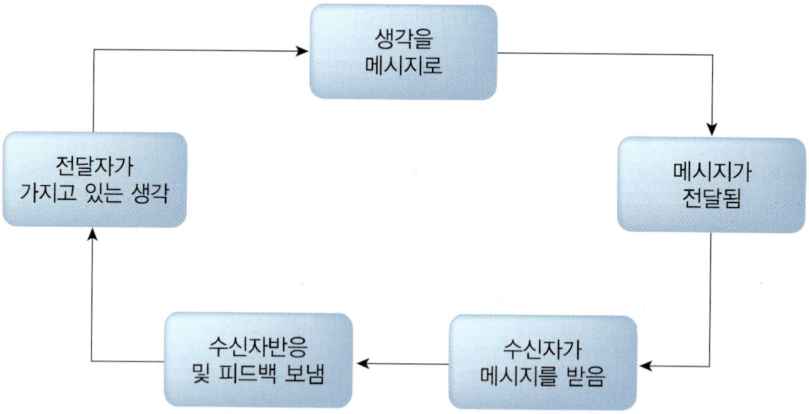

[그림 4-1] 커뮤니케이션 과정

(1) 비즈니스 커뮤니케이션의 영향요인

▪ 개인행동 차이

메시지 오해

사람들이 같은 단어에 다른 의미를 부여할 때 오해가 발생하면 비즈니스 커뮤니케이션은 성공하지 못한다. 이러한 오해는 기술용어(technical words)나 전문용어(jargons)를

스토리텔링 4-1 **세종대왕의 소통 리더십**

임금이 되었을 때 세종의 나이는 22세였다. 세종 리더십의 핵심은 소통이었고 그것은 항상 상대방에게 질문하는 것이었다. 세종 7년 전국의 신하들에게 진언을 올리라고 지시했을 때 변계량이 올린 진언이 바로 "임금과 신하의 소통에 문제가 있으니 항상 언로(言路)를 열어야 한다."였다. 하지만 신하에게 물었지만 반대한 여진족 토벌을 강행하여 1433년 파저강 전투에서 대승을 거두었다. 토지에 대해 세금을 물리는 공법(貢法)에 대하여 신하들이 반대하였지만 3년 뒤 전국 여론조사를 붙여보니 찬성여론이 많았고 힘있는 사람들과 대소 관료들이 반대하고 있음을 알았다.

이에 세종은 17년이라는 시간을 두고 끈질긴 설득을 통해 마침내 공법을 실행에 옮겼다. 또한 임금한테 잘못을 한 고약한 신하를 죽이려 했으나 하위자라는 신하가 그 사람을 죽이면 앞으로 언로가 막히게 됨을 직언하였고 이를 세종은 묵묵히 따랐다. 세종은 자기 자신의 잘못을 인정하고 자신의 잘못에 대한 직언을 받아들였다. 다양한 계층의 의견을 들으면서 수용할 것은 수용하고 거부할 것은 절대로 수용하지 않았다. 또한 신하의 무례함을 무례하다고만 생각하지 않고 그 속에 들어 있는 뜻을 잘 고려해주었다.

사용할 때 발생한다. 사람들은 단어의 내적 의미를 의도적으로 잘못 해석할 수 있다. 메시지에 대한 오해는 커뮤니케이션에서 흔한 일이지만 회사에 문제를 일으키기도 한다. 따라서 메시지는 적절하게 준비되어야 하고 피드백시스템이 대비되어야 한다.

메시지는 각 단어의 문자 그대로의 의미보다 훨씬 더 많은 것을 전달한다. 메시지는 전달하려는 내용을 부호화함으로써 생겨난다. 우리가 말로 소통했다면 말이 메시지가 되고, 글로 썼다면 글이 메시지가 되며, 그림을 그렸다면 그림이, 몸짓할 때는 팔의 움직이나 얼굴표정 등이 메시지가 된다. 메시지는 의미를 전달하는 데 사용되는 상징이나 코드, 메시지 자체의 내용에 의해 영향을 받는다. 결국 메시지는 코드나 내용을 어떻게 배열하고 선택하느냐에 따라 달라지는 것이다.

언어 커뮤니케이션을 효과적으로 사용하는 법을 고려할 때 커뮤니케이션에는 1차 메시지, 2차 메시지 및 보조 메시지의 3가지 유형의 메시지가 있다.

- **1차 메시지:** 1차 메시지(primary message)는 언어적 및 비언어적 의도적 내용을 의미

하는 데 자신을 표현하고 메시지를 전달하기 위해 선택하는 단어 또는 방법이다.

- **2차 메시지:** 2차 메시지(secondary message)는 언어적 및 비언어적 의도하지 않은 내용을 말한다. 청중은 여러분이 통제할 수 없는 부정적이든 긍정적이든 의도적인 메시지에 대한 인상을 형성한다. 신체적 매력, 연령, 성별 또는 민족에 대한 인식, 심지어 단순한 매너리즘과 말투 패턴도 의도치 않게 메시지에 영향을 미친다.
- **보조 메시지:** 보조 메시지(auxiliary message)는 1차 메시지가 전달되는 의도적 및 비의도적 방법을 나타낸다. 여기에는 메시지의 해석이나 인식에 영향을 미치는 억양, 몸짓 또는 드물게 말하는 음성이 포함된다.

표 4-1 메시지의 5가지 부분

① 주의진술(attention statement)	주의진술은 청중의 관심을 끌기 위해 사용된다.
② 서론(introduction)	청중의 관심을 끌면 서론으로 넘어간다.
③ 본론(body)	서론 이후에 메시지 본론이 나온다.
④ 결론(conclusion)	메시지의 끝에서 결론은 주요 요점을 요약하고 전체 주제와 연결하여 청중에게 마무리를 제공한다.
⑤ 잔여 메시지(residual message)	종료된 커뮤니케이션 후에도 청중에게 잘 남아있도록 하는 중요 메시지이다.

기술의 발달

효과적인 조직 커뮤니케이션은 조직구성원들이 비즈니스 커뮤니케이션 기술(skill)에 얼마나 잘 적응하며 이 기술을 얼마나 제대로 사용하는지에 달려 있다. 기술발달로 인해 커뮤니케이션의 속도가 향상되었으며 전달할 정보의 양이 대량으로 증가되었다. 그러므로 오늘날의 비즈니스 세계에서 효과적으로 커뮤니케이션을 하기 위해서는 관련된 기술과 발달된 커뮤니케이션 도구들을 가능한 한 많이 그리고 제대로 사용해야 한다. 채널의 발달에 대해서 간략하게 살펴보자.

채널(channel)은 메시지가 전달되는 수단으로 매체를 말한다. 채널은 커뮤니케이터에 의해 선택되는데, 언어적인 것뿐 아니라 비언어적인 것도 포함된다. 뿐만 아니라 전자우편(e-mail), 소셜네트워크서비스(Social Network Service, SNS), 즉 블로그, 인스턴트 메신저, 모바일 메신저, 인터넷 카페, 인터넷 커뮤니티, 인터넷 포럼, 개인 VOD(Video on Demand), 라이브 스트리밍 플랫폼, UCC(User Created Contents) 미디어 플랫폼, 트위터, 페이스북 등과 같은 그룹웨어 혹은 협업툴, 가상현실 기반 매체, 소셜커머스 등 다양한 매체가 존재한다. 전달자는 공식적 채널을 사용할지 비공식적 채널을 사용할지를 결정해야 한다. 이에 대해서는 7장에서 공부할 것이다.

정서차이

커뮤니케이터 간의 감정과 정서차이(emotional difference)는 커뮤니케이션 의미에 큰 영향을 미친다. 모든 메시지에는 메시지 주제와 관련된 의미 이외에도 전달자와 수신자 사이의 인간적 상호작용을 나타내는 의미가 포함되어 있다. 이러한 관계가 부정적으로 되어 있다면 제대로 커뮤니케이션이 이루어질 수 없다. 사람을 대할 때에도 내 자신과 정서나 느끼는 감정에 차이가 많이 나는 사람은 대하기가 어렵다. 청중이나 수신자와 관련된 주제에 대하여 전혀 다른 정서로 접근한다면 상대를 이해시키기 어렵다. 이러한 정서적 장벽을 극복함으로 해서 커뮤니케이션을 하기 때문에 느낌을 서로 공유하는 노력이 선행되어야 한다. 따라서 다른 사람의 주관을 일방적으로 무시하거나 상대를 비난하는 태도를 피해야 한다. 가장 중요한 것은 메시지에 동반되는 정서적인 측면을 이해하지 않으면 안 된다는 것이다.

과거경험

과거경험을 가지고 있는 상태에서 동일한 커뮤니케이터를 만나서 소통하면 효율적 커뮤니케이션으로 이어지기 쉽다. 물론 긍정적 경험일 때이다. 당사자 중 한 사람이 나쁜 경험을 가지고 있다면 그들 사이의 커뮤니케이션은 비효율적일 수 있다.

교육수준 차이

비슷한 학력을 가지고 있다면 유사한 인식, 이해, 느낌, 사고, 견해 등을 가질 가능성이 높고 비즈니스 커뮤니케에션이 효과적일 것이다.

■ 집단행동의 차이

집단소속감

집단소속감의 차이는 비즈니스 커뮤니케이션에도 영향을 미친다. 발신자와 수신자가 다른 공식집단 또는 비공식집단에 속하는 경우 사이의 효율적인 비즈니스 커뮤니케이션이 안될 수도 있다. 예를 들어, 노동조합 전임자와 최고경영진 간의 비즈니스 커뮤니케이션은 서로에 대해 적대적인 태도를 가지고 있기 때문에 대화에 실패할 수 있다. 마찬가지로 종교, 성별, 지역, 연령 등에 기반한 비공식집단의 관계는 비즈니스 커뮤니케이션에 영향을 미친다.

■ 문화적 다양성

글로벌 환경에서 경영되는 조직에는 다양한 인력들이 구성원으로 살아간다. 대기업은 물론 중소기업에도 문화적으로 다양한 인력을 보유하고 있다. 서로 다른 문화적 배경을 가진 사람들이 소통할 때 메시지를 오해하고 잘못 해석할 가능성이 높아진다.

효과적인 비즈니스 커뮤니케이션이 되기 위한 요인은 바로 문화 간 비즈니스 커뮤니케이션을 이해하는 것이다. 국가의 경계를 넘나드는 대부분의 비즈니스뿐만 아니라 빠르게 변화하는 해외 노동시장의 변화를 이해하는 것이 필수적이다. 한 통계에 의하면 미국 회사에서 일하고 있는 노동력의 85%가 소수민족이나 이민자들로 구성되어 있어서 다양한 문화가 공존하고 있음을 알 수 있다. 이제 해외나 국내에서 일자리를 구하려고 할 때 다양한 문화에 노출될 수밖에 없다. 오늘날의 다양한 문화환경 속에서 성공적으로 경쟁하기 위해서는 언어장벽뿐만 아니라 문화장벽도 고려해야 한다. 예를 들면, 영어를 사용하는 수많은 나라들이 있지만, 영어를 국어로 사용하는 나라라 할지라도 다음과 같은 것들은 피해야 올바른 커뮤니케이션을 할 수 있다.

- 한 단어로 쉽게 표현하는 말을 사용하는 것이 좋다. 단어를 조합하여 사용하는 것은 되도록 피하는 것이 좋다.

- 혼동되는 속어는 사용하지 않는다.
- 대충 듣는 버릇을 버려야 한다. 조금이라도 못 듣고 지나쳤으면 되묻는 것이 좋다.
- 잘난 척하려고 전문용어나 학습용어만을 사용해서는 안 된다. 단순하고 명쾌한 언어를 사용해야 한다.

자기 문화권에서 쓰는 말만 옳은 것이고 다른 문화권에서 쓰는 말은 이상하다고 간주하는 것은 큰 잘못이다. 식탁용 휴지를 미국은 diaper라고 쓰고, 영국은 napkin이라고 한다. 미국에서 napkin이 기저귀이며, 영국에서는 diaper가 기저귀라는 뜻으로 쓰인다. 삼각형 모양이 홍콩, 태국에서는 부정적 의미이지만 미국에서는 긍정적 혹은 중립적 의미로 쓰이며, 숫자 7은 케냐에서는 악운을 의미하지만, 슬라브인 사이에서는 행운을 의미한다. 빨간색은 덴마크에서 긍정적 색이지만 아프리카에서는 죽음을 상징하는 부정적 색이다. 불가리아에서 끄덕이는 것이 노(no)를 의미하고 좌우로 머리를 흔드는 것이 예스(yes)를 뜻한다. 인간의 지각, 인사, 제스처에서 문화적 차이를 이해하는 것이야말로 글로벌 비즈니스를 수행하는 데 핵심이 되는 것이다. 이에 대하여는 6장에서 더 자세히 살펴볼 것이다.

■ HR에서의 지위차이

조직 내 인적자원의 지위나 직위의 차이가 비즈니스 커뮤니케이션에 영향을 미친다. 이로 인해 발신자와 수신자가 계층 구조에서 다른 위치에 있는 경우 이들 간의 비즈니스 커뮤니케이션이 실패할 수 있다. 때때로 개인보다는 조직의 목표달성을 유지하기 위해 일부 개인들의 희생을 강요하기도 한다. 예를 들어, 상사는 일반적으로 부하직원의 메시지에 덜 주의를 기울이고, 부하직원은 업무량과 책임을 회피하기 위해 상사의 지시를 피하려고 한다.

스토리텔링 4-2

긍정적 피드백

커뮤니케이션은 자연발생적인 것이 아니라 의도된(intended) 것이어서 커뮤니케이터의 의도가 제대로 전하여 졌는지 확인하는 과정이 필요한데, 이를 피드백 과정(feedback loop)이라 한다. 피드백 과정은 커뮤니케이터가 서로 입장을 바꾸어 메시지가 이해가 됐는지 안 됐는지 양방향(two-way)에서 점검하게 하는 역할을 한다.

사람은 무슨 말을 해야 하고 자신이 한 일이 얼마나 잘 되었는지 알고 싶어 하는 욕구가 있을 뿐 아니라 그것을 알고자 적극적으로 요구한다. 그리고 긍정적으로 피드백을 주면 그 행동을 반복해서 하는 경향이 있다.

피드백을 줄 때는 당신이 그들의 편에 있다고 느낄 수 있게 해야 한다. 중요한 것은 마음자세이다. 칭찬을 하고 상을 줄 때는 그것을 부하들을 조작하려는 것이 아니라, 진정으로 고마워서 주는 것이라는 점을 느끼게 하고, 반대로 부정적 피드백을 줄 때는 무엇이 잘못되었는가에 대한 정보를 주면서 진정으로 그들을 도와주려고 한다는 마음을 전달해야 한다. 결코 동물 조련사처럼 행동해서는 안 되고 그들과 함께한다는 마음을 전해야 한다.

결과에 대한 평가는 공식적으로도 비공식적으로도 할 수 있다. 물론 비공식적으로 하는 경우가 훨씬 많을 것이다. 일을 잘하고 있는 사람을 보면 바로 한마디 해주는 것이 평가이다. 좀 잘못되고 있다고 생각되면 바로 지적해주는 것도 피드백이다. 공식적인 평가는 사전에 평가의 기준을 알려주고 보다 공정하게 이루어져야 한다. 직원들이 평가기준과 측정방법을 모르고 있는 채로 그들을 평가하는 것은 옳지 않다. 그들에게 사전에 평가에 관한 많은 정보를 알려주는 것이 좋다.

스토리텔링 4-3

들을 청(聽)

잘 말하고, 잘 듣기라는 2가지를 조화롭게 하는 사람은 다른 사람들에게 호감을 산다. 그러한 균형을 유지하려고 한다면 상대를 더 많이 이해하게 될 것이다. 상대의 메시지를 듣는 경청은 상대방의 말과 제스처를 집중해서 들어줌으로써 말을 귀담아듣고 있다는 것을 상대에게 피드백한다. 한자 청(聽)은 상대방의 말에 귀(耳) 기울여 요지(王)를 잘 파악하고 열 개(十)의 눈(目)으로 상대를 집중해 바라보며 상대와 마음(心)이 하나(一)가 되도록 한다는 것으로 해석할 수 있다. 또 다른 해석으로, 임금님(王)의 귀(耳)처럼 크게 듣고, 열 개(十)의 눈(目)으로 깊게 보며, 내 마음(心)과 상대방의 마음(心)을 하나(一)로 모아 일치시키는 것이다. 또 다른 한자 관청 청(廳)이 집 엄(广) 변에 들을 청(聽)인 것도 관청에서 일하는 공직자는 국민들의 말을 귀기울여 경청해야 함을 의미한다.

(2) 효과적인 비즈니스 커뮤니케이션

직장에서의 효과적인 커뮤니케이션은 직원을 바르게 인지하고 올바른 메시지와 전송 채널을 선택하는 것이다. 전략을 공유하여 전파할 때 비즈니스 커뮤니케이션 계획을 개발해야 할 수도 있다.

■ 청중에 대한 명확한 이해

조직에서 직원이 어떠한 역할을 수행하고 직원이 회사의 계층에 어떻게 순응하며 화합할 것인지는 효과적인 커뮤니케이션을 만드는 데 필수적이다. 직원이 경영진을 존경하고 경영진은 역시 구성원을 존중해야 한다. 그것이 좋은 비즈니스 커뮤니케이션이다.

■ 커뮤니케이션 채널

올바른 채널을 선택하는 것은 효과적인 비즈니스 커뮤니케이션의 필수 요소이다. 메시지를 보낼 때 커뮤니케이션 채널의 장점과 한계를 사전에 미리 고려해야 한다. 예를 들어, 이메일은 특정 응용 프로그램에서는 훌륭한 도구이지만 시간에 민감한 기밀 자료 또는 대화형 소통에는 적합하지 않다. 경우에 따라 여러 채널을 혼합하여 사용하는 것이 가장 좋은 방법이다.

■ 커뮤니케이션 계획

커뮤니케이션 방법을 명확하게 정의하기 위해서는 커뮤니케이션 계획을 미리 세우는 것이 좋다. 잘 설계된 비즈니스 커뮤니케이션 계획은 조직문화를 강하게 만든다. 예를 들어, 빅피처 비즈니스 커뮤니케이션 전략과 사명 선언문을 작성하면 목표를 명확하게 정의하는 데 도움이 된다. 또한 비즈니스 커뮤니케이션 전술의 성공을 측정하기 위한 피드백시스템을 만드는 것도 필요하다.

■ 효과적 메시지

메시지에 적절한 언어를 사용하는 것은 명확성을 높여준다. 비즈니스 커뮤니케이션은 가능한 한 간결하고 직접적이며 정직하고 기억에 남을 수 있어야 한다.

2 비즈니스 커뮤니케이션 방해요인

비즈니스 커뮤니케이션 과정 어디에서나 커뮤니케이션을 방해하는 수많은 장애가 도사리고 있다. 특히 잡음(noise)은 조직 내에도 구성원 상호 간에도 항상 존재할 수 있다. 효과적인 비즈니스 커뮤니케이션을 위해서는 이러한 장애를 줄이는 것이 필요하다. 비즈니스 커뮤니케이션을 방해하는 수많은 장애를 살펴봄으로써 어떻게 극복할 수 있는가를 알아보자.

(1) 개인적 방해요인

메시지가 전달되었을 때 수신자는 메시지의 의미를 파악해야 한다. 그러나 메시지 자체의 의미파악이 다를 수 있다. 전달자가 마음속에 가지고 있던 의미와 수신자가 받아서 해석한 의미 사이에 차이가 있을 수 있는 것이다. 그러므로 우선 서로를 이해하기 위해서 전달자와 수신자는 단어, 제스처, 목소리 톤, 기타 상징의 의미를 유사하게 공유해야 한다.

■ 지각의 차이

약 2400여 년 전 철학자 플라톤은 인간이 감각을 통해, 즉 마음을 통해 사물이나 대상을 올바르게 지각한다는 점을 간파하였다. 머릿속 세계를 구성하려면 환경에서 물리적 에너지를 감지하고 이를 신경신호로 부호화해야 한다. 그리고 인간은 감각을 선택하고 조직하고 해석한다. 생생한 시각과 소리, 맛, 냄새를 감지할 뿐만 아니라 지각을 한다. 즉, 현상은 항상 많은 정보, 즉 빛, 소리, 냄새 등으로부터 영향을 받는다. 우리들이 가지고 있는 정신적 지도(mental map) 속으로 오감으로 얻은 정보가 들어오며, 이렇게 들어온 정보를 실제로서 지각(perception)한다. 사람의 마음속에는 이미 하나의 지도가 존재하기 때문에 현상 자체를 그 지도에 의해 파악하는 것이다. 즉 개인이 가지고 있는 경험과 개인적 방식으로 항상 비슷하게 결론 내리고 파악하는 것이다. 우리는 무의미한 감각을 의미 있는 인식으로 바꾸는 것이다. 예를 들어, 친구를 위해 피자를 먹으러 가서 친구가 원하는 피자와 다른 피자를 시킬 수도 있고, 피자가게에 들어설 때 냉·난방 정도를 친구와 다르게 지각할 수도 있다. 그리하여 누구는 춥다고 난방을 더 높이라고 하고 누구는 덥다고 낮추라고 한다. 이처럼 지각의 차이를 넘어 모든 것을 서로 공통적으로 지각하기란 불가능하다. 그러므로 전달자는 메시지를 잘 전달하기 위해 수신자의 반응을 상상해보고 적절한 메시지를 만들려고 노력해야 한다. 모든 문제를 해결할 수는 없지만 특수한 문제에 대한 해결책을 찾아낼 수는 있는 것이다. 예를 들어, 메시지를 만들 때는 수신자의 입장에서 메시지를 만든다면 지각의 차이를 어느 정도 줄일 수 있을 것이다.

■ 여과

여과(filtering)란 메시지가 수신자에게 전달되기 전에 정보를 축약하거나 걸러서 보내는 것이다. 경영현장에서 전달자와 수신자 사이에 여과자(filters)가 많이 존재한다. 즉 비서, 조수, 접수자 등 여러 가지이다. 상급자를 만나려 할 때 먼저 비서부터 만나야 하며, 거기서 만남 자체가 방해되기도 한다. 수신자에게 보낸 메시지가 정확하게 제대로 전달되지 못하는 경우도 여기에 해당된다. 이러한 여과장벽을 극복하기 위해서는 하나 이상의 커뮤니케이션 채널을 이용하는 것이 현명하며, 끼어들 수 있는 중간 매개체를 되도록 제거해버리거나 사실 그대로의 본질이 표현되어 있는 농축된 메시지 정보에 의해 왜곡을 줄여야 한다.

스토리텔링 4-4 **효과적인 숫자 표현**

10,000원과 10천 원은 같은 액수이다. 일반적으로 숫자를 쓸 때 아라비아숫자와 단위명사를 붙여 표현할 수 있다. 따라서 10,000원이라고 써도, 10천 원이라고 써도 의미는 전달된다. 그러나 10천 원보다는 1만 원이 더 효과적으로 읽힌다. 10억 원, 100억 원 정도 되면 아라비아숫자로만 10,000,000,000원, 100,000,000,000원이라고 써서는 선뜻 읽기 어렵다. 7,000천 원, 330백만 원이라고 쓰는 것보다는 7백만 원, 3억 3천만 원으로 쓰는 것이 읽기도 쉬운 효과적인 표현이다.

■ 언어문제

전달자가 메시지를 위해 단어를 선택하려 할 때 언어문제에 직면하게 된다. 예를 들어, 변호사의 언어는 의사나 공인회계사가 사용하는 언어와 상당히 다르다. 이러한 어휘의 차이로 인해 생각의 표현이나 현상인식 사이에 차이가 생길 수 있다. 언어장벽은 단어가 한 의미 이상으로 해석되는 경우가 많을 때 현저하게 나타난다. 언어는 실제를 표현하는 상징이라고 할 수 있다. 예를 들어, '배'라는 단어에는 과일을 가리키는 것 이외에도 여러 가지 뜻이 있다. 영어의 'round'라는 단어는 수십 개의 의미를 갖고 있다. 언어장벽을 극복하기 위해서 가능한 한 명확한 단어와 상황에 가장 적합한 용어를 사용하여야 하며, 항상 수신자가 이해할 수 있는 단어를 써야 한다. 그리고 메시지의 정확성을 높이기 위해서는 관찰했던 사실, 사건, 상황을 주관적으로 판단하는 것보다는 있는 그대로 기술하는 언어습관이 필요하다.

■ 경청문제

메시지 수신에 있어 가장 일반적인 장애가 바로 수신자의 경청문제일 것이다. 사람들은 남의 얘기를 귀담아듣지 않는다. 들어도 대충 듣거나 집중하지를 않는다. 특히 메시지가 이해하기 어려운 것이거나 자신의 삶과 직접적인 관련이 없다고 느끼면 더 엉터리로 듣는 경향이 있다. 이러한 경청의 장벽을 극복하기 위해서는 전달자가 강조하는 요점에 귀 기울이며, 수신자 스스로 결론을 성급하게 내려서는 안 된다. 의미를 제대로 파악하기 위해서는 청취할 때에 위협적인 질문으로 되묻는다든지 상대방의 말에

스토리텔링 4-5

남의 이야기를 잘 들어 주자

초고속 승진으로 화제가 된 여성 중역을 만난 적이 있다. 그녀는 평범한 외모에 그다지 뛰어난 언변을 가지지 못했는데도 직장동료와 직원들에게서 상당한 지지와 호감을 얻고 있다고 알려져 있었다. 나는 그녀와 10여 분 간 대화하면서 그녀가 왜 성공했는지를 찾아낼 수 있었다. 그녀는 대화하는 내내 안정감 있는 눈빛을 던져주어 나를 편안하게 해주었고, 내 말에 따라 고개를 끄덕이며 경청하는 자세를 보여주었다. 흔히 귀가 2개이고, 입이 1개뿐인 이유에 빗대어 경청의 중요성을 이야기한다. 요즘처럼 자기표현이 자유롭고 자기중심적인 사고가 지배적일수록 남의 이야기를 잘 들어주는 일은 쉽지 않다.

심리학자들에 따르면 사회적인 지위와 연령이 높아질수록 오히려 경청하는 노력이 줄어든다고 한다. 이는 경청의 자세란 자연스러운 행동이라기보다는 노력에 의해 만들어지는 행동임을 의미한다. 듣기는 대화의 시간의 40%에 해당한다고 한다. 요점을 간결하게 전달하고 핵심을 정확히 파악하는 이른바 경제적인 커뮤니케이션을 수행하기 위한 가장 기본적인 요건인 셈이다. 더구나 경청하는 자세는 상대방에게 진지함과 성의를 보여주기 때문에 신뢰 형성에도 적지 않은 영향을 미친다. 경청은 마음만 먹으면 누구나 쉽게 익힐 수 있다. 대화를 할 때 듣고 있음을 적극적으로 표현하는 행위 역시 효과적이다. 상대방의 말에 고개를 끄떡이거나 메모를 하거나 감탄사를 쓰거나 부가적인 질문을 하면 스스로 상대와의 대화에 몰입할 수 있다.

간섭하는 듯한 행동 등으로 대화 중에 끼어드는 것을 자제하는 것이 좋고 이런 자세가 바른 경청이 될 수 있다.

■ 배경의 상이함

경험과 개인적 배경의 차이는 커뮤니케이션 장애 중 가장 극복하기 힘든 부분이기도 하다. 수신자의 삶에 대한 경험이 전달자의 것과 너무 다를 경우 커뮤니케이션은 더욱 어려워진다. 연령, 교육정도, 성(gender), 사회적 신분, 경제적 위치, 문화배경, 건강정도, 성격, 종교, 정치색, 풍겨나는 스타일 등이 상대방과 너무 다르면 서로를 이해하기 더 어려워진다. 다른 나라 사람과의 커뮤니케이션에 문화적 충격이 존재하는 것도 그런 연유이다. 상이한 배경과 관련된 장애를 극복하기 위해서는 문화가 다른 사람이나 배경이 다른 사람을 무조건 싫어하는 태도부터 버려야 한다. 자기 자신의 배경을 상대에게 명확하게 표현하여 이해시키며, 서로 다른 배경에 대한 지식, 개성을 이해하려 힘써야 한다. 무엇보다 모든 사람이 나와 같을 것이고 나와 동일하게 행동할 것이라는 생각부터 버리는 것이 좋다.

(2) 조직적 방해요인

모든 커뮤니케이션이 개인 간의 잘못된 이해문제에서 파생된 것이라 할지라도 조직 내의 커뮤니케이션의 경우는 특히 더 어렵다. 즉 조직 내 비즈니스 커뮤니케이션은 더욱 복잡하며 종종 심각한 논쟁에 빠지는 경우가 많은데 주로 다음과 같은 문제에서 비롯된다고 할 수 있다.

■ 정보 과부하

너무 많은 정보는 나무 빈약한 정보만큼 좋지 못하다. 수신자의 능력상 가장 중요한 메시지를 빠뜨릴 수 있기 때문이다. 비즈니스 커뮤니케이션뿐만 아니라 일상적인 대화에서도 사람들은 상대방을 제압하거나 이해시키려고 너무 많은 말을 함으로써 정보의 과부하를 형성하기 쉽다. 핵심을 제대로 파악 못하게 만들어 메시지 전체를 주도면밀하게 챙기지 못하고 피상적으로 흝게 만든다. 그런데 조직의 경우 효율과 능률만을 앞세워 항상 많은 정보를 전달해야 하는 경우가 흔하다. 이러한 정보 과부하를 극복하기 위해서는 필수적인 정보가 아닌 적정한 정보만을 전달하는 것이 효과적이다. 많은 정보를 주어 중요한 정보를 놓치게 하는 것보다는 주어진 정보만의 의미라도 제대로 파악하게 하는 편이 좋다.

■ 메시지 복합성

전달자는 자신의 생각을 다른 구성원들이 수용가능할 만한 스타일이 되도록 만드는 것이 좋다. 어떤 경우에는 개인적으로 부합되지 않은 말을 할 때도 있다. 특히 비즈니스 메시지는 표현하기가 쉽지 않은 기술적 문제를 다루어야 하기 때문에 더더욱 쉽지 않다. 그러므로 문장을 이해하기 쉽고 간략하게 만드는 것이 중요하다. 대규모 조직에서는 요점을 표현하기 위해 자기들만의 특수용어를 사용함으로써 말하고자 하는 것을 구체화하기도 한다. 피드백을 받는 장치를 마련하여 전달하려는 메시지를 명확하게 하는 것도 필요하다.

■ 메시지 경쟁

커뮤니케이션 도중에 종종 메시지 간에 주목도를 높이기 위해 서로 경쟁하는 경우가 발생한다. 예를 들어, 전화벨이 계속 울리거나 다른 사람이 다른 일로 끼어든다거나 급한 회의가 열릴 거라는 전언이 있다거나 하여 메시지 전달에 방해가 생길 수 있는데, 이러한 경우에는 수신자에게 여유를 갖도록 해주어야 한다. 그리고 이때에는 상대방에게 직접 말로 전하는 구두 메시지가 더 효과적이며, 문서 메시지의 경우에는 수신자에게 전달하고자 하는 내용을 기꺼이 읽어보도록 요청하여야 한다.

■ 신분과 지위

낮은 지위의 직원은 상급자로부터 메시지를 받거나 상급자가 관심을 가지고 있는 분야에 대해서 상급자와 이야기를 나누게 될 경우 매우 조심스러워한다. 반대로 높은 지위에 있는 사람은 조직 내에서 자신의 권위를 지키면서 대화에 참여하게 되고 자기 신분에 위협적인 내용은 부정하거나 거절하면서 메시지를 받아들이려 할 것이다. 더구나 어떤 특별한 부서에 소속되어 있거나 특수한 과업을 맡은 사람의 경우 그렇지 않은 부서나 사람과 다른 태도, 가치관, 기대를 가질 것은 뻔하다. 이러한 지위 차이에서 오는 장애를 극복하기 위해서는 관리자와 부하직원 사이에 또 직장동료 간에 서로 정보를 공유해야 한다. 낮은 지위에 있는 사람들도 정보만 제공된다면 높은 지위에 있는 사람처럼 일할 수 있다.

스토리텔링 4-6 한국인의 신분상징

한국 최초의 개신교 선교사로 왔던 언더우드(H.G. Underwood) 목사는 자기 다음에 오는 후배 선교사들에게 조선의 풍습과 에티켓을 소개하면서 조선 사람의 방에 들어가면 절대 상석에 앉지 말고 하석에 앉으라고 가르쳤다. 그러자 한 선교사가 물었다. "조선 사람들의 방에는 1등석, 2등석 표시가 붙어 있습니까?" 조선은 신분사회인 만큼 신분의 상징도 많았다. 성씨가문에서부터 신체부위에 이르기까지 모두 서열이 있었고, 이것이 신분의 상징이 되었다. 오늘날에도 어느 학교를 나왔고, 군번은 몇 번이며, 사는 동네가 어디인지, 누구를 잘 알고 있는지가 모두 신분상징이 되는 것이 한국사회이다.

■ 신뢰부족

조직 안에서 구성원끼리 신뢰를 형성한다는 것은 쉽지 않다. 신뢰는 위험부담이 따른다. 하지만 상대를 신뢰하지 않고서는 자유롭게 공개적인 커뮤니케이션을 할 수 없다. 이는 조직의 안정성을 위협할 수도 있다. 전달자의 메시지가 명확하다는 사실만으로는 커뮤니케이션이 충분치 않다. 이러한 신뢰장애를 극복하기 위해서는 상호 간에 가시적이고 인간적인 접근가능성이 필요하다. 비서나 동료, 부하를 속이려고 해서는 안 되며 핵심정보를 동료나 구성원과 공유해야 커뮤니케이션이 이루어지고 올바른 의사결정을 할 수 있는 것이다.

■ 부적절한 커뮤니케이션 구조

조직 커뮤니케이션은 누가 누구에게 전달하고 의사결정은 누가 내리고 하는 등 모두 공식적인 채널에 의해 이루어진다. 하지만 지나치게 공식적인 채널로만 이루어지는 커뮤니케이션은 효과적이지 못할 때도 많다. 강력하게 중앙집권화된 조직의 경우

수직 커뮤니케이션을 줄이고 수평 커뮤니케이션을 늘리려는 노력이 필요하다. 위계가 분명한 조직의 경우 수직 커뮤니케이션이 지나치게 많이 이루어지는 경향이 있다. 따라서 부서나 조직을 이동하면서 메시지가 왜곡될 위험이 따른다. 이러한 구조적 장벽을 허물기 위해서는 상하로 오르내리는 커뮤니케이션보다는 수평 커뮤니케이션 기회를 늘리는 것이 바람직하다. 이러한 위계수준의 높이를 줄이려는 노력은 부서 간 협조를 증가시키거나 쌍방적 커뮤니케이션을 활성화시킴으로써 가능하다.

■ 잘못된 매체선택

부적절한 커뮤니케이션 매체를 선택하면 메시지가 의도대로 전달되지 못하고 왜곡되어 버린다. 그러므로 개인이 메시지를 잘 수신할 수 있도록 혹은 집단이 메시지를 잘 이해할 수 있도록 도와주는 매체를 선택하는 것이 좋다. 렌겔과 다프트(R.H. Lengel & R.L. Daft, 1988)는 모든 커뮤니케이션 채널은 사용자가 이해를 변화시키는 정보의 능력을 매체의 풍부성(media richness)이라 하였다. 결국 주어진 커뮤니케이션 상황에 맞는 매체를 선택해야 한다는 뜻인데, 이러한 매체선택의 폭은 그 매체가 정서적 단서(시각적, 언어적, 단어적)보다 더 많은 단서를 제공할 수 있는지의 여부, 피드백을 효율적으로 주고받을 수 있는지의 여부 그리고 직접대면 여부에 따라 달라진다.

[그림 4-2]에서 보면 대면접촉식 커뮤니케이션은 매체선택의 폭이 아주 넓다. 이는 사람을 직접 만나면서 커뮤니케이션하는 것이고, 즉각적인 피드백이 이루어질 수 있고, 언어적 · 비언어적 단서들이 모두 제공될 수 있으며, 메시지 안에 숨어 있는 정서적 내용도 전달될 수 있다는 장점이 있다. 그러나 일반전화나 전자우편과 같은 매체는 즉각적인 피드백이 이루어질 수 있으나, 얼굴표정, 눈접촉, 몸동작 등은 비언어적이며 시간적인 단서가 제공되지 못하기 때문에 대면접촉에 비해 상대적으로 제약을 받는 매체이다. 그리고 문서식 매체 중에서 메모, 편지, 보고서 등은 즉각적인 피드백도 이루어지지 않고 시각적, 음성적, 비언어적 단서도 일체 제공되지 않는다. 매체선택 폭이 가장 빈약한 매체가 정기보고서나 사보 및 회보, 전단 등의 표준화된 문서들이다. 이는 비언어적 단서뿐 아니라 피드백, 대인관계 등이 모두 결여된 상태의 매체

[그림 4-2] 매체선택의 폭

이므로 신중을 기해서 사용해야 할 것이다.

매체선택의 장애를 극복하기 위해서는 복잡한 메시지를 충분히 전달할 수 있는 매체를 선택해야 한다. 조직 속에서 상급자의 성격이 얼마나 인간적이고 풍부한지에 따라 종업원과 원활한 커뮤니케이션이 가능할 것이며 조직목표에 공헌할 수 있을 것이다. 매체선택의 폭이 빈약한 매체는 일반적이고 반복적이며 간단한 메시지를 전달하려고 할 때 사용한다든지 통계자료, 사실, 수치, 간단한 메모, 요약문 등을 보내고자 할 때 사용하는 것이 좋다.

스토리텔링 4-7 **이름 부르기**

상대방의 이름을 자주 불러주면 상대는 틀림없이 당신에게 호감을 가질 것이다. 대부분의 직장인이 상사가 많은 동료 가운데 특히 자기를 바라보고 말을 걸어주는 것을 기쁘게 생각한다. 단지 날씨 얘기를 주고받더라도 상대에게 이쪽의 기분이나 호의를 전달하는 첫걸음으로 상대의 이름을 부르는 것이 좋다. 상대의 이름을 부르는 것은 상대의 마음에 접근해 들어가기 위한 중요한 관문이다.

■ 폐쇄적 커뮤니케이션

커뮤니케이션 분위기는 경영스타일에 의해 많은 영향을 받는다. 직접적이고 권위적인 경영스타일에서는 공개적이고 자유스러운 정보의 교환이나 커뮤니케이션이 이루어지지 않는다. 이러한 폐쇄적 커뮤니케이션 분위기를 없애기 위해서는 문제제기보다는 경청하는 방법에 대하여 많은 시간이 필요하다. 종업원의 건설적인 토론이 이루어지기 위해서는 의견을 개진하는 종업원을 격려할 필요가 있으며, 상급자일수록 말을 삼가고 아랫사람들에게 발언의 기회를 많이 주어야 할 것이다.

■ 비윤리적 커뮤니케이션

조직은 불법적이거나 비윤리적 메시지를 만들어내서는 안 되며 장기적인 관점에서 볼 때 신뢰를 얻을 수 있어야 한다. 조직 내 · 외부와의 관계는 공정성과 신뢰를 어떻게 구축하느냐에 달려 있다. 이때 비윤리적 장벽을 극복하기 위해서 메시지는 윤리적이고 당위적인 정보를 포함해야 하나 메시지 자체가 소비자를 속이거나 사회적으로 해가 되는 내용이라면 이를 서로 전달하면서도 왜곡하거나 꺼리게 되며 다음에 계속되는 진실한 메시지의 소통에 악영향을 미칠 수 있다.

■ 비효율적 커뮤니케이션

의미 없는 메시지를 만들어내는 것은 시간과 자원의 낭비이다. 따라서 메시지를 보내기 전에 반드시 메시지의 수와 양을 줄이는 작업이 필요하다. 그래야 전달속도가 향상되어 짧은 시간에 정확히 전달할 수 있다. 그러다 보면 표준화된 양식이 개발되고 적절한 메시지의 요소들이 정렬되어 깔끔한 메시지가 되곤 한다.

스토리텔링 4-8 잔소리 효과

잔소리는 하기 쉽다. 그래서 사람들은 잔소리가 효과가 있다고 생각한다. 그러나 잔소리는 너무나 부정적이다. 분명하게 요구하지 않으면 무엇을 원하는지 상대가 알아듣지 못하는 경우가 많다. 아이들에게 그저 "어질러놓지 마라."라고 할 것이 아니라 아이들이 어떻게 해야 할 것인지 분명하게 알려주는 것이 좋다. 또 "늦지마라."라고 할 것이 아니라 정확한 귀가시간을 숫자로 알려주고 지키도록 하는 것이 좋다.

잔소리의 원인을 찾지 않고 잔소리 자체를 문제삼아서도 안 된다. 잔소리는 하는 사람에게나 중요한 일이지, 잔소리를 들은 사람은 그리 중요하게 생각하지 않는다. 특히 위협적이거나 불쾌한 말투 대신 "부탁합니다.", "해주면 고맙겠다."와 같이 긍정적으로 말하고, "하지 마라.", "해서는 안 된다."와 같은 부정적인 말들은 피해야 한다. 한 어머니의 잔소리를 모두 기록해보았더니 그중 꼭 필요한 말은 "너는 종일 잠만 자니?", "네 방이 엉망이잖니!", "똑바로 서 있어!" 등 3가지에 불과했다고 한다.

■ 물리적 문제

물리적 문제를 들 수 있다. 예를 들면, 제대로 연결되지 못하거나 너무 크거나 작은 음향, 흐릿해서 알아볼 수 없는 문서들이 그것이다. 이러한 잡음들이 사소한 것이지만 효과적인 커뮤니케이션을 방해한다. 또한 앉아 있기 불편한 의자라든가 침침한 불빛, 혼잡한 실내 등도 제대로 얘기를 나눌 수 없게 하는 것들이다. 혼잡한 실내에서 상대의 말이 잘 안 들리게 되면 감정이 격해질 수도 있고 정상적인 수용과 설득이 더 어렵게 되기도 한다. 시간에 쫓기는 것도 메시지에 집중하지 못하게 만든다. 가능한 한 물리적 환경을 제어할 수 있는 곳을 커뮤니케이션 장소로 택할 필요가 있다.

한편 주변의 시끄러운 소음공해는 커뮤니케이션에 방해가 되는 것이 당연할 것 같지만 사실은 반드시 그렇지도 않다. 인간의 뇌는 말하기 위해서는 전체 용량의 대부분을 필요로 하지만 듣기 위해서는 뇌용량의 30%만 사용해도 된다. 따라서 남의 얘기를 들으면서 뇌의 70%는 상대방 말의 문제점과 비판적 요인을 찾아내는 작업을 할 것이다. 그러나 소음이 많다면 뇌의 나머지 부분이 소음처리를 하느라고 말하는 이에 대한 비판의 여유가 없어지고 그대로 수용하게 될 것이다.

3 효율적 비즈니스 커뮤니케이션 방안

커뮤니케이션의 방해요인으로는 앞에 열거한 것 말고도 많다. 커뮤니케이션 갭(gap, 격차)은 커뮤니케이터인 전달자와 수신자 간에 의미나 의도를 오해할 때 발생한다. 커뮤니케이션 갭과 거의 동일어가 바로 커뮤니케이션 장벽(barriers)이다. 커뮤니케이션 장벽은 적절한 시간에 올바른 메시지를 올바른 사람에게 커뮤니이션하는 전달자와 수신자를 막거나 비활성화하는 것이다. 다양한 갭과 장벽이 존재하고 그 개선방법도 많지만 우선, 커뮤니케이션 갭에 대해서 요약하여 설명한 뒤, 개인 커뮤니케이션 개선방안과 조직 커뮤니케이션 개선방안으로 구분하여 설명하고자 한다(J.L. Gibson, J.M. Ivancevich, J.M. Donnelly, Jr., & R. Konopaske, 2003).

(1) 비즈니스 커뮤니케이션 갭

[그림 4-3]은 커뮤니케이션 갭이다.

■ 참조 프레임

참조 프레임(frame of reference, 기준틀)은 개인이나 집단의 인식이나 자료를 평가하고, 아이디어를 전달하고, 행동을 규제하는 개념, 가치, 관습, 관점 등의 구조를 말한다.

■ 선택적 듣기

선택적 듣기(selective listening)는 말하는 특정 항목에 집중하고 다른 항목을 차단하는 것이다.

■ 가치판단

가치판단(value judgement)은 메시지 전송이 완료되기 전에 경험에 근거하여 메시지의

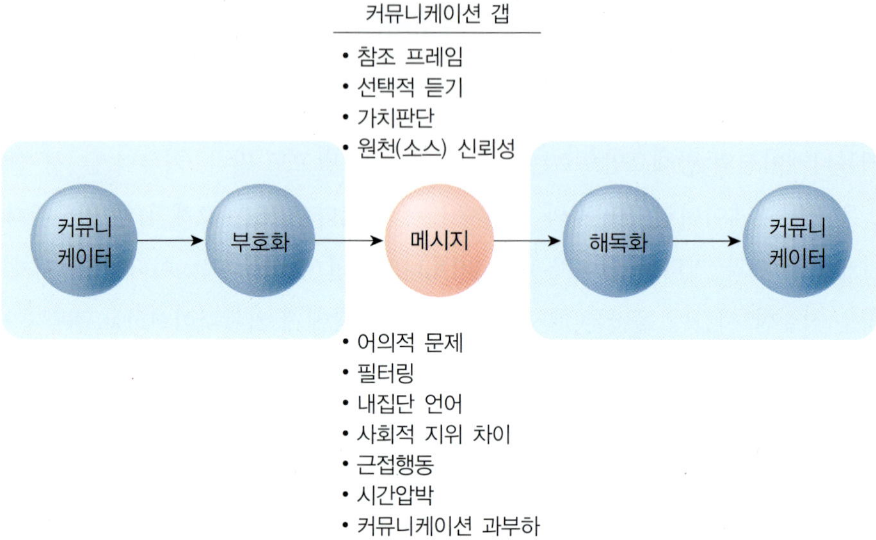

[그림 4-3] 커뮤니케이션 갭 모형

가치를 주관적으로 판단하므로 생기는 일종의 노이즈이다.

■ 원천(소스) 신뢰성

원천(소스) 신뢰성(source credibility)은 원천이 믿을 만한 것인가의 문제이다. 이를 위해서는 일관성, 전문성(expertise)과 신뢰(trustworthiness)가 있어야 한다.

■ 어의적 문제

어의적 문제(semantic problems)는 발신자와 수신자 사이에 의미론적 장벽을 형성하는 언어, 교육, 문화, 상황으로 인해 잘못된 커뮤니케이션이 발생한다.

■ 필터링

필터링(filtering, 여과)은 개인의 반응을 관리하기 위해 정보를 왜곡하거나 보류하는 것이다. 예를 들어, 부진한 영업점의 실적을 상급 관리자에게 정확하게 보고하지 않는 행위가 속한다.

■ 내집단 언어

내집단 언어(in-group language)란 집단 안의 작은 집단만이 그들만의 소속감을 유지하면서 그들만의 언어만을 사용하여 외부인을 차단하는 경우이다.

■ 사회적 지위 차이

사회적 지위 차이(status differences)는 연령, 성별, 사회지위, 결혼 여부 등으로 차별을 하는 것이다.

■ 근접행동

근접행동(proxemic behavior)은 비언어 커뮤니케이션으로 커뮤니케이터가 공간(영역)을 어떻게 사용하면서 행동하는지에 대한 것이다. 친밀한 공간, 개인공간, 사회공간, 공공공간 등의 예가 있다.

■ 시간압박

시간압박(time pressures)은 어떤 일을 하면서 목표를 완수할 때 지정된 시간 내에 해야 하는 압력이다.

■ 커뮤니케이션 과부하

커뮤니케이션 과부하(communication overload)는 커뮤니케이션에 있어 사람이나 시스템에 의해 처리되거나 효과적으로 활용될 수 있는 것보다 더 많은 정보가 사람이나 컴퓨터시스템에 제공되는 상태이다.

(2) 비즈니스 커뮤니케이션 갭 극복방안

효과적인 커뮤니케이션을 펼치기 위한 장애요인 극복 방법을 **[그림 4-4]**와 같이 설명하고 있다.

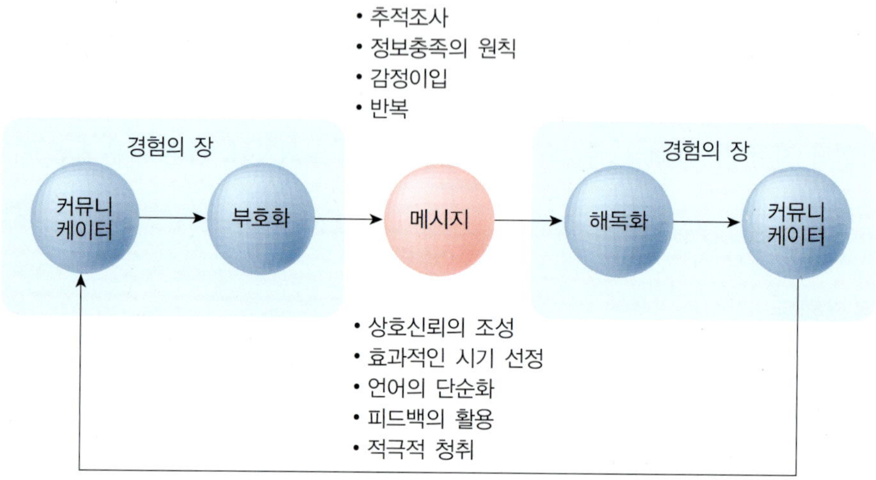

[그림 4-4] 커뮤니케이션 갭 극복 모형

■ 추적조사

메시지의 의미는 수신자에 의해 결정되기 때문에 수신자의 입장에서 전달자가 의도했던 의미를 정확히 이해하기 위해 커뮤니케이션 과정을 추적해보는 것이다. 즉 진상규명하기, 소문의 근원지 찾기, 역추적하기가 그것이다. 물론 전달자가 자신의 메시지가 제대로 반영·실천되는지 확인하려 할 때도 적용가능하다.

- 상대방이 전달자의 뜻을 잘못 이해했다고 생각한다.
- 수신자에게 메시지가 전달된 뒤 반응을 살펴야 한다.
- 전달한 메시지가 제대로 흘러가는지 언로를 살펴봐야 한다.

■ 정보충족의 원칙

정보와 자료의 홍수는 비능률을 초래한다. 데이터베이스가 구축되었다는 것은 불필요한 정보와 중복되는 정보를 제거한 뒤의 모든 자료를 말한다. 이렇듯 정보흐름의 규제는 경영자에게 전달되는 정보의 양과 질을 적정수준으로 조절함으로써 커뮤니케이션 정보의 과중을 막아보려는 것이다. 의사결정에 있어서도 정보는 필요하지만 무조건 많은 정보를 껴안고 있으면 오히려 혼란이 가중된다.

- 애매모호한 정보는 차라리 제시하지 않는 것만 못하다.
- 전달해서 좋은 정보와 좋지 않은 정보를 선별한다.
- 추가로 수집한 정보와 들은 정보를 구별한다.

■ 감정이입

진정한 커뮤니케이션을 주고받으려면 감정이입(感情移入, empathy)이 필요하다. 감정이입은 동정과 전혀 별개의 것이다. 동정을 받고 있다고 느끼게 되면 아무리 상대방이 나를 위해서 그런다고 해도 자존심이 상하게 되고 그다지 마음이 내키지 않는다. 감정이입은 수신자가 메시지를 어떻게 해독할 것인지를 파악하기 위해서 전달자 자신이 수신자의 입장에서 서보는 것을 의미한다. 해독화는 지각을 포함하며, 따라서 메시지는 수신자의 여과과정을 거치게 된다. 감정이입이란 자신을 타인의 역할에 대입시켜 입장을 바꾸어놓은 다음에 상대방의 관점이나 그의 감정을 파악해 내는 것이다.

경영학에서 경영자의 감정이입 능력을 증진시키는 방법에 대한 논의가 있어 왔는데 바로 감수성훈련(sensitivity training)이다. 개인이 가진 감정을 적절하게 관리하고 효과적으로 사용하자는 것이다. 실직한 사람의 입장에서 보는 것, 실패를 경험한 부하의 편에서 생각하는 것 등이 진정한 감정이입을 통한 이성적 관리인 것이다.

- 우선 상대와 동화(同化)되도록 노력한다.
- 신뢰와 권위는 상대에게 "정말 그렇다."라고 느끼게 만든다.
- 평소의 심정과 어떤 이이 발생된 날의 심정은 다르다는 것을 알아야 한다.

스토리텔링 4-9 **칭찬의 테크닉**

칭찬하는 요령 중 잊지 말아야 할 2가지가 있다. 첫째는 칭찬할 만한 일이 생기면 그 즉시 하라. 둘째는 칭찬할 것에 대해 구체적으로 칭찬하라.

- 겉으로 나타나지 않는 상대방의 본심을 읽어야 한다.

■ 반복

반복(repetition)은 지금까지 학습자들이 학습원칙으로 삼아온 것이다. 반복은 습관화로 이어지기도 하고 반복해서 학습이 되면 시간이 많이 흐르더라도 그 내용을 쉽게 잊어버릴 수 없게 된다는 특징을 지닌다. 따라서 커뮤니케이션 과정에서도 기술적 측면에서 반복을 통하여 설령 메시지의 일부를 이해하지 못했다 하더라도 다른 부분과 연계하여 이해가 가능해질 수 있다. 신입사원이 조직에 들어가면 기초적이고 동일한 비즈니스 커뮤니케이션 정보를 반복적으로 받게 된다.

- 기본정보를 충실하게 거듭 말해준다.
- 중요한 메시지는 톤을 조절하며 반복한다.
- 지나침은 좋지 않다. 그러나 과도학습법(over learning)도 효과는 있다.

■ 상호신뢰의 조성

보통 인간은 남을 지배하려는 욕구가 강한 반면, 수동적으로 당하고 있는 지배 상태는 싫어한다. 그러므로 서로 공감할 수 있는 동등한 입장이 필요하다. 라볼드(G.Z. Laborde)는 상호 간에 공감을 형성하지 않고는 실질적인 의미를 주고받는 커뮤니케이션은 불가능하다고 하였다. 그는 상대와 조화를 이루려는 거울행동(mirroring work)을 권하고 있다. 이는 상대방이 의자에 기대어 앉아 있으며 그 사람 앞에 꼿꼿이 서 있지 말고 상대방과 조화를 이루도록 자신도 의자에 비슷한 자세로 기대라고 권한다. 상대가 슬픈 기색을 하면 나도 똑같이 얼굴을 슬프게 만들고, 상대가 고개를 내밀며 놀란 표정을 하면 듣는 나도 놀란 표정으로 상대를 응시한다. 내 모습을 거울에 비춰 보면

스토리텔링 4-10 **설득하기**

일반적으로 타인을 설득할 때 누가 말하는가에 따라 커다란 차이가 생긴다. 신뢰할 만한 사람이라고 생각하면 저절로 결정을 바꿀 마음이 들지만, 똑같은 말이라도 별로 탐탁지 않게 생각하는 사람이 하면 좀처럼 마음이 움직여지지 않는다. 그러므로 후자의 경우 별다른 이해관계가 없는 제3자를 내세워 설득하면 효과를 볼 수 있다.

거울 속의 내가 내 행동을 흉내 내듯이, 상대방의 행동에 따라 거울처럼 똑같이 움직여주라는 것이다. 구체적 실시방법은 다음과 같다.

- 상대방이 말하는 톤이나 속도에 맞추어 나의 목소리 톤이나 속도를 조절하자.
- 숨 쉬는 속도를 조절하자. 호흡속도가 같아지면 서로의 감정교감이 높아진다.
- 상대방의 움직임에 나타나는 리듬을 잘 관찰해서 리듬에 맞추어 나의 몸을 움직여준다.
- 자세의 하모니를 이루자. 상대편이 다리를 꼬아 오른쪽 다리를 앞으로 내놓고 있으면 반대편 다리를 내놓음으로써 마음을 맞춘다.

▪ 효과적인 시기 선정

사람들은 일상생활을 하면서 매일 수천 가지의 메시지에 노출된다. 그러나 모든 메시지를 수용하는 것은 불가능할 뿐만 아니라 필요하지도 않다. 인간의 뇌가 가지고 있는 정보처리의 한계로 인해 많은 것들이 해독되지 못하거나 심지어 접수되지 못하기 때문이다. 또한 다른 메시지와 동시에 전달된 메시지는 더더욱 이해가 어렵다. 따라서 적절한 타이밍을 택해서 커뮤니케이션을 하는 것이 중요하다.

- 바쁜 시간을 피한다.
- 타이밍과 함께 분위기를 파악한다.

- 우선순위를 정한다.

■ 언어의 단순화

인간은 수만 년 전부터 언어를 사용한 것으로 추측된다. 인류의 시작과 함께한 언어는 여러 가지로 발전되어 왔다. 복잡한 언어는 효과적 커뮤니케이션을 방해하는 주요 요인 중의 하나이다. 특히 전문가집단(의사, 교수)은 자기 집단의 언어를 사용하여 커뮤니케이션하려 한다. 그러나 아무리 필요하고 좋은 내용도 상대방이 이해하지 못하면 효과를 보지 못한다. 언어를 단순화하여 상대방이 청취하도록 해야 한다. 구체적인 방법은 다음과 같다.

- 상대방의 수준, 기호에 알맞은 언어를 선택하여 사용한다.
- 상대방의 비언어적 보충수단에 주의를 기울인다.
- 말의 톤, 띄어 말하기, 볼륨 등을 동원해서 말한다.

■ 피드백의 활용

피드백은 수신자가 메시지를 전달받아 의도한 반응을 나타내었는지의 여부를 전달자가 파악할 수 있도록 수신자의 반응을 전달자에게 전하는 통로 · 고리를 말한다. 효과적인 피드백을 위해 로빈스(S. Robbins)는 다음과 같이 6가지를 제시하고 있다.

특정 행동 지목

피드백은 막연한 것보다는 명확히 지목해주어야 한다. "당신은 태도가 나빠!", "당신이 한 일에 정말로 감명을 받았습니다."와 같은 말은 피하는 것이 좋다. 이러한 피드백은 전달되어도 상대방을 어리둥절하게 만든다. 말썽을 일으키는 부하에게 "당신의 태도가 마음에 안 듭니다. 당신은 회의 시간에 30분이나 늦었고, 우리가 토론할 사항을 미리 읽어 오라는 것도 지키지 않았습니다." 또는 "당신은 ○○건을 잘 처리했군요. 아침에 보험회사로부터 요구사항을 신속히 처리해주어서 고맙다는 인사전화가 왔고, 매출도 당신 때문에 유난히 올랐군요." 등 칭찬 혹은 꾸짖을 때에는 왜 그러한지를

스토리텔링 4-11 모바일 인스턴트 메신저

사람과의 대화를 통해 상대방의 얼굴표현, 몸짓, 음량, 음성 등으로 상대방의 감정과 상황을 이해할 수 있다. 최근 카카오톡 및 마이피플, 틱톡 등과 같은 모바일 인스턴트 메신저(Mobile Instant Messager, MIM)는 모바일 네트워크를 이용하여 채팅, 사진, 동영상 공유, 음성 및 영상통화, 위치 정보를 제공하는 서비스로 정의할 수 있다. MIM의 특징으로는 정해진 데이터 내에서 무료로 메시지 전송이 가능하다는 점이 있다. 다자간(N:N) 그룹 대화가 가능하며, 텍스트로 전달하기 힘든 감정을 이모티콘 등을 통해 전달할 수 있다는 점 등이 있다. 이모티콘이란 이모션(emotion)과 아이콘(icon)의 합성어이다. 이러한 이모티콘은 캐릭터가 움직이는 플래시콘(flashcon), 캐릭터와 문자가 조합된 스티커콘(stickercon)으로 진화하고 있다.

상대방이 이해하도록 구체적으로 이야기한다.

업무에 한정된 피드백

피드백에 개인감정이 들어가면 안 된다. 예를 들면, 상대방이 무례하고 멍청하다고 느끼는 것은 업무에 관계가 없는 개인적인 것이다. 이러한 느낌이 전달되면 오히려 상대방의 감정을 건드려 반발만을 유발시키게 되고, 결국 본래의 취지인 업무의 개선은 이루어지지 않는다. 피드백은 잘못한 사람에게 그가 저지른 잘못된 상황을 묘사해 주어 스스로 잘못을 깨닫게 해주는 것이다.

목표에 관한 피드백

부하에게 어떤 피드백을 할 때 그것이 개인에 관한 것인가 아니면 조직의 발전에 관한 것인가를 생각해보아야 한다. 상사가 부하에게 보낸 피드백이 조직목표에 관한 것이 아닌 부하의 이익에만 부합되는 사항이면 안 된다. 피드백은 조직목표에 가장 부합되는 것이어야 한다.

적절한 시기의 피드백

부하가 저지른 잘못된 사항을 지적해줄 때 적절한 시기가 매우 중요하다. 일반적으로 잘못을 한 후 가능한 한 빠른 시간 안에 피드백을 해주었을 때 개선의 효과를 기대할 수 있다. 하지만 관리자가 감정적으로 흥분해 있거나 화가 난 상태 혹은 사건의 정황에 대해서 잘 알지 못할 때에는 사건의 윤곽을 알고 마음이 가라앉은 후 피드백해야 한다.

확실한 이해

피드백이 효과적으로 되기 위해서는 부하나 상사가 의도한 사항을 완전히 이해하도록 해야 한다. 피드백 후 전달자가 전달한 사항의 내용을 대화가 끝나기 전에 상대로부터 들어보고 전달하고자 하는 사항을 알고 있는지를 확인해볼 필요가 있다.

부하가 개선할 수 있는 행동에 대한 부정적인 피드백

부하가 어떻게 조치할 수 없는 불가항력적인 사항에 대한 피드백은 그 효과가 없다. 상사가 부하에게 스스로의 힘으로 개선할 수 있는 사항에 대한 피드백을 할 때에는 단순히 무엇이 잘못인가만을 이해시키는 것이 아닌 개선안까지 구체적으로 지시해주는 것이 더욱 효과적이다.

■ 적극적 청취

사람은 대개 말하기는 좋아하지만 듣는 것은 건성이다. 사람은 아는 것이 많을수록, 자기중심적이 되어갈수록 자기 말을 더 많이 하려고 하고 상대방의 말에 귀 기울이지 않는 경향이 있다. 대부분의 사람은 10분간의 연설이 끝난 후 연설 내용의 50% 정도밖에 기억하지 못하고, 48시간이 지나면 25% 정도만을 기억하게 된다고 한다. 따라서 적극적 청취가 매우 필요하다.

1분에 생각할 수 있는 단어는 500개 정도지만 입으로 말할 수 있는 단어는 약 125개~150개이고, 아무리 말을 빨리하는 사람이라도 200단어 이상은 못한다. "귀는 크게 열고 입은 작게 열어라."라는 속담은 오늘날 카운슬링의 주요 원칙이 되었다. 따라서 적극적이고 효과적인 청취기법이 많이 논의되었다.

스토리텔링 4-12 8가지 청취기법

로빈스(S. Robbins)는 8가지 청취기법을 들고 있다.

- 눈을 마주친다.
- 고개를 끄덕여 긍정적인 표현을 하고 표정을 짓는다.
- 딴전을 피우지 않는다.
- 질문을 한다.
- 바꿔 설명한다.
- 발언자를 방해하지 말아야 한다.
- 너무 많은 말을 하지 않는다.
- 발언자와 경청자의 역할을 자연스럽게 전환한다.

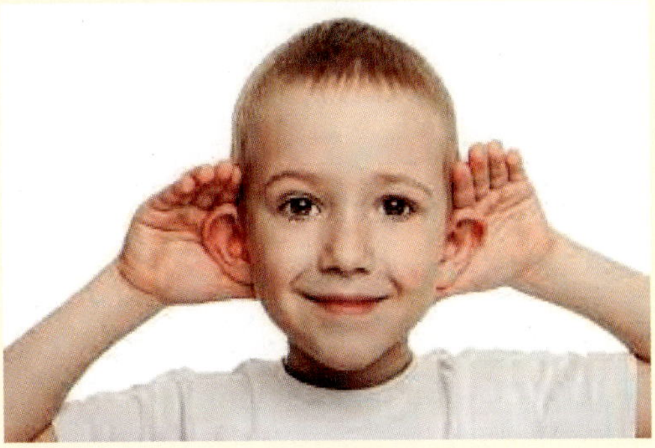

데이비스(K. Davis, 1972)는 훌륭한 청취를 위한 십계명을 제시하였는데, 첫 번째 계명과 열 번째 계명에서 말하지 말 것을 두 번이나 제시함으로써 강조하였다. 데이비스의 10가지 권고사항은 다음과 같다.

- 말하지 말 것(말하려고 하면 들리지 않고, 말하는 동안 듣지 못한다)
- 말하는 사람을 편하게 할 것
- 말하는 사람에게 당신이 그의 말을 듣고 싶어 한다는 것을 보여줄 것
- 산만해질 수 있는 요소를 없앨 것
- 말하는 사람에게 감정이입을 할 것
- 인내심을 가질 것
- 자신의 감정을 억제할 것
- 주장과 비판을 차분히 할 것
- 질문을 할 것
- 말을 멈출 것

■ 그레이프바인 활용

그레이프바인은 비공식 커뮤니케이션 채널로 조직 내에서 존재하는 중요한 커뮤니케이션 채널이다. 사실은 공식 커뮤니케이션보다 훨씬 신속하거나 정확할 수도 있다.

잘만 이용한다면 순기능적 측면이 많다. 회사 중역의 사퇴는 공식적 발표가 있기 전이라도 조직 내에 소문이 쫙 퍼진다. 어떤 연구는 그레이프바인을 통해 전달된 정보 중 약 75%가 정확하다고 하였다. 그러나 25%의 왜곡된 정보가 조직에 치명타를 줄 수 있다. 이러한 점을 감안해서 비공식 커뮤니케이션 네트워크를 활용해야 한다. 데이비스(K. Davis)는 우회로 메커니즘(bypassing mechanism)이란 표현을 쓰면서, 비공식 커뮤니케이션에 대하여 "불난 기차가 전속력으로 문을 박차고 들어가 휴게실을 지나고 복도를 따라 경영자의 사무실을 통과하게 된다."라고 묘사하였다. 구체적으로 그레이프바인을 사용해야만 하는 상황은 다음과 같다.

- 직접 전하기 곤란한 정보를 가지고 있을 때

스토리텔링 4-13 섬세하게 메시지 만들기

잘 만들어진 메시지야말로 상대에게 그 내용이 명확하게 전달된다. 이런 메시지는 이해하기가 매우 쉽다.

- **수신자에 대하여 공부하라**
  수신자가 처한 처지, 현재 관심을 가지고 있는 것, 현재 필요로 하는 것에 대하여 파악하고 커뮤니케이션에 임하면 아주 효과적이다. 전달자의 상식과 이미지를 사용하여 수신자의 입장을 자신의 입장처럼 놓는 것이다.

- **구체적이고 특별한 언어로써 수신자를 사로잡아라**
  특별한 예를 들거나 일반적인 개념을 적절하게 사용하여 수신자가 메시지를 오래 기억하도록 도와주어야 한다. 초반에는 전반적인 의견을 언급하고 점차 세분화하여 구체적 개념을 명확하게 나타내는 언어들로 주장과 요점을 발표해나가야 한다.

- **기존의 생각과 관계된 새로운 정보를 수신자에게 보여주어라**
  수신자가 기억하고 있는 기존의 정보에 새로움을 더하는 정보를 제공해주는 것이 좋다. 그러면 당신의 메시지에 흥미를 보일 것이다. 전혀 생소한 메시지일지라도 수신자가 이미 알고 있는 정보와 어떻게든 연결시켜 이야기를 시작하는 것도 좋다.

- **메시지의 핵심요점을 수신자에게 일깨워주어라**
  수신자가 메시지 중 가장 중요한 요점에 항상 관심을 가지도록 해야 한다. 헤드라인을 사용하여 요점을 부각시킬 수도 있으며, 진한 글씨체, 밑줄, 표, 차트, 그래프, 각종 그림 등을 함께 사용하여 핵심요점을 부각시킬 수도 있다. 메시지 작성을 마치기 전에 반드시 두세 번 정도 검토하는 것이 필수적이다.

- 개방적인 커뮤니케이션 풍토가 아닐 때
- 전달하고자 하는 내용에 명확한 목표가 설정되어 있지 않을 때
- 전달자가 전달상태를 파악하고자 할 때

(3) 성공적인 비즈니스 커뮤니케이터

다양한 커뮤니케이션 장벽을 극복하기 위해서는 비즈니스 세계에서 성공적인 커뮤니케이션을 하는 사람들에 주목할 필요가 있다. 우리가 알고 있는 그런 부류의 사람들을 떠올려보자. 그들은 어떻게 하여 성공적인 커뮤니케이터가 되었을까? 그들 나름대로 공통점은 과연 무엇일까? 아마도 다음과 같은 특징을 가지고 있는 것으로 보인다.

■ 지각

그들은 메시지를 수신하는 자를 예리하게 예측하고 있다. 그들은 수신자의 반응을 살피고 그 반응에 부합된 메시지를 만들어 구사한다. 그리고 잘못된 메시지를 이해시키려고 항상 수신자의 동정을 살핀다.

■ 간결

그들은 '상대의 마음에 꼭 드는' 메시지를 만들어 사용한다. 그들 스스로 표현하는 것을 마쳤을 때 상대의 마음속을 훤히 들여다보는 것처럼 메시지를 전달한다.

■ 신뢰

그들은 항상 믿을 만하다. 그들이 전하는 메시지는 모두 믿을 수 있다. 이 신뢰는 그들이 가지고 있는 풍부한 정보와 좋은 의도로 형성된다.

■ 통제

그들은 상대의 반응에 민감하다. 그리고 분명한 목적을 가지고 있어 웃거나 울거나 흥분하거나 침착하거나 자기 자신이 마음을 제어할 수 있다.

■ 친화

그들은 항상 아주 우호적인 의도로 커뮤니케이션을 한다.

효과적인 커뮤니케이션을 하기 위해서는 섬세하게 메시지를 만들고, 전달과정에서 개입되는 사소한 잡음을 최소화하여 피드백이 촉진되도록 노력해야 한다.

■ 잡음 최소화하기

만들어놓은 메시지가 수신자에게 제대로 도착하지 않는 경우도 흔하다. 그러므로 가능한 한 중도에 끼어들 잠재적인 방해꾼을 항상 염두에 두어야 한다. 커뮤니케이션 매체를 선택할 때도 이러한 점에 유념해야 한다. 수신자의 관심을 끌 수 있는 매체가 선택되어야 전달하려고 하는 메시지에 수신자가 주목하게 될 것이다. 글로 만들어진 보고서가 최상의 매체로 선택되었다면 보기 좋은 안정된 글씨체, 표지, 글자색, 적절한 종이의 선택, 편안한 양식의 선정 등이 뒤따라야 한다. 문서가 아닌 구두를 매체로 선택하였다면 물리적인 장벽을 줄여야 할 것이다. 커뮤니케이션이 편하게 이루어질 수 있는 편안한 장소인가, 조용한가, 불빛과 소음은 적절한가, 주위가 산만하지는 않은가 하는 점이 그것이다. 또한 메시지가 여러 사람에 의해 여과되면 될수록 메시지 왜곡의 잠재성은 더 커진다는 점을 유의해야 한다.

■ 피드백 촉진시키기

잡음을 최소화하는 것과 함께 상대에게 피드백 제공의 기회를 주는 것은 매우 중요한다. 불행하게도 비즈니스의 경우에는 피드백 절차의 복잡성으로 인해 피드백 자체가 무시되는 경우도 많다. 단 두 명이 직접대면하여 대화를 할 때 피드백은 즉각적이고

스토리텔링 4-14 조리 있게 말하기 훈련

기막힌 지식이나 기발한 생각도 제대로 전달되지 못한다면 흙에 묻힌 진주나 다름없다. 자신의 지식이나 생각을 알아듣기 쉽고 명쾌하게 전달할 수 있는 능력이 머릿속에 쌓인 컴퓨터 몇 대분의 지식보다 나은 것이다. 서구 교육자들은 교육의 시작과 끝은 '쓰기와 말하기'라고 한다. 조리 있게 말하는 능력은 하루아침에 길러지지 않는다. 때문에 미국에서는 유치원 때부터 대부분의 과제물을 친구들 앞에서 발표 후 질문을 받고, 즉각 답변하지 못할 때는 다음날까지 정답을 알아내어 말해줘야 한다. 선진국으로 유학을 간 우리나라 학생들 중에는 이런 식의 숙제에 익숙하지 않기 때문에 고생하는 경우가 많다. 발표 경험이 워낙 없는 탓에 성적은 우수하지만 발표 때마다 사시나무처럼 떨기 일쑤다. 조리 있게 말하는 공부를 꾸준히 해야 한다.

명쾌하다. 하지만 여러 사람이 대하는 메모, 편지, 보고서 등의 경우에는 피드백이 무시되거나 혼합되어버리고 만다. 문서를 읽는 사람이 열정적이어서 즉각적인 반응을 보이는 경우도 있으나 대부분의 사람들은 무반응이다. 메시지를 만들 때 상대의 피드백을 염두에 두고 만든다면 매우 좋은 일이다. 피드백이 유용한 것이지만 커뮤니케이션 상황에서 실제로 피드백을 이용하여 의사전달을 확인하는 절차가 종종 생략되기 때문이다. 그리고 전화나 직접대면 접촉 커뮤니케이션에서 피드백으로 메시지 전달을 확인하는 것이 필요하다.

(4) 조직 내 커뮤니케이션 개선방안

개인 간 커뮤니케이션 개선방안 이외에도, 특히 조직에서는 조직여건에 의해 커뮤니케이션이 좌우되기 때문에 효율적 커뮤니케이션을 위해서는 다음과 같은 사항이 중요한 관리요소가 될 수 있다.

▮ 표 4-2 ▮ 조직 내 커뮤니케이션 개선기법의 예

기법	내용
종업원 의견조사	조직기능의 주요 영역에 관한 종업원의 태도와 의견을 설문지를 통해 조사하고 평가함
제안제도	종업원의 아이디어를 제안함(suggestion box)을 통해 제안토록 하고 채택된 우수한 아이디어는 수행하며 보상함
기업 내 핫라인	조직 내 주요 문제에 대해 종업원이 물을 수 있는 전화를 설치하여 문제가 심각하게 진행되기 전에 관심을 표출하게 함
비공식적 회의	조직의 문제를 토의하기 위해 조찬이나 점심 등의 기회를 통해 상급자와 하급자가 만나 짧은 시간의 회의를 함

■ 지시, 명령, 전달방법의 개선

- 담당자에게 그가 맡은 직무에 대해 충분히 알고 시작하게 한다.
- 업적이나 장·단점 등의 피드백을 체크한다.
- 수시로 전달하며 복잡한 사안은 반복 확인한다.

■ 보고, 제안, 설명방법의 개선

- 예외적인 일, 중요한 일은 우선적으로 보고한다.
- 정보의 핵심을 보고한다.
- 정보의 양이 많을 때는 우선순위를 정하여 그 순서대로 한다.

■ 수평적 커뮤니케이션의 개선

- 조직구성원들은 상급자에 대하여 신뢰하여야 한다.
- 부서 간 형평유지에 관심을 두어야 한다.
- 평상시 정보의 자유로운 소통이 있어야 한다.

■ 커뮤니케이션 환경여건의 개선

- 조직의 사용기술과 직무여건이 우선적이다.

- 조직구성원들이 활동하는 사무실이나 작업장의 배치(layout)도 신경을 써야 할 부분이다.
- 조직의 역사에 대한 홍보활동을 펼친다.

지금까지 논의한 조직 내 커뮤니케이션 개선방안은 개별적으로보다는 종합적이고 총체적으로 접근하여야 한다.

(5) 비즈니스 커뮤니케이션 원칙

앞에서 커뮤니케이션의 장애를 극복하기 위한 여러 방법들을 살펴보았다. 이러한 구체적 방법들과 함께 효과적인 커뮤니케이션을 위한 원칙 혹은 가이드라인에 대한 이해도 필요하다.

커틀립과 센더(S.M. Curtlip & A.H.A. Centder, 1968)는 비즈니스 커뮤니케이션 원칙을 C 자로 시작하는 단어를 취합하여 7가지로 정리하였다.

■ 신뢰성(credibility)

커뮤니케이션은 믿을 수 있는 분위기에서 시작된다. 수신자는 전달자를 신뢰하고 있어야 하며 문제가 되는 사항에 대해 전달자의 의사를 정확히 숙지하여야 한다.

■ 맥락(context)

커뮤니케이션 계획은 처한 맥락과 조화되어야 한다. 처한 맥락과 조화되지 않는 커뮤니케이션은 제대로 이루어지지 못한다.

■ 내용(contents)

메시지의 내용은 수신자에게 의미 있는 것이어야 한다. 따라서 수신자와 관련되는 특정 성격을 지닌 것이어야 한다.

■ 명확성(clarity)

메시지는 명료한 용어로 표현되어야 하며, 용어는 전달자나 수신자에게 동일한 뜻을 갖는 것이어야 한다. 그리고 복잡한 문제들은 단순성과 명확성을 지니고 있는 주제들로 요약하여야 한다.

■ 계속성(continuity) 혹은 일관성(consistency)

커뮤니케이션은 계속적이고 반복적인 과정이다. 메시지가 효과적으로 전달되기 위하여 계속 반복되어야 한다. 메시지의 전달은 커뮤니케이션 전후에 모순 없이 일관되어야 한다.

■ 채널(channel)

커뮤니케이션은 수신자가 사용하고 중요하게 생각하는 커뮤니케이션 채널을 이용하는 것이 좋다. 새로운 커뮤니케이션 채널을 만들어낸다는 것은 많은 제약이 따르고 또 거기에 숙달되기 쉽지 않다. 각기 다른 커뮤니케이션 채널은 서로 다른 효과를 지니고 있는 것이다.

■ 수용능력(capability)

커뮤니케이션 과정에서는 수신자의 능력을 참작해야 한다. 커뮤니케이션은 수신자의 노력이 가장 적게 투입되고도 이해가 될 때 가장 효과적으로 수행된 것이다. 따라서 수신자의 능력, 관심사, 습관, 지식 등의 요소에 적합해야 하는 것이다.

(6) 공개적 비즈니스 커뮤니케이션

효과적인 비즈니스 커뮤니케이션 성공을 하려고 한다면 많은 기업이 최상의 내·외부 커뮤니케이션 네트워크를 만드는 데 온 힘을 쏟을 것이다. 그렇다면 효과적인 비즈니스 커뮤니케이션을 만들어내기 위해서는 어떠한 요인이 있어야 하는가? 다음과 같은 몇 가지 사항에 관심을 둘 필요가 있다.

- 공개적 커뮤니케이션 분위기
- 비즈니스 커뮤니케이션 윤리의 문제
- 문화 간 비즈니스 커뮤니케이션의 이해
- 숙달된 비즈니스 커뮤니케이션 기술

조직의 커뮤니케이션 분위기는 그 조직의 기업문화를 반영한다. 몇몇 기업에서는 상향식 커뮤니케이션이 완전히 차단되어 있다. 부하가 윗사람의 일을 간섭하는 것은 시간낭비이며 비생산적이라고 비판하기 때문이다. 다른 기업에서는 상향식 커뮤니케이션을 적극 환영한다. 종업원들이 자기들의 여론을 표현하며 직속상사와의 의견차이를 분명한 태도로 밝힘으로써 의견조정을 통한 새로운 아이디어가 창출되기도 한다. 결국 최고경영진이 어떤 의지를 가지고 있느냐에 따라 상향식 커뮤니케이션이 이루어질 수도 혹은 무시될 수도 있는 것이다.

맥그리거(McGregor)의 X · Y이론으로 관리스타일을 구분지어 살펴보면, X이론 관리자는 부하가 게으르고 무책임하다고 생각하며 따라서 일을 열심히 하도록 명령과 지시를 내려야 한다고 주장할 것이다. 그러나 Y이론 관리자는 부하들이 어느 정도 원하는 자율재량과 권한만 주어진다면 자기 스스로 열심히 일할 것이라는 것을 알기 때문에 명령과 지시보다는 자율성과 권한이양에 더 많은 힘을 쏟을 것이다.

윌리암 오우치(W. Ouchi, 1981)에 의해 제기된 Z이론의 경우, Z이론 경영자는 운동경기의 코치처럼 개인보다는 팀별로 일하도록 북돋우며, 실무자들을 의사결정 과정에 적극적으로 참여시킨다. 즉 그 기업의 관리스타일이 무엇이냐에 따라 커뮤니케이션의 방법이 달라지는 것이다. 최근 기업들의 공개적 커뮤니케이션 분위기가 확대되고 있는 것은 사실이다. 공개적 커뮤니케이션을 실행하는 기업이 하위계층은 의견제시에만 그치는 것이 아니라 문제해결에 동참하여 기업목표 달성에 직접 이바지하고 있다.

(7) 비즈니스 커뮤니케이션 윤리

효과적인 커뮤니케이션을 이루고자 한다면 조직의 모든 구성원이 윤리적으로 적합한 커뮤니케이션을 만들려고 노력해야 한다. 상식에 어긋나고 도덕에 배반하는 명령과 지시는 사람을 진실하게 움직일 수 없는 것이다. 언어 자체는 단어들로 이루어지지만 언어가 전달하려는 의미는 가치 있는 것이어야 한다. 단순한 한마디라고 하더라도 다른 사람에게 많은 영향을 끼치게 되어 있다. 또한 전달하려는 메시지는 기대와 행동을 담고 있는 경우가 많은데 그 메시지가 긍정적이고 윤리적이며 도덕적이어야 하는 것이다.

4장 수행과제

※ 각 문제가 요구하는 대로 ✔ 표시하세요.

01 비즈니스 커뮤니케이션의 기본요소가 아닌 것은?

① 메시지　　② 소스
③ 피드백　　④ 잡음

02 생각은 하나의 메시지가 되며 메시지는 수신자가 제대로 이해할 수 있도록 (　　)가 되어야 한다. 수신자에게 전달된 메시지는 (　　)를 통해 해석되고 이해된다.

① 메시지 – 소스　　② 부호화 – 해독화
③ 해독화 – 부호화　　④ 소스 – 메시지

03 우리가 말로 소통했다면 말이, 글로 썼다면 글이, 그림을 그렸다면 그림이, 몸짓을 할 때는 팔의 움직임이나 얼굴표정이 (　　)가(이) 된다.

① 메시지　　② 피드백
③ 부호화　　④ 해독화

04 메시지가 상대방에게 전달되는 과정에 속하지 않는 것은?

① 전달자가 생각을 가진다.
② 생각을 하나의 메시지로 전환한다.
③ 수신자가 메시지를 주고받는다.
④ 메시지를 받자마자 즉각적으로 수정한다.

05 비즈니스 커뮤니케이션 방해요인을 개인적 방해요인과 조직적 방해요인으로 구분한다고 할 때 개인적 방해요인이 아닌 것은?

① 지각 ② 정서
③ 배경의 상이함 ④ 정보 과부하

06 (　　)은(는) 다양한 정보를 받아들이는 것으로 사람의 마음속에 하나의 정신적 지도를 가지고 그 지도에 의해 사람, 사물, 대상을 파악하는 것이다.

① 지각 ② 정서
③ 배경 ④ 정보 과부하

07 매체선택의 (　　)이란 주어진 커뮤니케이션 상황에 맞는 매체를 선택해야 한다는 뜻이다.

① 신뢰성 ② 적절성
③ 경쟁 ④ 복합성

08 커뮤니케이션 갭 극복모형에 속한 내용이 아닌 것은?

① 피드백의 활용 ② 정보 과부화 원칙
③ 감정이입 ④ 언어의 단순화

09 피드백을 잘못 활용하는 것은?

① 성격에 관한 부정적 피드백 ② 특정 행동을 지목하는 피드백
③ 업무에 한정하는 피드백 ④ 목표에 관한 피드백

10 적극적인 청취기법과 거리가 먼 것은?

① 눈을 마주친다.
② 고개를 끄덕여 긍정적 표현을 한다.
③ 발언자의 발언에 적극 개입한다.
④ 전달자와 수신자의 역할을 자연스럽게 전환한다.

11 그레이프바인을 사용해야만 하는 상황이 아닌 것은?

① 직접 전하기 곤란한 정보를 가지고 있을 때
② 메시지가 분명한 목적을 가지고 있을 때
③ 개방적 커뮤니케이션 분위기가 아닐 때
④ 전달하고자 하는 내용에 명확한 목표가 설정되어 있지 않을 때

12 커뮤니케이션 원칙의 요소가 아닌 것은?

① 채널과 수용능력
② 명확성과 일관성
③ 신뢰성과 맥락
④ 언어의 단순화 및 복잡성

※ 각 문제가 요구하는 대로 괄호에 ○, × 표시하세요.

13 (　　　) 간결함은 상대방의 마음에 꼭 드는 메시지를 만들어 사용하는 것으로 커뮤니케이션 향상의 방법이다.

14 (　　　) 제안제도, 기업 내 핫라인, 종업원 의견조사, 비공식적 회의 등은 조직 내 커뮤니케이션을 개선하려는 기법이다.

15 (　　　) 스트로크는 긍정적 스트로크와 부정적 스트로크 2가지가 있다.

16 (　　　) 반복은 학습원칙이며, 습관화로 이어지면서 반복학습이 되면 시간이 흐르더라도 쉽게 그 내용을 잊지 않게 된다.

17 (　　　) 전문가 집단은 자기 집단의 언어를 사용하여 커뮤니케이션하는데 전문가 집단에서 쓰는 언어처럼 고급화하여 상대방에게 전달하여야 한다.

※ 각 문제가 요구하는 대로 괄호에 번호를 표시하세요.

① 잡음(noise) ② 여과 ③ 정보 과부하 ④ 경청태도 ⑤ 채널(매체)

18 (　　　) 전화, 컴퓨터, 편지, 메모, 보고서, 대면접촉 등

19 (　　　) 커뮤니케이션의 모든 과정에 끼어들어 전달자의 본뜻을 왜곡한다.

20 (　　　) 메시지가 수신자에게 전달되기 전에 정보를 축약하거나 걸러서 보내는 것이다.

21 (　　　) 너무 많은 정보는 너무 빈약한 정보만큼 좋지 못하다.

22 (　　　) 메시지 수신에 있어 가장 일반적인 장애가 바로 수신자의 경청문제이다.

※ 각 문제가 요구하는 대로 빈칸을 채우세요.

23 표정에 따라 전달되는 의미

표정	상대방이 느끼는 심리
맞장구를 치지 않고 미소가 없다.	완고한 거부나 상대방이 귀찮다는 표시
잠시 미소를 짓다가 곧 미소를 거둔다.	속으로 무언가 계산하고 있는 사람이다. 의무적인 미소였다.
갑자기 미소를 중단한다.	쓸데 없는 말, 행위에 대한 무언의 경고
상대방을 바라보며 환하게 미소 짓는다.	도움을 드리겠다는 호의
상대방을 보지 않는다(시선을 피한다).	상대하고 싶지 않다는 뜻이거나 상대에게 무언가 숨기려는 마음이 있는 경우, 지쳤다.
상대를 곁눈질로 쳐다본다.	대화내용에 불만이 있거나 의문을 품고 있는 것, 대놓고 말하기는 어렵지만 뭔가 석연치 않다는 의미
상대를 위 아래로 훑어본다.	상대를 불신하거나 경멸하고 있는 상태
눈을 크게 뜨고 상대를 바라본다. 상대를 오래도록 주시한다.	상대에 대해 강한 흥미나 관심을 느끼고 있는 상태
눈살을 찌푸린다.	의견에 찬성하지 않는다. 성가시다.

24 동작이 전달되는 의미

동작	상대방이 느끼는 심리
수직으로 다리 꼬는 자세	불안, 어색하거나 방어적인 태도
다리를 꼬고 서있는 자세	낯선 사람들 사이에서 긴장하거나 신뢰하지 못할 때
발목을 꼬고 있는 자세	방어적 태도
어깨를 으쓱하는 자세	상대방 말을 이해하지 못하거나 모름을 표현
대화 중 눈을 마주침	상대방에게 흥미나 매력을 느낀 경우
곁눈질 하는 제스처	관심이나 적대감을 전달
눈감은 제스처	싫증이 났거나 관심이 없을 때
팔짱을 낀다.	지루하다
다리를 떤다.	도망가고 싶은 심리를 반영하며 일종의 불안한 심리를 분출하는 행동
대화 중 발의 방향	상대방에 대한 마음의 방향

25 대인관계를 하면서 상대방에게 주는 자극을 스트로크(stroke)라고 한다. 머리를 쓰다듬는다든지 악수를 하는 것 등의 신체적인 것과 말이나 감사, 경청 등으로 상대방에게 정신적인 자극을 줄 수 있는 것들 모두를 스트로크라고 한다. 여기에는 +스트로크, -스트로크, 0스트로크 3가지가 있다. 비즈니스 상황에서 상대 영업사원과 대화를 한다고 가정하고, 3가지 스트로크에 대한 예를 만들어보자.

스트로크	예
+스트로크	참 좋은 말씀이십니다. 이렇게 방문해주시니 정말 고맙습니다.
-스트로크	김과장은 잘 하던데 자네는 왜 이것밖에 못하나?
제로(o) 스트로크	무관심

※ 각 문제에 대해서 토론하시오.

26 박스 내의 내용을 참고하여 첫인상이 커뮤니케이션에서 얼마나 중요한지에 대하여 논의해보자.

> 타인과 처음 대면했을 때 사람들이 상대방의 첫인상을 판단하는 기준에는 어떤 것들이 있을까? 상대방의 온화한 표정과 음성, 태도, 자세, 목소리 등을 보고 첫인상에 대해 판단할 것이다. 이러한 첫인상을 결정짓는 데 걸리는 시간은 약 5초~7초밖에 안 된다. 반면 한번 잘못 익힌 첫인상을 제대로 바꾸는 데 걸리는 시간은 약 40시간이라고 한다. 첫인상이 강렬하게 남는 이유는 먼저 들어온 정보가 나중의 정보를 압도해 뒤이은 정보에 더 이상 관심을 갖지 않게 되는 주의력 감소현상이 일어나기 때문이다.

27 박스 내를 참조하여 효과적 비즈니스 커뮤니케이션을 위해서 무엇이 중요한지 논의하시오.

> 옛말에 "용강 올꾼이 강서 갔다 오듯 하다."라는 말이 있다. 얘기는 이렇다. 주인은 머슴 올꾼이에게 오늘 100리 밖 강서에 갔다 올 일이 있다고 아침 일찍 일러두었다. 그러고는 강서에 있는 친구에게 전할 편지를 써서 올꾼이를 찾았으나 어딜 갔는지 보이질 않았다. 저녁때가 되어 올꾼이가 땀을 뻘뻘 흘리며 나타났다. 주인은 화가 나서 온종일 어디 있었느냐고 올꾼이를 다그쳤다. 올꾼이 대답, "주인님 말씀대로 강서 갔다가 이제 오는 길입니다요."

4장 도움글

Alessandra, T. (1993). *Communicating at Work*, New York: Touchstone.

Ashcraft, K.L. & Mumby, D.K. (2003). *Reworking Gender, A Feminist Communication of Organization*, Thousand Oaks, CA: Sage.

Berko, R.M. Wolvin, A.D. & Curtis, R. (1986). *This Business of Communicating*, Dubuque, IO: WCB.

Bovée, C.L. & Thill, J.V. (1992). *Business Communication Today*, 4th eds., NY: McGraw-Hill

Brownell, J. (1990). "Perception of Effective Listeners: A Management Study," *Journal of Business Communications*, vol.27, no.47, pp.401-415.

Burmett, M.J. & Dollar, A. (1989). *Business Communication: Strategies for Success*, Houston, Texas: Dane.

Curtlip, S.M. & Center, A.H.A. (1958). *Effective Public Relations*, 2nd eds., Englewood Cliffs, N.J.: Prentice-Hall.

Davis, K. (1972). *Human Behavior at Work: Organizational Behavior*, N.Y.: McGraw-Hill

Gibson, J.W. & Hodgetts, R.M. (1990). *Business Communication: Skills and Strategies*, N.Y.: Harper & Row.

Gibson, J.L. Donnelly Jr. J.H. Ivancevich, J.M. & Konopaske, R. (2003). *Organizations: Behavior, Structure and Processes*, Irwin McGraw-Hill, New York.

Hasling, J. (1998). *Audience, Message, Speaker*, Boston, MA: McGraw-Hill.

Hinzman, D.L. (1979). *The Psychology of Learning and Memory*, San Francisco, California: Freeman.

Iacocca, L. & Novak, W. (1984). *Iacocca: An Autobiography*, New York: Bantam Press.

Laborde, G.Z. (1987). *Influencing Integrity Management Skills for Communication & Negotiation*, Syntony Publising Palo Alto, California.

Leavitt, H. & Mueller, R. (1951). "Some Effects of Feedback on Communication," *Human Relations*, vol.4, pp.401-410.

Lengel, R.H. & Daft, R.L. (1988). "The Selection of Communication Media as an Executive Skill," *Academy of Management Executive*, vol.2, no.3, pp.225-232.

McCroskey, J.C. (2016). *An Introduction to Rhetorical Communication: A Western Rhetorical Perspective*, 9th eds., Routledge.

Newstron, J.W. & Davis, K. (1993). *Organizational Behavior, Human Behavior at Work*, New York: McGraw-Hill.

Ouchi, W.G. (1981). *Theory Z*, New York: Avon Books.

Robbins, S.P. & Judge, T.A. (2017). *Organizational Behavior*, 17th eds., Peason Ducation Ltd.

Samovar, L.A. Porter, R.E. & McDaniel, E.R. (2009). *Intercultural Communication: A Reader*, 12th eds., Boston, MA: Wadsworth Cengage.

Sypher, B.D. Bostrom, R.N. & Seibert, J.H. (1989). "Listening Communication Abilities, and Success at Work," *Journal of Business Communication*, 26, pp.293-303.

Wood, J.T. (2010). *Interpersonal Communication: Everyday Encounters*, 6th eds., Boston, MA: Wadsworth Cengage.

PART 2

비즈니스 커뮤니케이션 영향요인

인간의 가장 기본적인 욕구 중 하나가 바로 다른 사람과의 커뮤니케이션이다.
조직에 소속되어 있다면 비즈니스 커뮤니케이션이 더더욱 중요하다.
인간에게 고통을 가져다주는 것이 고독, 고립, 격리, 외면, 단절 등일 것이다.
인간 모두가 커뮤니케이션을 열렬히 필요로 하듯, 개인, 집단과 조직에서
그리고 문화 간에 비즈니스 커뮤니케이션에 대한 지식이 요구된다.
특히 4차 산업혁명 시대라 불리는 요즘 시대에 정보통신기술을 효율적으로 사용하여
비즈니스 커뮤니케이션의 효과성을 높이는 것은 절대적으로 요구된다.
또한 과거에 고객서비스라는 개념에서 이제는 고객경험이라는 것으로
소통하는 시대에 도달되었다.

CHAPTER

05

개인, 집단, 조직과 비즈니스 커뮤니케이션

"죽고 사는 것이 혀의 놀림에 달렸나니 혀를 써서 뱉은 말은 결국 그 결과물인 열매를 자신이 먹을 수밖에 없으리라."

Proverbs 18:21

"듣는 척만 하지 않고 진지하게 들어주는 듣기는 아첨할 때와 같은 모습으로 보일 수도 있는 것이다."

J. Brothers

"관계라는 것은 한없이 깊어지기도 하고 변하기도 하고 잔인하기도 하고 사랑스럽기도 한다. 이러한 사람과의 관계는 참으로 신비로워 우리의 의지대로 되지도 않고 걷잡을 수 없이 제멋대로 흘러가기도 한다."

E. Welty

학습 목표

수업 이후 학습자가 할 수 있어야 하는 역량

1. 개인의 행동인 지각과 커뮤니케이션 관계를 설명할 수 있다.
2. 자아개념이 높은 경우와 낮은 경우의 커뮤니케이션에 대하여 비교할 수 있다.
3. 집단 커뮤니케이션과 소집단 회의에 대하여 이해할 수 있다.
4. 조직 전체수준에서의 커뮤니케이션 기능에 대하여 이해할 수 있다.
5. 조직 내 개별수준에서의 커뮤니케이션 기능에 대하여 이해할 수 있다.

핵심 키워드

청중	정신적 로드맵	선이해
화자	인지	게슈탈트 원칙
착시	나 메시지	자아개념
거울 자아	언어유형	자아노출
피드백	조해리의 창	자아존중감
리프레이밍	개인 커뮤니케이션	집단 커뮤니케이션
조직 커뮤니케이션	집단사고	집단양극화
집단토론	책임분산	동조압력
명목집단법	델파이법	두뇌선풍기법
변증법적 토의	소집단 회의	집단의사결정
시간비용	자아효능감	사내 커뮤니케이션
주니어보드	프레시보드	변화담당자
사원중역회의	청년중역회의	고충처리제도

1 개인 커뮤니케이션

(1) 지각과 커뮤니케이션

개인 혹은 청중(audience)은 가치관, 경험, 믿음 혹은 신념, 도전에 임하는 전략 등 정신적 로드맵(mental roadmap)을 가진 존재이다. 로드맵은 어떤 행동에 기대되는 준비된 각본(script)이 있다는 의미다. 그러므로 전달자와 수신자 간 공통영역으로부터 커뮤니케이션하기 위해 로드맵을 최대한 자세히 인식해야 한다. 하버마스(J. Habermas)는 새로운 문제나 상황에 적용하는 이전 경험의 기대와 가정의 조합을 선이해(preunderstanding)라 했다. 즉 선이해와 기대가 인간의 지각(perception)에 영향을 미친다.

교수님이 수업이 끝나자, "아무개는 강의실에 남아!"라고 하면? "왜 하필 나지?", "내가 뭘 잘못한 거지?", "무엇 때문에 날 남으라고 하신 거지?"라고 하며 조금 전 수업에서 있었던 시간별 상황을 꼼꼼히 따져보게 된다. 교수님과 곧 있을 만남에 대해 부정적 지각을 가졌는데, 교수님이 나를 외부 장학생 수여자로 선발하였다고 했을 때 그 학생의 반응은 어떨까? 커뮤니케이션에서 청중도 이와 유사할 것이다. 여러분이 화자(speaker) 혹은 전달자가 되었을 때 수신자인 청중은 특정 기대를 가지고 메시지를 듣는다.

개인만 그런 것이 아니다. 비즈니스 커뮤니케이션에서 조직 내 관습 혹은 규칙 등이 곳곳에 도사리고 있다. 상대방은 여러분에게 일련의 기대를 갖고 그 기대에 부응하기 위해 주어진 과제(assignment)가 무엇인지, 목표와 결과가 명확한지에 관심을 갖는다. 과제를 해결하기 위해 어떤 정보를 제공할 것인지, 주변을 어떻게 설득하고 동기부여하면서 일 하는지, 어떻게 조직목표를 달성하는지에 대하여 주목할 것이다.

그런데 인간은 모든 것에 집중하지 못한다. 할 수가 없다. 주의가 산만해지고 주의를 온전히 기울일 수 없다. 그래서 어떤 자극은 무시하고 어떤 자극은 주의를 더 기울여 선택(selection)한다. 경쟁하는 메시지를 분류하거나 자극을 선택한다. 선택은 지각과 인지(awareness)에서 중요한 부분이다. 지각은 단어와 생각을 선택하고 조합하고 해석하는 데 영향을 미친다.

[그림 5-1] 지각의 과정

원칙	정의	예
근접성 (proximity)	개체에 대한 공간의 물리적 관계 정보의 지각적 구성	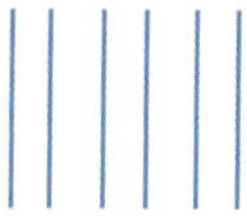
연속성 (continuity)	공간에서 발생한 물체 간의 연결	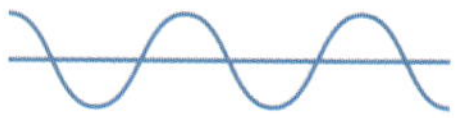
유사성 (similarity)	구별되는 항목 간 공통된 특성에 근거한 정보의 지각적 구성	
종결 (closure)	불완전한 생각에서 공백을 채우려는 사전지식을 사용하는 경향	
연결성 (connectedness)	동일한 것이 반복적으로 정렬되어 있으면 그 영역을 하나의 단위로 지각	
도형과 배경 (figure & ground)	배경으로부터 눈에 띄는 아이템 주목	

[그림 5-2] 게슈탈트 원칙(Gestalt Principles)

스토리텔링 5-1 착시

지각은 언제나 대상, 사물이 존재한다. 대상이나 사물이 없는데도 지각이 된다면 그것은 환각이다. 이와 달리 실제 지각되는 대상이나 사물이 있는데 사람의 눈으로 느낄 때 실제의 대상과 오차가 생긴다. 이것이 바로 착시다. 무심코 느낀 오해는 착시가 아니다. 얼마간의 추위를 기울이거나 지각이 잘못됐음을 알더라도 계속 잘못된 채로 지각되는 현상이 착시다. 기하학적 착시는 평면에 놓인 도형이 여러 가지 요인에 의해 객관적 형태와 다르게 보이는 경우이다.

- **뮐러-라이어 착시**: 같은 길이의 두 선분이 화살표 머리의 방향에 따라 길이가 달라보인다.

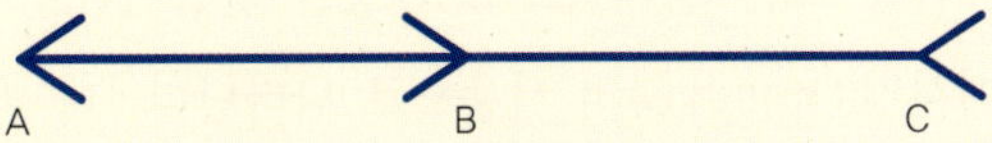

[그림 5-3] 뮐러-라이어 착시

- **수직 · 수평 착시**: 수직이나 수평으로 나뉘어진 동일한 선의 길이가 수평선이 더 짧아보인다.

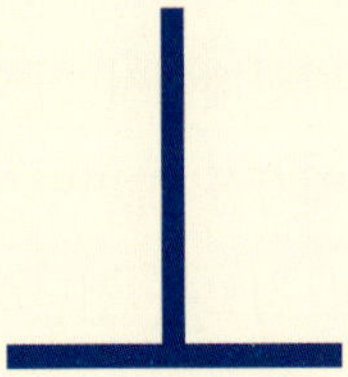

[그림 5-4] 수직 · 수평 착시

- **폰조 착시**: 같은 길이의 두 선분이 있을 때 상대적으로 멀리 있어 보이는 선분의 길이가 더 길어보인다.

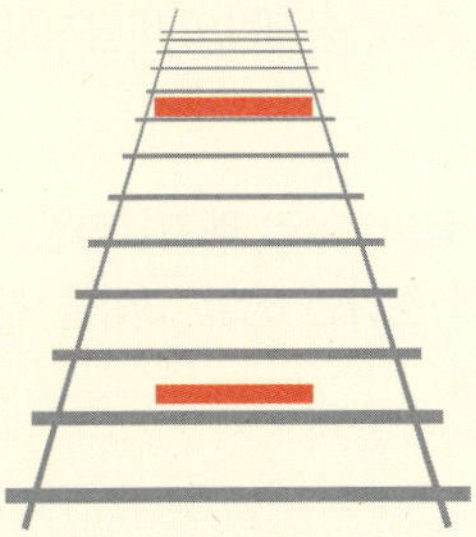

[그림 5-6] 폰조 착시

- **에빙하우스 도형**: 중앙의 원은 같은 크기지만 주위에 작은 원들로 둘러싸인 경우(b)가 큰 원들로 둘러싸인 경우(a)보다 커 보인다.

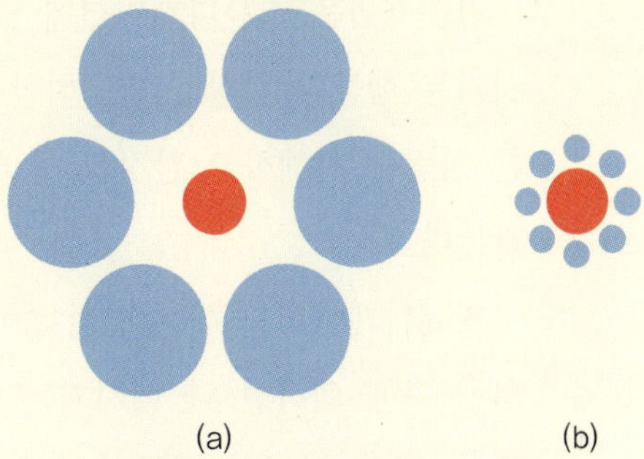

[그림 5-5] 에빙하우스 도형

- **방향 착시**: 선분들이 평행하게 늘어서 있는 경우 각 선분에 일정한 각도와 방향의 사선을 그으면 선분들이 평행하지 않아 보인다.

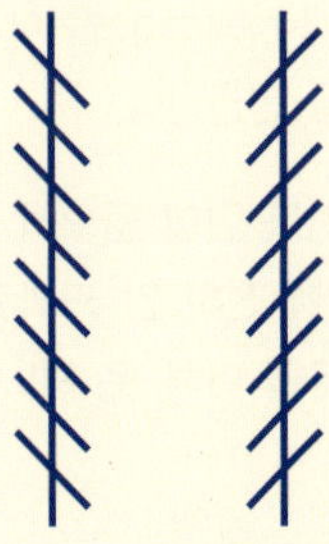

[그림 5-7] 방향 착시

(2) 나 메시지와 커뮤니케이션

자아개념(self concept, 자기개념)은 인간이 사회라는 맥락에서 능력, 태도, 느낌을 포함한 자신에 대한 주관적인 인식이다. 즉 자신을 보는 상대적으로 안정된 관점이다. 사람들이 커뮤니케이션할 때 기대, 의심, 공포, 희망 등을 갖는다. 강조점을 어디에 둘지, 무엇에 초점을 맞출지, 가지고 있는 잠재력을 어떻게 상대에게 노출할 것인지 등이 커뮤니케이션 상호작용에 직접적 영향을 준다. 삶을 살면서 자신이 가진 역량과 재능 중 일부는 칭찬을 받기도 했고, 어떤 일을 잘못한 것에 대해 비판도 받는다. 이러한 칭찬과 비판은 여러분에게 많은 영향을 미쳤을 것이다. 여러분은 여러분 자신을 어떻게 생각하고 있는가? 자아개념은 자신을 보는 상대적으로 안정된 관점이다.

자아개념은 커뮤니케이션에 있어 나 메시지(I message)의 사용으로 나타난다. 나 메시지는 행동과 감정을 명백히할 뿐만 아니라 변화를 촉진한다. 또한 나 메시지는 다른 사람을 이해하고 감정을 분명히 하면서 대화나 협상을 할 수 있는 튼튼한 기반을 갖는다.

커뮤니케이션을 하는 방법 중의 하나가 바로 나 메시지의 사용이다. 고든(T. Gordon)의 연구에 의하면 나 메시지는 신뢰관계가 중요한 인간관계에서 가장 효과적이라고 했다. 다른 사람의 행동이 용납될 수 없거나 강한 불쾌감을 불러일으키거나 개인의 욕구가 좌절되거나 방해받을 때 다른 사람에게 이러한 정보를 전달하는 것이다.

스토리텔링 5-2 나 메시지

You가 아닌 I 메시지를 사용하면 건전한 대화를 위한 효과적인 방법이 된다. 심리학자인 하임 지노트(H.G. Ginott)가 개발한 I message를 사용하면 상대를 덜 비난하면서 공감을 이끌며, 상대방의 바람직하지 않은 행동에 대한 나의 느낌을 언급한다.

- "너는 네 얘기를 절대 들으려 하질 않아!" → "나는 듣지 못하는 것 같아, 우리 얘기할까?"
- "너는 집안일을 전혀 안 도와줘!" → "나는 일이 너무 많아, 네가 도와준다면 정말 고마울 것 같아."
- "너는 내 기분을 이해 못 해!" → "나는 오해를 하고 있어, 속이 상해."

스토리텔링 5-3

자아 이미지와 거울 자아

자아 이미지(self image)는 여러분이 자신을 보는 방식이고, 다른 사람에게 내 자신을 설명하는 것이다. 이는 신체, 눈색깔, 머리 길이, 키 등의 특징이나 지식, 경험, 관심사, 관계 등을 포함한다. 자아 존중(self esteem)은 자신의 가치, 자기 수용성, 자기 존경에 대한 감정이다.

그런데 자아 이미지가 다른 사람이 자신의 행동을 긍정적으로 인정해 주면 이를 긍정적으로 받아들이고, 부정적으로 평가하면 자아 이미지도 부정적이 된다는 이론이 있다. 이것이 바로 거울 자아(looking glass self) 이론이다. 이는 다른 사람에게 어떻게 보이는지 타인이 우리를 보고 어떻게 대우하고 어떻게 우리와 상호작용하는지와 관계한다(C. Cooley, 1922).

우리는 다른 사람이 우리가 어떻게 느끼고 있는지 안다고 생각한다. 그러나 다른 사람들이 우리의 마음을 온전히 읽을 수 없다. 그렇다면 인간 세상에 갈등이 없었을 것이다. 따라서 우리는 감정과 그들의 행동에 대한 느낌, 그들의 행동을 변화시키려는 욕구를 상대에게 정확하게 전해야 한다.

자신이 누구인가에 대한 생각은 커뮤니케이션을 통해 의한 다른 사람의 반응에 의해 확인되거나 부인되기도 한다. 자아개념의 형성과 자아개념의 유지는 소속된 조직에서 그 개인이 하는 역할과 관계가 깊다. 개인의 행동이 그 개인 스스로가 배운 바람직한 태도와 일치할 때 개인은 만족하고 보람을 느낀다. 이처럼 사회화 과정을 거치면서 개인은 자기 스스로를 인정받으려 하고 자기를 더욱 존중하려는 태도를 지닌다.

(3) 자아개념과 커뮤니케이션

누군가 당신에게 "당신은 누구입니까?"라고 묻는다면 당신은 어떻게 반응하는가? 아마도 기본적 인구통계적 정보, 예를 들어, 연령, 출신, 학력 아니면 자신이 속한 조직이나 집단과 관련된 자신을 묘사하려고 할 것이다. 하지만 당신 스스로 "내가 누구지(Who I am?)?"라고 묻는다면 자기 스스로를 어떻게 묘사할 것인가?

심리학자 호르네이(K. Horney)에 의하면 자아(self)란 모든 인간이 공통적으로 가지고 있는 핵심적인 내적 힘이면서 다른 사람 혹은 자기 외부의 대상과의 대조되는 자기 자신을 말한다. 또한 자신의 내부적 정체성 혹은 내가 생각하는 자신의 주관적 기술인 자아개념이란 한 개인이 자기 자신에 대해 가지고 있는 견해이다. 이는 자신에 대하여 가지고 있는 생각인 동시에 성격, 태도, 신념, 가치관 등을 모두 포함한다. 유사한 것으로 자아 이미지(self image)를 들 수 있는데, 이것은 특정한 상황이나 환경에서 자기 자신에 대한 견해를 말한다. 즉 자신의 존재, 능력, 역할 등에 대한 자기 주관적인 평가와 견해로서 자아 이미지가 타인의 평가와 일치하지 않을 수 있다.

표 5-1 자아개념의 구성요소

구분	정의	영역	예
태도	좋고 싫고에 대하여 사전에 가지고 있는 학습된 마음 자세	좋음-싫음	아이스크림, 게임, 무료 음원 다운로드를 좋아한다.
신념	현실을 구조화하는 방식	진실-거짓	부모가 당신을 사랑한다고 믿고 있다.
가치관	옳고 그름의 확정	좋음-싫음	정직과 진실에 가치를 둔다.

언어유형과 자아개념

높은 자아개념 혹은 낮은 자아개념을 가진 사람은 언어유형에 있어 몇 가지 나름대로의 특징을 가진다. 그러나 자아개념이 높고 낮은 특징이 있다고 해서 다른 사람을 이 기준에 의해 분류해서는 안 되며, 언제나 동일한 방식으로 행동하지도 않는다. 자아개념이란 상대하고 있는 대상에 따라 변한다. 집에서는 그렇게 명랑한 사람이 직장에만 가면 입을 꼭 다무는 것도 이 때문이며, 교수의 수업이나 충고는 잘 듣는 학생인데 부모가 똑같은 말을 하면 전혀 듣지 않으려는 것도 바로 이 때문이다.

스토리텔링 5-4

자기충족적 예언

그리스 조각가 피그말리온(Pygmalion)은 사랑에 빠진 여인의 실물과 똑같이 대리석 조각상을 매일 조각하면서 소원처럼 중얼거린다. "저 조각이 사람으로 태어나 나랑 결혼했으면 좋겠어!" 그 조각상이 실제로 살아나 그와 결혼을 했다. 이를 자기충족적 예언(self fulfilling prophecy)이라 한다. 하버드 대학 교수인 로젠탈(R. Rosenthal)은 인간의 기대와 성과 간 상호작용의 4가지 원칙을 밝혔다.

- 사람이나 사건에 대해 특정한 기대를 갖는다.
- 다양한 단서, 언어적, 비언어적 단서를 사용하여 기대를 전달한다.
- 기대에 부응하도록 행동을 조정함으로써 단서에 반응하는 경향이 있다.
- 결과는 최초의 기대(original expectation)가 진실이 된다.

자아개념이 낮은 언어유형

- 상투적인 표현이나 토막말을 자주 사용한다. 메시지의 구체성이 부족한 말을 쓴다. 예를 들면 "너도 잘 알잖아.", "○○한 것 같아요.", "다들 그렇대." 등이다.
- 자기 스스로에 대하여 비난조로 이야기하거나 자신의 나약함을 자주 드러낸다. 예를 들면 "나는 원래 그래.", "저는 재주가 없어요.". 그러면서도 왜 자신이 그런가에 대해서는 합리적으로 설명하지 못한다.
- 칭찬을 제대로 받아들이지 못하고 오히려 "왜 띄워.", "왜 그래, 괜히." 식으로 말한다. 또한 그러면서도 칭찬을 완전히 부정하지도 않는다.
- 추진한 일이 완성되었는지를 신경 쓰기보다 그 일에서 누가 신임을 받았고 누가 비난을 받았나에 더 많은 관심을 쏟는다. 특히 자신이 비난받는다면 책임회피의 경향이 짙고 자기방어적 태도를 취한다.
- 다른 사람에 대해 관대하지 못하고 혹평을 함으로써 그 사람의 업적이나 의사결정 결과를 비꼰다.

- 다른 사람의 성취에 대해 그 사람 내부 탓으로 돌리기보다 행운이나 특별한 지원이 있었다는 식의 외부 탓으로 돌린다. 그러면서 그 사람에 대해 계속 투덜대거나 비웃는 행동을 한다.

자아개념이 높은 언어유형

- 독창적인 표현을 사용하며 풍부한 어휘력을 바탕으로 상황에 어울리는 말을 쓴다. 남에게 말을 걸 때도 호칭을 적절하게 쓴다. 정확한 말을 골라 쓸 줄 아는 능력이 있다.
- 비난을 면하기 위해 시간을 낭비하지 않는다.
- 자신 있는 목소리를 가지고 오만한 말을 하지 않는다. "솔직히, 잘 모르겠습니다.", "제가 잘못 알고 있었습니다."
- 좀 더 배우고자 하는 노력으로 무지를 드러내는 것을 감수하는 말을 쓴다. "그건 정말 내가 모르는 거야!", "정말 어렵다." 등이다.

■ 자아노출과 피드백

인간의 행동은 다른 사람에게 자신의 특정 부분을 노출시키거나 감추는 것이다. 다른 사람은 그 행동에 대한 반응으로 피드백을 보내서 어떤 방식으로든 자신에 대한 생각을 확고히 하면서 상대방을 파악하려 한다. 그러므로 자기 자신이 어떤 사람일까에 대한 궁금증은 솔직한 표현과 피드백을 통해서만 점검되고 해결될 수 있다. 이런 관점에서 자아를 드러낼 수 있는 효과적 커뮤니케이션을 위한 조해리의 창(Johari Windows)에 대해 학습해보기로 한다.

조해리의 창

조해리의 창이란 이 모형을 개발한 조셉 루프트(Joseph Lift)와 해링톤 인그램(Harington Ingram)의 이름 첫 자를 딴 것으로, 이 모형은 의사결정이나 퍼스낼리티(성격), 자아노출, 피드백, 자아존경에 대하여 살펴보는데 커뮤니케이션 부문에서도 유용성이 있는

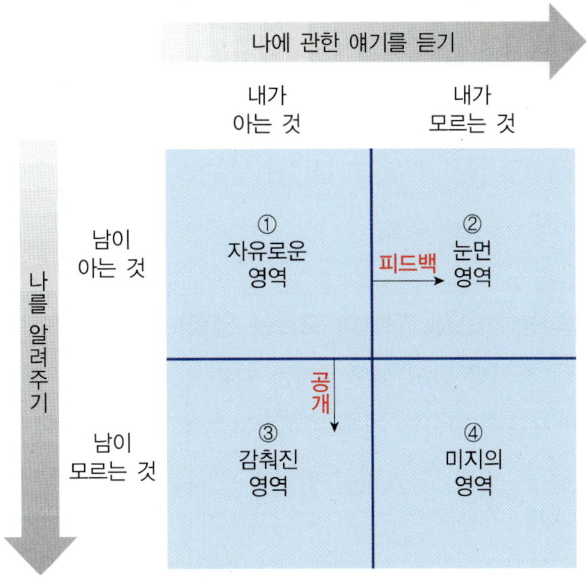

[그림 5-8] 조해리의 창

모형이다. 커뮤니케이션의 기본요소 간에는 서로 필연적 관련이 있고 서로 영향을 미친다. 이러한 상호교섭의 본질은 **[그림 5-8]**에서 보듯이 4가지 사각형(유리창의 창틀) 중 하나가 변하면 다른 것도 변하는 데 있다.

조해리의 창은 자아에 대한 2가지 인식영역이 교차하여 이루는 4개의 창으로 구성되며, 나 자신에 대해 내가 알고 있는 것과 모르는 것, 나에 대해 남들이 알고 있는 것과 모르는 것 이렇게 4가지이다. 이처럼 한 사람에 대해 4가지 창이 형성되면 이 창들을 통해 그 사람의 자아에 대한 여러 가지가 드러난다.

① 자유로운 영역(나도 알고, 남도 아는 영역)

이곳은 개인의 공적인 자아를 보여주는 영역이다. 여기에는 이름, 신분, 키와 외모 등과 같은 정보가 포함된다. 이런 정보는 일반적으로 노출되더라도 불안해지지 않는 비교적 자유스러운 것들이다. 남들도 알려고만 하면 금방 알 수 있는 영역이다.

② 눈먼 영역(남들은 아는데, 나는 모르는 영역)

자신은 모르지만 남들이 나에 대해 가진 정보가 이에 해당하다. "당신은 잘 모르겠지만 당신의 목소리, 당신의 행동, 당신의 태도는 내가 더 잘 알아."라고 하는 경우라 할 수 있다. 물론 자신이 모르고 있는, 그러나 남들은 잘 알고 있는 장 · 단점도 이 부분에 포함된다.

③ 감춰진 영역(나는 아는데, 남들이 모르는 영역)

자기 자신에 대해 자기만 알고 남들에게는 알리고 싶지 않은 정보들이다. 나는 남들이 나의 프라이버시를 침범하는 것을 방어함으로써 자신을 지키고자 한다. 나 혼자만의 감정, 동기, 공상, 비밀, 부끄러워 밝히지 못하는 사실 등이 속한다.

④ 미지의 영역(나도 모르고, 남들도 모르는 영역)

자기 자신이나 남들의 의식 속에 아직 파악되지 못한 자신에 대한 정보들이다. 심리학자들이 무의식 세계라고 표현하는 것이 바로 이곳이다. 개인의 깊이 잠재된 욕망, 기대, 무의식적 두려움 등이 이곳에 숨겨져 있기 때문에 남도 모르고 나 자신도 모르는 부분이다.

조해리의 창은 개인 간 상호작용의 역동성을 설명해준다. 타인에게 나의 노출을 통해서 감춰진 영역을 줄이고 나 자신에 대한 정보를 보다 넓혀 자유로운 행동영역(① 영역)을 넓힐 수 있다. 또한 피드백을 통해 남들만이 가지고 있는 나에 대한 자료를 제공받음으로써 나에 대한 나의 눈먼 영역을 줄일 수 있고 나아가 자유로운 행동영역을 넓힐 수 있다.

동일한 주제를 놓고 내가 어떤 사람과 대화를 할 때에 상대방이 나를 잘 아는 가족이라면 대화가 잘 통한다. 오해도 적을 것이다. 그러나 나를 잘 모르는 처음 본 사람이면 대화가 어렵다. 물론 가족이라 하더라도 나의 속마음이나 비밀을 모른다면 대화가 어렵다. 오늘날 가족 간의 대화가 부족하여 청소년문제가 많은 것이 일례이다.

그렇다면 어떻게 해야 하는가? 상대방이 나의 모든 것을 잘 알고 있다면 좋은 커뮤니케이션이 오간다. **[그림 5-8]**에서 ①의 영역을 넓히는 것이다. 그림의 가운데 수평선을 아래로 이동하고 수직선을 오른쪽으로 이동하면 '자유로운 영역'이 넓어진다. 이를 위해서 우선 상대에게 나를 노출시킬수록 수평선은 아래로 내려갈 것이다. 다음으로 수직선을 오른쪽으로 이동하기 위해서는 나에 대하여 상대방으로부터 배워야 한다. 즉 상대방의 피드백이 계속되도록 잘 들어줘야 한다. 상대방의 피드백으로 나의 장점과 단점, 말하는 습관, 평소 남에게 비춰지는 나의 모습, 나의 인간성, 내가 남을 대하는 방식 등을 듣고 나면 '내가 몰랐던 나'를 점차 깨닫게 된다. 결국 ②와 ③의 영역이 줄어들고 마침내 ④의 영역도 좁아져서 나와 너 사이에는 마치 한 사람처럼 커뮤니케이션이 오해 없이 잘될 수 있게 된다. 결국 반복되는 나의 노출과 상대의 지속적 피드백이 필수적이다.

상대방으로부터의 피드백은 다음과 같은 점에서 의미가 있다.

- 피드백은 커뮤니케이션의 실제 결과가 자신의 의도했던 결과와 같은지 점검하는 데 필요한 정보를 제공한다.
- 피드백은 생존과 성장에 절대적으로 필요하다.
- 피드백은 단순히 상대를 평가하는 것이 아니라 자료를 공유하는 과정으로서 어떤 것을 받아들이거나 거절하는 데 있어 상대의 권리와 자유를 존중해준다.
- 피드백은 상대방을 자신의 선입견이나 예속상태로 몰아놓은 것이 아니다.
- 피드백은 행동의 변화를 바로 요구하는 것이 아니다. 즉 인간관계에 있어 성숙한 수용을 향한 과정으로서 이해되어야 한다.

다음은 효과적인 피드백을 위한 몇 가지 방법이다.

- 피드백을 할 때는 그 사람의 인격을 직접적으로 표현하는 방법을 피하고 되도록 상대방의 입장을 충분히 고려하면서 행동을 기술하는 편이 좋다.
- 이유보다는 사실에 집중하는 편이 좋다. 사실은 다른 사람에 의해 관찰될 수 있으므로 정확한가를 점검해볼 수 있지만, 이유는 추론된 것이고 의도가 담겨져 있는 것이기 때문이다.

- 피드백은 지시나 충고가 아니라 정보의 공유라는 점에 초점을 두어야 한다.
- 상대방이 한 번에 어느 정도의 피드백을 처리할 수 있을까를 고려해야 한다. 자기 자신만 편안해지기 위해서 피드백을 한다면 상대방에게는 전혀 도움이 되지 않을 수 있다.
- 잘못된 때와 장소에서 행하는 피드백은 감정적인 반응을 야기할 수 있다. 감각적이고 개인적인 영역일 경우 더욱 그렇다. 뭔가 지적할 만한 것이 있다 하더라도 예민한 감수성을 마음속으로 고려해야 한다.

■ 자아존중감

자아존중감(self esteem)은 자기 자신에 대한 긍정적 존재로 평가하는 개념으로 학자에 따라 자아개념, 역량지각, 능력감 등 여러 용어와 혼용되기도 한다. 그 밖에도 자아존중감은 자아가치인식(self worth), 자아관심(self regard), 자아존중(self respect), 자아수용(self acceptance) 등의 다양한 이름으로 불린다. 자아존중감을 강화하기 위한 전략은 다음과 같다.

긍정적 언어 사용

만일 당신이 긍정적 결과를 원하다면 자신을 위해서라도 긍정적인 말을 써야 한다. 그렇지 않고 비판적이고 부정적인 말을 사용한다면 당신의 실패가능성은 높아질 것이다. 의심스럽고 부정적인 언어를 긍정적이게 바꾸는 것은 당신 스스로를 더욱더 고무하는(encourage) 것이다.

시각화

시각화는 자신의 행동을 구체적으로 이미지화하는 것이다. 이를 통해 미래를 향해 나가는 자신의 비전을 상상해봄으로써 자신의 의도를 분명히 하는 것이다. 의미 있는 이벤트를 기대하는 것, 미래에 자신의 목표를 달성하는 것, 자신이 타인과 효과적으로 대화하는 것 등을 사전에 그려보는 것, 프로젝트 완성된 모습을 상상하는 것, 바람직한 행동의 종류를 살펴보는 것 등이 모두 시각화에 속한다. 의미 있는 이벤트를 기대하면서 정신적 리허설과 함께 이벤트에서 자신이 하려고 하는 목적을 이미지로 그려보면 긴장도 훨씬 줄어들고, 실패 대신에 성공가능성은 높아진다고 할 수 있다.

재설정

특정한 사건과 경험을 다시 정교하게 정의하는 과정, 자신의 관점과 다른 관점에서 현상을 바라보려는 것 등을 리프레이밍(reframing), 즉 재설정이라고 한다. 이것은 사진사가 자신의 의도에 맞는 사진이나 장면을 얻기 위해서 최상의 노력을 통해 얻는 수천 장의 프레임일 수도 있다. 그리고 우리의 사고, 우리의 일생을 재설정한다고 말할 수도 있다.

정직한 관계설정

인간관계를 건전하고 정직하게 만들어가는 것은 말처럼 쉽게 달성할 수 있는 것이 아니다. 부부관계, 부모자식관계, 친구관계, 스승과 제자관계, 상하관계 모두에 있어 신의를 바탕으로 한 정직한 관계설정은 인간의 삶에서 매우 중요하다. 그러나 인간관계는 진실한 마음으로 최선을 다하더라도 언제나 오해가 생기고 최선을 다했음에도 불구하고 기대하지 못한 결과가 초래되기도 한다.

긍정적 사고를 가진 주변인물

자아존중감이 높은 사람과의 유대는 여러분 자신의 긍정적인 태도형성과 자아존중감을 강화하는 데 도움이 된다. 긍정적 사고를 가진 사람들이 여러분을 긍정적으로 만든다고 할 수 있다. 말하고 행동하고 느끼는 것 모두가 마음속에서 나오는 것이기 때문이다.

심리적 부담에서 벗어나기

심리적인 부담과 과거의 쓰라린 경험에 매달려서는 안 된다. 과거가 부정적일수록 새로움으로 나가기가 어렵다. 스티븐 코비(S. Covey)는 「성공하는 사람들의 일곱 가지

습관」에서 "끝을 생각하며 시작하라."고 충고한다. 자아인지가 바로 자신의 가치관을 탐색하도록 하는 동력이라는 것이다. 그러므로 먼저 마음속에서 만들어낸 것을 행동한다. 이를 위해 먼저 마음속 부정적인 부담을 벗어버려야 한다.

2 집단 커뮤니케이션

(1) 집단 커뮤니케이션의 내용과 효과

스피노자(B. Spinoza)는 300년 전, 인간은 사회적 동물임을 주장하였다. 타인이 개인의 태도, 행동, 지각 등에 큰 영향을 준다는 것이다. 인간은 다른 사람과 함께 자의적이든 타의적이든 집단에 참여함으로써 사회적 존재가 된다. 이러한 집단은 커뮤니케이션이 효율적으로 이루어지는 데 있어 커다란 영향력을 행사한다. 사람은 집단 속에서 다른 사람과 관련된다. 또한 집단을 신성한 존재로 간주한다. 그래서 중요한 문제가 발생했을 때 다른 사람의 충고를 구한다. 문제해결팀이나 의사결정집단은 중요한 문제에 대한 답을 찾도록 도와준다. 한편 개인은 집단 속에서 배우며 집단에 속하면 편안함을 느낀다. 그리고 그 집단에서 거의 한평생을 보낸다. 그러므로 조직의 활성화를 위해서는 개인 커뮤니케이션과 집단 커뮤니케이션의 조화가 무엇보다 중요하다.

지금까지 집단 역동성에 관한 연구는 커뮤니케이션에 있어 매우 중요하게 다루어져 왔다. 리더십과 경영이론, 소집단 토론, 소집단 의사결정 등에 관한 연구들이 여기에 속한다. 집단역학(group dynamics)의 원리를 적용하지 않거나 고려하지 않는다면 개인은 집단 속에서 잘 어울릴 수 없다. 인간은 누구나 본능적으로 자기를 사랑하며 개인 욕구로 인해 무엇인가를 추구하기 때문이다. 그러나 개인행동을 통해 자신의 욕구를 분출하고 충족하기는 어렵다. 그래서 비슷한 생각과 행동을 하는 사람을 찾아 집단을 형성하게 된다.

■ 집단 커뮤니케이션 내용

집단구성원이 서로 접촉하는 시간에 따라 커뮤니케이션 내용이 바뀐다. 처음에는 어색하던 구성원의 관계가 점점 가까워지고 상호작용도 빈번해져서 공동목표를 달성하기 위해 커뮤니케이션이 활발히 진행된다. 그러다가 서로 합의점에 이르고 커뮤니케이션의 방향이 조정되는데, 이러한 과정은 집단이 과업지향인가, 인간지향인가와 무관하게 유사하게 나타난다. 집단화의 진행과정은 과업이나 업무, 일의 성격에 따라 달라지고, 그 진행과정이 달라짐에 따라 집단 커뮤니케이션도 변하게 된다. 그러므로 집단을 문제해결집단과 의사결정집단으로 구분하여 각 집단마다 어떻게 커뮤니케이션 내용이 달라지는가를 살펴본다.

문제해결집단

베일즈와 스트로드백(R. Bales & K.L. Strodtbeck, 1951)은 일정한 과업이 주어진 집단을 대상으로 상호작용의 관점에서 연구모형을 제시하였다. 이들은 집단을 하나의 사회시스템으로 보고, 집단 내부의 긴장을 극복하면서 문제를 해결하는 과정에 초점을 두었다. 그리고 문제해결집단의 상호작용과정을 오리엔테이션(orientation), 평가(evaluation), 통제(control)의 3단계로 구분하였다. 각 단계마다 달라지는 커뮤니케이션의 내용은 집단과제에 대한 정보가 주류를 이루었는데, 특히 부정적 내용보다 긍정적 내용이 서로 교환되면 과업지향(task oriented)이라기보다 사회지향(socio oriented) 상호교류가 빈번하였다.

- **오리엔테이션단계:** 주어진 문제를 해결하기 위해 집단구성원이 다양한 의견을 제시하였다. 그러나 아직 초보적인 단계이므로 문제해결에 대한 적극성이 결여된 단계이다.
- **평가단계:** 해결해야 할 문제를 중심으로 문제의 본질에 대한 설명의 요구 혹은 느낌과 평가, 반대의견 등이 커뮤니케이션의 주 내용을 이루었다. 오리엔테이션단계와 달리 비판적 의견이 활발히 교환되기에 이르렀다.
- **통제단계:** 지금까지의 단계에서 나온 의견을 선별하고 조정한 통합안이 제시되었

고, 미래에 나타날 문제에 대한 조언이나 제언 등을 교환하였다. 물론 비판적 커뮤니케이션 내용도 줄어들었다.

의사결정집단

집단 내부에 긴장이 생기면 이를 해소하려는 움직임이 일어나서 결국에는 균형을 이룬다. 보통사람은 균형이라는 것을 정적 개념으로 보는 경향이 있으나 집단 내의 균형은 변화를 조정하는 역동적 개념으로 보아야 한다. 피셔(B.A. Fisher)는 집단 커뮤니케이션 과정을 적응, 갈등, 출현, 강화(보강, reinforcement)의 4단계로 구분하였다.

- **적응단계**: 구성원이 처음 만나 서로 사귀게 되고 기본적인 커뮤니케이션 네트워크를 형성하면서 의사결정의 방향을 찾기 위해 시험적 태도를 보이는 단계이다. 커뮤니케이션 내용은 막연한 메시지와 다양한 의견교환 및 찬반에 대한 생각이 교환되며 불확실한 자신의 입장을 나타내고 상대로부터 정보를 수집하려는 행동이 대부분을 차지한다.
- **갈등단계**: 커뮤니케이션 내용이 점차적으로 명확해지고 의사결정안에 대해 서로 다른 차원에서 분석한 상충된 의견이 쏟아진다. 그러나 이 단계는 다른 단계에 비해 짧게 진행된다.
- **출현단계**: 성행했던 의견의 갈등이 차츰 줄어들기 시작하며, 결국 최종안이 나올 움직임이 생기는데 이때 시간이 가장 많이 소요된다. 뚜렷한 대립을 피하면서 의견을 수렴하려고 애쓴다는 것이다. 의견이 수렴되는 과정에서 초기에 주장했던 의사결정 초안에 대한 기본입장이 바뀌게 되므로 서로 체면유지를 하면서 서서히 이루어진다. 이때 강력하게 반대하는 사람을 위해 조건부 통과의 방법을 택하기도 한다.
- **강화단계**: 최종결론에 대한 합의를 적극 유도하고 적극적 지지를 확고히 하는 단계이다. 구성원의 일체감, 정체성, 우리라는 의식 등이 강조되며, 커뮤니케이션 내용에는 불확실한 부분이 사라지고 의사결정안은 강화되고, 부족한 부분은 보강되기 시작한다.

■ 집단 커뮤니케이션 성과

여럿이 모여서 무슨 일을 결정한다면 훨씬 효과적이라는 사실은 누구나 알고 있다. 집단 커뮤니케이션은 조직생활에서 일상적으로 행해지는데, 그 장점을 요약할 수 있다.

- 개인 각자가 가지고 있는 아이디어와 정보를 모을 수 있다.
- 여러 관점에서 문제를 검토하고 비판할 수 있다.
- 상호작용을 통하여 새로운 아이디어 개발의 자극이 되고, 시너지 효과를 얻을 수 있다.
- 개인의 특기와 능력대로 분담함으로써 정보수집분석과 대안선택과정을 전문화할 수 있다.
- 의사결정에 참여함으로써 참여자의 지지를 얻어서 실천이 수월하다.

■ 집단성과

집단성과란 구성원 간 커뮤니케이션이 집단목표를 이루는 데 얼마나 공헌하였는가를 말한다. 집단성과를 측정하기 위해서는 먼저 개인의 생산성을 추출해야 한다. 이는 동일 과제에 대하여, 각 개인이 집단을 이루지 않고 개인 혼자서 해결했을 때 성취한 일의 양이나 걸린 시간의 합을 의미한다. 그리고 개인과 집단의 생산성을 비교하여 그 차이를 구하면 집단 커뮤니케이션의 성과를 측정할 수 있다.

개인학습과 집단학습 비교에서 개인학습보다 집단학습이 성과가 훨씬 높았다. 집단이 개인보다 비교적 정확하고 빠른 시간 내에 주어진 내용을 학습한 것이다. 이는 집단구성원 간의 커뮤니케이션이 개인의 생산성을 높여준다는 점을 간접적으로 시사한다. 그렇지만 항상 개인의 성과가 집단의 성과보다 뒤떨어진다고는 말할 수 없다. 집단의 성과에 영향을 주는 요인에 대한 고려가 선행되어야 하기 때문이다.

먼저 리더십 측면에서 살펴보자. 권위적 지도자와 민주적 혹은 자유방임형 지도자를 집단성과와 연결시켜 보면 주어진 과제와 상황에 따라 그 관계가 달라진다. 만약 구성원의 능력이 비슷하다고 느끼거나 구성원 사이에 커뮤니케이션이 원활하며, 개인의 권리를 강하게 요구하는 집단에서는 민주적 지도자가 나타나게 된다. 그러나 일을 처리하는 속도나 자율이 강조되거나 새로운 상황에 처하여 방향이 불확실할 때에는 권위적 지도자가 나타날 가능성이 높다. 한편 긴급한 상황에서 결정을 빨리 내려 불확실성을 줄이고 안정을 찾아야 할 경우에는 권위적 지도자가 더 유리하다고 할 수 있다.

또한 집단성과에 영향을 주는 요인으로서 집단응집력을 들 수 있다. 집단응집력이 높다는 것은 집단구성원이 함께 일하려는 경향이 높다는 것을 뜻한다. 구성원이 서로 도움을 줄 수 있는 가능성을 높여주기 때문에 결과적으로 생산성을 높인다고 할 수 있다. 그러나 지나친 응집력은 집단사고(groupthink)를 야기하고 오히려 생산성을 저하시키기도 한다. 즉 응집력이 지나치게 높으면 일 자체보다 구성원의 상호작용에 지나치게 관심을 두게 되어 오히려 집단성과가 저하될 수 있는 것이다.

개인의 만족도

개인은 집단 속에서 수행한 일에 대해 어떤 형태로든 보상을 기대한다. 보상이 제대로 이루어지지 않으면 더 이상 일을 하지 않으려 한다. 또한 들어간 노력과 나타난 결과를 의미 있는 타인과 비교한다. 집단에 속한 개인이 집단의 공동목표를 위해 참여하는 것도 개인적 보상과 효과를 보려는 것이다. 그러나 집단이 추구하는 목표 및 결과가 모든 개인에게 똑같이 이해될 리 없다. 따라서 갈등의 고리가 깊어지기도 한다. 여기서는 집단 자체보다는 집단구성원에 중심을 두고 상호 간에 커뮤니케이션 결과로 나타나는 직무만족도와 이에 영향을 주는 요인을 알아보고자 한다.

집단 커뮤니케이션을 통하여 개인이 느끼는 만족도에는 집단의 목표달성에 발생하는 심리적인 것과 목표달성과 무관하게 개인 간의 상호작용을 통해 나타나는 것이 있다. 위로하고 격려하는 것 등으로 만족을 느끼기도 하는 것이다. 그렇다고 이 2가지 만족도가 반드시 일치하는 것은 아니다. 목표달성에서 오는 만족도는 높은데 다른 구성원과의 상호작용에서는 불만이 많을 수도 있다.

따라서 개인이 집단 속에서 느끼는 만족도에는 균형이라는 개념이 등장한다. 균형이란 개인이 집단에 투입한 투입물과 산출물의 비율이 어느 정도 평형을 이루는 것이다. 이때 다른 사람과 비교하여 공평하다면, 즉 균형을 이룬다면 집단구성원의 만족도를 높일 수 있다. 이러한 직무만족도는 집단의 성과와 같이 지도자 유형, 집단규모, 개인의 특성 등 여러 가지 요인에 의해 영향을 받는데, 그중 가장 중요한 요인이 바로 커뮤니케이션 네트워크라 할 수 있다. 개인적 만족도는 조직의 네트워크 형태나 네트워크상 개인의 위치에 따라 결정된다.

(2) 집단토론의 문제점과 해결책

사람들은 동일인일지라도 혼자 있을 때와 다른 사람과 둘이서 대화하면서 있을 때 그리고 여럿이 모인 회의에 참석했을 때 하는 생각과 의견이 모두 다르다. 물론 생각도 혼자로서의 생각과 남 앞에서 내세우는 생각이 다르다. 따라서 함께 모여서 회의를 할 때 회의 결론이 이상한 방향으로 흐르기도 하고 뜻하지 않았던 엉뚱한 결론에 이르기도 한다는 점에 많은 주의를 요한다. 이는 집단토론의 함정이라 할 수 있는데 그 대표적인 예와 그에 대한 대책을 알아보기로 한다.

■ 집단토론의 함정

과도한 모험선택

예부터 용감한 사람은 족장으로 추대되고 그렇지 못한 사람은 비겁하다든가 사내답지 못하다고 천시하는 모험선호 사상이 인간사회를 지배해 왔다. 따라서 사람들은 혼자 있을 때보다는 회의자리에서 더 모험적이 되려 하고 더 높은 위험을 택한다. 위험이 큰 만큼 실패도 큰데, 혼자 결정했을 경우 그 책임은 혼자서 지는 것이지만 집단으로 결정했을 때는 책임이 분산되기에 큰 부담을 느끼지 않기 때문이다.

집단양극화 현상

개개의 생각은 처음에 별 차이가 없다가도 집단에 속해서 토론을 하게 되면 의견이 완전히 갈라지는 경우를 흔히 본다. 왜 그런지 **[그림 5-9]**의 예를 들어 살펴보자. 야당 편인가 여당 편인가를 결정할 때 대개 사람들은 그림 A의 경우처럼 약간의 선호도만 있다. 그러나 토론이 진행되면서 다음의 현상이 일어난다. 여당을 약간 선호했던 사람들은 기왕이면 여당 내에서 주도권을 잡기 위해 자기가 가장 여당적인 것처럼 보이려고 당초의 자기선호도보다 과장하여 발언한다. 야당론자들도 마찬가지이다. 또한 여당을 약간 선호하던 사람들이 여당 찬성과 야당 비판 발언을 듣고 자기가 몰랐던 사실을 알게 되면 여당을 더 좋아하게 되거나 혹은 야당을 더 싫어하게 된다. 그리고 인간의 본능인 집단소속감이 발동되어 더욱 자기 집단에 소속하려 하며 이러한 소속감은 적대집단을 더욱 멀리함으로써 강화된다.

집단양극화(group biopolarization)란 과도한 모험선택의 경우처럼 개인이 당초에 가지고 있었던 태도가 집단 속에서는 이동된 상태로 나타나는 것으로 특별히 집단이동적 사고(groupshift)라고도 한다.

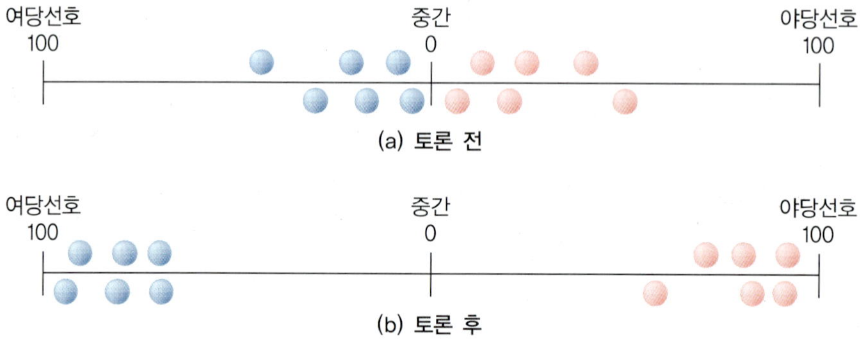

[그림 5-9] 토론 후의 집단양극화 현상

정당화 욕구

혼자서 하는 의사결정은 아직 실천단계가 아니라서 몇 번이고 번복하면서 좀 더 나은 대안을 선택할 수 있다. 그러나 다른 사람에게 일단 발설을 해놓으면 나중에 더 좋은 대안이 발견되더라도 좀처럼 당초의 의견을 굽히려 하지 않는다. 결정을 번복하면 앞서의 결정이 잘못이라는 것을 인정하는 꼴이 되며, 이럴 경우 자기의 무능함을 드러내는 것이기 때문이다. 일례로 베트남전쟁 당시 미국의 정부 각료들은 앞서 결정한 베트남 참전을 계속하기로 결정했다가 막대한 손실을 초래했다.

도덕적 환상

사람은 개인의 행동에 대해서는 도덕적인 것인지 비양심적인 것인지에 대해 신랄하게 비판하려 한다. 그러나 집단이 한 행동이나 집단이 제시하는 의견에 대해서는 당연히 도덕적일 것이라는 환상(illusion of morality)을 갖고 있다. 사람은 항상 남들 앞에서는 혼자일 때보다 더 도덕적인 것처럼 행동할 것으로 간주하기 때문이다. 따라서 개인이 오토바이를 타고 폭음을 내며 지나가면 화를 내지만, 비행기 소리는 그냥 넘긴다. 그러므로 집단적 의견에 동조하지 않으면서 비도덕적인 것이 되어 협동심이 없고 이기적이라는 등의 비판을 받게 된다. 그래서 기업이 폐수를 흘려버린다든가 자연경관을 해치는 조직범죄가 개인이 했을 경우보다 훨씬 덜 밉게 보인다.

만장일치현상

사람들은 대개 남에게 반대하기보다 동조하려 한다. 동조압력(conformity pressure)은 인간이 소속욕구에서 비롯되기도 하지만, 자기가 가진 정보가 불확실할 때 남의 의견에 많이 의존하는 데서도 생겨난다. 혹시 자기 것이 정확한 정보라는 것을 알더라도 대결을 더 중시하기에 집단의 동요를 일으키는 것을 피하고 반대의견이 있어도 그저 침묵한다. 침묵은 반대가 아니라고 보고 만장일치를 내세우며 구성원은 서로 강하게 소속되어 있다는 집단감정에 사로 잡힌다.

책임의 분산

수강인원이 10명인 반에서는 선생님의 강의를 10명 모두가 잘 출석해서 들을 책임이 있다고 느끼기 때문에 출석률이 좋지만, 100명이 넘어가면 출석률과 수업 분위기가

스토리텔링 5-5 미국의 패배

"미국은 쿠바를 침공해야 하는가?" 1961년 쿠바와 미국의 관계가 악화되었을 때, 케네디 대통령이 만든 특별자문위원회는 이런 질문에 대하여 결정을 해야 했다. 위원회는 쿠바를 공격하기로 결정했다. 미국은 쿠바로부터 망명해온 1,400여 명의 군인들로 쿠바 남쪽 피그만을 공략하기로 하고 공격날짜를 1961년 4월 17일로 잡았다. 하지만 쿠바의 공군은 미국의 해상공격을 사전에 감지하였고 침투해 온 배를 격추하여 200여 명을 사살하고 1,200명을 포로로 잡았다.

무엇이 잘못되었던 것인가? 특별자문위원회 위원장인 케네디는 위원들 사이에서 절대부동의 위치에 있는 인물이었다. 위원들은 수년간의 경험을 가진 사람들이었다. 그들은 군 관련 전문가들이었다. 더욱이 위원들은 서로 잘 통하는 것처럼 보였고, 그들 간에는 상호존경하는 마음과 함께 응집력도 높았다. 그러므로 그러한 집단 내의 분위기는 타인이 제시한 잘못된 의견도 반대할 수 없이 원안대로 수용하게 만들었다. 쿠바 공략에 대한 허술한 전략에 대해 의문을 가진다 하더라도 공개적으로 발언하지도 못했다.

대통령 역시 쿠바 침공을 당연시하면서 토론을 이끌어갔기 때문에 어느 누구도 문제제기나 의심을 하지 않았다. 결과적으로 위원회는 침공계획에 결정적인 타격을 줄 수 있는 세세한 사항을 간과해버렸다. 그래서 역사상 미국인들이 가장 수치스럽게 생각하는 패배한 전쟁의 흔적으로 남게 되었다.

나빠질 수 있다. 실은 정작 책임지지 않아도 될 사람에게까지 분산이 가능하다는 뜻이고 따라서 개인 입장에서 본다면 자기 혼자 책임져야 될 일도 다른 사람들이 같이 떠맡게 되기를 희망한다고 볼 수 있다. 이 때문에 책임분산(diffusion of responsibility)은 집단 속에서 가속화된다. 책임분산의 현상이 집단의사결정에도 그대로 적용되어, 혹시 의사결정의 결과가 나쁠 경우에도 개인이 책망받지 않게 되므로 문제에 신중하게 대처하지 않을 수 없다.

■ 집단토론의 효율화 방안

조직 내의 의사결정은 거의 모두가 집단으로 모여서 하는 결정이다. 제품의 판매가

격을 판매과장 혼자 결정했다고 하더라도 사실은 부하와 상의하고 그동안 받은 부하의 보고서를 참조하고 상급자의 사전언급을 감안하여 결정한 것이기에 개인적 의사결정이라고 볼 수 없다. 그런데 집단의사결정은 앞에서 살펴본 대로 필요하면서도 많은 모순점을 가진다.

그렇다면 어떻게 모순점을 피하면서 집단의 장점을 이용할 수 있을까? 이를 위해 여러 가지 결정방법이 개발되었는데 몇 가지만 소개하고자 한다.

명목집단법(Norminal Group Technique, NGT)

모여서 의사결정을 하려고 토의를 하다보면 상급자의 눈치도 봐야 하고 의견을 말한 사람이 자기가 좋아하는 사람인지 싫어하는 사람인지에 따라 자기의견이 영향을 받게 되기도 한다. 즉 어떤 의견에 찬성할 마음이 있어도 싫어하는 사람이 꺼내놓으면 그 의견에 무조건 반대하기도 하는데 이러한 폐단을 방지하기 위해서는 누가 무슨 얘기를 했는지 모르도록 해야 한다. 그래서 언어 커뮤니케이션을 일절 하지 못하게 하고 종이에 혹은 컴퓨터에 의견을 쓰도록 한다. 즉 다음 순서에 따라 합의(의사결정)에 이른다.

- 서로 둘러앉되 말은 안 한다.
- 자기 생각을 종이에 적거나 혹은 컴퓨터에 업로드한다.
- 적은 대로 발표한다. 즉 타인의 의견에 대해 영향을 받기 전에 소신껏 쓴 것을 그대로 읽는다. 이때 토의는 없다.
- 각자가 발표한 내용에 대해 보충설명, 지지설명이 추가된다.
- 제시된 의견의 우선순위를 묻는 비밀투표를 실시하여 최종안을 선택한다.

요즘 이 방식은 정보통신기술의 발전으로 더욱 효율적이 되어 온라인 화상회의(electronic meeting), SNS를 이용한 투표를 이용할 수 있다. 각자 앞에서 모니터 혹은 노트북 한 대씩을 놓고 둘러앉은 다음 결정해야 될 사안이 주어지면 참여자들은 각자의 의견을 무기명으로 입력하기를 계속하면서 최종안은 좋은 것이 도출될 수 있다. 시간을 절약하고 각자 솔직한 의견제시가 가능한 장점이 있다.

델파이법(Delphi Method)

명목집단법처럼 비밀로 하면 타인의 눈치를 보지 않고 의견을 백지에 쓰니까 진실된 의견은 얻을 수 있지만 상호토의를 못하는 것이 단점이다. 어떤 아이디어들은 서로 토론하면서 개선되고 토의하다보면 자기의견이 수정되고 더 좋은 의견들이 현장에서 터져 나올 수 있다. 그러나 대화로 토의하면 누가 무슨 얘기했는지 알게 되기 때문에 역시 문제가 있다. 그래서 개발된 델파이법은 토론을 하되 무기명으로 하자는 것인데 이것 역시 글로 하는 수밖에 없다. 특히 지리적으로 떨어져 있는 사람들끼리도 가능한데 다음의 절차를 따른다.

- 구성원에게 토의할 문제를 분명히 알린다.
- 구성원이 무기명으로 백지에 의견을 개진한다.
- 의견을 모아서 구성원의 수만큼 복사하여 각자에게 다른 모든 구성원의 의견을 알린다.
- 각 개인은 모든 구성원의 의견을 읽고 나서 토를 달고 자기의견을 수정한다.
- 각자가 수정된 자기의견을 설문지 혹은 백지에 무기명으로 적는다.

스토리텔링 5-6

책임의 분산

제노베스(K. Genovesse)라는 여성이 직장에서 늦게 귀가하다가 자기 아파트에서 괴한으로부터 공격을 받아 죽고 말았다. 그녀가 아파트에서 공격받으며 비명을 지르고 저항하는 30분 동안 그 광경을 목격한 건너편 아파트의 주민들 누구도 경찰에 신고를 하지 않았다. 이튿날 경찰조사에 의하면 지난 밤 창문을 열고 이 사건을 30분 동안이나 구경하고 있었던 사람이 무려 38명이나 되었음이 밝혀졌다. 1964년 미국 뉴욕시에서 일어난 일이다.

1994년 9월 서울에서도 비슷한 사건이 있었다. 한 여성 상인이 돈가방을 들고 이른 아침 횡단보도를 건너다 차에 치여 쓰러졌다. 사고 차는 뺑소니를 쳤고, 여인의 돈가방에서 현금이 쏟아져 나왔다. 그녀가 신음하고 있는 동안 주변에 많은 사람이 있었지만 경찰에 신고하거나 피해자를 돌보거나 뺑소니한 차를 쫓아가거나 한 사람은 아무도 없었다. 모두들 흩어진 돈을 줍기에 바빴고 그 상인은 병원에 늦게 실려 가는 바람에 죽고 말았다.

- 다시 의견을 모아서 복사하여 모든 구성원에게 나눠주고 다시 수정된 의견을 모아서 위의 과정을 되풀이하면서 최선의 방법을 찾는다.

델파이법은 지극히 불확실한 미래현상을 예측할 때 특히 효과적이지만, 시간이 많이 걸리고 복잡한 사안일 때는 말과 글이 일치하지 않기 때문에 소기의 목적을 달성하려면 많은 정성과 노력이 필요하다. 하지만 공장입지선정, 임원선발, 정책결정 등 회사의 사활이 걸린 문제를 놓고 한 시간 걸릴 회의를 델파이법 사용으로 하루 이틀 더 걸렸다고 해서 비능률적이라고 볼 수 없을 것이다.

두뇌선풍기법(Brainstorming, 브레인스토밍)

여러 명이 1가지 문제를 놓고, 있는 생각 없는 생각을 무작위로 마구 내놓으면서 번쩍번쩍하는 아이디어를 찾아내자는 것이다. 예를 들어, 한강을 가장 빨리 건너는 방법, 서울의 교통문제 해결법 등 복잡한 사안을 놓고 논리적으로 해결하려면 한계가 있으니까 가능한 아이디어를 모두 쏟아내면서 상대방의 아이디어에 내 의견을 첨가하여 말하면 여기에 다른 사람이 더 좋은 발상을 해낸다. 이러한 효과를 얻기 위해 구성원은 다음 사항을 지켜야 한다.

- 세련되지 못한 의견이라도 일단 제시해놓고 본다.
- 제시된 의견에 대해 절대 비판해서는 안 된다. 비판이 있으면 그다음 번에는 의견 개진을 안 할 것이기 때문이다.
- 가능한 한 많은 아이디어를 낸다.
- 자기의 생각과 제시된 의견을 적합시켜 새로운 아이디어로 창안하여 제시한다.
- 위의 절차를 여러 번 반복한다.

다만 이것이 지나치면 현실성 없는 결론이 도출될 수도 있고 문제와 아주 동떨어진 결론에 이를 수도 있다. 그러나 십여 명이 모여 신제품 개발이나 난감한 문제를 푸는 경우에 시너지 효과를 발휘하여 전혀 생각하지 못한 창의적 아이디어를 이끌어낼 수도 있다. 그러므로 아이디어를 가진 사람들끼리 보다 다양하고 톡톡 튀는 의견이 제시되도록 유도하는 데 매우 효과적이다.

변증법적 토의(Dialectical Inquiry Model)

사안에 따라서 구성원을 둘로 나누어 찬반을 토론케 하면 각 대안에 대하여 장·단점이 모두 드러나는데 이런 내용을 모두 이해한 다음, 의견을 개진하면서 토의하는 방법으로서 헤겔(G.W.F. Hegel)의 변증법적 사고에 기초한 기법이다. 반대한 사람을 미리 공개적으로 나눠놓으면 비판적 정보를 많이 검토할 수 있으며 찬성자의 눈치를 보지 않고 비판할 수밖에 없다. 반대가 있어야 개선이 있다는 법칙을 이용한 것으로 다음 순서를 거친다.

- 집단구성원을 두 편으로 나눈다.
- 한쪽 집단이 자신의 의견을 제시한다.
- 다른 쪽 집단에서는 원래 의견의 가정을 정반대로 바꿔서 그에 기초한 대안을 마련한다.
- 양 집단이 토론하여 2가지 안의 장·단점을 모두 드러나게 한다.
- 이 토론에서 살아남은 가정과 장점만 모아 의견을 종합하여 선택한다.

스토리텔링 5-7 **토론과 토의**

토론과 토의는 다른 것인가? 다르다. 토론(discussion)은 정해진 규칙에 따라 긍정과 부정으로 대립하는 양 팀이 주어진 논제에 대해 주장과 이에 대한 검증, 의논을 되풀이함으로써 이성적 판단을 내리는 과정이라 할 수 있다. 토론에서는 의견의 대립이 존재한다. 변증법적 사고가 인정된다. 논제에 대해 자신의 입장이나 해답을 분명히 갖고 타인을 설득하는 것이 목적이다. 상대의 의견은 반박의 대상이 된다.

이에 비해 토의(debate)는 규율없이 자유로운 의사개진과 대화를 통해 이루어진다. 토의는 일종의 집단적 사고와 의사결정으로서 협의를 통해 답을 구하는 것이 목적이며 토의에 참석하는 사람들이 흉금을 터놓고 답을 구하면서 타협과 흥정이 가능하다.

(3) 소집단 회의

소집단 회의(small group meeting, 소집단 토의)는 개인과 개인의 대화가 아닌 집단 내 개인 사이의 대화라는 점에서 일 대 일 인터뷰보다 다소 복잡한 성격을 지닌다. 3인 이상의 사람들로 구성된 소집단 커뮤니케이션이다. 비즈니스에서 조직구성원의 경영참여, 의사결정참여 및 팀워크의 중요성이 강조되는 현대사회에서 구성원의 의견을 도출하고 정책을 수립하는 과정으로서 소집단 회의는 매우 중요하다.

대규모 집단 혹은 전체 조직의 회의목적이 문제해결 혹은 정보교환이지만, 소집단 회의는 여러 구성원이 함께 아이디어를 도출하고 토론하며 협력적 의사결정을 해나가는 과정이라는 점에서 의미가 있다. 그러나 바람직하지 않은 결론이 나오는 경우에는 시간낭비 및 비용낭비 외에도 회의 구성원의 사기저하로 인한 책임감 결여 등의 문제가 자주 유발되기도 한다.

회의는 다양한 상호작용과 절차를 필요로 하는 과정이다. 이때 집단역학이 회의에 영향을 미친다. 그러므로 개인의 독선이 집단 내 상호작용에 영향을 미치며, 이는 과업을 수행하는 집단의 능력에도 해를 입히게 된다는 사실을 명심해야 할 것이다.

■ 집단규범

집단 내의 규칙이나 규율은 집단구성원의 행동을 지배하며, 사람은 대체로 이러한 규범 속에서 행동하기를 원한다. 바람직한 집단규범은 비즈니스를 확장시키고 조직의 경쟁력을 키워나가는 데 기여한다. 때로는 구성원이 거의 종교와도 같이 절대적으로 집단규범에 복종하는 경우도 있으며 반대로 상당한 부담감을 느끼는 경우도 있다. 그러나 바람직한 방향으로 집단규범을 잘 활용한다면 구성원 동기부여 및 구성원 간 결속력 강화 및 집단에 대한 충성심을 고취시키는 기회가 된다.

하지만 집단사고에 대하여 생각해볼 수 있는데, 집단사고란 개인의 의사와 상관없이 집단의 결정에 따라 각 개인의 의도가 영향을 받아서 집단결정에 비이성적인 영향을 미치는 것을 말한다. 신중함이 없이 단순히 집단사고에 치우치다보면 자칫 비윤리적 결정이 이루어질 수 있음도 명심해야 한다.

■ 집단의사결정

집단의사결정은 오리엔테이션단계(orientation phase), 갈등단계(conflict phase), 출현단계(emergence phase), 강화단계(reinforcement phase)로 나뉜다. 오리엔테이션단계는 구성원들이 사교적 분위기를 형성하며 집단 내 역할정립을 하는 단계이며, 갈등단계는 문제점에 대해서 토론하여 다양한 관점과 전문가의견을 고려하는 단계이다. 출현단계에서는 다수가 결정하는 방향으로 결론을 도출하게 되며, 마지막으로 강화단계는 결론을 정리 · 요약하며 각 구성원들에게 과제를 할당하는 단계이다.

■ 소집단 회의에서의 리더 역할

소집단 회의에서 리더의 역할은 매우 중요하다. 주어진 시간 내에 성과를 달성하기 위해 다음과 같은 몇 가지를 꼼꼼하게 챙겨야 한다.

회의목적 수립

회의를 소집하기 전에 반드시 해야 할 일은 회의목적을 정하는 것이다. 회의목적에는 정보수집과 의사결정 등이 있다. 비공식적 회의의 경우 회의참가자들은 자유롭게 정보를 공유하게 된다. 정보수집을 위한 회의는 불필요한 질문을 하면서 시간을 낭비하는 것보다 평소 관심이 많은 사항에 대해 이야기를 나누는 것이 바람직하다. 또한 관련 주제에 대한 지식을 갖고 있는 사람이 대화 분위기를 주도해나가는 것도 좋은 방법이다. 의사결정을 위한 회의의 경우 설득, 조사 및 문제해결을 위한 성격을 지니고 있으며 브레인스토밍을 통해 자유롭게 의견을 교환하고 다양한 대안을 검토하게 된다.

참석자 선정

회의참석자를 선정할 때는 꼭 필요한 인원만 초대하도록 한다. 인원을 파악할 때는 회의의 목적을 반영하기도 한다. 단순한 정보전달을 목적으로 하는 회의의 경우 상대적으로 다수의 참석자가 회의 참석을 하지만 보통 특정 몇 사람만이 회의를 주도해나가는 경우가 흔하다. 문제해결이 주목적인 회의의 경우 참석자의 수를 6명에서 12명 내외로 조절하는 것이 바람직하다.

회의안건 선정

회의안건을 회의개최 며칠 전에 참석자에게 회의자료를 반드시 사전에 배부하여 회의의 목적을 알리고 회의 이슈와 관련하여 미리 생각하고 참석할 수 있는 여유를 갖게 해야 한다.

회의장소 선정

회의목적과 참석자의 수가 결정되고 나면 회의장소와 시간을 선정해야 한다. 회의성격에 따라 회의장비도 갖추어야 한다. 첨단기술 개발 회의나 첨단시장 진출계획 회의라면 이에 걸맞은 장비가 필요하다. 예를 들어, 빔 프로젝트나 컴퓨터를 활용한 슬라이드쇼를 이용한다든가 화상회의를 하는 것도 좋은 방법이다. 그밖에 테이블과 좌석배치, 온도, 조명, 환기, 음향시설 등에도 신경을 써서 쾌적한 분위기에서 효율적인

스토리텔링 5-8 **시간비용**

사람들은 돈을 잃으면 속상해하지만, 시간을 잃는 것에 대해서는 대수롭지 않게 여기는 것 같다. 직원 한두 명을 줄이는 것에는 많은 시간을 소모하면서 회의를 단축하여 연간 수백 명의 인건비를 줄이는 방법은 모르는 것 같다. 어떤 회사의 중역회의에서 새로운 공장입지 구매를 위한 결정은 대강대강 만장일치로 결의하고는 신임 농구코치가 청구한 사무용품인 화이트보드 구입을 놓고 옥신각신 법석을 떨었다고 한다.

회의시간 단축을 위한 묘안으로 스탠딩 미팅(standing meeting)이란 것이 있다. 안락의자에 앉아서 하면 불필요한 이야기로 시간을 질질 끄는 경우가 많지만 아무래도 서서 회의를 하면 할 얘기만 하게 되므로 회의로 인한 시간낭비를 줄일 수 있다.

회의진행이 이루어질 수 있도록 해야 한다.

앞서 제시한 것 외에 효과적인 회의개최를 위해 중요한 사항이 회의진행자의 역할이다. 회의참석자를 엄선하고 회의시간 중 다른 구성원의 의견을 경청하도록 하는 것 등 회의진행자의 역할은 매우 중요하다. 회의진행자는 회의 진행속도를 조절하며 때로는 불필요한 토의를 자제시키기도 하고 회의 진행 도중 기록을 요청하기도 하며, 회의참석자들의 경청을 요구하기도 한다.

3 조직 커뮤니케이션

커뮤니케이션하지 않으면 조직을 만들 수 없고 공동의 목표를 세우고 달성하기가 불가능해진다. 이름이 알려지지 않은 팀이 아주 조직화된 팀플레이로 상대팀을 무찔렀을 때 매스컴은 더욱 요란을 떤다. 개인주의가 강조되는 경향이 있더라도 개인이 하지 못한 일을 조직에서는 척척 해내기 때문에 조정된 활동을 통한 조직의 우수성은 새삼 강조된다. 종종 사람들이 "우리는 팀을 가지고 있다." 혹은 "우리는 수행할 조직을 가지고 있다."라고 말하는 것을 듣는다. 개인의 삶은 조직화된 행동에 참여하는 것으로부터 어떤 분명한 혜택을 기대한다.

(1) 조직 커뮤니케이션의 기능

조직을 '움직인다'고 할 때 그 표현은 다양하다. 즉 운영(operation), 경영(management), 관리(administration) 등이 그것이다. 조직을 움직이는 과정 속에서 커뮤니케이션은 어떠한 기능을 하며 왜 중요한가? 이에 대해서는 2가지 상이한 분석수준(level of analysis)으로 구분하여 살펴볼 필요가 있다. 하나는 조직의 전체수준이고, 다른 하나는 조직 내 각 구성요소, 즉 개별수준에서의 커뮤니케이션 기능이다.

스토리텔링 5-9

회의로 인한 직무스트레스

회의는 한 시간도 길다. 그래서 30분 회의하자는 주장이 있다.

- 어차피 최종결정으로 반영되지 않음. 30%
- 상사로부터 질책당하는 경우 많음. 25%
- 긴 회의시간. 15%
- 회의 횟수가 많음. 12.5%

■ 조직 전체수준에서의 커뮤니케이션 기능

조직 커뮤니케이션이란 조직 속에서의 커뮤니케이션이다. 조직은 목표를 가지고 이를 달성하기 위해 필요한 인력으로 집단을 구성하여 인적자원을 적재적소에 배치하고 구성원 각자에게 역할과 책임을 분담해주거나 통합하기도 하면서 운영된다. 마이어스와 마이어스(M.T. Myers & G.E. Myers)는 이러한 조직운영에 커뮤니케이션이 효과적으로 작동한다면 다음과 같은 3가지 기능을 도출할 수 있다고 주장한다.

생산 및 규제기능

생산 및 규제기능이란 제품 및 서비스의 생산이나 업무추진에 직접 사용되거나 이를 돕는 커뮤니케이션 기능이라고 할 수 있다. 이러한 기능에 기여하는 커뮤니케이션 형태는 판매정보 메시지, 품질관리 메시지, 예산자료, 구성원의 업무를 지시 · 규제하는 제반 정책자료 등이 있다. 조직 속에서 이루어지는 커뮤니케이션의 기능 중 생산 및 규제기능은 다음과 같이 정리할 수 있다.

- 구성원 또는 조직 자체의 목표를 규정한다.
- 목표달성에 관련된 문제영역을 규정한다.
- 현재의 성과를 검토한다.
- 기능부서 간의 상호의존 과제를 조정한다.
- 달성할 과제의 기준을 정한다.
- 관련자의 역할분담 사항을 알린다.

- 구성원을 통솔하고 영향력을 행사한다.

개혁기능

조직의 업무는 조직상황의 내부적 조건에 의해서만 결정되는 것이 아니라 외부환경으로부터 투입되는 지속적인 영향하에 놓인다. 무엇보다도 생산의 기술수준에 있어서 경쟁 또는 다른 기업의 기술수준은 기업의 기술혁신 촉발요인이 되며, 특히 기업이 선진국의 기술수준을 어떻게 따라잡느냐 하는 것은 기업의 생존과 직결된다.

따라서 생산조직에 있어 기술혁신 및 개혁기능은 매우 중요하며 자체적으로 개발되었거나 외부로부터 입수된 제반 노하우를 자사의 업무에 투입시켜 새로운 기술 및 업무혁신을 일으키는 것은 적절한 커뮤니케이션을 통해서만 가능하다. 이러한 개혁기능은 전체 조직수준에서 커뮤니케이션이 갖는 중요한 기능 중 하나이다.

사회화 유지기능

성과의 제고나 기술혁신 등과 같이 직접적인 업무추진에 관계된 기능 이외에 업무추진에 간접적으로 관계되면서도 필수불가결한 제반요소를 제공하는 기능이 사회화 유지기능이다. 이는 대부분의 조직 내 인간 자체와 관련된 문제로 다음과 같은 것을 들 수 있다.

- 조직구성원의 자아효능감(self efficacy) 향상 기능
- 조직 내 대인관계 증진의 기능
- 조직목표와 구성원의 행동목표 사이의 통합기능

■ 조직 내 개별수준에서의 커뮤니케이션 기능

커뮤니케이션은 조직 전체수준에서와 별도로 조직 내 각 부서나 팀, 즉 개별수준에서도 중요한 기능을 한다. 즉 상의하달식처럼 경영활동의 도구로서의 기능, 관계증진의 도구로서의 기능, 참여도구로서의 기능이 그것이다.

경영활동의 도구로서의 기능

커뮤니케이션은 조직 속에서 구성원에 대한 경영자의 적절한 관리, 즉 지휘통솔의 수단이 되며, 구성원으로 하여금 경영목표에 자발적 · 의욕적으로 참여하게 동기부여 수단이 된다. 일반적으로 조직 내 인적구성은 최고경영층, 중간관리층, 일선관리층과 사원층으로 나누어진다. 이러한 계층 중 누가 경영활동의 주체가 되느냐는 최고경영자층을 제외하고는 상대적인 문제이다. 즉 중간관리자는 자기보다 상위의 경영자에 대해서는 피관리자가 되지만 자기보다 하위직 구성원에 대해서는 관리자가 된다.

일반적으로 경영자에게 있어, 특히 최고경영층에게 있어 커뮤니케이션은 경영활동을 돕는 중요한 도구로서 매우 중요한 기능을 한다. 관리자는 조직 속에서 업무를 수행해나가는 데에 있어서 협의의 메시지를 사용하든 광의의 인간관계든 간에 커뮤니케이션 행동이라는 것은 기본적이고 필수적인 수단이 된다. 훌륭한 관리자는 훌륭한 비즈니스 커뮤니케이터가 되어야 한다. 이러한 관리운영이 도구로서 커뮤니케이션이 갖는 구체적 기능은 다음과 같다.

- 구체적 과업지시 기능
- 균형적 직무조정 기능
- 조직절차 및 직무관련 교육훈련 기능
- 업무수행과 관련한 피드백 기능
- 직업의식 및 사명감 고취 기능

관계증진의 도구로서의 기능

커뮤니케이션은 조직구성원 개인 간의 수평적 관계증진에도 도움을 준다. 이러한 수평적 관계증진의 기능으로는 다음과 같은 것이 있다.

- 동료 간 사회적 · 심리적 지지 및 유대감의 증진 기능
- 업무적 · 인적 수평협조 기능
- 조직 내 통제력의 분산 기능

참여도구로서의 기능

조직 내 통로·언로가 열리게 된다면 조직이 하위직급자가 자신의 업무에 관한 것은 물론이요, 기타 인간적인 근로여건에 대해서도 상급자와 자유롭고 명확한 커뮤니케이션을 할 수 있다. 흔히 하위직급자들이 상사와의 원활한 소통을 필요로 하는 상향 커뮤니케이션의 내용으로는 다음과 같은 것들이 있다.

- 상사 자신의 직무수행, 직면해 있는 애로점과 문제점
- 자기가 알고 있는 타인과의 문제
- 조직의 업무와 지침
- 자신들의 요구와 달성방법

(2) 사내 커뮤니케이션 향상방법

사내 커뮤니케이션은 최소한 상향·하향·수평의 세 방향에서 원활하게 흘러야 한다. 그러나 대부분의 조직에 있어 사내의 정보는 관리자의 의지 및 의사가 사원에게 전달되는 하향 커뮤니케이션이나 사원 간의 그레이프바인을 통해 흐르는 소문과 같은 비공식 커뮤니케이션은 잘 흘러가는 반면, 사원의 의사가 관리자에게 전달되는 상향 커뮤니케이션은 전달되지 못하는 경우가 종종 있다.

"하(下)가 상(上)을 아는데는 3일 밖에 안 걸리지만 상(上)이 하(下)를 아는 데는 3년이 걸린다."라는 말이 있다. 상향 커뮤니케이션이 제대로 이루어지지 못하면 상사는 부하를 파악하는 데 더 오랜 시간을 소모하게 될 것이다. 시간은 곧 돈인데 쓸데없이 돈과 노력이 낭비되는 것이다. 따라서 회의실에 모래시계를 두고 정해진 짧은 시간 안에 문제를 해결하려는 기업도 있다.

사원과 커뮤니케이션 통로를 찾는 것은 매우 중요하다. 이런 의미에서 상향 커뮤니케이션이 잘 이루어지고 있는 사례를 중심으로 사내 커뮤니케이션의 현실태를 파악하는 것이 중요하다. 생동감 있는 조직, 민첩하게 움직이는 조직, 변화에 민감한 조직은 커뮤니케이션이 잘되고 있는 조직이다. 조직에 생기가 돌고 힘이 붙는다. 그러나 기업의

스토리텔링 5-10

모토로라의 사내 커뮤니케이션

- 터놓고 이야기하기
- 건의함 제도
- 대화 프로그램
- 상담실
- 분기별 커뮤니케이션 미팅

규모가 커지면 커질수록, 조직계층이 많아지면 많아질수록, 조직이 세분화되면 될수록 커뮤니케이션에 많은 문제가 발생한다.

어떻게 하면 커뮤니케이션 장애요인을 제거하고 원활한 정보교류와 의사전달을 이룰 수 있을 것인가? 조직 내의 언로를 터서 상향 커뮤니케이션이 원활하게 이루어지도록 하는 것이다. 사내 커뮤니케이션 제도로서 기업의 문화나 규모, 종류 및 특성 등에 따라 좀 더 효율적인 커뮤니케이션 활동이 있기 마련인데, 가장 보편적인 것으로는 사보, 행사, 게시판, 회의, 사내방송, 기타 간행물 등을 이용한 방법을 들 수 있다.

▪ 소모임을 통한 커뮤니케이션 활동

변화하는 시대에는 신선한 감각과 참신한 발상에 의한 경영혁신이 무엇보다도 요구된다. 주니어보드(junior board), 프레시보드(fresh board), 사원중역회의, 청년중역회의 등은 이러한 시대적 요구와 기대에 적절히 부응하는 사내 언로개발의 매개체로서 여러 기업에서 도입하여 좋은 성과를 보여주고 있다. 특히 변화와 창조의 선두에서 사원과 경영자 사이의 가교역할을 수행하고 있는 다양한 소모임은 사내 커뮤니케이션의 활성화를 통해 전사적인 일체감을 조성하는 데 기여하고 있다. 즉 조직의 효율성을 높이는 동시에 미래경영자로서의 자질을 함양할 수 있는 유용한 인재육성의 한 방법으로 활용된다.

주니어보드

주니어보드 운영을 통해 조직분위기를 쇄신하며 경영혁신에 박차를 가하는 조직이 있다. 주니어보드는 회사 전반에 걸친 문제점을 발견하여 참신하고 획기적인 해결방안을 모색해 개선을 이루어나가는 것이다. 이러한 주니어보드의 구성원은 변화담당자(change agent)로서의 역할을 수행하는 인재들이다. 이는 사내 커뮤니케이션의 활성화를 통해 전사적인 일체감을 조성하여 조직의 효율성을 높이고 유능한 인재를 육성하기 위한 최고경영진의 비공식 자문기구 역할을 한다.

프레시보드

프레시보드는 젊고 유능한 사원이 참신한 아이디어 발굴로 경영혁신의 일익을 담당하게 하고 조직에 참신한 감각을 부여함과 창의적인 개혁풍토를 조성해나가기 위해 만든 사원대표 회의제도로서 최고경영진 직속의 비공식 기구이다. 프레시보드는 사내 제반 문제점을 신선한 감각으로 찾아내 최고경영자를 비롯한 경영진에 건의함으로써 경영층과 사원 사이의 커뮤니케이션을 원활하게 이끄는 사원층의 첨병역할을 하고 있다.

사원중역회의

사원중역회의는 종업원으로 하여금 경영전반에 관하여 경영진과 동등한 위상으로 문제를 검토케 하고 신선한 감각에 의한 참신한 아이디어를 경영진에게 제공하여 기업경영의 새로운 방향을 정립하고자 하는 것이다. 사원중역회의의 성패를 좌우하는 여러 요인 중에서 구성원의 적극적인 참여의식 못지않게 중요한 것이 바로 회의의제(agenda)의 선정이라고 할 수 있다. 직원 모두가 쉽게 공감할 수 있게 회사 경영방침의 정립을 위해 시기적으로도 적절한 의제를 선정하는 것이 중요하다.

사원중역회의는 공식 및 비공식회의는 물론, 현장활동을 통해 회사 경영전반에 걸친 생산적인 아이디어와 정책을 경영진에게 제공한다. 사원중역회의에서 나온 아이디어로는 인센티브제 도입의 제안, 인사·사원복지 등에 관한 개선방안의 제시, 사원사기의 회복방안, 열악한 업무환경의 제정비, 고객서비스 및 고객경험의 개선, 조기출퇴근제의 시행 등 여러 가지가 있다.

청년중역회의

청년중역회의(Council of Future Managers, CFM)는 젊은 사원의 참신한 아이디어나 유연성 있는 생각을 발굴해 회사의 경영에 반영하는 한편, 실무를 담당하고 있는 직원의 의견을 여과 없이 경영층에 전달할 수 있는 시스템을 제도적으로 확보하는 것이다. 하의상달의 기풍조성은 물론, 여러 분야에 대한 경험과 지식을 습득시켜 궁극적으로 경영자적 자질을 함양시킴으로써 인재양성을 시킨다는 목적을 가진다. 제도의 도입으로 회사의 경영에 대한 하의상달(下意上達)과 상의하달(上意下達), 즉 젊은 사원의 경영체험을 통해 조직에 활력을 불어넣을 수 있는 기풍을 조성하는 것이다.

▪ 직접대화를 통한 커뮤니케이션 활동

조직구성원이 보람되고 만족한 직장생활을 영위하도록 하기 위해 기업 내 임원과 사원의 대화의 기회를 적극 보장하는 방안을 수립하는 것이 필요하다. 그중에 경영층의 적극적인 참여가 특히 강조되며, 그 수단으로 구성원 협의회와 간담회, 회장직접보고제도, 고충처리제도가 운영되기도 한다.

구성원 협의회

구성원 협의회는 현장의 소리를 생생하게 들을 수 있는 창구역할로 자리잡고 있으며 불만요인을 사전에 해소시키는 효과가 있다. 현장의 소리를 듣는 기회 중 판촉사원의 의견제시는 대고객 차원에서도 고객만족경영의 한 방편으로 활용되고 있으며 많은 성과를 거두고 있다.

구성원 간담회

구성원 간담회는 사소한 애로사항 및 건의사항을 즉시 해당부서에 통보하여 신속히 처리함으로써 구성원의 불만을 현저히 줄일 수 있다. 또한 정기적인 모임을 통해서 상호 간 의견교환의 기회가 폭넓게 마련되어 직장풍토의 개선에도 많은 도움을 주고 있다. 최고경영층과 구성원 사이의 커뮤니케이션 수단으로 각종 교육, 세미나 등을 진행할 때 최고경영진과 교육생의 대화시간을 고정 편성해서 진행하는 경우가 있다.

회장직접보고제도

회장직접보고제도는 대내적으로는 회장이나 사장이 직접 사원의 고충, 불만사항, 관습 및 관행, 제도, 조직풍토 쇄신 등에 대한 개선안과 경영환경 전반에 대한 제안을 수렴하고, 대외적으로는 고객만족경영을 위하여 고객의 불만사항 및 제안을 수렴하여 이를 경영활동에 반영함으로써 범조직적으로 추진되고 있다. 모든 접수사항은 회장 혹은 사장에게 즉각 보고된 후, 비서실 주관하에 해당부서로 접수내용이 직접 전달되며, 접수의견에 대해서는 접수 후 3일 이내에 처리결과와 함께 참여에 대한 감사서신이 본인에게 전달된다. 그리고 제안자에 대한 신분보장을 위하여 회장 혹은 사장 비서실장이 직접 주관하여 처리하도록 되어 있다.

고충처리제도

고충처리제도(grievance procedure)란 종업원 불평 · 불만이나 고충을 해결해주는 제도로 과거로부터 오랫동안 시행되어온 것이다. 각 사업장별로 고충처리실을 마련하여 사원이 언제라도 회사생활 혹은 개인생활에 관한 고충이 생겼을 때 서슴없이 문을 두드려 고민을 상담할 수 있도록 하고 있다. 자동녹음기능을 이용한 고충처리전화도 운영되는데, 직접 찾아와 고충을 얘기하기 어려운 사안에 대해 간접적인 상담을 요청할 수 있게 한 것이다.

■ 파티식 커뮤니케이션 활동

오우치(W. Ouchi)는 커뮤니케이션 방식의 하나로 격의 없는 대화방식을 언급한다. 이는 허심탄회하게 자유로운 분위기 속에서 펼쳐지는 심리적 · 감정적 경영기술의 일종이라 할 수 있다. 커뮤니케이션을 활성화하기 위하여 Can Meeting이라는 제도를 운영하는 기업도 있다. 구성원이 일상 업무장소를 떠나 상하 간에 격의 없이 허심탄회하게 토의하는 제도이다. 이름은 다양하게 불린다. 이 제도의 특징은 일상업무의 장소를 떠난 특정 주제 없이 모든 사안에 대해 기존의 사고방식으로부터 벗어나 두뇌활동을 집중하여 문제의 해결을 도모한다는 점이다. 또한 상하 간의 대화로서 회사 내의

스토리텔링 5-11

커뮤브레이크와 커뮤니케이션 런치

어느 회사에서는 사장을 비롯한 수백 명의 직원이 한자리에 모여 맥주, 떡, 김밥 등을 먹으며 담소한다. 이 행사는 맥주파티(beer bust)라 불리며 임원과 평사원 또는 서로 다른 부서의 직원들끼리 대화할 수 있는 기회가 된다.

매일 아침 10시부터 15분간 회의실에서 커피를 마시며 하루일과를 시작하는 커뮤브레이크(commubreake)가 있으며, 이사급 이상 간부와 일반사원이 점심을 함께 먹으며 기탄없이 대화를 나누는 커뮤니케이션 런치(communication lunch)도 있다. 크리스마스 파티, 봄·가을 야유회, 운동회, 부서별 친목회, 동호회 등 다양한 모임과 회의가 수시로 비즈니스 커뮤니케이션을 위해 열리고 있다. 특별하게도 크리스마스 파티와 야유회에는 사원가족을 동반하여 회사와 가족 사이의 커뮤니케이션도 이루어진다.

상하관계에 의해 막혀 있던 언로를 개방하고 서로의 공감대를 넓히기 위한 활동이다.

다양한 계층별 만남의 자리가 있다. 주별로 각 계층별 회의를 개최하여 의견을 수렴하고, 월별로는 확대회의를 개최하여 제안 및 건의사항에 대한 빠르고 적극적인 방안을 모색해나간다. 또한 임직원 간의 격의 없는 대화를 통해 서로를 이해하고 창의적인 의견교환을 하기 위해 비공식적인 대화의 장을 운영하고 있다. 계층·부문 간의 커뮤니케이션 창구로는 대표이사를 비롯한 본부장 및 공장장이 주 1회 이상 계층별 사원과 수신면담을 통해 현장의 소리를 들어 경영에 반영할 수 있도록 정례적인 모임을 운영하고 있다.

5장 수행과제

※ 각 문제가 요구하는 대로 ✔ 표시하세요.

01 다음 중 설명 중 올바른 것은?

① 개인은 가치관, 경험, 믿음 등 정신적 로드맵을 가지고 있으며, 이러한 로드맵에 따라 행동한다.
② 인간이 가진 기대는 지각과는 관계가 없다.
③ 인간이 사회에서 느끼는 능력, 태도, 느낌에 대한 객관적인 인식을 자아개념이라 한다.
④ 자아개념은 발전하여 우리 메시지(we message) 사용을 증가시킨다.

02 나 메시지의 설명이 아닌 것은?

① 나의 주장에 몰입되는 것
② 감정을 밝히는 것
③ 다른 사람에게 미치는 영향에 대해 설명하는 것
④ 행동과 감정을 명백히 하는 것

03 자아개념이 낮은 경우의 언어유형이 아닌 것은?

① 상투적인 표현이나 토막말을 자주 사용한다.
② 자기 스스로에 대하여 비난조로 이야기하거나 자신의 나약함을 자주 드러낸다.
③ 칭찬을 제대로 받아들이지 못한다.
④ 좀 더 배우고자 하는 노력으로 무지를 드러내는 것을 감수하는 말을 쓴다.

04 설명 중 잘못된 것은?

① 나 메시지는 신뢰관계가 중요한 인간관계에서 가장 효과적이다.
② 감정과 행동에 대한 느낌, 행동변화를 위한 욕구를 상대에게 정확하게 전달해야 한다.
③ 다른 사람의 마음을 온전히 읽을 수 있으며 따라서 갈등이 줄어든다.
④ 사회화 과정을 거치면서 개인은 자기 스스로를 인정받으려고 애쓴다.

05 조해리의 창에 대한 설명이 아닌 것은?

① 자유로운 영역 ② 눈먼 영역
③ 자기노출 영역 ④ 감춰진 영역

06 자아개념의 구성요소가 아닌 것은?

① 가치관 ② 지각
③ 태도 ④ 신념

07 ( )은 자기 자신이나 남들의 의식 속에 아직 파악되지 못한 자신에 대한 정보들이 속한 영역이다.

① 자유로운 영역 ② 눈먼 영역
③ 자기노출 영역 ④ 감춰진 영역

08 상대방으로부터의 피드백이 지니는 의의가 아닌 것은?

① 소통의 실제 결과가 자신이 의도했던 결과와 같은지 점검하게 해준다.
② 상대방을 자신의 선입견이나 예속상태로 몰아 넣는 것이 아니다.
③ 단순하게 상대를 평가하는 것이다.
④ 행동의 변화를 바로 요구하는 것은 아니다.

09 집단 커뮤니케이션 과정이 아닌 것은?

① 적응단계 ② 갈등단계
③ 확정단계 ④ 강화단계

10 집단 커뮤니케이션의 성과가 아닌 것은?

① 여러 관점에서 문제를 검토하고 비판할 수 있다.
② 상호작용을 통하여 새로운 아이디어 개발의 자극이 된다.
③ 각 개인들의 능력을 분담함으로써 정보수집에 있어 전문화를 가져온다.
④ 의사결정에의 참여는 원천적으로 고위급에게만 허용된다.

※ 각 문제가 요구하는 대로 괄호에 ○, × 표시하세요.

11 (   ) 지나친 집단응집력은 집단사고로 이어지기 쉽다.

12 (   ) 개개인의 생각은 처음에는 별 차이가 없다가도 집단에 속해서 토론을 하게 되면 의견이 완전히 갈라지는 경우를 흔히 본다.

13 (   ) 개인행동은 비윤리적일 경우 비난을 많이 받지만, 집단이 행한 행동은 도덕적이지 못할 것이라고 더 많은 비난을 받는다.

14 (   ) 집단 안에서 책임은 더욱 분산된다.

15 (   ) 명목집단법은 누가 무슨 얘기를 했는지 정확하게 공표하여 공개투표한다.

※ 각 문제가 요구하는 대로 괄호에 번호를 표시하세요.

① 시각화 ② 자아존중감 ③ 자아개념 ④ 델파이법 ⑤ 건의함 제도

16 (　　　) 자기 자신을 긍정적 존재로 평가하는 것

17 (　　　) 한 개인이 자기 자신에 대해 가지고 있는 견해

18 (　　　) 자신의 행위를 구체적으로 이미지화하는 것

19 (　　　) 상호토의를 하면서 이름을 밝히지 않고 회의하는 것

20 (　　　) 사원이 글을 써서 회사 내 비치된 함에 넣으면 직접 경영층에게 전달되는 것

※ 다음 문제에 대해 토론하시오.

21 비즈니스 세계에서의 드레스코드는 어떻게 해야 하는지 이에 대하여 논의하자.

어느 대기업 인사담당부장은 남자사원을 선발할 때 면접에서 가장 먼저 눈여겨보는 것이 지원자의 머리와 구두라고 한다. 남성의 경우 머리와 구두를 보면 그 사람의 마음가짐을 미루어 파악할 수 있다는 것이다.

외국인들에게 이런 우스갯소리가 있다. 최고경영자가 되기 위해서는 3가지 조건을 충족해야 하는데, 첫째 담배를 피워서는 안 되고, 둘째 배가 나와서는 안 되고, 셋째 머리끝에서 발끝까지 청결해야 한다는 것이다. 그렇다면 비즈니스 세계에서의 드래스코드는 어떨까?

22 하나의 집단이나 조직에서 생겨난 연결의 발전은 개인을 서로 묶어 주며 구성단위를 규정해주는 네트워크가 명시된다. 집단이나 조직은 반드시 모든 단계를 겪는 것은 아니지만, 일반적으로 통합된 네트워크로 나간다. 여러분이 속한 집단이나 조직을 떠올리고, 1단계부터 4단계까지에 해당하는 그림을 그리되, 각 동그라미에 사람이름을 쓰고 관계를 표시하고 어느 곳에서 비즈니스 커뮤니케이션이 잘 이루어지지 않는지 파악해보자.

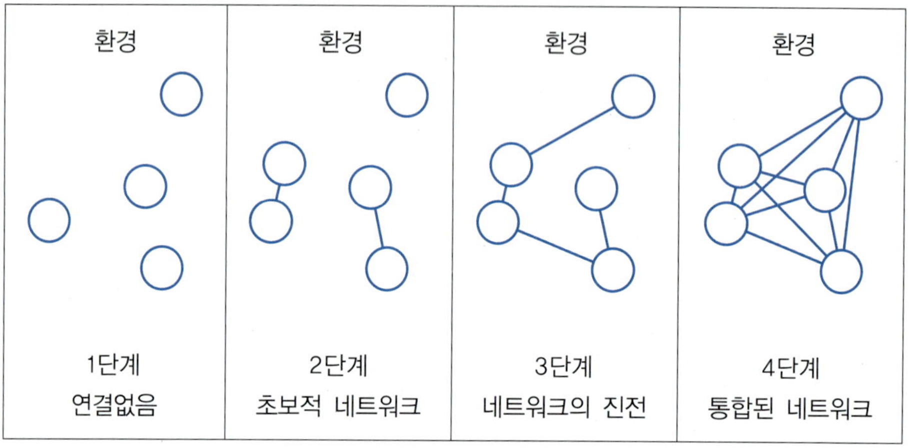

5장 도움글

Bales, R.F. & Stroudtbeck, F.L. (1951). "Phases in Group Problem-Solving," *The Journal of Abnormal and Social Psychology*, vol.46, no.4, pp.485-495.

Bonner, B.L. (2004). "Expertise in Group Problem Solving: Recognition, Social Combination, and Performance," *Group Dynamics: Theory, Research, and Practice*, vol.8, no.4, pp.277-290.

Cooley, C. (1922). Human Nature and the Social Order, Rev. eds., New York, NY: Scribner's Sons

Covey, S.R. (1991). *The 7 Habits of Highly Effective People*, New York: Free Press.

Fisher, B.A. (1970). "Decision Emergence: Phases in Group Decision-Making," *Speech Monographs*, vol.37, pp.56-66.

Habermas, J. (1984). *The Theory of Communicative Action*, vol.1, Boston, MA: Beacon Press.

Horney, K. (1991). "The Goals of Analytic Therapy," *The American Journal of Psychoanalysis*, vol.51, no.3, pp.219-226.

Ginott, H.G. Ginott, A. & Goddard, H.W. (2003). *Between Parent and Child: Revised and Updated: The Bestselling Classic That Revolutionized Parent-Child Communication*, Harmony.

Kelley, H.H. & Thibaut, J.W. (1969). "Group Problem Solving," In Lindzey, G. & Aronson, E. eds., *The Handbook of Social Psychology*, vol.4, pp.1-101.

Leavitt, H.J. (1951). "Some Effects of Certain Communication Patterns on Group Performance," *Journal of Abnormal and Social Psychology*, vol.46, pp.38-50.

Luft, J. & Ingham, H. (1955). *The Johari Window as a Graphic Model of Interpersonal Awareness*, University of California, Los Angeles, Extension Office Proceedings of the Western Training Laboratory in Group Development.

Ouchi, W. (1981). *Theory Z*, Reading, MA Addison-Wesley.

Secord, P.F. & Backman, C.W. (1974). *Social Psychology*, 2d eds., New York: McGraw-Hill.

Stogdill, S.M. (1974). *Handbook of Leadership*, New York: The Free Press.

Tayler, D.W. & Faust, W.I. (1952). "Twenty Question: Efficiency in Problem Solving as a Function of Size Group," *Journal of Experimental Psychology*, vol.44, pp.360-368.

West, R. & Turner, L.H. (2005). *Understanding Interpersonal Communication: Making Choices in Changing Times*, Wadsworth Cengage Learning.

CHAPTER

06

기업문화와 비즈니스 커뮤니케이션

1. 조직생활에서의 문화차이 | 2. 문화차이와 비즈니스 커뮤니케이션 | 3. 고맥락문화와 저맥락문화
6장 수행과제 | 6장 도움글

"문화는 인간이 사회의 한 구성원으로서 습득한 지식, 신념, 예술, 도덕, 법률, 관습, 그 외 다른 능력과 습관 등을 포함하는 복잡한 존재이다."

E.B. Tylor

"문화충격이란 집에서 일상적으로 친숙하게 부딪치는 단위들에서 단순한 제거, 왜곡, 낯선 단위로의 교체이다."

E. Hall

"저는 25년 동안 전 세계를 여행하며 공연하고 사람들과 대화하고 그들의 문화를 연구하고 있습니다. 그리고 저는 항상 제가 대답할 수 있는 것보다 더 많은 질문을 머릿속에 품고 다른 문화로 떠납니다."

Yo-Yo Ma

학습목표

수업 이후 학습자가 할 수 있어야 하는 역량

1. 문화가 무엇인지 이해할 수 있다.
2. 문화차이와 비즈니스 커뮤니케이션에 대하여 설명할 수 있다.
3. 몸동작, 시간, 공간의 차이에 대하여 비교할 수 있다.
4. 고맥락문화와 저맥락문화를 비교할 수 있다.

핵심키워드

- 문화
- 이문화
- 문화적 배경
- 몸동작
- 고맥락문화
- 행동제약
- 협상
- 고맥락커뮤니케이션
- 문화장벽
- 문화차이
- 민족우월주의
- 공간의 이용
- 저맥락문화
- 계약
- 규칙기반문화
- 저맥락커뮤니케이션
- 하위문화
- 사회지위
- 문화상대주의
- 시간의 이용
- 젠더 커뮤니케이션
- 양해각서
- 관계기반문화
- 사업계획서

1 조직생활에서의 문화차이

많은 기업이 국경을 초월하여 세계를 상대로 글로벌 비즈니스를 하고 있다. 기업은 새로운 기술과 자원, 새로운 시장과 고객을 찾아 세계로 빠르게 사업기반을 확장하고 싶어한다. 기업이 이처럼 해외로 뻗어나가 시장을 개척하고 매출을 올릴 수 있는 것은 비즈니스 커뮤니케이션의 발달과 세계로 제품을 신속하게 공급하는 글로벌 공급망 덕분이다. 비즈니스 커뮤니케이션을 할 때 서로 다른 문화에 효과적으로 대응하는 것은 글로벌 비즈니스에서 생존을 위해 매우 중요하다. 문화는 계약협상, 생산운영, 제품소싱, 마케팅 캠페인, 인적자원 채용결정 등 다양한 영역에 영향을 미친다.

국가 간 비즈니스가 증가함에 따라 기업은 다른 국가의 비즈니스맨들과 효과적으로 호흡을 맞추고 매출을 창출해내고 세계의 고객에 부응하기 위해서 효과적인 비즈니스 커뮤니케이션을 실행하려고 한다. 물론 외국어 같은 언어 능력만이 비즈니스 커뮤니케이션 능력을 모두 대변하는 것은 아니다. 언어나 문화의 차이로 인해 현지국에서의 비즈니스 커뮤니케이션은 여러 방면에서 도전을 받기 때문에 그 나라의 문화에 대한 이해가 선행되어야 한다.

외국기업의 현지에서 일을 한다고 가정해보자. 아마도 본사의 구성원과 비즈니스 커뮤니케이션을 하고자 한다면 언어장벽이나 문화장벽에 부딪치게 될 것이다. 또한 같은 지점이라 해도 여러 국적의 사람들이 기업에 고용되어 있으므로 대화하거나 명령을 내리려 할 때도 어려움에 직면한다. 아직 우리나라 대부분의 기업은 이런 문제없이 동질적인 사람들로 노동력이 구성되어 있다. 하지만 계속해서 다양한 국적, 인종, 종교적 배경이 다른 사람들의 비율이 높아지고 있다. 이런 사람들은 성, 연령, 신체적 조건, 가족의 지위, 교육배경 등이 모두 다르며 노동력에 기여하는 것 또한 천차만별이다. 그래서 그 사람이 속해 있었던 나라의 기업, 산업, 지역사회의 배경, 풍습과 분위기를 모르고서는 함께 일하기 어렵다.

앞에서 논의했듯이 이러한 문화의 차이는 비즈니스 커뮤니케이션 장벽을 극복하는 데 어려움을 준다. 그러므로 다른 사람과 비즈니스 커뮤니케이션을 하려면 우선적으로 문화의 차이에 주목할 필요가 있다.

(1) 문화의 이해

문화(culture)는 일련의 태도, 신념, 행동, 관습이다. 문화를 구성하는 요소에는 사회구조, 언어, 종교, 커뮤니케이션 등이 있다. 문화 안에서 사람들이 상호작용을 하면서 비즈니스 활동이 이루어지기 때문에 문화에 대한 이해가 필요하다. 다른 나라의 문화를 이해하기 위해서는 일할 때 효율적으로 커뮤니케이션이 이루어져야 가능하다. 일본, 중국, 한국 등 아시아문화는 비즈니스에서 팀워크와 협력을 중시하는 반면, 서구문화는 개인행동과 책임이 중시된다. 이러한 국가마다의 문화를 이해하면 해당 지역의 파트너와 효과적 비즈니스 커뮤니케이션 전략수립에 도움이 된다.

우리가 몇 가지 문화에 속해 있다고 하자. 그렇다면 그중에서 가장 분명한 문화가 있을 것이다. 그것은 바로 자신의 국가에서 자신이 살면서 습득하고 공유된 것이다. 또한 우리가 종교집단이나 민족집단에 속해 있을 경우 아마도 그 집단만의 독특하고 특유한 언어나 관습을 어느 정도는 가지고 있게 된다. 그러므로 문화는 행동규범, 기대, 가치관, 신념, 상징체계 같은 것을 공유하는 것이다.

특정 문화 내의 구성원은 사고하고 행동하고 커뮤니케이션하는 데 있어 유사한 조건을 가지며 유사한 방식으로 행동하는 경향이 있다. 조직 내의 여러 집단도 각기 나름대로 하위문화가 있다. 예를 들어, 미국의 하위문화를 보면, 하버드졸업생, 러시아 이주민, 프로레슬링의 열광적인 팬클럽, 모르몬교도, 멕시칸 미국인 등이 있다.

문화차이를 줄여나가면 다른 나라 문화권의 사람과 메시지를 주고받는 이문화(異文化)간 커뮤니케이션을 훌륭하게 달성할 수 있다. 이를 위해서는 국가의 정체성만을 강조하지 말고 상대 국가의 정체성을 더 인정해주고 상대 국가의 문화를 학습하는 자체가 중요하며, 이것이 바로 국제 간 효과적인 비즈니스 커뮤니케이션의 출발인 것이다. 그러므로 다른 문화권의 사람과 편안하게 비즈니스 커뮤니케이션이 이루어지기를 기대하기 전, 문화적 차이를 규명하는 작업이 선행될 필요가 있다.

서로 다른 나라의 문화를 제대로 이해하고 문화적 적응을 충분하게 도모해야 비즈니스 파트너를 이해할 수 있다. 이는 양당사들 모두 노력해야 하는 것이지 어느 한쪽의 파트너만 생소한 문화를 이해할 의무는 없다. 실용적으로 상대의 문화를 경험하는 것이 문화를 이해하고 비즈니스 거래를 활성화하는 데 도움이 된다. 이문화를 이해하는 것을 통해 서로 활용가능한 자원의 폭을 넓히고, 서로에게 제공된 문화를 존중하는 비즈니스 커뮤니케이션이 이루어져야 한다.

스토리텔링 6-1 **문화충격**

문화충격(culture shock)이란 새로운 문화권에 들어갔을 때 예측불허의 상황과 낯선 일들이 너무 많아 생기는 의혹의 상태이다. 대학문화를 처음 접한 신입생은 학교생활, 친구, 수업분위기, 사회생활, 학교행정 모두 낯설다. 외국에 파견된 내국인 근무자도 회사분위기뿐 아니라 언어, 사회생활, 자녀의 학교문제 등에서 모국에서 경험했던 것과 차이를 많이 느끼며 쇼크를 경험한다. 아이는 낯선 학교, 부인은 낯선 슈퍼마켓, 남편은 낯선 직장에서 생활을 하고 가정 안에서 이들이 합해지면서 더 큰 공포와 걱정이 생기게 된다. 집단향수병에 사로잡혀 있다가 결국은 본국으로 원위치하는 경우도 종종 있다. 그래서 한국에 온 외국인들은 이태원에 가고, LA교포들은 한인타운에 간다.

국적이 서로 다른 상급자나 부하와 인간관계를 하면서 공적으로 사적으로 너무 큰 문화차이를 느낄 수 있다. 심하면 결국 그들과 헤어져야 한다. 이를 방지하기 위해서는 미리 교육을 받을 수밖에 없다. 이슬람문화권에서는 음식에 왼손을 대지 말라든지, 홍콩에서는 중국정식을 먹을 때 식탁에는 손 씻는 물이 올라오니 잘못 알고 떠먹지 말라든지 등을 배우면 낯선 곳에서 덜 당황하게 되고 점차 자신을 가지면서 익혀가게 된다.

사무실에서의 행동도 전임자나 전문가를 통해서 교육훈련을 받아야 한다. 영국에서는 인도인의 이중성을 조심하고, 멕시코에서는 상급자를 깍듯이 대해야 하며, 일본에서는 집단에서 이탈하지 말아야 한다는 것이나, 말레이시아에서는 현지주민을 중시하라는 상식 등도 미리 익혀두는 것이 좋다.

■ 비즈니스 커뮤니케이션에 미치는 영향

문화는 언어적, 비언어적 비즈니스 커뮤니케이션에 직접적 영향을 미친다. 영국, 독일, 호주 등의 문화에서는 실제로 말하는 단어에 관심을 많이 두지만, 일본과 아랍문화에서는 대화의 맥락이나 문장을 중시한다.

■ 비즈니스 커뮤니케이션 장애와 극복

비즈니스 커뮤니케이션의 문화를 중요하게 여기지 않으면 커뮤니케이션이 중단될 수 있다. 직원들이 목표, 기대치, 일을 수행하는 과정에 대해 공감대를 공유하지 않으면 내부 비즈니스 커뮤니케이션은 중단되거나 잘못 해석될 수 있다. 이때 문화를 이해하면 기업이 추진하려는 노력이 실패로 돌아가기 전 새로운 정책을 받아들이는 잠재적 문제나 커뮤니케이션 장벽을 예측하는 데 도움이 된다. 이러한 장애를 극복하기 위해 문화의 사례연구를 분석하고 커뮤니케이션 기술을 배우고 지속가능한 비즈니스 커뮤니케이션 기술을 연마해야 한다.

■ 존경

문화에 관계없이 사람을 개인으로 대하는 것이 커뮤니케이션 문제해결의 핵심이다. 문화적 배경이 사람들이 행동하고 커뮤니케이션 방식에 영향을 미치는데, 그렇다고 해서 특정 문화권의 사람들이 모두 같은 방식으로 커뮤니케이션하는 것은 물론 아니라는 점이다.

■ 지식

다른 문화에 대한 지식은 커뮤니케이션 갈등을 피하는 데 도움이 된다. 동료와 대화할 때 문화차이에 대한 개방적이고 솔직한 토론이 도움이 된다.

▪ 경청

열린 마음으로 경청을 하면 커뮤니케이션 문제해결에 도움이 된다. 문화차이에 대한 맥락과 커뮤니케이션 어조에 주의를 기울이는 것이 중요하다.

▪ 맥락의 높고 낮음

서로 다른 문화는 다양한 수준의 맥락을 통해 커뮤니케이션한다. 캐나다, 미국, 호주, 뉴질랜드와 유럽국가의 문화는 명령 · 요청에 대한 설명이 거의 없고 신속한 결정은 내리는 것을 선호한다. 대부분의 남미 국가의 고맥락문화는 명령과 방향에 대해 더 많은 설명을 필요로 한다. 저맥락커뮤니케이션을 하는 기업은 메시지에 세부사항을 명시하는 반면, 고맥락커뮤니케이션 문화를 가진 기업은 메시지에 더 많은 배경을 기대하고 제공한다.

▪ 단서의 의미

서양과 동양의 신호는 비즈니스에서 상당히 다르다. 예를 들어, '예'라는 단어는 서양에서는 동의를 의미한다. 그러나 동양 혹은 고맥락문화에서 '예'라는 단어는 당사자가 반드시 메시지에 동의하는 것이 아니라 메시지를 이해한다는 의미가 더 많다. 서구문화에서는 솔직한 개방성이 바람직하지만, 동양문화에서는 종종 체면을 유지하고 무례한 반응을 피하는데 더 많은 가치를 둔다. 어떤 문화권에서는 직접 눈을 맞추는 것이 무례하지만, 다른 문화권에서는 정직과 신뢰의 표시가 된다.

▪ 차이로부터의 교훈

문화를 인식한다는 것은 다른 세계의 다른 점을 더 잘 알고 있다는 것과 같다. 다양성을 인정하고 나아가 환영함으로써 소중히 여겨야 한다. 문화적 적대감을 줄이는 관리가 필요하다.

(2) 문화차이와 행동

문화차이는 메시지를 주고받는 능력에 영향을 미친다. 다른 문화에 속한 사람과 언어나 문서로 비즈니스 커뮤니케이션을 하려고 할 때 전달자는 자기 문화의 틀을 사용하여 메시지를 부호화할 것이다. 하지만 수신자는 수신자 문화에 비추어 해독하려고 하니 해독될 리 없다. 그래서 의미가 왜곡되어 버린다. 이때 전달자의 문화와 수신자의 문화 사이에 차이가 크면 클수록 의미가 왜곡될 가능성은 더 커진다.

미국의 컴퓨터 판매원이 중국의 고객과 비즈니스 커뮤니케이션을 한다고 하자. 첫인상을 좋게 하기 위해 미국 판매원이 할아버지로부터 물려받은 값비싼 손목시계를 중국인에게 선물로 주었다. 그러나 중국인은 별로 좋아하는 기색이 없다. 중국에서는 사용하던 중고시계를 선물로 받는다는 것 자체가 상대로부터 무시당한 것과 비슷하기 때문이다. 오늘날의 기업은 다인종으로 구성되는 경우가 많아서 상사와 부하, 판매원과 고객, 경영진과 소유주 사이의 국적이 달라 비즈니스 커뮤니케이션 오해를 감소시킬 필요가 증대되고 있다.

▪ 사회의 가치관

문화가 다르다는 것은 그 사회의 가치관이 다른 사회와 구별된다는 의미이다. 따라서 그 사회의 가치관을 이해하는 것이 그 사회의 사람과 원활한 커뮤니케이션을 하는데 필수적인 절차이다. 예를 들면, 미국 사회에서는 돈이 최우선되며, 돈이 모든 문제를 해결할 수 있다는 가치관이 지배적이다. 그러나 다른 사회에서는 황금만능주의를 비난하기도 한다. 또한 어떤 문화권에서는 목표지향적인 사람을 중시하기도 한다. 옛날방식으로 일을 하면 4명 정도가 필요하고 현대방식으로 하면 2명 정도가 필요하다고 할 경우 인도인이나 파키스탄인 사장은 2명보다는 오히려 4명을 고용하는 옛날방식을 고집한다. 경영효율을 최우선하는 합리주의적 가치관을 가진 서양의 경영자들로서는 도저히 이해하기 어려운 사고방식이다. 소수정예를 주장하며 조직의 다운사이징에 몰입하는 일본과 한국의 기업가에게도 이상하기는 마찬가지이다.

■ 역할과 사회지위

문화는 사람들이 수행할 역할을 어느 정도 정해준다. 예를 들어, 많은 나라에서 여성들은 사회생활에서 핵심적 위치를 얻지 못하며 여성 경영자의 경우 남성 경영자에 비해 중요하고 핵심적인 사업영역에 진출하지 못하는 경우가 허다하다. 남성의 역할과 여성의 역할이 문화에 따라 고정되기도 하는 것이다. 또한 문화는 다른 사람과의 상호작용을 위한 역할도 결정해준다. 상사를 호칭할 때 미국 문화권에서는 우리나라의 '씨'에 해당하는 미스터(Mr) 혹은 미스(Miss)를 허용하지만, 우리나라나 중국 문화권에서는 이름 뒤에 직책을 붙인다.

사회지위도 문화마다 매우 다르다. 지위를 상징하는 신호로서 미국의 경영자들은 카펫이 깔린 사무실, 높은 가격의 사무용 가구, 전망 좋은 층의 코너에 위치한 사무실 등을 사용하지만, 프랑스에서는 전혀 다른 방식이 사용되고 있다. 사무실 한복판에 최상급자가 위치하고, 그 주위를 부하들이 둘러싸고 있다. 중동 국가에서는 자신의 저택은 아름답게 꾸며져 있지만 사무실은 아주 조잡하고 소규모이며 형편없다. 따라서 문화를 읽지 못한 채 현재 그 사회의 지위를 나타내는 신호만으로 상대방으로 바라보면 실수하기 쉽다.

스토리텔링 6-2 **백인우월주의 문화**

미국 회사의 경영자 교육훈련 연수에서 있었던 실제 일이다. 옆의 그림을 한 사람에게만 보여주고 그 사람이 다른 사람에게 그 그림에 대해 설명해주면, 그것을 들은 사람이 또 다른 사람에게 이야기해주는 식으로 이야기를 전달하게 하였다.

다섯 번째로 이야기를 들은 사람이 자신이 들은 이야기를 다음과 같이 진술했다. "전철 안에서 흑인과 백인이 싸우는 장면인데, 작업복을 입은 흑인이 칼을 들고 양복 입은 백인에게 대들고 있다."

■ 의사결정 습관

미국이나 캐나다에서 비즈니스맨은 의사결정을 가능한 한 빠르고 효율적으로 하는 습관이 있다. 최고경영자는 주요 안건에 대하여 찬성을 얻어내는 데 그리 많은 시간을 소모하지 않는다. 그러나 그리스에서는 그 반대이다. 그리스인 사장은 어느 한 사람의 의견도 묵살하지 않고 자상하게 챙기며 좋은 의사결정을 내리기 위해 신중에 신중을 기한다.

■ 문화적 배경

어떤 메시지에 대하여 의미를 배열하려고 할 때 문화적 배경에 의존하게 되어 있다. 문화적 배경이란 동일한 문화 속의 두 구성원 간 전달하려는 의미를 이미 서로 파악하고 있는 것이다. 같은 문화권 내에서는 문제가 없지만 다른 문화권에서는 주변의 상황이나 여건이 큰 영향을 미친다. 과거지향 문화적 배경의 예로는 한국이나 태국을 들 수 있으며 언어 커뮤니케이션에만 의존하지 않고 다양한 문화적 수단으로 커뮤니케이션을 한다. 반면 현재지향 문화적 배경의 예로는 미국이나 독일을 들 수 있으며 주로 언어 커뮤니케이션에 의존하는 경향이 있다.

■ 사회행동과 예절

한 문화권에서는 매우 예의를 갖춘 행동이 다른 문화권에서는 버릇없게 보이기도 한다. 아랍 국가들은 자기 아이에게 선물 주는 것은 용납하지만 자기 아내에게 선물을 주는 행동은 좋지 않게 본다. 독일인은 로맨틱한 파티에 초대를 받으면 붉은 장미를 여성에게 준다. 흰색 카네이션이 미국에서는 결혼식 날 신랑신부가 꽂는 꽃이지만, 한국에서는 누군가의 사망을 의미한다. 인도에서는 저녁이든 아침이든 아무 때나 남의 집을 방문해도 괜찮지만, 유럽에서는 사생활 침해로 간주된다. 따라서 문화에 따라 어떤 예절은 정반대로 풀이될 수 있다는 점을 염두에 두어야 한다.

스토리텔링 6-3 **국제적 브랜드의 고민**

프랑스의 화장품 샤넬 넘버 파이브(Channel No.5)가 넘버 포(No.4)로 명명됐더라면 죽을 4자를 싫어하는 한국에서 그렇게 인기가 많았을까? 한국의 대영자전거가 Dai Young 브랜드로 미국에 진출했으나, 미국인들은 젊어서 죽는다로 이해했기 때문에 실패했다. 현대차는 Hyun-dai(죽는다)로 발음하는 미국인들을 Day로 발음하도록 고치는데 많은 광고비용을 쏟았다. GM자동차는 신차를 개발하여 고상함(noble)의 의미로 NOVA로 명명하였는데, 스페인권인 멕시코, 중남미에서 별 재미를 못 보았다. 스페인어로 NOVA는 No Go(잘 나가지 않는다)의 뜻이기 때문이다.

2 문화차이와 비즈니스 커뮤니케이션

외국인 근로자들이 한국에 들어와 제일 먼저 배우는 말이 '빨리빨리'라고 한다. 그런데 외국인 근로자 중 열대지방에서 온 사람은 매사가 느리고 느긋한 특성이 있다. 그런 성격을 순하다고 생각할 수도 있겠지만 반면에 이유 없는 모욕이나 폭력 등에 대해서는 그 자리에서 작업을 거부하는 당찬 면도 있으므로 그들을 대할 때 직선적인 태도보다는 충분한 설명을 하여 이해시키는 것이 현명하다고들 한다.

한편 오랫동안 미국의 통치권에 있었던 나라의 사람은 그들의 모국어와 더불어 영어를 사용하므로 외국인과의 커뮤니케이션을 어느 정도 할 수 있지만 사고방식도 미국식 사고방식을 취하고 있어 개인주의적이라고 할 수 있다.

나라마다 문화가 다르고 특성이 다르다. 그래서 문화와 커뮤니케이션은 떼어서 설명할 수 없다. 따라서 조직문화와 커뮤니케이션의 관계는 매우 밀접하며 동전의 앞뒷면 같은 관계라 할 수 있다.

스토리텔링 6-4 외국인과의 대화법

서로 다른 문화권의 사람들이 대화할 때 오해를 줄일 수 있는 대안을 제시해보면 다음과 같다.

- 서로 일치했다는 사실이 입증될 때까지 상대방이 잘못 이해하고 있다고 생각하라. 보통 말하는 사람은 대충 알아들었거니 하고 간주할 때조차 상대방은 전혀 다른 의미로 이해하고 있을 수 있다.
- 해석, 추리, 평가보다는 설명을 하라. 예를 들면 "그 꽃이 아름답다"는 표현보다는 꽃의 종류, 색깔, 모양을 설명하라.
- 감정이입, 즉 상대방의 입장에서 생각하고 상대방이라고 가정하고 그의 가치관, 경험, 판단기준을 가지고 생각하면서 대화하라.
- 당신의 이해와 해석은 어디까지나 가정이지 최종결론은 아니라고 생각하고 대화하라.

(1) 지각과 해석의 차이

국가 간 문화차이는 당연히 있기 마련이다. 한국인이 하나의 단어로 표현하는 눈(snow)을 에스키모들은 여러 가지 단어로 표현한다. 방금 내린 눈, 내린 후 며칠 지난 눈, 습기 머금은 눈, 습기 없는 눈 등 각기 이름이 다르다. 에스키모에게 눈은 중요한 자원이며 생활이요 이야깃거리이기 때문이다. 마찬가지로 아랍인에게는 모래가 그러한 단어 중 하나이다. 가는 모래, 굵은 모래, 모래바람의 예감을 갖게 하는 모래 등 그 이름이 가지각색이다.

서로 다른 문화 간 커뮤니케이션은 지각, 해석 및 평가의 오류에 의해 수많은 오해를 야기한다. 메시지 전달자와 수신자의 문화가 다를 때 그 메시지가 정확하게 전달될 가능성은 아주 낮다. 외국인은 우리와 다르게 사물을 보고 해석하고 평가하기 때문이다.

프랑스인과 미국인은 세계를 같은 잣대로 보는가? 아니다. 그러면 인도인과 영국인은 세계를 동일한 방법으로 보는가? 역시 아니다. 어떠한 두 나라 사람들도 세계를 같은 방법으로 바라볼 수가 없다. 문화에 따른 지각(perception)의 차이가 있기 때문이다.

지각은 각 개인이 자기 스스로 의미 있는 경험과 연계하여 외부환경으로부터의 자극을 선택하고 조직하고 해석하는 과정이다. 예를 들면, 멕시코 어린이에게 투우와 야구경기 영상을 동시에 보여주었을 때 멕시코 어린이들은 투우 장면만 기억했다. 그리고 똑같은 것을 미국 어린이에게 보여주었더니 그들은 단지 야구경기만 기억했다. 왜 어린이들은 2가지 영상을 모두 인식하지 못했는가? 두 나라의 어린이의 과거 경험이 서로 달랐기 때문이다.

지각의 양식은 선천적인 것도 아니고 절대적인 것도 아니다. 지각은 선택적으로 학습되고, 문화적으로 결정되며 부정확하다. 지각이 선택적이라는 것은 어느 한순간 우리가 관찰하는 광경에는 너무 많은 자극이 있어서 다 받아들일 수 없음을 말한다. 그러므로 우리가 보고 듣고 맛보고 느끼는 대부분의 것은 선택된다. 초과분을 골라내고 의식 속의 지각망을 통해 단지 지금까지 배워오고 학습한 대로 선택된 정보만을 받아들이는 것이다.

스토리텔링 6-5 **불문율**

태국에서 근무하고 있는 캐나다인의 차가 반대편에서 중앙선을 침범한 태국인의 차와 충돌했다. 캐나다인은 태국인에게 책임이 있음을 주장하다가 합의가 되지 않아 경찰을 불렀다. 그러나 경찰과의 몇 분간 대화도 소용없었다. 캐나다인은 도로의 한가운데 그어져 있는 중앙선을 가리키면서 "이 선이 의미하는 것은 무엇입니까?"라고 경찰에게 물었다. 그 경찰은 "그것은 도로의 중앙을 나타내고 그것이 있으므로 피해자가 그 지점으로부터 얼마나 떨어진 곳에서 사고가 일어났는지를 입증할 수 있습니다."라고 답했다. 캐나다인은 어리둥절했다. 그는 중앙선이 절대 넘으면 안 되는 선이 아닐 수도 있다는 사실을 한 번도 생각해본 적이 없었기 때문이다.

불문율은 어떤 환경에서의 문화적 해석을 반영한다. 언젠가 한 미국인이 방콕 포스트지에 태국에서의 교통규칙에 대한 불문율을 소개하였다. 정지신호에 멈출 때나 횡단보도에서 세 대 이상의 차가 멈추어 있을 때는 남의 차 뒤에 서지 말고 새로운 줄을 만들라는 것이다. 이것은 차선을 지키는 서양인들에게는 상상도 할 수 없는 일이나 약간 과장된 설명이지만 태국의 교차로에서 흔히 볼 수 있는 일이다. 그리고 이 불문율은 다른 나라 사람들이 방콕에서 겪는 어려움 중 하나이다.

지각이 학습된다는 것은 인간이 하나의 특정한 방법으로 세계를 지각하도록 태어나지 않았다는 것을 의미한다. 우리가 어떠한 방법으로 세계를 지각하는가 하는 것은 우리의 경험을 통해서 배우는 것이다. 지각이 문화적으로 결정된다는 것은 자신의 문화적 배경에 근거한 어떤 특정한 방법으로 세계를 지각하도록 배운다는 의미이다. 따라서 우리가 존재하지 않는 것을 지각하고 존재하는 것을 지각하지 못할 수 있다. 우리의 관심, 가치관, 문화 등은 여과지 역할을 하며 선택적으로 보고 들은 것을 왜곡, 차단하고 심지어 꾸며낸다. 이토록 지각은 부정확하다. 그래서 타인을 보고 평가하는 것에 있어 세심한 주의가 필요하다.

(2) 몸동작과 시간, 공간의 차이

상이한 문화환경에서 비즈니스 커뮤니케이션의 정확성을 높이고, 타인과의 상호작용에서 문화가 미치는 영향에 관한 이해를 넓히는 것은 중요하다. 이를 위해서는 해외근무자로서 문화적 충격에서 벗어나 그 문화에 성공적으로 적응하기 위한 지침이 제시되어야 한다. 특히 글로벌 경영인으로서 생소한 문화환경에서 성공적인 비즈니스를 수행하기 위해서는 민족우월주의(ethnocentrism)에서 문화상대주의(cultural relativism)로의 사고전환이 필요하며, 각종 문화적 장애 중 언어의 극복 이외에도 비언어적 요인에 주목해야 한다. 너무 지나치게 언어적 요인만을 강조해서는 생소한 문화적 충격에서 벗어날 수 없다.

문화인류학자인 홀(E.T. Hall)을 비롯한 커뮤니케이션 및 사회심리학자들은 타문화권 사람들의 몸동작(키니식스, kinesics), 공간의 이용(프로세믹스, proxemics), 시간의 이용(크로네믹스, chronemics) 등을 살펴봐야 비즈니스 커뮤니케이션 장애를 극복할 수 있다고 주장한다. 몸동작은 안면표정, 몸짓, 자세, 체형, 용모 등이 사람의 행동에 어떻게 영향을 미치는가를 탐구대상으로 삼는 학문이다. 그리고 공간의 이용은 공간학 · 근접학으로 사람들이 자신이 물리적 공간거리를 어떻게 이용하는가에 관한 사항을 탐구대상으로 한다. 또한 시간의 이용은 사람들이 시간을 어떻게 정하고 어떻게 이용하는가에

스토리텔링 6-6 **이질적 행동방식의 차이**

개와 고양이 사이를 견원지간(犬猿之間)이라 한다. 하지만 그 둘이 사이좋게 지내는 것도 많이 목격된다. 정말 개와 고양이는 서로 적대적 관계인 것일까? 개들은 자신의 상대에 대한 호의를 보일 때 앞발을 들어 매달리는 행위를 한다. 하지만 공교롭게도 고양이에게 앞발을 드는 것은 단지 적대적 행위이다. 결국 개의 호의는 고양이에게는 적대적 행위로 인식되는 것이다. 요컨대 개와 고양이의 적대관계는 그 두 종의 문제라기보다는 두 종이 가지고 있는 이질적 행동방식의 차이라는 점을 이해해야 하는 것이다.

대해 탐구한다. 이에 대해 살펴보기로 하자.

■ 키니식스

키니식스(kinesics)는 신체적 언어, 즉 신체의 동작을 연구대상으로 한다. 키니식스와 관련된 요소는 태도, 신분, 감정상태나 무드, 온화함 등이다. 태도에 관한 연구는 주로 좋다는 것을 나타내는 긍정적 태도와 싫다는 것을 나타내는 부정적 태도로 구분할 수 있는데, 좋다는 태도를 가진 전달자는 자기의 양 어깨와 양 다리를 수신자를 향하고 있을 확률이 높다.

신분과 관련해서는 일반적으로 상급자 위에 있는 사람은 그들의 머리를 똑바로 들고 커뮤니케이션을 하는 데 반해, 지위가 낮은 사람은 어깨와 머리를 숙이는 경향을 갖는다. 감정상태와 무드는 비즈니스 커뮤니케이션에서 중요한 요인이다. 노여움과 기쁨은 얼굴에 쓰이고 감정상태의 강도는 신체의 동작으로 연결된다. 온화함의 경우 타인에 대한 자세의 전환으로 표현한다. 미소를 짓거나 직접적인 눈접촉, 계속해서 손을 잡고 놓아주지 않는 행동 등이 온정을 나타내는 것이고, 이마를 찡그리거나 눈을 치켜뜨거나 손가락을 비틀어 뚝뚝 소리를 내는 것은 그 반대라 할 수 있다.

몸짓 중에서 특히 손짓은 사용빈도가 높다. 인간은 무의식적으로 손동작을 자주 사용하는데 말을 하면서 동시에 손짓을 곁들이곤 한다. 이러한 손짓을 '지휘봉(baton) 손짓'이라고 한다. 감정을 손으로 표현하거나 전화를 할 때 무심코 손짓을 한다. 자신의 의사를 행동으로 나타내는 일본인은 전화하면서도 인사를 한다.

인간의 자세는 천 가지나 된다고 한다. 또한 얼굴은 '천의 얼굴'이라고까지 한다. 그래서 문화권에 따라 자세나 얼굴표정이 갖는 의미 또한 다르다. 화가 잔뜩 나면 입술을 꼭 다물거나 빤히 쳐다보는데, 어떤 문화권에서는 노려보는 얼굴표정을 종종 위협수단으로 사용한다. 뉴질랜드의 마오리족 원주민의 춤은 상대를 노려보는 동작이 주를 이루는데, 뉴질랜드 럭비선수들이 시합 전에 이 춤을 추면서 상대를 노려봄으로써 상대의 기를 꺾고자 한다.

제스처(gesture)는 혼란된 메시지를 제대로 전달하는 데 도움을 준다. 그러나 몸짓언어의 차이도 문화 때문인 것이 많다. 아니오(no)를 의미하는 몸짓언어의 경우 미국과 캐나다 사람들은 좌우로 머리를 흔들고, 불가리아 사람들은 고개를 끄덕이며, 일본 사람들은 오른손을 막 흔들어댄다. 시실리 사람들은 턱을 들어 올리거나 째려본다. 아시아나 남미에서 눈을 내리까는 것은 존경이나 복종을 이미하며, 인디언들은 어른과 눈을 마주치는 아이는 버릇없는 것으로 간주한다.

결국 키니식스는 얼굴표정, 몸짓, 자세, 체형에 관심을 갖고 이를 커뮤니케이션 상황에서 설명하려는 것이다. 눈의 움직임은 놀람, 거부감, 친근감, 지루함, 원망 등 다양한 의미를 전달한다. 몸짓은 내향적 몸짓과 외향적 몸짓으로 구분할 수 있다. 독재자들이 즐겨 사용하던 외향적 몸짓은 보통 크고, 활달하며, 독단적이거나 사교적임을 전달한다. 이러한 외향적 몸짓이 바로 신체언어이다. 이와 반대로 내향적 몸짓은 한정적이며 자기방어적이다.

■ 프로세믹스

프로세믹스(proxemics)는 본래 사람들의 공간적 구성에 관한 연구이나 여기서는 사람들이 일상적인 상호작용에 유지되는 거리와 위치, 집의 공간적 배열, 사무실, 빌딩, 시가지의 공간적 배열에 대해서만 파악해보고자 한다.

사람 사이의 공간과 위치는 개인 간 커뮤니케이션의 질과 양에 영향을 미친다. 인구가 과밀해지면 사람들은 거칠어진다. 그래서 군중의 축구장 난동 같은 사건이 생기기도 한다. 과밀할수록 사람들은 자신의 위치를 지키려 애쓰기 때문에 신경이 날카로워지는 것이다. 지나치게 크게 고정된 공간이나 지나치게 협소하게 만들어진 공간은 커뮤니케이션을 할 때 자유로운 정보의 흐름을 억제시킬 수도 있다. 그 예로 정신병동의 공간은 되도록 넓게, 외래병동의 공간은 좁게 그 구조를 달리한다.

가구배열, 미닫이문 등도 커뮤니케이션에 영향을 준다. 만일 넓은 공간을 좋아하는 사람은 남과 떨어져 대화하려 할 것이고, 좁은 공간에 익숙한 사람은 상대와 가까이 서서 대화하려 할 것이다. 이 둘이 대화하려면 전자는 자꾸만 뒤로 물러설 것이며, 후자는 계속 다가갈 것이다. 한편 철도역사, 도서관, 병원은 사람들이 떨어져 앉도록 가구배치를 하며, 식당, 카페, 거실공간의 가구배치는 정반대이다.

또한 거리의 개념도 상황에 따라 달라진다. 친숙함을 느끼는 거리는 보통 한 팔 정도 벌린 거리이며 이를 개인거리(personal space)라 한다. 이혼소송 이후 걸어 나오는 사람들은 이보다 훨씬 더 떨어져 걷는 것을 볼 수 있다. 한편 사회적 거리는 상담 시, 비개인적 사안에 대한 협의 시 유지되는 거리로서 개인거리보다는 더 떨어져야 적개심, 불안감을 줄일 수 있다. 조직상황에서 사장 등 고위층 인사가 비서나 일반사원보다 더 넓고 보다 쾌적한 공간을 이용하려는 것도 비슷한 예이다. 일거리가 많은 대리의 경우 일을 효율적으로 하기 위해서는 큰 테이블이 필요한데도, 뒤에 앉아 있는 과장의 눈치를 보면서 과장 테이블보다 큰 테이블로 자기 테이블을 교체하지 못한다.

미국과 남미의 사장 사이에 대화하는 장면을 유심히 살펴보니 남미 사장은 본능적으로 상대편인 미국 사장 쪽으로 계속 근접하려고 하고, 미국 사장은 계속해서 한 발짝 뒤로 물러서려고 하였다. 캐나다에서는 사업상 이야기를 하려고 할 때 5피트(약 152.4cm) 정도는 떨어져서 대화한다. 일본이나 독일 사람은 이렇게 멀리 서서 대화를 나누면 상당히 불편을 느낀다. 그들의 공간개념이 서로 달라서 그런 것이다. 캐나다 사람이 뒤로 멀찌감치 물러서면 남미 사람은 자기가 싫어서 그런 것으로 오해할 수도 있다.

스토리텔링 6-7 부정확한 지각

다음의 문장을 읽어보자.

FINISHED FILES ARE THE RESULT YEARS
OF SCIENTIFIC STUDY COMBIND WITH THE
EXPERIENCE OF YEARS.

이제 위의 문장에서 재빨리 F자가 몇 개인지 세어보자. 대부분의 비영어권 사람들은 여섯 개의 F자 모두를 쉽게 골라낸다. 그러나 많은 영어권 사람들은 단지 세 개의 F자만을 골라낸다. 세 개의 OF에 속한 F자를 보지 못하는 것이다. 그 이유는 영어권에서는 OF라는 글자가 문장을 이해하는데 중요단어가 아니라고 생각하기 때문이다.

▪ 크로네믹스

크로네믹스(chronemics)는 문화권에 따라 사람들이 어떻게 시간을 결정하고 규정하는가를 그 탐구대상으로 한다. 즉 사람들의 시간에 대한 관념을 분석하는 것이다.

시간관념에 대한 문화적 차이는 상당히 심하여 오해를 일으킬 여지가 크다. 미국 사람의 경우 아침 8시 30분에 열기로 했던 회의에 15분 늦었다면 그는 회사에 부적합한 사람으로 간주된다. 즉 시간이 평가기준이다. 습관적으로 회의에 지각한다면 존경심에 대한 결여 혹은 직무불만족 등으로 간주하게 된다. 이렇듯 시간언어는 여러 의미를 갖는다.

북미인은 약속시간에 5분 이상 늦어서도 상대가 나타나지 않으면 더 기다리지 않고 가버린다. 그러나 남미인들은 50분에서 1시간 정도는 당연히 기다리는 것으로 생각한다. 북미인은 그러한 남미인을 무책임하고 건방지고 게으르다 하겠지만, 남미인은 시간이나 스케줄보다는 사람을 더 믿는 경향 때문에 늦은 사람을 아무렇지도 않게 생각한다. 일반적으로 사회주의 국가의 시민들은 문이 닫힌 정육점 앞에서 두 시간 정도는 무난하게 기다렸다가 문이 열리면 사가지고 가는데, 자본주의 국가에서는 단 5분도 서 있으려 하지 않고 다른 상점으로 가버린다.

또한 말을 할 때 말과 말 사이의 간격도 문화에 따라 차이를 보인다. 보통 화가 나면 말이 빨라지고 더욱 거친 단어를 사용하게 된다. 북미인은 말과 말 사이가 비교적

짧기 때문에 조금 간격이 길어지면 상대방에게 말할 기회를 빼앗기게 된다. 그러나 다른 문화권에서는 말 사이가 긴 편이기 때문에 북미인과 대화할 때 혼란이 일어나기도 한다. 그래서 지방 사투리가 심한 사람들의 대화를 싸움으로 오해하기도 한다.

시간개념도 각 나라마다 조금씩 다르다. 독일인과 미국인은 예정되어 있는 기간 동안에는 단지 1가지 일에만 몰두하는 것이 효과적이라고 생각하는 경향이 짙다. 시간이 제한적이어서 비즈니스 커뮤니케이션할 때 요점만으로 빠르게 하는 경향이 있다. 하지만 남미나 아시아 국가의 시장(market)은 시간개념이 유연하다. 사업을 위해 경쟁하고 업무를 열심히 일하는 시간보다는 어떻게 하면 거래처와의 관계나 관련업자와의 사적인 관계를 잘 형성하느냐 하는 것에 시간을 더 많이 투자한다. 그래서 상대의 배경을 조사하고 상대의 얼굴을 익히는 데 대부분의 시간을 쓴다. 또한 그들은 정해진 스케줄도 제대로 지키지 않으며 시간개념도 별로 없는 것으로 나타난다.

스토리텔링 6-8 우리 몸의 숨은 역할

- 사람의 입은 일을 너무 많이 한다. 다른 동물들도 입을 여러 가지 용도로 쓰지만, 인간은 입으로 더 많은 일을 한다. 음식을 먹고 말하고 휘파람 불며 미소 짓고 웃거나 키스하고 담배를 피우는 데도 입을 사용한다. 따라서 지금까지 얼굴 중에서 입은 싸움터라 묘사된 것도 무리는 아니다. 노인의 느긋한 표정은 그들의 개인적인 경력을 말해주는 중요한 단서로 작용한다. 가령 그들의 인생이 희망적이지 않았던 삶이라면 슬픈 입술 표정을 늘 사용했기에 입 모양이 처져 있는 것을 발견하게 된다. 반면 그들의 생활에 웃음이 가득했다면 이 사실 역시 분명하게 입 모양에 반영된다.

- 사람들은 목의 미묘한 움직임을 통해 곁에 있는 사람들에게 수많은 시각적 신호를 전달한다. 가령 숙인 머리는 패배와 낙심의 전형적 자세이고, 방금 중요한 경기에서 승리한 선수의 목은 뻣뻣하게 서 있어 자신감을 나타낸다. 또한 목은 대단히 중요한 성감대에서 쓰다듬는 행위를 통해 연인들은 서로의 애정을 표현하기도 한다. 동시에 목은 여러모로 붙잡기 좋은 부위여서 사랑이 아닌 공격의 순간에도 똑같은 방식으로 사용된다. 키스를 하는 연인들은 상대의 목을 끌어안음으로써 좀 더 오랫동안 두 몸을 밀착시키고 싶다는 욕구를 표현한다.

(3) 언어사용의 차이

국적이 다른 개인이나 조직 사이에서 일어나는 비즈니스 커뮤니케이션 문제는 그 원인이 너무나 다양하고 동시에 복합적이다.

■ 어의상의 문제

한 낱말의 의미조차 사람마다 다르게 인식할 수 있다. 하물며 서로 다른 나라에서 온 사람들이라면 더욱 그렇다. 어떤 낱말은 번역 자체가 안 되는 말도 있다. 멋, 눈치, 인연 등의 우리 말은 프랑스, 독일어로 번역될 수 없다. 자유시장이나 완전경쟁의 의미를 북한 주민에게는 설명하기 어렵다.

■ 표현상의 문제

같은 낱말이라도 국가마다 다르게 해석되는 경우가 있다. 한국인과 미국인이 협상 테이블에 마주 앉아 대화를 할 때 한국인이 "네, 네," 한다면 "저는 지금 잘 듣고 이해하고 있습니다."의 의미이지만, 미국인이 "Yes."한다면 "저는 당신의 제안에 동의합니다. 허락합니다."의 뜻이 된다.

■ 억양의 문제

일본인에게 공식적이고 사무적인 것처럼 들리는 억양이 중동인에게는 사적이고 비공식적으로 들린다. 집에서 쓰는 말과 사회생활에서 쓰는 말이 각각 억양이 다를 수 있는데 만일 어느 나라 사람이 직장생활에서 비공식적 스타일로 말한다면 상대방은 당황할 수 있다.

■ 지각의 문제

에스키모들은 눈에 대한 표현이 여러 가지이다. 우리나라도 진눈깨비, 함박눈, 싸라기눈 등이 있다. 그러나 눈이 오지 않는 태국은 눈이란 말 자체가 없으니 함박눈과 싸라기눈의 차이를 잘 모를 것이다.

■ 준언어 차이의 문제

고개를 끄덕이거나 옆으로 흔드는 것은 한 나라에서는 긍정의 표현이고 다른 나라에서는 부정의 표현이기도 하다. 두 손가락을 펴면 대부분의 나라에서는 승리와 평화의 표시지만, 손등을 보이는 두 손가락 사인은 영국인에게는 욕이 된다. 악수의 방법도 나라마다 다르다. 미국인이나 독일인에게 굳은 악수를 했다면 호감이 가는 동작이지만 프랑스인이라면 어색해 할 것이다. 프랑스에서는 악수를 자주 하지만 짧고 힘을 덜 들여서 한다. 남성끼리는 포옹을 하는 경우가 드물지만, 이탈리아인의 경우 남성끼리 양손을 걸치거나 친할 경우 포옹을 하고 가볍게 쓰다듬는다. 중동지역 국가에서는 남성끼리 어깨를 껴안는 경우가 있다.

스토리텔링 6-9 **손가락 언어**

- **미국**: OK! 잘 되어간다
- **프랑스**: 소용없는 짓, 쓸데없는 헛수고
- **그리스**: 성적인 의미

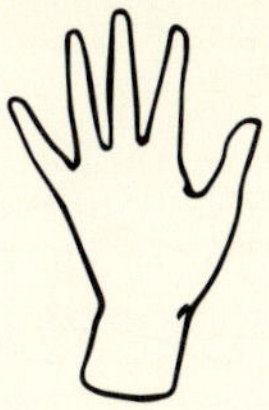

- **그리스**: 욕
- **서아프리카**: 욕(아버지가 다섯)

- **많은 나라**: 승리, 평화
- **영국**: 손등을 보이면서 하면 욕이 됨

- **호주**: 승리
- **독일**: 1개
- **일본**: 5개

- **브라질, 베네수엘라**: 행운을 빈다
- **아프리카 일부 국가**: 저주의 욕설
- **이탈리아**: 상대방 배우자에 대한 욕

- **미국**: 이리 오너라
- **말레이시아**: 강아지를 부를 때
- **인도네시아, 오스트레일리아**: 술집여성

3 고맥락문화와 저맥락문화

홀(E.T. Hall)은 전 세계 문화를 고맥락문화(상황중시문화: high context culture)와 저맥락문화(상황경시문화: low context culture)로 양분하고 해외파견 관리자들은 이 차이를 알고 있어야 현지인 종업원과 비즈니스 커뮤니케이션을 하면서 사업도 하고 조직도 운영할 수 있다고 하였다. 고맥락문화는 타인과 대화하고 인간관계를 가질 때에 상대방이 제시한 내용보다도 그 배경, 즉 그의 신분, 직책 등에 더 큰 비중을 둔다는 것이다. 따라서 이들은 명함의 교환의식이 중요하며 협상담당자의 지위가 무엇이냐에 따라 많은 것이 좌우된다.

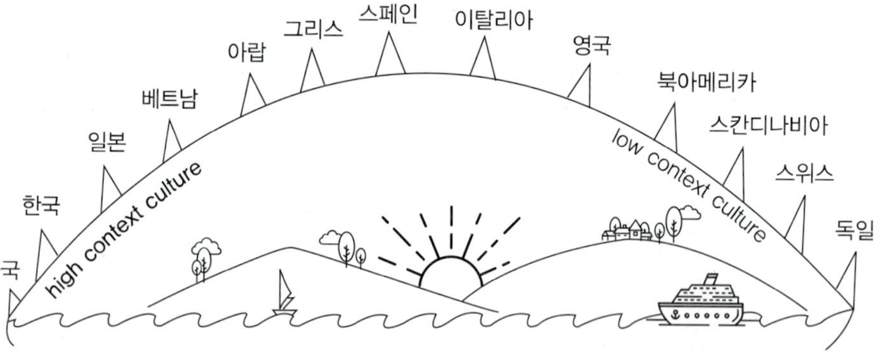

고맥락문화		저맥락문화
사회적 지위, 신분 중시	↔	실제 내용 중시
신용에 의한 인간관계	↔	능력, 손익계산관계
의식, 절차, 상견례 협상	↔	법, 규정에 의한 협상
시간 윤회사상	↔	시간은 돈
공적 공간	↔	개인적 공간
조직의 고위층 중심	↔	담당자 중심
느린 결정	↔	신속한 결정
비공식적 거래	↔	경쟁입찰
개인의 신용보증	↔	서면, 계약보증

[그림 6-1] 고맥락문화와 저맥락문화의 특징

한편 상황을 경시하고 실질을 중시하는 저맥락문화의 사람은 기록된 정보나 상대방이 말한 내용에 비중을 많이 둔다. 따라서 저맥락문화에서 온 서양사람이 고맥락문화의 한·중·일 사람에게 내용을 재확인하면서 사인하고 공증을 받자고 한다면 이들 동양인의 체면을 깎는 일이 된다. 동양사람은 내용이 명확치 않아도 자신의 배경, 즉 회사, 신분, 체면, 위신, 신용, 평판 등이 대신해서 모든 것을 확인하였다고 생각하기 때문이다. 반대로 배경을 무시하고 실제 내용을 중시하는 저맥락문화의 독일인, 미국인은 규정 하나하나를 자세히 훑고 법적인 서류를 반드시 맞추어 놓으려 할 것이다. 그러므로 이들에게는 법률적인 하자가 있는지가 중요하며 책임은 하위 실무자에게 맡긴다. 그러나 고맥락문화에서는 명예와 신분으로 일이 진행되기 때문에 작업수행 의지와 능력은 묻지 않고 문제가 생겨도 그 일을 시킨 최고책임자(배경)가 책임을 지게 된다.

스토리텔링 6-10 제품명 붙이기

1994년 맥도날드 영국 분점은 햄버거 담는 봉투에 월드컵 참가국인 사우디아라비아의 상징인 국기를 인쇄해 넣었다. 그 국기에는 God은 없으며, Allah만이 신이며, 모하메드는 그 예언자라고 적혀 있다. 그러나 영국 국가는 God save the King 이며, 그 노래가 곧 영국의 상징이다. 맥도날드는 이미 인쇄됐던 200만 개의 봉투를 파기할 수밖에 없었다.

포드사는 신차를 개발하여 고객(client)이라는 이름을 붙여 멕시코로 수출했으나 실패했다. 멕시코에서는 Cliente는 거리의 부랑자를 뜻하는 속어이기 때문이었다. 초창기 코카콜라의 중국어 번역은 죽은 올챙이 머리 물어뜯기라는 의미였기에 수정되었다.

유나이티드항공사(UA)가 서울 취항을 축하하기 위해 승무원들이 승객에게 흰색 카네이션을 달아주는 행사를 준비하였다. 그러나 한국인 승객들은 대부분 이 행사를 거절하였다. 한국, 중국, 일본에서는 흰색을 죽음과 관련하여 사용하는데, 서구에서는 검정색이 죽음과 장례의 상징이다. 물론 그 항공사의 가슴에 꽃 달아주기 행사는 취소되었다.

엑손(Exxon)에서 슈프림 무연 휘발류를 개발하여 전 세계에 광고를 냈다. 당신의 연료탱크에 호랑이를 넣으십시오. 그러나 호랑이가 신성시되는 동남아시아의 불교국가 국민들은 자기의 호랑이 신(神)이 자동차 연료탱크로 들어갔다가 라지에이터로 빠져나가는 광고장면을 보고서 기겁을 하였다.

이와 같은 맥락에서 고맥락문화인가 저맥락문화인가에 따라서도 협상방식이 달라진다는 것을 쉽게 이해할 수 있다. 고맥락문화에서 사람은 무엇을 지각하든 다른 사람과 대화할 때 그가 하는 말이나 글의 실제 내용보다는 그를 둘러싸고 있는 상황, 즉 신분이나 직업 등의 특성에 더 의존한다. 그래서 한국, 일본에서는 명함의 교환이 중요하다. 그러나 저맥락문화에서는 주변상황보다 상대의 말과 글의 내용에 의존하여 지각하고 이해한다. 한국은 상황의존문화이기 때문에 한국에서는 웃고 악수하면 협상이 체결된 것이지만, 서양에서는 반드시 계약서를 쓰고 사인해야 한다.

일반적으로 남성과 여성은 서로 다른 방식으로 커뮤니케이션을 하는 것으로 알려져 있다. 이를 두고 젠더 커뮤니케이션(gender communication)이라 한다. 성별에 따른 대화방식의 차이는 언어의 관습처럼 이해되고 있다. 그렇다고 남녀 간에 각각 선천적인 대화방식이 존재한다는 의미는 아니다. 모든 남성이 남성만의 방식을, 모든 여성이 여성만의 방식을 사용하는 것은 아니기 때문이다. 남녀 간의 관습적인 표현을 살펴보면 **| 표 6-1 |**과 같다.

문화, 특히 기업문화는 비즈니스에서 행해지는 수많은 관행, 즉 비즈니스 커뮤니케이션, 신뢰, 권력, 업무 등에 직·간접적인 영향을 미친다. 비즈니스를 하게 되면 밀접한 상호조정을 통해 제품 및 서비스가 발생되고 서로 교환이 이루어진다. 수많은 상호조정은 한 도시나 한 마을, 즉 하나의 문화권 내에서만 이루어지는 것이 아닌 타문화권, 즉 글로벌한 지역에 걸쳐 이루어진다. 수많은 종류의 제품명세서, 생산일정계획은 상호이해가 있어야만 하고 거래 상대방 간 협의에 대한 복잡한 교섭과 조정 등의

| 표 6-1 | 남녀 간 관습적 표현의 차이

구분	남성	여성
죄송합니다. 미안합니다.	잘못을 인정하는 것이 되어 불합리한 입장에 처하게 만드는 책임소재의 문제, 자기비하의 표현으로 인식	대화의 균형을 회복시킴 상대방의 감정을 존중하거나 체면을 세워주는 배려, 예의 바른 이미지
질문하기	지식, 이해력, 정보의 부족으로 해석되어 무능한 인상을 줄 수 있음	오로지 대화의 지속을 위한 전략, 단순한 정보의 요구
이름 부르기: 형 혹은 언니라는 호칭 등	규칙을 모르는 것으로 해석, 위계질서를 흐트러뜨림	친밀감, 유대와 지지의 표현, 상대방과 지위의 차이를 최소화하는 전략

활동이 필수적이다. 그런데 비즈니스 커뮤니케이션 유형과 비즈니스 스타일은 세계적으로 매우 다양하며 서로 다르고 서로의 문화가 매우 다르다.

홀(E.T. Hall)은 협상이 어떻게 진행되는지, 합의가 어떻게 이루어지는지, 작업자에 대한 관리가 어떻게 이루어지는지를 설명한다. 이러한 구별 이후 더 많은 개념이 파생되어 문화차이를 이해하는데 통찰력을 제공하고 있다.

서로 다른 인간본질의 개념에 근거한 규칙기반문화와 관계기반문화 간 근본적 구별이 그중 하나이다. 또 다른 구별은 고맥락커뮤니케이션과 저맥락커뮤니케이션이다. 고맥락커뮤니케이션에서 메시지는 배경정보의 처리없이 이해되지 않는다. 저맥락커뮤니케이션은 메시지에 있어 명시적인 정보에 강조를 둔다. 미국, 캐나다, 호주, 뉴질랜드 등의 국가 및 유럽 국가문화, 즉 규칙기반문화는 저맥락커뮤니케이션에 더 많이 의존한다. 가족처럼 밀접한 관계집단 내 커뮤니케이션은 고맥락문화이다. 저맥락문화의 분명한 지표 중 하나는 문서지침(written instruction)과 기호(signs)의 확산이다.

- 저맥락문화 대 고맥락문화
- 규칙기반문화 대 관계기반문화
- 고맥락커뮤니케이션 대 저맥락커뮤니케이션

(1) 행동제약

근본적으로 저맥락커뮤니케이션과 고맥락커뮤니케이션 스타일은 행동제약 접근법이 서로 다르다. 저맥락문화에서는 개인의 행동규범, 즉 개인이 스스로 지켜야 할 행동이 무엇인지 정해져 있어 문서, 서면으로 비즈니스 커뮤니케이션한다. 규칙과 지침, 지시로 비즈니스 커뮤니케이션한다. 그러나 고맥락문화에서는 다른 사람들에 의해 어떤 행동을 해야 하는지 말아야 하는지 정해진다. 따라서 사회맥락에서 주변인들로부터의 단서 및 영향을 받는다. 고맥락문화에서는 관리자의 재량권이나 개인적 판단이 작동되기도 하고 자신의 상사나 친구, 동료들의 의사결정에 따라 비즈니스 커뮤니케이션이 영향을 받는다. 고맥락문화에서의 회사규범은 개인적으로 커뮤니케이션되기 때문에

스토리텔링 6-11 **한국인의 명함예식**

사람들이 명함을 주고받는 것은 서로의 연락처를 교환한다기보다는 사회적 신분을 파악하고 인간관계를 시작하자는 일종의 의식이다. 심지어 명함을 건네지 않는 것은 더 높은 지위를 표시하는 것이기도 하다. 서양의 회사원이 한국에 와서 이 의식을 모르면 당황하게 된다. 신분이 정해지지 않은 채로 협상이나 회의에 참석하게 되면 양쪽 모두에게 곤란한 일이 되기 때문이다. 처음 보는 사람과도 명함예식이 없으면 대화의 진행이 어렵다. 동양인 입장에서는 상대의 명함을 봐야 그의 배경(직위, 소속 등)을 확인할 수 있기 때문이다. 동시에 명함의 크기와 모양, 건네주는 법, 받아서 주머니에 넣는 법을 숙지하는 것은 제사상 차리는 격식만큼 중요하다.

긴밀한 개인관계가 더 중시되기도 한다.

(2) 계약

저맥락커뮤니케이션과 고맥락커뮤니케이션 차이는 특히 계약의 영역에서 서로 분명하게 차이를 드러낸다. 저맥락커뮤니케이션을 하는 서구인들의 계약은 일종의 철저한 완벽(thoroughness), 즉 경이로움(marvels)을 의미한다. 하루 몇 시간 자전거를 빌리는 계약에도 모든 발생가능한 상황을 처리하는 방법을 포함하여 서너 장의 문서가 요구된다. 계약이 체결되면 양당사자가 재협상에 상호 동의하지 않는 한 어떠한 유연성도 허용되지 못한다. 양 당사자는 법적 체제에 순응하도록 되어 있다.

하지만 고맥락문화에서의 계약은 많이 다르다. 서면계약이 법적 문서에 구속되기보다는 양해각서(Memorandum of Understanding, MOU)에 더 가깝다. 모든 것을 계약내용에 담을 수 없었고, 서로 이해만 한다면 악수하고 헤어져도 크게 문제가 되지 않는다. 본래 용어가 모호하기 때문에 상황이 변하면 조정을 위한 여지를 남겨둔다. 규정준수를 위해 양 당사자는 법적 체제보다는 기존의 신뢰관계가 더 중요하다.

스토리텔링 6-12 남녀 간 커뮤니케이션 차이

진화적으로도 남녀 간의 언어습관은 수십만 혹은 수백만 년간 다른 방식으로 발전되어 왔다고 보는 것이 정설이다. 원시인 남성들은 주로 사냥을, 여성들은 주로 거주지 근처에서 아이를 돌보며 이웃 여성들과 식물이나 열매를 채취한다. 이때 여인들끼리 혹은 아이들과 많은 대화가 오가지만 사냥꾼 무리인 남성들은 짐승을 잡기 위해 가능한 한 조용히 해야 하며 멀리 흩어져 포위망을 형성해야 한다. 꼭 필요한 내용만 상대에게 짧게 알리고 다시 전방을 주시하며 달린다.

한편 채집활동 중에 여성들은 한결 여유가 있고 하루종일 소통의 시간이며 아이들에게 참견할 일도 매우 많다. 아이들에게 애정표현도 많은 말로써 가능하다. 말하는 뇌기능이 발달할 수밖에 없다. 이러한 진화론적 상황들은 남녀 간의 성격형성에도 영향을 미치면서 그 성격차이가 또한 언어습관의 형성에 영향을 미치기 때문에 남녀가 대화를 나누면서 상대도 나와 같은 스타일로 대화한다고 착각해서는 안 될 것이다.

서구인은 비즈니스를 한다는 것과 동의어로 거래를 한다고 간주한다. 기독교인들은 계약의 개념을 하나님과 인간 사이를 근간으로 여기는 문화를 갖고 있다. 하지만 유교에서는 비즈니스를 하는 것은 주로 개인적 관계를 개발하는 것으로 여긴다. 중국어로 연결, 관계를 의미하는 꽌시(quānxi)는 상호의무의 관계 혹은 가족, 씨족의 연결 등에 근거한다. 사업계획서(business plans)는 글로 쓴 계약서이지만 공식커뮤니케이션이라기보다는 관계로 인식된다. 관리자는 서구식 비즈니스 파트너를 만족시키기 위해 계약서를 작성하지만 서명이 끝난 이후에도 조건을 변경하려고 해도 크게 놀라지도 않는다. 세상이 끊임없이 변하는데 종이조각 한 장에 노예가 되어야겠는가라며 별 문제 없다고 여기는 것이다.

(3) 협상과 의사결정

모든 다문화 비즈니스 매뉴얼은 서구인 협상가에게 문화를 이해하라고 경고한다. 예가 반드시 예를 의미하는 것이 아니며, 아마도(maybe)가 아니오를 의미할 수 있다는 것이다. 고맥락커뮤니케이션의 화법은 더 많은 관여와 개입에 의존한다. 체면을 지키거나 분노를 노출하지 않으려는 경향이 있다. 직접화법보다는 간접화법을 사용하는데 이는 당사자가 동의하지 못하는 상황에서 종종 발생한다.

협상뿐 아니라 의사결정을 논의할 때와 갈등을 해결할 때도 마찬가지이다. 대조적으로 저맥락커뮤니케이션을 쓰는 서양인들은 이러한 상황에서는 매우 솔직한 경향이 있다. 동의하지 못한다면 공개적으로 자신들의 견해를 진술한다. 저맥락문화에서 회의는 찬반양론을 고려하고 그 자리에서 결정을 내리기도 한다. 회의참가자는 자신의 견해를 공개적으로 표현해야 한다. 사실과 주장으로 자신의 견해를 뒷받침하면서 의견을 표시한다. 고맥락문화에서는 심사숙고와 의사결정은 회의장소가 아닌 곳에서 결정되고 오히려 결정을 설명하는 자리가 회의에서 이루어진다. 서양인들은 흥정(haggling)은 시간낭비로 여긴다. 가격이 시장논리에 의해 결정되기 때문이다.

스토리텔링 6-13 **예와 아니오**

머리를 끄덕이는 것과 가로젓는 것은 전 세계적으로 예와 아니오를 나타내는 가장 일반적인 동작이지만 예외도 있다. 불가리아에서는 예라고 할 때 머리를 가로젓고, 아니오라고 할 때 머리를 끄덕인다. 그리스와 이탈리아 일부 지방에서는 아니오라고 할 때 머리를 뒤로 젖히고 혀를 내민다. 에스키모들은 예라고 할 때는 머리를 끄덕이지만, 아니오라고 할 때는 윙크를 한다. 서양에서는 대화 중에 나, 내 남편, 내 아들이라는 표현을 많이 하지만 우리나라의 경우 우리라는 표현을 자주 사용한다.

(4) 규칙기반문화와 관계기반문화

고맥락커뮤니케이션과 저맥락커뮤니케이션의 근간은 문화에 따라 규칙기반문화와 관계기반문화로 범주화된다. 각각은 인간존재의 불확실성과 스트레스를 다루는 대인관계를 규제하는 관행과 관련이 된다.

관계기반문화에서의 행동은 권위자에 의한 밀접한 감독에 의해 규제된다. 이를 위해서는 권위가 존중되어야 하며, 권위는 부모, 연장자, 상사 혹은 세상을 떠난 조상들 같은 사람들로부터 나온다. 부적절한 행동은 수치심, 체면상실, 처벌, 배척 등을 불러온다. 권위자들이 주변 가까이에 있고, 하나의 관계를 형성하기 때문에 사회적 환경의 필수적인 부분이 된다. 행동규범은 일반적으로 문화적 상황이며 특별하게 명시적으로 표현될 필요도 없다. 관계기반문화는 따라서 고맥락커뮤니케이션에 의존하는 경향이 크다.

반면 규칙기반문화에서의 행동은 규칙을 존중하는 것을 기본으로 한다. 규칙기반문화는 2가지 특성에 의해 구별된다. 1가지는 관계기반문화에서 규칙은 그것을 만든 사람들로부터의 권한으로 만들어지지만, 규칙기반문화에서는 만들어진 규칙을 철저하게 존중한다. 다른 1가지는 규칙준수를 하지 않으면 죄를 범한다고 판단한다. 규칙을 어겼을 때 벌을 받을지도 모른다는 두려움을 가지고 규칙을 철저하게 따른다. 인간관계는 상대적으로 덜 중요하고 규칙강화, 규칙 등이 명시적으로 강조되며 사람들은 무조건 그것을 준수할 의무를 갖는다. 이런 규칙기반문화가 바로 저맥락커뮤니케이션이다.

6장 수행과제

※ 각 문제가 요구하는 대로 ✔ 표시하세요.

01 조직생활에서의 문화차이에 대한 설명 중 틀린 것은?

① 외국어 능력이 커뮤니케이션 능력을 모두 대변한다.
② 다른 국가의 비즈니스맨과 효과적으로 소통하기 위해서는 효과적인 비즈니스 커뮤니케이션 능력을 필요로 한다.
③ 다양한 구성원의 문화를 이해하는 것이 필수이다.
④ 다른 문화의 사람과 소통하기 전에 각자의 문화차이에 주목해야 한다.

02 문화에 속하는 요소가 아닌 것은?

① 행동규범 ② 기대, 가치관
③ 신념, 상징체계 ④ 이문화

03 특정 문화 내 구성원은 사고하고 행동하고 커뮤니케이션하는 데 있어 유사한 조건을 가지며 유사한 방식으로 행동하는 경향이 있으며, 조직 내 여러 집단도 각기 나름대로의 ( )가 있다.

① 상징체계 ② 하위문화
③ 문화쇼크 ④ 문화차이

04 문화가 다르다는 것에 대한 설명이 아닌 것은?

① 사회의 가치관 ② 사회지위와 역할
③ 문화적 배경 ④ 문화 학습

05 나라마다 문화가 다르고 특성이 다르기 때문에 문화와 비즈니스 커뮤니케이션은 서로 밀접한 관계이다. 다음 중 잘못된 것은?

① 지각과 해석의 일치
② 몸동작 이해의 차이
③ 시간 이해의 차이
④ 공간 이해의 차이

06 글로벌 비즈니스맨은 민족우월주의에서 이 개념으로 변화가 필요하다.

① 고맥락문화
② 저맥락문화
③ 문화상대주의
④ 자민족문화주의

07 (　　)는(은) 몸동작을 연구하는 학문으로 안면표정, 몸짓, 자세, 체형, 용모 등이 사람의 행동에 어떻게 영향을 미치는가를 탐구대상으로 한다.

① 키니식스　② 크로네믹스
③ 프로세믹스　④ 근접학

08 문화와 관련 없는 것은?

① 하위문화　② 통일문화
③ 타문화　④ 이문화

09 국가 간 비즈니스 커뮤니케이션에 있어 언어사용의 차이에서 오는 문제가 아닌 것은?

① 어의상의 문제
② 표현상의 문제
③ 억양의 문제
④ 이문화 간 이해의 문제

※ 각 문제가 요구하는 대로 괄호에 ○, × 표시하세요.

10 (   ) 문화는 행동규범, 기대, 가치관, 신념, 상징체계 등을 공유하는 것이다.

11 (   ) 문화적 이질감은 사전 교육을 통해서 제거할 수 있다.

12 (   ) 외국인과 대화할 때는 어차피 제대로 소통하기가 어렵기 때문에 최종결정을 미리 내려놓고 대화하는 것이 좋다.

13 (   ) 어떤 문화 및 환경에서도 불문율은 변하지 않는 것이다.

14 (   ) 타인에 대한 지각은 항상 정확하다.

※ 각 문제가 요구하는 대로 괄호에 번호를 표시하세요.

① 젠더 커뮤니케이션 ② 준언어 차이 ③ 저맥락문화 ④ 크로네믹스 ⑤ 문화충격

15 (   ) 새로운 문화권에 들어갔을 때 예측 불허의 상황과 낯선 일들이 너무 많아서 생기는 상태이다.

16 (   ) 문화권에서 사람들이 어떻게 시간을 결정하고 규정하는가를 탐구대상으로 한다.

17 (   ) 사회적 지위나 신분보다는 실제 그 사람의 능력을 중시하는 문화를 말한다.

18 (   ) 남녀 간 소통의 차이를 연구한다.

19 ( ) 언어는 아니지만 언어와 유사한 기능을 하는 부언어이다.

※ 다음 문제에 대해 토론하시오.

20 저맥락문화와 고맥락문화의 구별과 규칙기반문화와 관계기반문화의 구별, 고맥락커뮤니케이션과 저맥락커뮤니케이션의 구별 간의 관계를 설명하시오.

21 박스의 내용을 참조하여 다양한 문화와 비즈니스 커뮤니케이션의 역할에 대한 글쓰기를 하고 그 내용을 서로 토론하시오.

> 이집트의 피라미드를 구경하며 피라미드를 만들었던 원리를 알 수 있게 된다. 영화 탓에 흑인 노예나 강압에 의해 동원된 일꾼들이 모진 핍박과 억압 속에서 피라미드를 만든 것으로 알고 있다. 그러나 실제로 당시에는 사람들을 그렇게 부리지 않았다. 나일강 범람이 잦아 농토가 유실되는 등 농한기가 있었을 터이고 그 공백기에 피라미드라는 거대한 사업을 일으켜 사람들에 일자리를 제공해주었던 것이다. 이처럼 문화를 잘못 이해하면 이집트를 제대로 볼 수 없다.
>
> 이집트의 피라미드를 쌓게 한 원인은 살고 싶은 욕망일 것이다. 그리스처럼 화장문화가 발달된 곳에서는 미라가 보이지 않는다. 그리스는 그만큼 현세주의 문화를 가지고 있는 것이다. 교통망을 석권하고 있는 그레이하운드의 상징인 개 마크를 이슬람권에서는 찾기 어렵다. 이슬람권에서는 개를 지옥의 신으로 간주하기 때문이다. 세계적인 음반판매회사인 콜롬비아사의 빅터 상표에도 개가 있는데, 이 그림이 이슬람권에서는 코브라로 바뀐다. 흰 바탕에 빨간 십자가가 그려진 적십자 깃발은 세계 어느 곳에나 있다. 하지만 이것이 기독교의 십자가를 연상시킨다는 이유로 이슬람교 국가에서는 십자가 대신 초승달을 넣은 깃발을 쓴다. 한편 상표명은 소니(Sony)처럼 전 세계 어느 나라 사람이나 쉽게 알아듣고 발음하기 쉬운 모음을 많이 쓰는 편이다.

22 당신의 시간관리는 몇 점인가?

전혀 그렇지 않다(0) 때때로 그렇다(1, 2, 3) 그렇다(4, 5, 6) 항상 그렇다(7, 8, 9)

- 나는 일하는 데 있어 없어서는 안 될 사람이고 일할 사람 역시 나밖에 없기 때문에 일을 도맡아 하는 편이다. (　　)
- 매일 벌어지는 일들이 내 시간을 모두 빼앗아 가고 일 처리도 그때그때 불 끄기에 급급한 나머지 정작 중요한 일들을 할 시간이 없다. (　　)
- 한꺼번에 많은 일들을 하려 들고, 또 그것을 가능하다고 느끼면서 상대방의 요구에 대해 '아니오'라는 말을 못한다. (　　)
- 항상 남에게 뒤처질 뿐 아니라 따라잡지 못할 것 같은 압박감에 시달리며 내심 안절부절 못하며 가만 있지를 못한다. (　　)
- 항상 습관적으로 오랫동안, 즉 하루에 10시간 이상, 1주 5~6일 이상을 일한다. (　　)
- 나는 계속해서 사소한 일과 남들로부터 부탁받은 일에 얽매여 대부분의 시간을 보내기 때문에 정작 하고 싶은 일에는 시간을 쏟아붓지 못한다. (　　)
- 제시간에 퇴근하는 것에 대해 죄책감을 느끼고 휴식을 취하거나 대인관계에 관심을 둘 만한 시간이 없다고 생각한다. (　　)
- 나는 항상 마감 기간을 놓친다. (　　)
- 시간을 비생산적인 일로 보내기 때문에 피곤과 무력감에서 벗어나기 어렵다. (　　)
- 계속 기분이 내키지 않는 일에만 얽매인 채 시간을 보낸다. (　　)

35점 미만: 좋음, 35~60점: 나쁨(스트레스), 60점 이상: 생명까지 위협

23 박스의 내용과 유사한 유명인의 비즈니스 커뮤니케이션 사례를 찾아 발표하자.

떨어진 대통령 문장

버락 오바마 전 미국 대통령이 미국 경제전문지 포춘이 주최한 한 행사에 참석해 연설하던 도중 연설대에 부착되었던 대통령 문장(文章)이 떨어지는 해프닝이 벌어졌다. 이를 알아챈 오바마 대통령은 "괜찮다. 연설대의 문장이 떨어졌어도 여러분은 내가 누구인지 안다."면서 지금쯤 문장을 부착했던 누군가는 정말 초조해할 것이라고 농담을 던졌고, 장내 분위기는 곧 부드러워졌다.

6장 도움글

Adler, N.J. (2002). *International Dimensions of Organizational Behavior*, 4th eds., McGill University, South-Western, Thomson Learning.

Al-Jenaibi, B. (2011). "The Scope and Impact of Workplace Diversity in the United Arab Emirates an Initial Study," *Journal for Communication and Culture*, vol.1, no.2, pp.49-81.

Anderson, P.A. (1999). *Nonverbal Communication: Forms and Functions*, Mountain View, CA: Mayfield.

Bagby, J.W. (1970). Dominance in Binocular Rivalry in Mexico and the United States, In Ai-Issa, I. & Denis, W. ed., *Cross-Cultural Studies of Behavior*, New York: Holt, Rinehart and Winston.

Birdwhistell, R.L. (1970). *Kinesics in Context*, Philadelphia, University of Pennsylvania Press.

Chaney, L. (2005). *Intercultural Business Communication*, 4th eds., Englewood Cliffs, NJ: Prentice-Hall.

Ferraro, G.P. (2005). *The Cultural Dimension of International Business*, 5th eds., Englewood Cliffs, NJ: Prentice-Hall.

Hall, E.T. (1959). *The Silent Language*, New York: Doubleday.

Hall, E.T. (1976). *Beyond Culture*, Garden City, NY; Anchor Books.

Harris, P.R. & Robert T.M. (2000). *Managing Cultural Differences: Leadership Strategies for a New World of Business*, 5th ed., Houston, TX: Gulf Professional Publishing Company.

Hofstede, G. (2001). *Culture's Consequences: Comparing Values, Behaviors, Institutions, and Organizations across Nations*, 2nd ed. Thousand Oaks, CA: Sage Publications.

Hooker, J. (2003). *Working across Cultures*, New York: Stanford University Press.

Mattock, J. (2003). *Cross-Cultural Business Communication: The Essential Guide to International Business*, 3rd ed. London: Kogan Page.

Schmidt, W.V. Roger C. Susan S.E. & William J.W. (2007). *Communicating Globally: Intercultural Communication and International Business*, Thousand Oaks, CA: Sage Publications.

CHAPTER

07

기술과 비즈니스 커뮤니케이션

"당신이 포기할 때 나는 시작한다." E. Musk

"기존 사업을 과거와 같은 방식으로 지속하는 것은 앉아서 재난을 기다리는 것과 같다." P.F. Drucker

"누구도 미래를 예측할 수 없다. 미래 예측은 점쟁이나 하는 것이다." J. Dator

"인공지능은 결국 의식을 갖게 될 것이고 인간의 자리를 대신할 것이다." S. Hawking

"듣는 척만 하지 않고 진지하게 들어주는 듣기는 아첨할 때와 같은 모습으로 보일 수도 있다." J. Brothers

"관계라는 것은 한없이 깊어지기도 하고 변하기도 하고 잔인하기도 하고 사랑스럽기까지 한다. 이러한 사람과의 관계는 참으로 신비로워 우리의 의지대로 되지도 않고 걷잡을 수 없이 제멋대로 흘러가기도 한다." E. Welty

학습목표

수업 이후 학습자가 할 수 있어야 하는 역량

1. 정보통신기술과 4차 산업혁명 기술을 비교할 수 있다.
2. 비즈니스 커뮤니케이션 기술의 추세에 대하여 설명할 수 있다.
3. SNS를 활용하여 커뮤니케이션하는 방법들을 비교할 수 있다.
4. 비즈니스 커뮤니케이션 기술의 역할을 이해할 수 있다.
5. 전자커뮤니케이션에 대하여 설명할 수 있다.
6. 전달방식의 다양화 및 혁신에 대하여 설명할 수 있다.
7. 인공지능과 커뮤니케이션에 대하여 설명할 수 있다.

핵심키워드

기술	정보통신기술	가치사슬
콘텐츠	플랫폼	네트워크
디바이스	4차 산업혁명	클라우드 컴퓨팅
사물인터넷	빅데이터	증강현실
가상현실	적층가공	자율시스템
시뮬레이션	사이버 보안	5G
감성컴퓨팅	생체인식 보안	딥러닝
협업 디지털 작업공간	통합 커뮤니케이션	화상회의
BYOD	이메일 스레드	비디오 통신
인포그래픽 및 이미지	블로그	페이스북
유튜브	인스타그램	SNS
전자커뮤니케이션	인터넷 서비스 제공자	텔레커뮤니케이션
이모티콘	사이버 이미지 메이킹	인공지능

1 현대기술과 비즈니스 커뮤니케이션

기술은 새로운 기술로 대체되고, 항상 과거보다 더 나은 방향으로 변화를 한다. 기술은 인간생활이나 조직구조, 커뮤니케이션, 문화 등 다양한 것에 영향을 미친다. 기술의 힘은 피하기가 어렵다. 그러므로 이러한 기술의 발달에 따른 미래의 모습을 예측해보는 것이 필요하다. 저자 중 한 명이 1996년 투고한 글의 제목이 '하늘을 나는 자동차'였다. 그런 자동차가 수직이착륙이 가능한 개인용 항공기 혹은 드론으로 미국과 국내에서 개발되어 어느 정도 현실이 되었다. 기술이 인간의 삶과 인간의 소통에 미치는 영향 역시 막대하다. 특히 정보통신기술(Information and Communication Technology, ICT)의 발달이 소통의 채널, 소통의 방식, 즉각적인 피드백 등 커뮤니케이션에 있어 편리함과 소통과정의 오류가능성을 상당히 줄여주고 있다.

(1) 정보통신기술의 이해

정보(information)란 단순한 자료(data)를 의미 있는 형태로 가공한 것이고, 통신(communication)이란 개인, 집단, 조직이 정보를 문자, 음성, 이미지, 영상 등으로 주고받는 것을 말한다. 정보통신기술은 정보기술과 통신기술의 합성어로 통신매체를 활용하여 자료, 정보, 지식 등을 교환하는 과정에 이용되는 모든 수단과 활동을 지칭한다. 정보통신기술은 다음과 같이 상호 연관된 가치사슬(value chain)로 진화하고 있다.

▪ 콘텐츠

콘텐츠는 콘텐트(content)의 복수형이며 내용을 의미한다. 사전적 의미로는 각종 유 · 무선 통신망을 통해 교환되는 디지털화된 정보를 통칭하여 콘텐츠라 한다.

[그림 7-1] 정보통신기술의 가치사슬

▪ 플랫폼

플랫폼(platform)이란 본래 기차에서 승객이 타고 내리는 승강장을 의미한다. 처음에는 컴퓨터시스템의 기본이 되는 운영체제, 즉 MS Windows가 플랫폼이라는 용어로 쓰였다. 인터넷상에서 콘텐츠는 소프트웨어에 의해 축적 · 처리 · 저장 · 제공된다. 이러한 콘텐츠가 마이크로소프트, 구글, 애플, 페이스북, 아마존, 알리바바, 텐센트, 바이두, 소프트뱅크, 카카오, 네이버 등과 같은 플랫폼 제공자에 의해 다양한 정보가 제공되고 있다. 최근 들어 플랫폼은 공급자 시장과 소비자 시장 간 중개가 일어나는 장소를 의미한다. 이 용어에서 플랫폼 기업, 플랫폼 비즈니스라는 말도 생겨났다.

▪ 네트워크

네트워크(network)란 사람을 유 · 무선으로 연결시키는 관계의 묶음이다. 사용되는 서비스에 따라 전산망, 전화망, 컴퓨터통신망 등으로 진화되다가 컴퓨터와 통신의 결합을 통해 정보통신망(ISDN)으로 발전하였다. 최근 네트워크 보안에 많은 관심이 높아지고 있다. 네트워크는 IP망, 즉 인터넷이다. 이러한 인터넷 환경에서 플랫폼과 네트

스토리텔링 7-1 **미래에 유망한 직업**

소멸된 직업 중 대표격이 전화교환원, 승강기 운전원(엘리베이터 걸), 영화간판 화가, 시내버스 안내원이다. 전 세계적으로 비디오테이프 대여점은 모두 폐업했다. 더 많은 직업이 사라질 것이기에 가능성이 많은 직업이 무엇인지를 파악하고 그에 대처할 능력을 키우는 것이 점점 더 중요해지고 있다.

- 기후변화에 대처하는 녹색 직업
- 융복합 직업
- 유비쿼터스 시대의 IT 직업
- 일과 삶의 균형을 추구하는 직업
- 첨단기술 관련 직업
- 서비스 직업
- 세계화 관련 직업
- 다문화 사회를 위한 직업

워크의 구분이 사라지는 추세이다. 또한 통신망을 보유한 사업자들이 직접 플랫폼 서비스를 제공하기도 한다.

■ 디바이스

디바이스(device)는 특정 기능을 위하여 구성한 기기, 장치, 도구란 뜻이다. 컴퓨터 기술에서 디바이스는 컴퓨터 하드웨어 주변 기기장치, 즉 스마트폰, 태블릿 PC, 노트북, 프린터, 각종 디스플레이 등이다. 애플이나 삼성은 플랫폼 제공자인 동시에 디바이스 제공자인 대표적인 예라 할 수 있다.

(2) 4차 산업혁명이란?

산업혁명이 사람의 삶에 큰 변화를 주었다. 산업혁명은 18세기 중엽 영국에서 시작된 기술혁신과 동반하여 사회, 경제 등의 변화를 일컫는다.

■ 1차 산업혁명

이는 1700년대 말에서 1800년대 초 사이 철도와 증기기관의 동력 엔진을 통해 최적화된 배송 형태로 발전하면서 수공업을 기계에 의한 생산으로 변화시켰다.

■ 2차 산업혁명

2차 산업혁명은 20세기 초에 시작되었다. 석유 등의 화학에너지, 철강의 도입과 공장에서의 전기 사용으로 특징된다. 전기 덕분에 제조업체는 효율성을 높이고 공장기계의 이동성을 높일 수 있었다. 조립라인과 대량생산이 생산성을 높이는 방법으로 도입되었다.

■ 3차 산업혁명

3차 산업혁명은 1950년대 후반 제조업체들이 더 많은 전자기술, 즉 컴퓨터를 공장에 접목하면서 시작되었다. 이러한 전자기술은 정보기술(IT)로 발달하면서 컴퓨터를 통한 공장 자동화 시대를 이끌었다. 아날로그 및 기계 기술보다는 디지털 기술 및 자동화 소프트웨어에 더 중점을 두는 변화가 시작되었다.

■ 4차 산업혁명

4차 산업혁명을 4.0 또는 스마트 제조산업 4.0으로 부르고 있다. 인공지능의 자동제어를 통한 각 산업이 생물체처럼 유기적으로 연결되고 있다. 기업이 제조업과 정보통신기술을 융합한 차세대 기술로서 소프트파워를 통한 공정과 제품의 지능화 등으로 특징된다. 향후 어떻게 더 발전할지 현단계로서는 아직 전체적인 본질을 파악하기 어렵다. 이 단계에서는 사물인터넷(IoT)을 통한 상호 연결성, 실시간 데이터 액세스, 사이버-물리시스템 도입을 통한 디지털 기술 등이 더 높은 수준으로 발전하고 있다.

(3) 4차 산업혁명 기술

우리는 지금 4차 산업혁명 시대에 살고 있다. 요즘 인간은 인터넷에 의해 태어나고 다시 태어난다고 한다. 인간은 새로운 기술에 의한 놀라운 경험을 하고 있으며, 새로운 기술에 적합한 라이프스타일을 추구하고 있다. 현재 기술은 인공지능, 로봇공학, 사물인터넷, 3D인쇄, 유전공학, 양자컴퓨팅, 최첨단기술 등 그 발전이 획기적으로 빨라지고 있다. 이러한 4차 산업혁명 기술은 인간이 행동하고 생각하고 조직생활하는 방식에 혁명적 변화를 불러오고 있다.

■ 클라우드 컴퓨팅

클라우드(cloud)라고 불리는 컴퓨터 서버 내에서 소프트웨어나 데이터를 저장해 놓고 정보통신기기를 통해 정보를 불러와 처리하는 기술이다. 클라우드 컴퓨팅(cloud computing)은 인터넷을 데이터 및 애플리케이션 관리중심으로 만드는 기술이다. 사용자는 가상서버에 액세스하고 인터넷을 통해 로그인하여 정보를 활용한다.

■ 사물인터넷(IoT)

IoT를 사용하면 사람의 개입 없이 인터넷을 통해 사물을 연결할 수 있다. 센서, 소프트웨어 등을 내장한 물리적 객체인 사물의 네트워크이다. 예를 들어, 달리기를 하면서 스마트워치를 사용하여 이동한 거리를 측정하는 것도 사물인터넷 기술이다.

■ 빅데이터

빅데이터(big data)는 정형 및 비정형의 대용량 데이터를 처리하는 용어이다. 엄청난 자료의 흐름이나 방대한 규모의 데이터를 분석하여 새로운 지식을 만들거나 이상현상을 감지하며, 컴퓨터와 이동통신의 발달을 통해 빅데이터 활용이 점점 더 늘어나고 있다. 많은 비즈니스에서 사용되며 비즈니스의 방향을 결정하는 데 도움이 된다. 예를 들어, 회사는 기존의 빅데이터를 분석하여 만료기간이 다한 고객에게만 갱신 프로모션

스토리텔링 7-2 사물인터넷의 이해

사물인터넷(Internet of Things, IoT)은 인간이 개입되지 않아도 각종 사물에 센서를 부착하고 인터넷에 유기적으로 연결하여 서로 정보를 주고받는 지능화된 서비스를 제공하는 기술이다. 유비쿼터스(ubiquitous) 개념으로부터 발달하였다. 유비쿼터스란 최종사용자가 컴퓨터나 네트워크를 굳이 의식하지 않아도 자유롭게 네트워크에 접속할 수 있는 정보통신환경을 말한다.

사물인터넷의 개념은 매우 광범위하고 다양하지만, 간략하게 아이오티(IoT)라 약칭된다. IoT는 인간, 사물(대상), 서비스 등의 요소가 인간의 명시적 개입 없이 유·무선의 지능적 관계를 형성하는 사물공간 연결망 혹은 지능형 기술 및 서비스라 할 수 있다. 예를 들어, 자동차 열쇠가 아닌 자동차에 접근만 하더라도 자동차 문이 열리고 자동차 키를 돌려서 출발하는 것이 아닌 스마트키만 있으면 자동으로 차에 시동이 걸린다.

사물인터넷 확산에 의해 앱으로 원격조정이 가능한 시대이다. 기상시간에 맞추어 놓은 알람, 커피머신, 외출하면서 음성명령으로 작동을 지시하고 스위치를 켜고 끄고, 사무실에서 자신의 집에 외부인이 무단으로 침입하는 것을 알림을 통해 감지하고, CCTV로 실시간으로 자신의 집 상황을 모니터링할 수 있고, 귀가 전 사전에 실내온도를 설정하고 집에 도착하자마자 그 시각에 맞추어 식사가 준비되는 등 마치 스마트 홈 시대가 열렸다. 사물인터넷에 참여하는 다양한 파트너사들이 다양한 기기를 동기화하고 있다. 그러므로 사물인터넷 세상에서 사람 간 소통기술도 현재의 모습과 많이 달라질 것이다.

이메일을 보낼 수 있다. 비즈니스에서 빅데이터를 분석하여 활용하는 경영기법들이 속속 발전하고 있다.

■ 증강현실과 가상현실

증강현실(AR)은 2차원과 3차원의 가상객체를 자연스러운 3차원 환경에 결합한 후 실시간으로 투사하여 가상현실(VR) 세계를 만드는 기술이다. 이러한 증강현실은 현실 세계에 가상의 정보를 합성하여 가상의 정보가 실제 존재하는 것처럼 보이게 하는 기술이다. AR과 VR은 사용자가 디지털을 물리적으로 에뮬레이션(emulation)할 수 있게 해주는 소프트웨어 및 하드웨어 인터페이스이다. 에뮬레이션은 가상화이다. AR 및 VR 기술은 제품개발에서 제조산업에 많은 이점을 제공하고 있다.

■ 적층가공

적층가공(additive manufacturing) 기술은 3D 프린팅으로도 알려진 기술이다. 오늘날의 디지털 시대에는 생성된 디지털 디자인 이미지를 실제 디자인과 동일한 크기와 형태 또는 특정 축척의 실물로 구현할 수 있다.

■ 자율시스템

4차 산업혁명에서 많은 시스템이 보다 지능적이고 자율적으로 만들어지고 있다. 하나의 시스템 요소가 다른 구성요소와 독립적으로 통신할 때 스스로 이동할 수 있는 독립적 시스템이 가능하다. 예를 들어, 자율주행자동차가 여기에 해당한다.

■ 시뮬레이션

시뮬레이션(simulation)은 성능 최적화를 위한 기술 시뮬레이션, 안전 엔지니어링, 테스트, 교육 등 다양한 상황에서 사용된다. 사람들은 일반적으로 계획에서 새로운 시스템을 구축하거나 이전 시스템을 개선하는 데 시뮬레이션을 한다.

■ 사이버 보안

사이버 보안(cyber security)은 사이버 공격으로부터 정보를 보호하고 기밀성, 무결성 및 데이터 가용성을 방해할 수 있는 조치를 방지하는 것을 목표로 한다.

■ 스마트폰 기술과 5세대 이동통신

단거리 및 장거리 무선통신기술, 영상정보처리기술, 센싱기술, 소프트웨어 기술이 통합되어 통화, 쇼핑, 금융, 소셜미디어, 내비게이션, 가상현실 등을 처리하는 일종의 만능기술이 스마트폰 기술이다.

1세대의 전화, 2세대 문자메시지 시대를 거쳐, 3세대 인터넷과 영상통신이 가능한 스마트폰이 등장하면서 4세대 LTE 시대, 무선인터넷의 빠르기와 본격적인 동영상, 게임, 화상통화 등 진정한 모바일 시대가 되었다. 이제 5세대 이동통신(5G)은 4세대 이동통신에 비해 1,000배 빠른 전송속도, 사람과 사물, 정보가 언제 어디서나 유기적으로 연결되는 실시간 반응속도의 증가, 데이터 속도의 향상, 360도 VR, 홀로그램과 가상현실도 가능하다. 지연속도가 매우 짧아져 자율주행기술, 원격로봇기술, 지뢰제거 분야, 구조작업 등 기술향상에 영향을 준다. 5G는 대량연결 기술을 가능케 하여 모든 사물이 인터넷에 연결된다. 공장에서도 로봇들이 연결되고 알고리즘에 따라 제어된다.

▪ 감성컴퓨팅 및 생체인식 보안

감성컴퓨팅(affective computing)은 인간의 다양한 감정을 평가하여 컴퓨터가 다양한 방식으로 인간과 커뮤니케이션하는 방법을 연구하면서 등장한 분야이다. 생체인식 보안이란 지문, 홍채, 정맥, 얼굴 등 개인의 고유한 신체적 특성으로 사용자를 인증하는 기술 및 보안체제의 변화에 관련된 기술이다.

▪ 딥러닝

딥러닝(deep learning)은 사람의 사고방식을 기계에게 가르치는 학습법이다. 컴퓨터가 스스로 훈련하면서 패턴을 찾아내어 분류하는 방식으로 인공지능이 급속도로 발전하고 있다.

(4) 비즈니스 커뮤니케이션 기술의 추세

지난 10년 동안 비즈니스 커뮤니케이션 기술은 크게 발전했다. 과거 비즈니스 커뮤니케이션이 전체 직원과 이메일로 정보를 주고받던 것이었다면 이제는 직원 개개인 맞춤형으로 소통하는 방식으로 바뀌고 있다. 이제는 남들과 어떻게 비즈니스 커뮤니케이션을 잘 하느냐가 매우 중요한 시대이다. 기업에서는 개인의 역량도 중요하지만 협업능력이 더 요구되고 있기 때문에 급변하는 비즈니스 커뮤니케이션 기술과 그 추세를 따라가지 못하면 안 된다. 그러므로 자신의 경쟁력을 유지하고자 한다면 비즈니스 커뮤니케이션의 최신기술을 수용하고 자신의 업무방식을 개선해야 한다. 특히 미래를 준비해야 한다. 지금 직장에서 비즈니스 커뮤니케이션을 개선하고자 한다면 그것은 비즈니스 커뮤니케이션 기술의 변화추세와 일치하는지 파악해야 한다. 여기서는 비즈니스 커뮤니케이션 기술의 추세 10가지를 소개한다.

▪ 인트라넷 소프트웨어 및 솔루션

조직은 인트라넷 소프트웨어 및 솔루션을 통해 최고의 비즈니스 커뮤니케이션 도구를 사용한다. 기업은 효율적으로 작업하기 위해 중앙집중식 콘텐츠, 데이터 및 사람에 액세스할 수 있는 공간, 즉 그룹웨어가 필요하다. 이러한 추세는 소셜미디어의 이점, 모바일 장치의 발전, 원격작업의 증가로 인해 가속화되고 있다. 활동 스트림, 알림, 좋아요 및 댓글에서부터 블로그, 위키 및 공동 작업 도구에 이르기까지 인트라넷 소프트웨어는 사용자에게 친숙한 소셜기능을 갖추었다. 기업문화에 기여하고 공동체처럼 느끼면서 어디에서나 아이디어를 공유할 수 있게 해준다.

▪ 협업 디지털 작업공간

성공적 조직은 팀 협업을 통한 생산성 달성이 이루어진다. 최신 디지털 작업공간은 직원이 같은 공간에 있는 것처럼 작업할 수 있도록 지원한다. 강력한 지식관리도구 세트를 갖추고 문서 공동편집, 아이디어 공유, 작업위임 및 정보검색을 사용할 수 있다. 동일 건물에서 일하거나 원거리에 있는 팀은 진행상황을 추적하고 콘텐츠와 사람을 중앙집중화하며 업무흐름에 병목현상을 일으키는 불필요한 이메일을 제거할 수 있는 협업 디지털 작업공간이 필요하다. 스카이프(skype), 링크(lync), 카카오톡(kakao talk) 솔루션이 협업 디지털 작업공간의 예이다.

■ 통합 커뮤니케이션

오늘날 대부분의 구성원은 자신의 목표를 이해하고 업무를 효율적으로 수행하는 데 있어서 단일 정보소스를 원한다. 구성원들이 여러 플랫폼과 과부하된 정보량에 시간을 소모하고 있다면 비효율적일 것이다. 내부통신 소프트웨어는 중요한 발표, 콘텐츠 및 대화를 한 곳에서 간소화하여 메시지가 누락되지 않도록 해준다. 채팅서비스, 전화 및 화상회의, 메시징, 피드백 및 댓글 시스템이 포함된다. 자신과 관련된 정보를 수신하여 혼란을 없애고 다양한 장치 및 미디어 유형에서 일관된 사용자 인터페이스와 경험을 제공한다. 리더와 직원, 직원과 리더, 직원 서로의 3자 커뮤니케이션을 하나로 통합한다. 통합 커뮤니케이션(unified communications)은 인프라 비용을 줄이고 응답성이 뛰어난 경험을 위해 기능을 중앙집중화한다. 그것은 모든 사람의 삶을 더 단순하게 만들고 경영진이 직원이 언제 가능한지 신속하게 확인할 수 있게 해준다.

■ 화상회의

1980년대부터 화상회의(video conference)가 있었다. 비디오 지원 전화, 태블릿 및 앱을 사용하면서 직원과 경영진이 화면을 공유하고 프레젠테이션을 진행하며 실시간으로 비즈니스 커뮤니케이션할 수 있다. 웹 기반 화상회의 서비스를 통해 팀이 가상회의실에서 더 쉽게 만날 수 있어 협업 노력이 크게 향상되었다. 대부분의 화상회의는 문서 공유, 텍스트 채팅 및 화면 공유와 같은 온라인 협업 도구가 함께 제공된다.

■ 모바일 장치

직원이 출퇴근 중이든 대면회의 중이든 이동 중이든 상관없이 강력한 모바일 앱을 통해 사무실을 이용할 수 있다. 모바일 인트라넷 소프트웨어를 사용하여 직원은 팀 구성원을 핑(ping)하고 회사 데이터에 액세스하고 중요한 알림을 받을 수 있다. 이 연결을 통해 전체 조직에서 더 나은 내부 커뮤니케이션을 설정할 수 있다. 개인의 단말기기를 업무에 활용하는 것, 즉 BYOD(Bring-Your-Own-Device) 프로그램을 구축하면 직원이 직장에서 개인기기를 효율적으로 사용할 수 있다.

■ 클라우드 기반 앱

회사 데이터를 클라우드에 저장함으로써 조직은 어디에서나 무엇이든 액세스할 수 있다. 모바일 장치에서도 클라우드 기반 서비스 및 앱에 액세스할 수 있으므로 프로젝트에서 공동작업하고 팀과 의사소통할 때 매우 편리하다. 실시간 편집기능 및 기타 고급 공유 옵션을 통해 많은 기업에서 유연성 때문에 클라우드 인트라넷 소프트웨어를 사용하고 있다.

■ 원활한 기술통합

오늘날 한 플랫폼에서 다른 플랫폼으로 대화와 데이터를 이동하는 기능은 계속 발전하고 있다. 앞으로는 모든 장치가 대화, 작업 및 메모를 동기화할 것으로 예상된다. 이러한 추세는 요즘 직원이 업무 관련 작업에 있어 자신의 스마트폰, 노트북 및 디바이스를 사용하도록 허용하는 BYOD 정책도 늘어나는 추세이다. 이 과정에서 회사와 개인 기기의 동기화가 빠르게 진행되고 있다.

■ 채팅서비스

채팅서비스는 복잡한 이메일 스레드(email thread), 즉 가장 먼저 쓰여진 이메일부터 답장들이 쭉 이어진 리스트를 의미하는데, 하나의 주제에 관해 서로 정보를 주고받은

스토리텔링 7-3 모바일상거래

인터넷을 사용하여 제품 및 서비스를 판매하는 것을 전자상거래(e-commerce)라고 한다. 전자상거래 회사의 예로 Amazon, Uber eats, eBay, Facebook Marketplace, Aliexpress 등이 있다. 모바일 장치를 사용하여 발생하는 전자상거래를 모바일상거래(m-commerce)라 한다. 고객은 집에서 편안하게 제품 및 서비스를 검색하고 주문하고 반품할 수 있는 등 전자상거래와 모바일 상거래를 사용하고 있다.

문서 대화 목록이다. 이러한 이메일 스레드 없이 팀 구성원과 협업할 수 있는 즉각적이고 직접적 방법이 채팅서비스이다. 필요한 정보를 더 빨리 얻을 수 있을 뿐만 아니라 화상회의를 포함한 다양한 미디어 유형을 사용할 수 있다. 올바른 인트라넷 플랫폼을 사용하면 채팅을 디지털 작업공간에 통합할 수도 있다.

▪ 비디오 통신

멀티미디어는 비즈니스 커뮤니케이션과 관련하여 나아갈 방향이며 거대한 비즈니스 커뮤니케이션 추세이다. 비디오, 이미지 및 인포그래픽을 통합하여 직원이 콘텐츠를 더 매력적이고 이해하기 쉽게 만들 수 있다. 비디오는 직원을 교육하고 프로세스를 설명하며 경영진의 중요한 회사 발표를 전파하는 데 사용된다. 비디오는 몰입도가 높기 때문에 내부 비즈니스 커뮤니케이션 수단으로 더 효과적이며, 점점 더 많은 기업이 이러한 추세를 따르고 있다.

▪ 인포그래픽 및 이미지

인포그래픽(infographics)과 이미지가 포함된 콘텐츠는 일반 텍스트보다 사람들의 참여가 더 높다. 비즈니스 커뮤니케이션 도구는 콘텐츠를 매력적이고 아름답게 만들고 직원에게 눈에 띄게 만들어야 한다. 이러한 도구를 사용하면 설득력 있고 매력적인 방식으로 메시지를 전달하는 인포그래픽, 밝은 이미지 및 시각적 요소를 포함한다. 또한 직원에게 프로세스를 설명하는 데 매우 효과적이며 저렴한 비용으로 설계하고 생성하는 데 도움이 되는 많은 도구와 앱이 있다.

하지만 비즈니스 커뮤니케이션 기술의 변화 추세는 패러다임의 한 단면만을 보는 장님 코끼리 만지는 격이다. 사람의 일상은 물론 생산, 소비, 유통 등의 거의 모든 것이 변하기 때문이다. 벤츠사 전 회장(Dieter Zetsche)은 "자동차는 기름이 아니라 소프트웨어로 달린다."고 말했다. 기술이 발전할수록 일부 직업에서는 인공지능기술이 인간을 대체하기도 하겠지만 미래에도 인간중심 사회일 것이다. 인간만이 할 수 있는 고유

스토리텔링 7-4 미래와 커뮤니케이션

영화에서 자주 등장하는 장면 중 하나인 증강현실 터치기술은 현재 상상되고 있는 것보다 훨씬 빠른 속도로 우리 생활주변에 와 있다. 스마트한 시대의 스마트한 미래도시, 아마도 무인전기자동차는 탄소배출 및 운전자 없이 스스로 GPS를 활용하여 우리를 직장으로 안내할 것이고, 그 자동차가 다니는 스마트 도로는 첨단기술로 무장될 것이다. 외국 바이어를 만나는 장면도 지금과 상당한 차이가 있을 것이다. 손목에 착용하는 웨어러블 컴퓨터(wearable computer)를 통해 실시간 변역기술의 도움을 받는다면 언어의 장벽 없이 회의와 소통이 가능해질 것이다.

또한 더 발달된 알파고, 인공로봇, 압축공기 이용 자동차, 홀로그램을 이용한 투명한 키보드와 투명한 확대 디스플레이, 신소재를 활용한 투명망토 개발 등 일종의 거짓말 같은 미래의 모습이 현실이 될 수 있다. 따라서 4차 산업혁명은 지금까지 있었던 시대와 많이 다를 것이다. 기술과 융합되고 빅데이터가 초연결 혹은 초지능화되는 새로운 기술혁명의 시대가 온 것이다.

영역은 분명히 존재하기 때문이다. 정보통신기술, 사물인터넷, 4차 산업혁명 시대에 필요한 인간의 능력은 무엇일까? 어떤 사물과 현상을 해석하기 위해서 작은 단위로 분석하는 사고가 선행되어야 하고 그 이후에 종합도 가능할 것이다. 하지만 더 중요한 능력은 모든 사물의 분석적 관점도 중요하지만 전체적인 큰 그림을 보는 능력이 함께 필요하다. 이것이 인간의 통찰력(insight)이다.

2 SNS와 비즈니스 커뮤니케이션

현재 SNS의 역할은 매우 다양하다. 블로그를 통해 글쓰기를 하고 페이스북을 통해 자신의 커리어를 쌓아 친구들과 공유하고, 유튜브로 수많은 사람들의 지식과 정보를 주고받고, 인스타그램으로 일상을 공유하며 자신을 좋아하는 사람들과 행복하게 커뮤니케이션을 하고 있는 것이다. 불과 몇년 전에는 존재하지 않던 것들이다. 온라인 채널의 종류가 많아졌고, 그중 하나만 해도 되는 시대를 지나 이제는 모든 것을 다 잘해야 하는 시대가 된 것 같다. 소셜네트워크서비스(Social Network Service, SNS)는 온라인 상에서 여러 사람과 사회적 관계를 맺을 수 있는 온라인 플랫폼이다. 여러 매체 중에서 자기 자신의 성향에 맞는 매체를 선택하는 것이 좋다. 예를 들어, 글을 잘 쓰는 사람이면 블로그, 트위터, 페이스북을 개설하고 사진이나 동영상에 강하면 인스타그램, 유튜브, 틱톡이라는 SNS를 개설하여 실행한다.

(1) 블로그 활용

블로그(blog)는 웹 로그(web log)의 줄인 말로 인터넷을 의미하는 웹(web)과 항해일지인 로그(log)가 합쳐진 말이다. 사람들이 자신의 관심사에 대한 글쓰기 하는 웹사이트이다. 네이버 블로그에 글을 포스팅하기 전 참고할 내용은 다음과 같다.

■ 검색되는 글쓰기

- 제목에 검색 키워드 포함: 블로그에서는 제목이 가장 중요하다. 블로그의 제목은 1차로 알고리즘이 선택하지만, 관심을 갖는 사람들이 검색에서 제목을 직접 선택하여 클릭하게 된다. 그러므로 제목에 검색 키워드가 포함되어 있어야 사람들로부터 선택받을 수 있다.
- 제목과 본문의 내용 일치: 제목과 일치하지 않는 전혀 다른 내용으로 본문이 구성되면 사람들로부터 신뢰를 잃는다. 본문에도 주요 키워드가 포함되어 있어야 제목과 본문의 내용이 일치하는 포스팅이라고 인정된다.
- 이미지가 첨부된 글: 하나의 화면이 글로만 가득하다면 사람들은 뒤로가기를 누른다. 글과 함께 시각적 요소가 풍성하게 포함된 포스팅을 선호한다.

스토리텔링 7-5

블로그 글쓰기

알고리즘은 사람들이 선호하는 문서의 3가지 유형으로, 실제 경험한 체험 내용, 전문 분야 및 특정 분야의 수준 있는 내용, 상세한 정보가 담긴 리뷰를 꼽는다. 예를 들어 구매한 제품의 사용후기를 작성할 경우, 그 제품을 구매하려는 사람들이 궁금해하는 제품의 가격, 제원, 타사 제품과의 비교, 구매사이트 등 상세한 정보에 실제 구입하여 사용해본 경험담, 만족한 내용 등이다.

■ 경쟁력 있는 핵심 키워드 선택

- 블로그는 한정된 공간에서 더 상단에 노출하기 위해 블로거끼리 경쟁하는 구조이다. 많이 검색되는 키워드보다는 내 자신의 블로그 수준에 맞는 키워드를 선택해야 한다.
- 키워드를 여러 단계로 세분화하고 키워드별로 검색량 통계를 정기적으로 확인하는 것이 좋다. 개인의 주관적 판단을 줄이고 자료와 정보를 통해 객관적으로 분석하는 것이 좋다.

■ 고객 사로잡는 글쓰기

- **포스팅의 시각적 요소:** 보기 좋고 읽기도 좋게 하는 것이 방문자의 체류시간을 늘릴 수 있다.
- **모바일 가독성:** PC로 블로그 포스팅을 하더라도 스마트폰 화면에서 가독되기 쉽도록 모바일/태블릿이 같도록 한다. 스마트폰에 네이버 블로그 앱을 설치하여 스마트폰으로 바로 글쓰기를 해도 된다.
- **가운데 정렬과 좌측 정렬:** 간결한 글을 이미지와 사용할 때는 가운데 정렬, 약간 길면서 전문적인 글이라면 좌측 정렬을 한다.
- 강조하고 싶은 내용이 있다면 눈에 띄는 색으로 변경하고 글자에 배경을 입힐 수도 있다. 여러 색을 쓰는 것보다는 강조색 1가지가 더 간결하다.
- 감각적인 디자인의 썸네일을 사용하여 포스팅을 대표하자.

- 맛집이나 음식을 리뷰하는 포스팅에 사진이나 영상을 첨부하면 사람들의 만족도는 더 높아질 것이다. 리뷰한 장소의 주소만 적는 것보다는 장소를 첨부하거나 지도 앱과 연동해두면 더 좋다. 도서와 영화의 경우 리뷰에 글감을 첨부하거나, 제품의 경우 해당 쇼핑몰의 링크가 첨부되는 것도 만족을 높이는 경험을 준다.

▪ 블로그 이웃관리

- 블로그는 SNS 팔로우, 구독과 같이 '이웃'을 사용한다. 이웃 수를 늘려 내 글을 꾸준히 볼 수 있도록 관리한다. '서로이웃'은 서로가 서로의 글을 볼 수 있다.
- 블로그를 비즈니스로 연결지어 보면, 이웃이 잠재고객인 셈이다. 나의 글을 꾸준히 받아보다가 제품이나 서비스를 구매하고 싶다는 생각이 들 수도 있다.

▪ 블로그의 신뢰

블로그에 글을 포스팅하지 않으면 블로그 지수는 0이다. 사람들에게 노출되고 신뢰를 얻으면 지수가 오르락내리락을 한다. 이때 검색랭킹의 정확도를 높이기 위해 블로그의 신뢰도를 평가하는 알고리즘이 있다.

- C-Rank: 글의 생산자인 출처, 즉 블로그를 운영하는 크리에이터의 신뢰도를 맥락(context), 내용(content), 연결된 소비/생산(chain) 등으로 평가한다.
- D.I.A(Deep Intent Analysis): C-Rank를 보완하기 위해 문서 자체의 경험과 정보성을

스토리텔링 7-6 **다양한 블로그 채널**

나에게 더 적합한 블로그 채널은 무엇이 있는가? 글과 이미지, 영상을 고르게 활용할 수 있는 것이 블로그라는 매체이다. 네이버 블로그 외에 다른 것을 살펴보자.

- 네이버 포스트: 콘텐츠 전문가용 플랫폼, 1인 미디어 채널로 성장하는데 도움이 된다.
- 카카오 브런치: 글이 작품이 되는 공간, 작가 등용문이 되는 채널
- 디스토리(TISTORY) 블로그: 수익, 부수입이 창출되는 블로그, 블로그 주인이 애드센스 광고 수익을 얻는 구조
- 워드프레스(WordPress) 블로그: 개인이 원하는 디자인과 기능을 구현할 수 있는 홈페이지로 활용된다.
- 구글 블로그: 블로거(blogger) 혹은 블로그 스팟으로 이용자가 가장 많다.

분석해 랭킹에 반영하는 것이다. 이는 문서의 주제 적합도, 경험 정보, 정보의 충실성, 문서의 의도, 상대적인 어뷰징 척도, 독창성, 적시성 등의 요인들을 복합적으로 반영하여 평가한다.

- D.I.A+: 네이버 데이터를 기반으로 키워드별로 사용자들이 선호하는 문서들에 대한 점수를 랭킹에 반영한 알고리즘이다. 경험, 의견, 리뷰를 찾고자 하는 사람들에게 정확한 정보 결과를 노출시키게 된다.

(2) 페이스북 활용

페이스북은 2004년 미국 동부 대학생들의 사교 네트워크로 출발하였다. 페이스북을 사용하면 동일한 프로필 형태를 써야 한다. 관심분야의 사람들이 친구, 가족, 지인과 함께 소통하는 소셜미디어이다. 페이스북은 대표적인 관계중심, 즉 공유기능이 강한 SNS이다. 기존의 오프라인에서 네트워크가 많은 사람들은 온라인으로 옮겨 페이스북으로 자신을 브랜드화할 수 있다. 뉴스피드는 페이스북 유저의 홈페이지 메인에 있는 기능이다. 소통을 위한 직관적 시스템이다. 페이지는 브랜드, 비즈니스, 단체명으로 활동과 소통할 수 있는 기능이다. 뉴스피드는 홈페이지의 메인 화면이고, 프로필은 나의 블로그이다.

■ 기본메뉴

- 담벼락: 네이버 블로그이다. 나와 친구가 글을 쓰거나 답글이 게시되는 곳이다.
- 정보: 학교, 직업, 취미, 연락처, 관심사 등 개인정보를 보여주는 곳이다.
- 사진: 사진파일이 올려지면 이곳에 모아져 한 번에 확인가능하다.
- 내 프로필 관리에서 좋아하는 것, 관심사를 잘 설정해 놓는다.

■ 이벤트와 친구관리

- 이벤트에는 친구가 생일을 알려주는 기능이 있다. 자기 자신이 이벤트를 만들 수

도 있고 상대방이 만든 이벤트가 목록에 뜨기도 한다. 친구의 이벤트, 생일, 지난 이벤트를 확인할 수 있다.

- 친구관리, 친구찾기, 친구초대 등을 할 수 있다.

■ 어플리케이션과 링크

- 해당 어플리케이션을 이용할 수 있다. 트위터 음악, 유튜브, 블로그 연동 등 페이스북을 조금 더 다양하게 사용하기 위한 하나의 기능이다.
- 링크된 게시물만 뉴스피드상에 보이기 때문에 인터넷상에서 찾은 주소를 직접 링크하여 공유하는 것이다.

■ 그룹과 노트

- 페이스북에서 그룹은 일종의 카페이다. 자기 자신이 만든 그룹이나 자신 또는 친구가 가입한 그룹을 공유하는 것이다.
- 페이스북의 노트는 블로그와 비슷하다. 뉴스피드나 담벼락의 경우는 자신의 생각을 짧게 표현하는데 유용하다고 한다면 페이스북 노트는 긴 글을 정리하는데 유용한 서비스이다.

■ 페이스북 활용하기

- **친구찾기**: 다음이나 네이트 등을 선택 후 본인의 아이디와 비번을 입력하면 이메일과 연관되어 있는 모든 사람에게 친구추가 초대가 가능하며, 학교나 직장을 검색해 친구를 찾는 기능도 있다.
- **친구관리**: 핸드폰과 연동해서 친구를 찾기, 이메일이나 직장, 학교 등으로 친구를 찾기, 이메일을 보내서 친구 초대하기, 최근 추가한 친구찾기, 친구를 그룹으로 나누는 기능이 있다.
- **채팅하기**: 간편하게 페이스북 채팅을 할 수 있다.
- **트위터와 연동하기**: 페이스북에 로그인을 하고, 트위터(twitter) 앱에 접속하여 연동

하면 된다.

■ 페이스북 광고 만들기

- 아무에게나 돈 드는 광고를 보여주지 않는다. 원하는 성별, 연령, 관심사를 가진 사람들에게만 보낸다.
- 페이스북의 타깃은 핵심타깃(연령, 성별, 언어), 맞춤타깃(고객정보, 방품 트래픽 기반, 행동 분석 기반), 유사타깃(맞춤 타깃과 유사한 행동을 보인 잠재고객들)으로 구분한다.
- 페이스북 광고를 위해서는 무엇을 알릴 것인지 주제가 필요하며, 주제를 알릴 포스터가 필요하며, 고객정보 입수, 크레딧 카드, 페이지, 광고관리자가 필요하다.

(3) 유튜브 활용

유튜브는 영상 콘텐츠 분야에서 가장 핵심적인 플랫폼이다. 유튜브는 애드센스 광고, 슈퍼챗, 채널 멤버십 기능과 기업연계 등의 방법이 있다.

■ 유튜브 애드센스 광고

- 유튜브를 통해 얻는 광고수익은 구글 애드센스 수익으로 심사를 통해 유튜브 파트너가 되어야 받을 수 있다.
- 구독자 수 1,000명 이상, 최근 1년간 공개한 동영상 유효 시청 4,000시간 이상, 광고주 친화적인 콘텐츠 가이드라인을 준수한 콘텐츠 제작이 있어야 한다.

■ 유튜브 프리미엄

- 유료 서비스로 유튜브와 유튜브 뮤직도 함께 광고 없이 이용한다. 이러한 프리미엄 가입자의 구독료 일부가 크리에이터에게 수익으로 지급된다.

■ 브랜디드 콘텐츠

- 수익은 기업의 광고를 통해 생긴다. 기업의 제품을 홍보하거나 기업이 원하는 방향으로 영상을 제작하고 돈을 받는 형태로 수익을 벌어들이는 것을 브랜디드 콘텐츠라 한다.

■ 슈퍼챗

- 슈퍼챗은 유튜브 라이브 방송 중 팬들이 보내는 후원금이다.

■ 채널 멤버십

- 구독자 전용 유료 멤버십으로 채널 구독 옆의 가입 버튼을 클릭하면 가입이 된다.

■ 브이로그, 인터뷰, 언박싱 등

- 브이로그(v-log)는 비디오(video)와 로그(log)를 합친 말이다. 내가 가진 콘텐츠 중 특별한 요소가 있다면 브이로그를 시행한다. 인터뷰를 통해 타인의 이야기를 이끌어내는 콘텐츠, 명품, 생일선물, 쇼핑하울 언박싱(unboxing)을 통해 제품 포장을 뜯어보는 콘텐츠이다. 이외 Q&A, 리뷰, 자신만의 지식이나 노하우 공개 콘텐츠 등이 있다.

■ 눈에 확 띄는 썸네일

- 광고에 3B가 있는데 미녀(beauty), 아기(baby), 동물(beast)을 등장시켜 사람들의 주목을 끄는 것이다. 카피(copy) 혹은 헤드라인 텍스트와 클로즈업된 얼굴을 담으면서 가독성과 호기심 좋은 디자인을 선택한다.

(4) 인스타그램 활용

일 대 일 비율의 정방형 감성을 유행시킨 인스타그램(instagram)은 인스턴트와 텔레그램이 합쳐진 말이다. 세상의 순간적인 포착을 공유하자는 슬로건으로 탄생되었다. 자신의 인스타그램 피드를 꾸미고, 스토리기능으로 간편하게 일상을 공유하고 화면에서 사람들의 근황을 살펴본다.

■ 매력적 프로필

- 사람들은 프로필과 피드에 어떤 내용과 글이 있는지를 보고 팔로우를 정한다.
- 나를 대표할 만한 이력이나 성과를 적고 내가 하는 일이나 관심사의 핵심 키워드를 작성한다. 이때 해시태그(hashtag), 즉 내용물을 묶어주는 역할을 하는 태그(#)를 달아둔다.
- 프로필 하단에 다른 인스타그램 계정 주소를 @태그하기를 할 수 있다. 또한 웹사이트 하이퍼링크도 유도할 수 있다. 물론 해시태그는 검색 기능 외에도 특정 키워드를 강조하는 데 활용한다.

■ 프로페셔널 계정 운영

- 개인계정에서 프로페셔널 계정으로 진화한다. 인사이트(통계)를 수시로 확인하고, 유료 타깃팅 광고도 가능하다.

■ 콘텐츠 기획

- 보정을 거친 이미지보다는 평범한 일상을 공유하면서 게시물 대신에 스토리(story), 즉 24시간 뒤에 사라지는 게시물로 순간을 업로드한다. 피드는 일상을 공유하면서 기억에 남기고 싶은 사진이 모인 곳이다.
- 숏폼(short form) 영상이란 짧은 길이의 영상이다. 인스타그램은 릴스(reels), 유튜브는 쇼츠(#shorts)라는 숏폼 영상이 있다. 유행하는 숏폼 영상에 도전하는 것도 좋다.

■ 사람 태그하기

- 사람 태그는 특정 계정으로 연결해주는 태그이다. 게시물을 업로드할 때 위치추가 기능을 통해 위치 태그가 가능하다. 쇼핑 태그는 판매할 사이트가 있을 때 인스타그램의 승인을 거쳐서 활성화된다. 공동작업자 태그는 게시물을 업로드하면 태그된 계정의 인스타그램 피드에도 해당 게시물이 업로드된다.

3 비즈니스 커뮤니케이션에서의 기술의 역할

비즈니스 커뮤니케이션에서 기술은 어떤 역할을 수행하는가? 기술은 조직에서 인간행동을 수행하는 데 정해놓은 규칙을 기계적으로 적용하면서 인간의 삶을 획기적으로 변화시킨다. 비즈니스가 지금처럼 발전한 것은 기술이 발전했기에 가능했다. 특히 정보기술은 전 세계를 하나의 공동체로 만들고 비즈니스의 새로운 지평을 열었다.

■ 빠른 정보전달

정보통신이 가장 큰 장점은 빠른 정보전달에 있다. 매체의 발전으로 몇 초 내로 원거리에 있는 수신자에게 정보를 보낼 수 있다.

■ 대량의 정보전송

사람들은 통신장비, 디바이스 등을 통해 대량의 정보를 전송할 수 있다. 예를 들어, 이메일을 통해 수백 페이지의 글이나 대용량의 파일을 편리하고 쉽게 첨부할 수 있다.

■ 즉각적인 의사결정

경영진이나 관리자는 기술의 발전으로 인해 즉각적인 의사결정을 신속하게 내릴 수 있으며 클릭 한 번으로 언제 어디에서나 수많은 정보를 검색하고 비교할 수 있어 더 나은 비즈니스 운영이 보장될 수 있다.

■ 비용절감

정보통신으로 인해 시간이 절약되면서 과거의 전통적인 수단이나 매체보다 비용이 적게 든다.

■ 용이한 정보보존

정보통신기술을 통해 사용되고 교환되는 방대한 양의 정보저장이 가능해지고 용이해지고 있다.

■ 비대면 화상회의 체제 발전

상대방이 어느 장소에 있든지 혹은 지리적으로 분산되어 있든지와 관계없이 대화식 비즈니스 커뮤니케이션 기회가 생생하게 소통된다.

(1) 전달방식의 다양화

글로벌 경제환경 속에서는 여러 나라의 기업이 상호경쟁하고 있기 때문에 각국의 기업은 효과적인 비즈니스 커뮤니케이션을 위한 최상의 방식을 찾고자 부심하고 있다. 이를 위해 발달된 기술이 비즈니스 커뮤니케이션을 위해 투입되고 있으며 보다 신속하고 보다 효과적인 비즈니스 커뮤니케이션이 되기 위한 다양한 기술이 발전되고 모색되고 있다. 기술을 이용하여 보다 효과적인 비즈니스 커뮤니케이터가 되기 위해 노력을 해야 한다.

기술은 비즈니스에 있어 커뮤니케이션 방식을 완전히 바꿔 놓고 있다. 이제는 더 빠르고 더 효율적이고 더 편리하게 비즈니스 커뮤니케이션해야 한다. 기술을 지속적으로 발전시키는 새로운 장치, 도구, 소프트웨어가 존재하며 과거방식을 지속적으로 업데이트하고 개선하고 있다. 비즈니스 커뮤니케이션이 성공하려면 새로운 기술을 적극적으로 활용해야 한다.

▪ SNS

오늘날 전략적 홍보(PR)는 TV, 라디오, 신문, 잡지라는 4대 매체를 벗어나 소셜미디어, 웹사이트 등으로 이동하고 있다. 소비자는 질문이 있을 때 다른 사람의 도움 없이 직접 접근한다. 경영진에게도 개인 소셜미디어 프로필을 통해 쉽게 액세스하고, 질문이 있으면 인스타그램이나 트위터로 DM을 보내어 답을 받을 수 있다. 그러므로 PR 캠페인은 다른 의제에 초점이 맞추어져 있다.

- 온라인 평판관리
- 소셜미디어 참여 및 상호작용과 고객만족
- 긍정적 평판유지를 위한 온라인 언급 및 인터뷰 구축

스토리텔링 7-7 소셜미디어 전략

팔로워에게 기쁨을 주려면 어떻게 해야 하나? 2021년 통계에 의하면 42.6억 명이 넘는 사람들이 소셜미디어 네트워크를 사용하고 있다고 했다. 2027년이 되면 약 60억 명에 이른다고 한다. 조사(TDI the data incubator)에 따르면 전 세계 인구의 약 58.7%, 인터넷 사용자 중 93.1%가 SNS를 이용하고 있으며, SNS의 신규 가입자는 매년 약 3억 명씩 증가한다고 한다. 마케터는 인스타그램, 페이스북과 같은 매체를 최대한 활용하여 해시태그와 이모티콘을 살펴야 한다. 효과적인 비즈니스 커뮤니케이터가 하나의 소셜네트워크에만 집중하는 것은 위험하다. 소셜미디어 인플루언서와 연계할 필요가 점점 증가하고 있다. 댓글은 일종의 참여이며, 이러한 참여자에 대한 반응을 보여야 한다. 그래야 잠재고객들에게도 도달범위가 넓혀지고 비즈니스 페이지로 유도가 가능하다. 유쾌한 고객경험을 위해 명확하고 독특한 소셜미디어 피드 안에서 브랜드 아이덴티티를 구축해야 한다.

▪ 내부 커뮤니케이션

이제 외부 커뮤니케이션이 아닌 내부적으로 커뮤니케이션할 수 있는 방법을 구축함으로써 벽 없는 조직을 구현하고 원활한 협업, 회의, 자료 및 정보, 파일 공유를 가능하게 하는 소프트웨어 및 솔루션이 있다.

- 화상채팅 및 영상채팅
- 협업 및 화면 공유
- 클라우드 스토리지

▪ 마케팅과 광고

기업은 이제 과거와는 다른 마케팅과 광고를 해야 한다. 소비자들은 이제 4대매체에서 정보를 얻는 것보다는 페이스북 뉴스피드(news feed), 소셜미디어, 블로그 및 유튜브 외에도 팟캐스트를 통해 미디어 메시지를 공유하고 비즈니스를 광고하는 방법을 택하고 있다. 소비자에게 도달하는 위치도 관계없고 소비자가 대부분의 시간을 보내는 곳에서 함께 활동해야 한다. 하루에 상당한 시간을 사람들이 소셜미디어에 붙어 있기 때문이다. 이제 SNS를 통한 마케팅과 광고가 늘어나고 있다.

스토리텔링 7-8 소셜미디어 10가지 법칙

- 경청의 법칙: 더 많이 듣고 더 적게 말하기
- 초점의 법칙: 팔방미인이 아닌 전문화하기
- 품질의 법칙: 질이 양보다 우선하기
- 인내의 법칙: 장기적으로 전념하기
- 복리의 법칙: 잠재고객 진입하기
- 영향력의 법칙: 온라인 인플루언서 찾기
- 가치의 법칙: 입소문을 통한 가치 더하기
- 인정의 법칙: 관계 구축된 사람 인정하기
- 접근성의 법칙: 지속적으로 콘텐츠 게시하고 대화에 참여하기
- 호혜의 법칙: 다른 사람의 콘텐츠를 공유하고 집중하기

(2) 전자커뮤니케이션이란?

커뮤니케이션 과정에 개입되는 기술은 실로 다양하고 방대하다. 우리의 일상생활에서의 기술의 영향을 받지 않는 분야가 거의 없을 정도이다. 집안일에서부터 사무실의 사무관리와 행정, 생산체제와 서비스 부문의 자동화에 이르기까지 이미 일상생활과 작업장에서의 기술은 커뮤니케이션 환경을 근본적으로 변화시키고 있다. 기술은 사람들 사이의 커뮤니케이션에 혁명적 변화를 가져올 것으로 주목받고 있다. 이 모두를 넓은 의미의 전자커뮤니케이션(electronic communication)이라 한다. 이는 전통적인 커뮤니케이션과 비교하여 다음과 같은 특징을 가진다.

- 정보흐름의 변화와 증가
- 보다 쉽고 편리한 전자커뮤니케이션
- 조직구조의 변화에 따른 전자커뮤니케이션 변화
- 접근가능성의 획기적 향상
- 전자커뮤니케이션 수행능력의 증가

커뮤니케이션에 기술이 개입되기 시작한 기원은 명확하지 않다. 아마도 물리적인 기술의 시발점은 필기구와 문자의 개발일 것이고, 인쇄술은 명실상부한 정보기술이라고 할 수 있다. 종이를 비롯한 목판인쇄술, 동판인쇄술 등은 당시 상황에서는 획기적인 정보통신기술의 하나로 정보의 축적과 전달에 엄청난 효율을 제공하였다. 역사적으로는 우리나라의 금속활자 발명이 200년이나 앞서 있지만 독일의 구텐베르크의 인쇄기가 인류 문화사에 안겨준 충격은 엄청나다. 인쇄기가 인류사에 영향을 준 보다 큰 공헌은 커뮤니케이션 방식에 근원적인 변화를 가져온 점이다. 인쇄술로 인해 인간의 문자중심 커뮤니케이션이 획기적으로 발전한 것이다.

그렇다면 디지털 시대의 주류가 될 커뮤니케이션 행위는 어떤 것인가? 디지털 시대의 커뮤니케이션은 시각 혹은 청각처럼 단일감각만 사용하던 아날로그 시대와 질적으로 다르다.

우리가 말하는 기술이란 주로 멀티미디어 지원이 가능한 각종 정보통신기술을 의미한다. 그리고 일반적으로 일컫는 멀티미디어는 하나의 분야만을 의미하는 개념은 아니다. 다양한 기술이 통합됨으로써 기능하게 되는 것이다. 현재 발달하고 있는 정보통신기술은 하나의 공통점을 가지고 있다. 그 공통점이란 이들 기술은 모두 인간들이 커뮤니케이션 과정에서 송신자가 보내고자 하는 정보를 어떻게 하면 더 빨리, 더 많이, 더 생생하게 전달하느냐에 집중되어 있다는 것이다.

▪ 인터넷 서비스

인터넷 서비스 제공자(Internet Service Provider, ISP)는 일반적으로 인터넷 회사로 호칭된다. 인터넷 서비스를 제공하는 회사가 곧 인터넷 통신망을 보유하면서 인터넷을 제공하는 KT, SK텔레콤, LG유플러스, 여러 케이블 방송회사들이다. 이러한 회사들이 제공하는 인터넷 서비스에는 월드와이드웹(www)서비스, 원격연결서비스, 이메일서비스, 파일전송(File Transfer Protocol, FTP), 전자게시판(news group), 파일검색서비스 등이다.

▪ 인터넷 개인방송 및 TV 프로그램 제작에의 참여

방송사들이 경쟁적으로 인터넷을 매개로 시청자와 쌍방향 커뮤니케이션을 지향하고 편리성을 추구하면서 TV를 안보는 세대가 늘어나고 있다. 최근 많은 TV 프로그램들이 시청자의 아이디어와 직접참여로 제작된다. 드라마의 경우 방영 전 시청자의 관심을 끌어내기 위해 인터넷으로 드라마 제목을 공모하기도 한다. 각종 인기 프로그램의 방청권도 과거처럼 방송사 앞에서 줄을 서는 것이 아니라 인터넷을 통해 방청단 모집을 하고 있다. 시청자가 직접 참여하여 제작한 프로그램이 늘어나고 있다. 또한 개인이 실시간 스트리밍 방송 플랫폼 및 프로그램을 통해 영상녹화와 실시간 방송을 누구나 쉽게 만들 수 있다.

■ 전자우편

전자우편(e-mail, 이메일)은 컴퓨터 통신망인 인터넷을 통해 편지를 주고받을 수 있는 시스템과 해당 편지인 이메일을 말한다. 최초의 전자우편은 1972년이었다. 전달자와 수신자 사이의 비동시성 통신이 이메일이다. 전자우편에도 에티켓이 필요하다. 직장 내에서 가장 효율적인 비즈니스 커뮤니케이션 방법의 하나로 자리잡았다. 편리한 비즈니스 커뮤니케이션 수단인 전자우편의 사용에도 유의할 점이 많다. 이메일을 잘못 사용할 경우 동료들에게 나쁜 영향을 미쳐 업무의 생산성이 낮아질 수도 있다. 예를 들어, 수신자를 잘못 선정하거나 잘못하여 불특정 다수에게 스팸메일을 보내는 것이 대표적이다. 또 중요한 일도 아닌데 구구절절 이어지는 많은 분량 등도 문제이다. 특히 업무와 관계없는 사적 이메일을 많이 사용하는 것도 조직에서 피해야 한다. 이메일 에티켓을 지켜야 한다. 직장에서의 상호 비즈니스 커뮤니케이션을 이메일에만 의존하지도 않아야 한다. 수신자 선정에 신중을 기해 꼭 필요한 사람에게만 이메일이 보내져야 한다. 간결하고 명확하게 이메일을 작성해야 한다.

스토리텔링 7-9 이메일 예절

- 가능한 간결하고 이해하기 쉽게 쓴다.
- 제목만 보고도 내용을 짐작할 수 있도록 제목에 주의한다.
- 본문 서두에 본인이 누구인지 먼저 밝힌다.
- 받는 사람이 읽기 편하도록 고려하면서 쓴다.
- 다른 사람에게 불만사항을 이야기하려고 메일을 보낼 때는 관계없는 사람은 참조에 넣지 않도록 한다.
- 회신과 새로운 메일을 신중히 판단하여 적절한 방식으로 보낸다.

■ 커뮤니케이션의 속도

시간, 타이밍, 순간을 놓치면 커뮤니케이션은 실패한다. 그래서 많은 매체들은 이렇게 매정한 독자들의 눈을 조금이라고 끌기 위해 수많은 정보나 콘텐츠로 유혹하며 서로 치열하게 경쟁하고 있다. 뉴스, 르포기사, 오락, 스포츠, 연예, 건강 등 자극적인 기사와 온갖 눈요깃거리를 제공하는 각종 사진, 그림, 광고 등이 넘쳐나고 있다.

스토리텔링 7-10 **3가지 속도**

효과적인 커뮤니케이션에는 3가지 속도가 있다.

- **실시간**(real time): 커뮤니케이션에 참여하는 사람들이 동시에 서로 참여하는 속도
  - 빠른 반응, 동기화, 상호작용 시간, 즉각적인 답변, 채팅
- **비동기**(async): 커뮤니케이션에 참여하지만 동시에 참여하지 않는 속도
  - 느린 반응, 비동기화, 지연, 이메일, 피드, 스레드
- **저장**(storage): 가장 느린 속도

톰 피터스(T. Peters)가 「10억분의 1초의 시대인 20세기(The Nanosecond Nineties)」에서 언급했듯이 오늘을 살아가는 사람은 정신없이 바쁘게 살아가고 있으며, 과거에 생각조차 하지 못했던 스피드 커뮤니케이션을 만끽하고 있다. 결국 커뮤니케이션의 생명은 속도(speed)에 있다.

■ 동영상을 이용한 정보검색과 정보탐색

현대인들은 콘텐츠 홍수 속에 살고 있다. 아침에 눈을 떠서 잠자리에 들 때까지 스마트폰을 손에서 놓지 않고 있다. 사람들은 맛집을 찾을 때 포털보다는 동영상 혹은 인스타그램에서 제공되는 맛집에 더 흥미를 느낀다. 어느 지역을 여행하려고 할 때도 마찬가지이다. 이제 TV도 거의 시청하지 않고 동영상을 더 많이 본다. 비디오 플랫폼을 통해 제공되는 동영상서비스와 뉴스, 뮤직, 쇼츠, 검색 등을 통해 다양한 기능과 콘텐츠를 제공하면서 사람들의 경제, 문화, 사회 등에 많은 영향을 미치고 있다. 기업은 사업전략 수립 시 이러한 플랫폼을 통해 소비자행동을 분석하고 정부는 인터넷 개인방송으로 야기되는 사회문제에 주목하면서 이를 해소하려는 다양한 정책을 모색하기도 한다. 예를 들어, 유튜브 영상 창작자(크리에이터)는 자신이 만든 영상을 제공하고 공유하면서 성공모델(인플루언서)이 되어가고 있다. 청소년이 이러한 크리에이터를 자

신의 직업모델로 희망하는 사람들이 늘어나고 있다.

■ 텔레커뮤니케이션 발전

텔레커뮤니케이션(telecommunication)은 전기통신이라고 하며, 전기적 방법으로 문자, 음성, 영상 등의 정보를 전하는 통신이다. 현대 커뮤니케이션의 시초가 1453년 구텐베르크의 활자 발명과 책의 등장이라면 사무엘 모르스(S.F.B. Morse)를 포함한 전기공학자들의 텔레그래프 발명과 소리전달실험을 접목시켜 발명된 벨(A.G. Bell)의 전화는 텔레커뮤니케이션의 효시라고 할 것이다. 텔레커뮤니케이션이란 간단히 말해서 정보의 장거리 전달을 의미한다. 정보의 수집, 가공, 전달과 관련된 일련의 과정이다. 전기통신(電氣通信)은 전자 또는 발광매체를 이용하여 한 장소에서 다른 장소로 정보를 전송하는 것을 말한다. 이때 정보의 형태는 음성(voice), 화상(image), 영상(video), 자료(data), 문자(text) 등 어떤 것이어도 무방하다. 20세기 중반부터 우리는 이미 산업혁명에 필적하는 텔레커뮤니케이션 혁명을 경험하고 그에 따른 통신수단의 변화, 생활패턴의 변화 등을 실감하고 있다. 전화서비스를 일컫는 전통적 의미의 텔레커뮤니케이션은 이제 다양한 매체의 등장으로 그 영역이 훨씬 더 넓어졌다.

■ e-시대

정보지식혁명은 우리의 삶과 사고방식, 행동양식, 가치관, 문화까지 송두리째 바꿔놓고 있다. 전자(electronics)의 e자로 시작되는 e-시대가 있다. 누구는 빌 게이츠 이전(BG)과 이후(AG)로, 또는 인터넷 이전과 이후로 나누는 분류를 한다. e-비즈니스를 단순한 인터넷 쇼핑이나 틈새시장을 노린 전자상거래로만 착각하면 안 된다. e-비즈니스는 제품을 디자인에서 생산-인도-판매-재고관리-고객취향 파악은 물론이고 비즈니스 방식과 경영전반에 근본적인 변화를 불러왔다.

스토리텔링 7-11 **배너 광고의 성공조건**

- 사용자 또는 구매자의 사고방식, 행동양식 등 관련 데이터를 철저히 분석하지 않고 만든 광고는 실패가능성이 높다.
- 광고가 부착될 홈페이지를 분석하고 다른 광고와 차별화하여 주목을 끈다. 뿐만 아니라 무조건 상단보다 콘텐츠와 잘 어울리는 곳에 광고를 위치시키는 것이 뜻밖에 좋은 효과를 낸다.
- 인터넷 광고는 단 몇 초 안에 모든 것을 보여주어야 한다. 물론 핵심 메시지를 명확히 전달하지 못하면 실패한 광고가 된다. 한때 텍스트 광고가 성공할 수 있었던 이유도 바로 메시지를 명확하게 하였던 데 있다.
- 인터넷 광고는 글자 수가 한 개씩 늘 때마다 이해도는 반비례로 떨어진다. 연결형 조사는 가급적 빼고 단어의 연결로 문장을 구성하는 것이 바람직하다.
- 매체 중에 여러 광고가 일정시간 단위로 롤링된다. 이 경우 타 광고와 차별성을 가지려면 각 프레임 간의 메시지는 연결성을 부여하는 것이 중요하다. 일정한 포맷이 달라지면 한 프레임 전의 이미지를 기억하지 못하기 때문이다.

(3) 전달방식의 혁신

본격적인 인터넷 시대가 열리면서 수십억 원대의 컴퓨터가 네트워크에 연결되고 글로벌 비즈니스가 확대되고 있다. 인터넷은 인류의 삶의 방식, 비즈니스 커뮤니케이션 방식을 근본적으로 변화시키고 있다. 이제는 기업들도 새로운 사업방식과 비즈니스 모델, 고객관계모델이 필요하다. 이 거대한 변화의 물결을 수용할 것인가 아니면 가만히 앉아서 변화만 바라볼 것인가?

■ 소셜미디어서비스

지식정보사회에 있어 가장 두드러진 특징 중 하나가 미디어서비스이다. 인터넷 혹은 인트라넷 등 전자 네트워크로 정보를 주고받는 미디어서비스를 총칭하는 것이 바로 소셜미디어서비스이다. 기존의 전화와 문자메시지로 서로 알고 있는 사람과의 일 대 일 대화만 가능했었지만 이제는 랜덤채팅, 만남앱, 소개팅앱 등 서로 모르는 사람과의 대화, 가입과 탈퇴가 자유로운 인터넷 카페와 포럼, 초대받지 않거나 가입하지 않아도 대화에 참여하는 메신저의 오픈 채팅방, 일 대 다의 인터넷 방송 플랫폼, 다 대 다의 거의 모든 네트워크서비스가 여기에 해당한다. 텍스트 기반 블로그에서 텍스트와 사진, 이미지, 영상, 쇼츠, 틱톡, 동영상 등 전달할 수 있는 정보의 양이 증가한 블로그, 페이스북, 유튜브, 인스타그램 등 양방향 소통이 가능한 서비스로 발전하고 있다. 전자우편과 채팅은 얼굴을 맞대고 이루어지는 커뮤니케이션이 아니라는 점, 실명(實名)이 아닌 ID로 커뮤니케이션이 이루어짐으로써 정확한 신분을 확인할 수 없다는 점을 특징으로 하는 매체이다. 그러나 사이버 공간에서 이루어지는 언어의 변형 및 파괴가 날로 심각해지는 문제도 발견된다.

■ 문자보다 편한 사이버 감정표현

문자보다 확실한 무료채팅 카카오톡은 한국의 대표 메신저가 되었다. 이러한 서비스상에는 긴 문장보다는 줄임말과 이모티콘(emoticon)–감정(emotion)과 아이콘(icon)의 합성어–을 이용한 대화가 이루어지고 있다. 이모티콘을 이용하는 사람들은 단편성, 즉흥성, 편리성을 추구하는 경향이 있다. 이제 이모티콘은 얼굴이 보이지 않는 사이버상에서 마치 상대방의 얼굴표정을 대하는 듯한 착각을 빠져들게 하면서 단순한 기호가 아니라 정감 있는 커뮤니케이션을 나눌 수 있게 하는 귀여운 언어가 되었다.

그러나 분위기 파악도 하지 않고 아무 때나 사용할 경우 대화분위기를 나쁘게 만들 수도 있기 때문에 남발해서는 안 된다. 처음에는 애교 섞인 간단한 커뮤니케이션 부호로 출발했으나 갈수록 다양해지고 최신 유행을 표현하는 기호들도 속속 생겨나고 있다. 각종 캐릭터의 표현과 얼굴표정, 몸짓 등을 표현하는 이모티콘은 고객들이 직접 만들어 쓰고 있다. 의사전달을 위한 단순한 통신기호가 MZ세대들이 공유하는 새로운 언어소통방식으로 발전하고 있다.

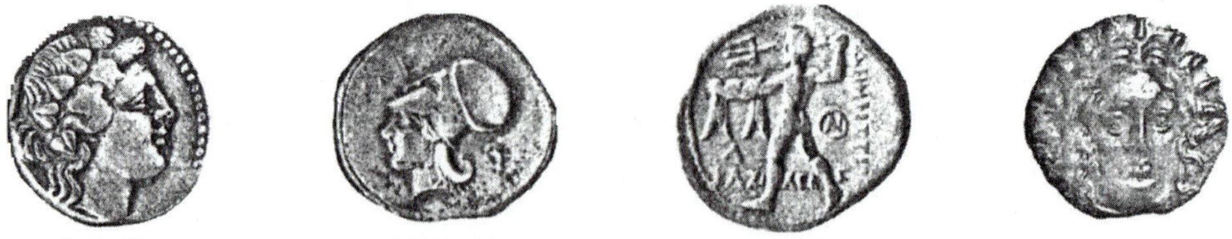

술의 신: 디오니소스 | 전쟁의 여신: 아테나 | 바다의 신: 포세이돈 | 빛의 신: 헬리오스

[그림 7-2] 아이콘 용어의 기원

■ 이미지 승부사 아이콘

아이콘(icon)이란 그림을 뜻하는 그리스어 eikoon에서 비롯됐다. 그리스인은 인간의 생활을 곧잘 다른 물체에 빗대어 설명한다. 이들은 각 신이 상징하는 의미를 단순화하여 그림이나 조각으로 만들어 표현했다. 이 형상들이 바로 그리스 시대의 아이콘이다. 예를 들어, 술의 신인 디오니소스의 머리에는 포도넝쿨이 표현되어 있다. 의로운 전쟁의 여신 아테나는 투구를 쓴 모습이고, 바다의 신 포세이돈은 각각 구름, 비, 바람을 일으키는 삼지창을 들고 있다. 빛의 신 헬리오스의 머리는 태양의 형상이 표현되어 있다.

■ 사이버 이미지 메이킹

각종 산업이 사이버화되면서 인터넷을 통해 업무가 진행되는 사례가 많아졌다. 홈페이지를 통한 PR과 전자우편을 주고받음으로써 일을 진행하는 일이 잦아졌다. 고객의 소리도 홈페이지 게시판에 수시로 들어온다. "자료 잘 받았습니다. 검토 후 곧 연락드리겠습니다."(전송시간은 새벽 1시 30분)

회신을 받은 사람은 당연히 전자우편 작성자의 반응에 감동할 수밖에 없다. 사이버 이미지 메이킹이 중요한 시대에 살고 있다. 사이버 이미지 메이킹의 기본원칙은 다음과 같다.

- **신속성**: 전자우편에 대해 일정시간 내 신속한 답신을 보내야 하는 것은 물론 중요한 자료일 경우 반드시 확인우편을 보내는 예의를 갖춘다.
- **성실성**: 인터넷이라는 세계는 익명의 다수에 대한 커뮤니케이션이 일어나는 곳이며 그 결과 또한 한눈에 보이기 때문에 성실함과 진지한 자세만이 신뢰감을 형성할 수 있다.
- **센스**: 세련되게 썸네일을 구성하거나 간결하고 재치 있는 용어를 사용한 전자우편은 기대를 불러일으키는 효과가 있다. 바람직한 사이버 이미지 메이킹이라면 보다 투명한 세계에서 자신의 실체를 정확히 표현하고 관리하는 과정임을 명심하자.

(4) 인공지능과 커뮤니케이션

인공지능(AI) 시대는 이미 우리 주변 깊숙이 들어와 있다. 단순하게 영화에서만 나타나는 현상이 아니다. 현재 시점에서 이해되는 AI는 미래 모습에 비하면 아무것도 아닐 수도 있다. 그래서 인공지능으로 할 수 있는 것이 무엇이고, 할 수 없는 것이 무엇인지 알아차리는 것이 중요하다. 기계, 특히 컴퓨터로 하여금 지능적 행동을 하게 하는 기술을 인공지능이라 했다. 지능적 행동은 본래 인간이 하는 것인데, 기계가 보고, 듣고, 말하는 인지 문제해결과 계획수립, 지식처리, 추론하고 새로운 것을 배우는 것 등을 말한다.

2016년 알파고가 이세돌을 4:1로 승리하던 날을 기억할 것이다. 지적 판단은 사람만 하는 것이었는데, 인공지능이 그것을 훌륭하게 해내었다. 무인배달서비스, 무인택배서비스, 딥러닝 기반 진단자동화시스템, 농산물 및 잡초와 작물 데이터베이스로 학습하는 인공지능시스템, 딥페이크(deepfake) 기술을 통한 인공지능기술, 인공지능로봇, 챗GPT(Chat Generative Pre-trained Transformer) 등 수없이 많은 인공지능기술이 세상에 쏟아지고 있다. 그런데 우리들은 이런 미래를 잘 알지 못하고 있을 뿐이다.

인공지능은 알고리즘(소프트웨어)을 통해 지능적으로 컴퓨터에 구현하는 것이다. 사람의 지식을 컴퓨터에 이식하는 것이 코딩이다. 추가하여 인공지능이 데이터를 기반으로 학습하고 더 나아가 인공지능이 스스로 능력을 쌓아 스스로 능력이 많아진다. 시도해보고 실패 및 오류를 통해 성공을 분석해내는 일종의 강화학습이 이루어지는 것이다.

그러나 인공지능에는 한계도 많다.

- 컴퓨터가 딥러닝하기 위해서 너무 많은 데이터와 컴퓨팅을 필요로 하다보니 전기와 같은 에너지를 필요 이상으로 많이 소모한다.
- 딥러닝은 배운 것만 잘하는 것이지 모든 것을 다 아는 것이 아니다. 넘어진 트럭을 자율주행자동차가 자동차로 인식하지 못하고 교통사고를 낸 적도 있었다.
- 데이터와 알고리즘에 대한 성차별, 인종차별 등 편견과 함께 인공지능의 윤리적

문제와 법적 책임문제가 계속 제기되고 있다.

- 인공지능은 작은 미세한 변경을 인식하는 데 종종 실패한다.
- 인공지능은 자의식이나 감정을 가질 수 없는 기계일 뿐이라고 비판받는다.

그럼에도 불구하고 인공지능이 세상에 가져올 변화는 분명하다. 인공지능은 혁신의 도구이며 경제성장에 도움이 된다. 하지만 인공지능이 사람을 배제하고 알고리즘으로 결정하는 가능성이 높기 때문에 사람들은 인간존재의 필요성에 대해 의문을 품고 일자리가 급격하게 줄어들 가능성이 있다. 따라서 인공지능을 잘 다루는 사람들과의 소득양극화, 사회적 갈등이 심화될 수도 있다. 나에 대하여 나보다 더 잘아는 인공지능 시대가 된다면? 마치 인류가 이루어 놓은 사회체제를 위협할 수도 있다면 과연 인간 중심이 가능할 것인가? 가능해야 하는데 인공지능이 사람을 넘어설 수도 있다.

그렇기 때문에 인공지능 시대에 함께 일하면서 혁신의 기술을 바탕으로 성과를 내는 인성의 소유자가 되어야 한다. 이를 위해서 필수적으로 필요한 것이 창의력, 주도력, 적응력, 비판적 사고능력, 문제해결능력, 협업과 배려가 커뮤니케이션 능력인 것이다. 인공지능 시대에는 커뮤니케이션이 핵심이 된다. 기본적이고 기초적인 사무 혹은 실무, 전공능력을 보유해야 하고 현상에 대한 인과관계, 환경의 이해, 문화의 이해 등을 파악하는 입체적 능력이 있어야 한다.

스토리텔링 7-12 **챗GPT의 시작**

2022년 12월에 오픈 AI(Open AI)가 웹 앱(web app)인 챗GPT(ChatGPT)를 처음 출시했다. 지금까지 사람들의 반응은 뜨겁고 현재진행이다. 챗GPT는 대화형 인공지능서비스이다. MS사는 오피스와 검색엔진 빙(bing)에 챗GPT를 탑재하였다. 챗GPT는 방대한 텍스트의 강화학습을 거친 신경망으로, GPT라는 말이 사전 학습된 트랜스포머란 뜻이다. 사람들은 이제 챗GPT와 대화를 나누며 생성형 AI가 폭발적인 관심을 받고 있다. 이와 유사한 앱이 계속 출시 중에 있으며 챗봇의 부작용에 대한 논란도 커지고 있는 상황이다.

수년간 공부한 것을 단지 몇 시간 내에 정답을 맞추는 시험으로 평가하는 것은 말도 안 된다. 창의적으로 사고하고 문제를 논리적으로 푸는 시험으로 변해야 한다. 이러한 변화 속에서 생존력을 높이기 위해서는 소통과 토론능력인 커뮤니케이션 역량을 높여야 하는 것이다.

7장 수행과제

※ 각 문제가 요구하는 대로 ✔ 표시하세요.

01 기술과 비즈니스 커뮤니케이션 설명 중 옳은 것은?

① 기술변화는 피할 수 있다.
② 기술은 인간생활이나 조직구조, 커뮤니케이션, 문화 등에 영향을 미친다.
③ 정보통신기술은 커뮤니케이션에 편리함은 주지만 소통과정의 오류는 줄여주지 못한다.
④ 기술발달에 따른 미래예측은 불필요하다.

02 정보통신기술의 가치사슬이 아닌 것은?

① 콘텐츠 ② 플랫폼
③ 네트워크 ④ 사물인터넷

03 사물인터넷 시대의 커뮤니케이션 변화가 아닌 것은?

① 유비쿼터스 환경을 통한 즉각적인 커뮤니케이션
② 전달자와 수신자 간 명시적 개입을 통한 커뮤니케이션
③ 정보통신환경의 활용을 통한 커뮤니케이션
④ 다양한 사물인터넷 파트너사들의 혁신기술 도입 및 활용

04 미래 정보통신기술에서의 커뮤니케이션과 관련이 없는 것은?

① 인간적인 전통적 메시지 송·수신 방법의 부활
② 차세대 융합기술을 통한 초연결
③ 알파고 등과 같은 초지능 사회
④ 빅데이터를 활용한 커뮤니케이션

05 (　　)은(는) 공급자 시장과 소비자 시장 간의 중개가 일어나는 장소를 의미한다. 이 용어에서 (　　) 기업, (　　) 비즈니스라는 말도 생겼다.

① 플랫폼　　② 네트워크
③ 서비스　　④ 콘텐츠

06 2차 산업혁명의 설명이 잘못된 것은?

① 전기사용　　② 대량생산
③ 정보기술의 도입　　④ 공장과 기계의 이동성 증가

07 4차 산업혁명의 특징이 아닌 것은?

① 스마트 제조산업　　② 공장자동화
③ 인공지능의 자동제어　　④ 차세대 융합기술

08 (　　)은(는) 사람의 개입 없이 인터넷을 통해 사물을 연결하는 것이다.

① 사물인터넷　　② 클라우딩 컴퓨팅
③ 빅데이터　　④ 증강현실

09 비즈니스 커뮤니케이션 기술의 추세 중 성공적인 조직 및 팀 업무를 위해 협업 디지털 (　　)이 제공되어야 한다.

① 작업공간　　② 휴게공간
③ 통합공간　　④ 자유공간

10 비즈니스 커뮤니케이션 추세와 관련 없는 것은?

① 직원 개개인 맞춤형 비즈니스 커뮤니케이션 방식이 늘어나고 있다.
② 협업보다는 개인의 역량이 중요해지고 있다.
③ 최신 기술을 수용하고 자신의 업무방식을 개선해야 한다.
④ 미래를 위한 기술에 대비해야 한다.

※ 각 문제가 요구하는 대로 괄호에 ○, × 표시하세요.

11 (　　　) 딥러닝은 사람의 사고방식을 기계에게 가르치는 학습법이다.

12 (　　　) 네트워크와 컴퓨팅 기술의 발달로 정보통신기기는 점점 더 스마트화되고 소형화되면서 이동성이 중요시될 것이다.

13 (　　　) 정보통신기술을 통해 커뮤니케이션 과정의 송·수신되는 메시지가 더 빨리, 더 많이, 더 생생하게 전달되고 있다.

14 (　　　) 인간의 다양한 감정을 평가하여 컴퓨터가 다양한 방식으로 인간과 커뮤니케이션하는 방법을 연구하면서 등장한 것이 자율시스템이다.

15 (　　　) 비디오, 이미지 및 인포그래픽을 통합하는 것은 효과적이지 못하다.

※ 각 문제가 요구하는 대로 괄호에 번호를 표시하세요.

① 플랫폼 제공자　② 방송 직업참여　③ 네티켓　④ 스피드 커뮤니케이션 ⑤ 정보의 형태

16 (　　　) 커뮤니케이션은 속도에 크게 의존한다.

17 (　　　) 음성, 화상, 영상, 자료, 텍스트, 빅데이터, 인포그래픽

18 (　　　) 인터넷 세상의 에티켓

19 (   ) 프로그램에 시청자가 참여하기

20 (   ) 마이크로소프트, 구글, 애플, 페이스북

※ 다음 문제에 대해 토론하시오.

21 「냅킨의 경영학: 그림으로 문제를 해결하라!」라는 책에서 아주 중요하게 떠올랐던 아이디어를 냅킨 뒤에 기록해두었다가 나중에 훌륭한 사업기회로 응용하게 된 사례가 책의 주요 주제이다. 몇 행에 걸친 말이나 글이 아닌 단 한 컷의 그림만으로 상대에게 메시지를 전달할 수 있다면 여러분은 매우 성공적인 비즈니스 커뮤니케이터가 되는 것이다. 한 장의 종이를 사용하여 여러분의 아이디어, 여러분의 진로, 여러분이 원하는 직장 등을 적어보고 그 내용을 발표하자.

22 내가 속한 조직에서 기술이 비즈니스 커뮤니케이션을 개선하는 데 어떤 도움이 되는지에 대하여 토론하자.

7장 도움글

Adams, D. Todd, P. & Nelson, R. (1993). "A Comparative Evaluation of the Impact of Electronic and Voice Mail on Organizational Communication," *Information and Management*, vol.24, pp.9-22.

Adrianson, L. & Hjelmquist, E. (1991). "Group Processes in Face-to-face and Computer-mediated Communication," *Behaviour & Information Technology*, vol.10, pp.281-296.

Bordia, P. (1997). "Face-to-face versus Computer-mediated Communication: Synthesis of the Experimental Literature," *The Journal of Business Communication*, vol.34, no.1, pp.99-116.

Contractor, N. & Eisenberg, E. (1990). Communication Networks and New Media in Organizations, In Fulk, J. & Steinfield, C. eds., *Organizations and Communication Technology*, Newbury Park, CA: Sage Publications.

Dennis, A.R. George, J. & Vogel, D. (1988). "Information Technology to Support Electronic Meetings," *MIS Quarterly*, vol.12, pp.591-619.

Goldhaber, G.M. (1993). *Organisational Communication*, Madison, WI, Brown & Benchmark, USA.

Hansen, C. (1992). "Communication Technologies in Corporate Settings," *The Bulletin*, vol.4, no.4, pp.3-10.

Herschel, R. & Andrews, P. (1997). "Ethical Implications of Technological Advances in Business Communication," *The Journal of Business Communication*, vol.34, no.2, pp.160-70.

Irwin, H., & More, E. (1994). *Managing Corporate Communications*, NSW: Allen & Unwin.

Leavitt, H. & Mueller, R. (1951). "Some Effects of Feedback on Communication," *Human Relations*, vol.4, pp.401-410.

Madnick, S. (1991). The Information Technology Platform, In Morton, M.S., eds., *The Corporation of the 1990s Information Technology and Organizational Transformation*, New York.

Papa, M. & Tracy, K. (1988). "Communicative Indices of Employee Performance with New Ttechnology," *Communication Research*, vol.15, no.5, pp.524-544.

Rogers, E. & Allbritton, M. (1995). "Interactive Communication Technologies in Business Organizations," *The Journal of Business Communication*, vol.32, no.2, pp.177-195.

Sproull, L. & Kiesler, S. (1991). *Connections, New Ways of Working in the Networked Organization*, London: MIT Press.

CHAPTER

08

고객과의 관계와 비즈니스 커뮤니케이션

1. 서비스의 이해와 비즈니스 커뮤니케이션 | 2. 고객이해 | 3. 고객경험과 비즈니스 커뮤니케이션
8장 수행과제 | 8장 도움글

"임금을 주는 것은 사장님이 아닌 고객분이다." H. Ford

"우리는 호스트이며, 고객은 파티에 초대받은 손님이다. 고객경험의 모든 중요한 측면을 조금 더 개선하는 것이 일상의 임무이다." J. Bezos

"한 명의 보스만 있다. 고객." S. Walton

"고객과의 모든 접촉은 고객의 재방문 여부에 영향을 미친다. 우리는 매번 위대해야 한다. 그렇지 않으면 고객을 잃게 된다." K. Stirtz

학습 목표

수업 이후 학습자가 할 수 있어야 하는 역량

1. 서비스와 서비스 커뮤니케이션을 이해할 수 있다.
2. 서비스 커뮤니케이션의 구성요소와 역량을 이해할 수 있다.
3. 고객형태를 비교할 수 있다.
4. 고객만족을 위한 전사적 품질경영을 설명할 수 있다.
5. 고객만족을 위한 가치경영을 이해할 수 있다.
6. 고객경험에 대하여 설명할 수 있다.

핵심 키워드

고객	대인관계스킬	서비스
무형성	동시성	소멸성
서비스 커뮤니케이션	태도 체크리스트	서비스 요원
서비스 마인드	서비스 태도	전문적 업무능력
고객지향 마인드	고객서비스	고객문제중심
고객이해	고객형태	전사적 품질경영
고객불만	고객감동	고객중심
지속적 개선	전사적 참여	가치경영
서브퀄	말콤 볼드리지 상	고객경험
고객여정	고객접점	MOT

고객(customer)은 모든 비즈니스에서 가장 핵심(core)이다. 기업이 강력한 대인관계 스킬을 개발하려면 고객과의 관계를 구축하여 고객과의 좋은 비즈니스 커뮤니케이션을 잘 관리해야 한다. 행복한 고객은 우리 비즈니스의 적극적인 옹호자가 될 것이다. 그들은 비즈니스를 더 촉진시켜주고 주변에 기꺼이 추천하려고 할 것이다.

고객과의 관계는 안정적인 비즈니스를 수행하고 수익을 창출하는데 직접적으로 연결되어 있다. 고객과 강한 관계가 유지되면 고객의 충성도는 높아지고, 좋은 고객경험으로 이어져 조직의 장기고객으로 유지되며 반복적으로 제품 및 서비스를 찾게 될 것이다.

1 서비스의 이해와 비즈니스 커뮤니케이션

(1) 서비스의 이해

현대를 사는 사람들, 즉 고객입장에서 가장 많이 들어온 이야기가 서비스(service)라는 용어일 것이다. 서비스는 "저는 당신을 위해서 봉사할 사람입니다."라는 의미의 라틴어 세르부스(servus)에서 유래되었다. 서비스란 타인에게 편리와 이익을 제공하기 위한 행동이며, 그러한 행동이 상대방을 유익하고 즐겁게 만드는 결과를 가져와야만 한다는 점을 강조한다. 서비스는 '봉사'로 해석되기도 하는데, 봉사란 자신의 이해와 상관없이 타인을 위하여 몸과 마음을 다하여 섬긴다는 뜻이다. 물론 서비스를 봉사만으로 인식하는 것은 상당히 부족한 인식이다. 그렇다면 서비스는 무엇인가?

서비스에 대하여 어떤 정의를 내려야만 하는 것일까? 서비스란 고객이 원하는 그 무엇의 제공을 통해 고객만족을 이끌어내는 활동이다. 시장에서 팔리고 있는 제품 외 무형의 제품이 소비자에게 인기리에 판매되고 있다면 이도 서비스라 할 수 있으며, 팔리는 과정에서 나타나는 배송, 신용, 수선 및 정비 등의 구체적 활동도 서비스이다.

서비스는 제품과 달리 무형의 활동이면서 특정한 경영활동에 부가적으로 파생되어 나타나며, 서비스는 커뮤니케이션에 민감한 영향을 받는다. 따라서 서비스 커뮤니케이션은 고객이 원하는 욕구와 필요를 충족시키는 과정에서 발생되는 거의 모든 과정이다.

표 8-1 서비스란 무엇인가?

• 약속이다.	• 즉흥적이고 순간적이다.	• 감사이다.
• 봉사와 섬김이다.	• 표현이다.	• 무형의 제품이다.
• 친절이다.	• 활동 또는 노력이다.	• 고객만족이다.

오늘날 고객은 제품 및 서비스에 대해 서비스를 제공하는 자 보다 더 많은 정보를 알고 있고, 경쟁 상황에 대해서도 파악하고 있으며, 가능한 최저의 가격에 최고의 가치를 가진 서비스를 원하고 있다.

스토리텔링 8-1 손님은 왕이다?

택시기사들은 오전 근무보다 오후 근무가 더 힘들다고 한다. 늦은 오후부터 새벽까지 술 취한 사람들이 택시를 이용하면서 서비스에 대해 지나치게 행동하는 경향이 있기 때문이다. 서비스를 해주는 사람은 택시기사요, 서비스를 받는 사람은 손님이라고 생각하는 사고에서 기인한다. 서비스에는 주종관계가 없는데도 서비스를 선택한 손님이 더 높은 위치에 있기 때문에 서비스를 제공받아야만 하겠다는 것이다. 하지만 이는 서비스를 잘못 이해한 것이다.

스토리텔링 8-2 **서비스의 본질적 특성**

학자 간에 약간의 차이가 존재하지만, 일반적으로 서비스는 동시성, 소멸성, 무형성 등의 특성을 갖는다. 서비스는 생산과 소비가 동시에 발생한다. 즉 잃는 것과 얻는 것이 동시에 발생한다. 서비스는 만들어짐과 동시에 사라지므로 사용 후 소멸되고 만다. 서비스는 대부분 무형적이다. 이러한 서비스는 약속이며, 약속이 제대로 실행될 때 가치가 높아진다.

[그림 8-1] 서비스의 5가지 특성

(2) 서비스 커뮤니케이션이란?

서비스 커뮤니케이션(service communications)은 고객서비스 커뮤니케이션이라고도 한다. 고객에게 제공되는 서비스, 서비스 제공 이전, 서비스 제공 중, 서비스 이후의 연속적인 과정에서 제공되는 서비스에 관점을 두고 고객과의 서비스 활동에서 이루어지는 일련의 무형의 행위 또는 과정이다. 이러한 서비스 커뮤니케이션은 주로 고객에 의해 주관적으로 평가되며 고객이 느끼는 만족과 효용, 가치에 의해 평가가 이루어지게 된다. 그러므로 서비스를 제공하는 과정에서 커뮤니케이터가 고객에게 제대로 된 만족을 이끄는 것이 서비스 커뮤니케이션의 목적이 된다. 앞으로는 서비스에 대한 커뮤니케이션을 효과적으로 하는 능력이 매우 중요하다. 커뮤니케이터가 고객에게 제공할 가치에 대해 어떻게 표현하며, 고객욕구에 초점을 어떻게 맞출 것인지, 서비스를 향해 어떠한 방법으로 그 가치와 효용을 전달할 것인지가 중요하다는 얘기다. 따라서 서비스 커뮤니케이션은 서비스 제공자와 서비스 수혜자 간에 의견, 정보, 감정 등의 메시지를 주고받는 일련의 과정이다.

이러한 과정에는 서비스 제공자의 커뮤니케이션, 제공자가 제공하려는 효과적인 메시지, 그러한 메시지를 전달해주는 매체, 서비스를 수용하는 자의 커뮤니케이션, 그리고 쌍방 간에 충분한 만족을 이끌어내는 커뮤니케이션 효과가 있다. 서비스 커뮤니케이션의 세부적인 내용은 다음과 같다.

표 8-2 서비스 커뮤니케이션의 내용

• 서비스와 커뮤니케이션	• 텔레마케터의 커뮤니케이션
• 공신력, 매력, 권력과 커뮤니케이션	• 고객접점(MOT)
• 이미지 메이킹	• 언어·비언어적 커뮤니케이션
• 감성메시지와 메시지 구조	• 커뮤니케이션의 방해요소
• 협상, 상담, 응대	• 대화 및 교류
• 구전과 커뮤니케이션	• 발표력
• 경청과 태도	• 고객욕구
• 고객만족과 고객불만	• 통합 마케팅 커뮤니케이션(IMC)
• 고객 세분화	• 설득
• 세일즈 프로모션	• 갈등해결
• 새로운 매체와 커뮤니케이션	• 커뮤니케이션 만족과 전략

스토리텔링 8-3 고객과의 서비스 커뮤니케이션

고객과의 올바른 서비스 커뮤니케이션이 서비스에 긍정적 영향을 미치도록 하는 것이 비즈니스 커뮤니케이션의 한 과정이다. 고객은 최상의 상품을 원한다. 여기에는 최고의 서비스가 포함되며 원활한 커뮤니케이션을 통해 실현가능하다. 그러므로 서비스 커뮤니케이션은 고객이 원하는 것이 무엇이며, 고객에게 무엇을 제공할 수 있는지를 정확하게 파악하는 것이 선행되어야 한다. 이를 위해 앞서 말한 커뮤니케이션의 중요성과 비즈니스 커뮤니케이션의 기본적 개념을 잘 이해할 필요가 있다. 다른 사람과의 서비스 커뮤니케이션에 관심을 가져야 한다. 인간에 의한 언어적 혹은 비언어적 메시지를 사용함으로써 의미를 만들어 다른 사람과 공유하고 현상을 잘 인지하도록 만드는 것이다.

표 8-3 서비스 커뮤니케이션 정의와 내용

정의	내용
서비스 감각을 만들어내는 것이다.	인간은 느낌, 생각, 직관, 정서를 해석할 때 오감 등의 감각을 사용한다.
서비스 감각을 공유하는 것이다.	인간은 타인이 표현한 경험을 공유한다.
서비스 의미를 만들어내는 것이다.	의미라는 것은 둘 이상의 커뮤니케이터에 의해 공동으로 만들어진 것이다.
일종의 상징이며, 언어 혹은 비언어 메시지로 표현된다.	상징은 사고, 개념, 목적과 경험 등을 단어, 소리, 제스처, 비주얼 이미지 등으로 나타내는 것이다. 모든 상징이 언어적인 것은 아니며 비언어적인 것도 있다.

서비스 커뮤니케이션은 성공적 서비스 결과물을 창출하기 위한 과정으로 정의할 수 있으며, 결과물에 대한 고객의 만족과 불만족을 처리하는 것이 서비스 커뮤니케이션의 역할이라고 할 수 있다.

(3) 고객과의 효율적인 커뮤니케이션

최근 고객과의 효율적인 커뮤니케이션이 매우 중요해지고 있다. 고객을 만나는 순간부터 긍정적 인상을 심어주어야 하며 고객에 대한 서비스 표준을 개발하거나 유지하는 것, 훌륭한 고객서비스 계획을 수립하여 미리 사전에 대비해두는 것 등이 필요하다. 그렇다면 고객과 효율적으로 커뮤니케이션한다는 것은 무엇인가? 바로 고객에게 제공되는 서비스가 좋은 서비스인지 좋지 않은 서비스인지를 기준으로 한다. 좋은 고객서비스란 고객이 다시 되묻거나 요청하는 것 없이 서비스 제공자가 고객을 도와주

표 8-4 태도 체크리스트

- 타인에게 도움을 주는 것을 즐거워하는 자세
- 어떤 누구든 사람들을 극진하게 대한다는 자세
- 나의 손님을 지극 정성으로 모신다는 자세
- 세상 모든 사람을 공정하고 동등하게 대접한다는 자세
- 특별한 요구를 가진 사람들까지도 납득하려는 자세

는 양질의 서비스를 의미한다. 그러므로 양질의 서비스 제공을 위해 서비스 요원에 대한 태도를 주기적으로 체크할 필요가 있다.

서비스 요원에 대하여 체크할 것은 또 있다. 바로 자신의 임무가 무엇인지, 서비스 제공자로서의 사명이나 지향점은 무엇인지, 그러한 서비스 요원을 관리하는 서비스 매뉴얼을 구비하고 있는지 등 서비스의 중요성에 대한 강조가 지속적으로 이루어져야 한다. 고객이 원하는 것이 무엇인지에 대한 공부는 계속되어야 한다. 고객의 욕구는 매우 까다롭다. **▌표 8-5▐**는 까다로운 고객을 응대하기 위한 고객서비스 스킬의 예이다.

▌표 8-5▐ 고객서비스 스킬

- 내가 속한 조직에 대하여 잘 알고 있는 것
- 내가 맡은 직무에서 요구되는 기술적 부분에 대하여 지속적 학습
- 효율적 비즈니스 커뮤니케이션
- 일관성 유지
- 함께 일할 주변 사람들 구성하기
- 팀플레이어가 되는 것, 팀에서의 자신의 위치를 정확하게 알고 있는 것

그러므로 서비스 커뮤니케이션에 있어 고객과의 효율적인 관계가 매우 중요하다. 항상 고객이 원하는 것이 무엇인지 내부고객과 함께 고민하면서 브레인스토밍을 통해 고객의 욕구를 논의하고 공유하면서 대응해야 한다. 고객은 어떤 상황일 때 만족해하는가? 여러 가지 이유가 있을 수 있으나 대표적인 예는 다음 **▌표 8-6▐**과 같다.

▌표 8-6▐ 고객응대 행동

- 서비스 제공자가 매우 바쁜 상황에 놓여 있더라도 고객 앞에 모습을 보이면서 고객의 욕구에 주목하고 있다는 점을 보여줄 것
- 미소나 웃는 표정을 머금고 있을 것
- 고객을 응시(눈접촉)하면서 응대할 것
- 자신의 이름을 고객에게 분명하게 알려줄 것
- 고객에게 무엇을 도와드릴 것인지를 재차 확인할 것
- 서비스 제공자가 벌어진 일에 모든 관심을 쏟고 있다는 점을 고객에게 알릴 것
- 친절하고 숨김없이 대할 것

스토리텔링 8-4

서비스를 파는 시대

「국부론(Wealth of Nations)」을 쓴 애덤 스미스(A. Smith)는 서비스를 상품, 물건 등 유형의 제품보다 열등한 것으로 인식했다. 상품과 물건, 제품 등이 생산요소이고, 서비스는 비생산적이라는 편협된 사고를 가졌다. 「경영의 마음가짐」에서 일본 경영의 신이라 불리는 마쓰시타 고노스케는 오늘날 제품보다 서비스가 더 중요해지고 있다고 간파한다. 지금은 제품이 아니라 그 제품과 연결된 서비스를 파는 시대라고 했다. 이제는 서비스를 파는 시대를 넘어 경험을 파는 시대로 이동 중이다.

서비스는 과거와는 많이 달라졌고, 인식도 크게 달라지고 있다. 오늘날 서비스는 교환이 강조되면서 공동 창조 행위로 간주된다. 서비스 우수성(excellence), 리더십 훈련, 고객경험 개발 전문가인 「업리프팅 서비스(Uplifting Service)」의 저자 카우프만(R. Kaufman)은 "서비스는 누군가를 위해 가치를 만드는 조치 행동이다."라고 강조한다. 그는 서비스 향상, 서비스 리프팅, 즉 서비스 고양을 주장, 좀 더 나은 서비스를 제공하는 다양한 접근법을 주장한다. 어제보다 오늘이, 작년보다 올해 더 좋은 고객서비스를 더 향상시키는 선언(manifesto)이 필요한 시점이다. 고객과의 새로운 약속이 시작되어야 한다.

결국 고객과의 커뮤니케이션 과정에서 양방향 커뮤니케이션 과정이 이루어져야 하며, 서비스 제공자와 고객 간의 명확한 메시지를 방해하는 요인이 제거되어야 좋은 서비스 결과를 얻게 된다.

(4) 서비스 커뮤니케이션 구성요소와 역량

서비스 커뮤니케이션을 구성하는 3가지 요소는 고객만족, 서비스의 질, 서비스 커뮤니케이션 역량이다. 고객만족은 내부고객과 외부고객의 욕구와 문제를 해결함으로써 얻어지는 결과이자 서비스 기업의 목표이다. 서비스의 질은 서비스의 완성도 수준이 어느 정도 인가이며, 서비스 커뮤니케이션 역량은 기업 또는 서비스 담당자가 갖추어야 할 가치로 서비스 마인드(service mind), 서비스 태도(service attitude), 전문적 업무능력(service procedure ability) 등을 의미한다. 이때 서비스 커뮤니케이션은 서비스에서 고객만족을 위한 서비스를 실행하기 위해서 무엇을 어떻게 실행할 것인지에 대한 기업 내 전 부서 및 모든 구성원의 수평적 · 수직적 커뮤니케이션을 의미한다.

■ 서비스 마인드

서비스 커뮤니케이션 역량 중 으뜸은 바로 서비스 마인드로서 일종의 서비스 철학을 의미한다. 서비스 마인드는 고객지향 마인드이다. 서비스 커뮤니케이션을 잘하기 위해서 서비스 철학을 가지고 있어야 한다. 본래 철학이란 추구하는 핵심가치이며 이 철학을 바탕으로 목표가 설정되며 계획과 전략이 수립된다. 서비스 요원이 어떠한 신념과 철학을 가지고 있느냐에 따라 업무태도와 성과가 달라진다. 고객이 만족하는 서비스를 제공하기 위해서 서비스 마인드를 가지고 있으면 아무리 힘든 과정이라도 수준 높은 서비스의 질을 완성할 수 있다. 서비스 마인드란 서비스가 종료된 뒤에 이미 제공된 서비스에 대한 평가를 통해서 잘못된 부분을 고치거나 부족한 것을 채워서 더 나은 것으로 변화시키려는 마음을 의미한다.

■ 서비스 태도

서비스 태도라는 것은 긍정적일 수도 있고, 부정적일 수도 있다. 서비스 태도가 긍정적일 경우 도전의식도 높으며 바람직한 결과를 얻기까지의 과정에서 고객의 기대가 무엇인지, 그 기대를 어떻게 충족할 것인지를 찾게 된다. 이는 서비스 제공과정에서의 일종의 열정이며, 이러한 열정은 고객에게 올바르게 다가가려는 노력으로 이어진다. 긍정의 힘이 업무에 몰입을 가져오고, 서로 협력하고 공유하며 함께 서비스의 질 향상을 위해 최선을 다하게 하는 것이다.

■ 전문적 업무능력

서비스 커뮤니케이션은 서비스 요원이 서비스 업무를 효율적으로 수행할 수 있는 능력을 요구한다. 고객의 욕구를 정확하게 읽어내는 통찰력, 제공하는 제품 및 서비스에 대한 해박한 지식, 반복적인 훈련과 학습을 통한 업무숙달, 고객의 이름을 외우고 주문받은 메뉴를 제대로 제공하며 고객이 편안하게 최상의 서비스를 받았다고 느낄 수 있게 하는 능력이다. 이러한 능력을 통해 희생을 감수하는 무조건적이고 비계산적인 진심에서 우러나는 서비스가 되어야 함은 물론, 일상적인 서비스 수준을 넘는 고차원의 새로운 서비스를 창조해내야 한다.

(5) 고객서비스 커뮤니케이션 스킬

고객서비스는 매우 까다롭고 때론 매우 골치 아픈 일이지만, 고객을 위한 보람과 수고로 느껴지기도 한다. 고객서비스를 담당하는 직원에게는 이에 해당하는 적합한 스킬이 필요하다. 예를 들어, 고객만족 지원부서의 상담원은 고객서비스 커뮤니케이션 스킬이 필수적이다. 담당자가 이러한 스킬을 보유하고 있지 못하면 고객에게 만족스러운 고객경험을 제공하지 못할 것이고, 그 고객은 우리 비즈니스를 떠나게 될 것이다. 고객을 잃지 않으려면 고객서비스 커뮤니케이션 스킬에 대하여 학습해야 할 것이다. 서비스가 훌륭하면 비즈니스는 더 많은 충성도 높은 고객을 보유 및 확보, 유지하게 될 것이다.

■ 문제해결 마음가짐

문제해결 마음가짐은 고객에게 서비스를 제공하기 위해 더 많은 노력을 기울이고자 하는 의지와 능력이다. 문제해결이란 고객이 의문을 갖는 것에 응답하는 고객문의의 해결 이상이다. 고객이 편안하고 특별하다고 느끼도록 노력하는 것이며 고객문제중심으로 사고하여 불편한 고객에게 한 걸음 더 다가가 편안함을 경험하도록 전환시키는 것이다.

■ 명확한 커뮤니케이션 스킬

명확한 커뮤니케이션 스킬은 고객과 자신감 있게 커뮤니케이션하고 간단한 단어로 메시지를 전달하는 것이다. 고객은 상담해주는 사람이 자신의 말을 경청해주면서, 주의를 기울여 자신의 문제의 해결책을 제시해주기를 기대한다. 고객서비스 담당자는 훌륭한 커뮤니케이터, 커뮤니케이션 스킬을 보유한 사람, 고객과 자신감 있게 커뮤니케이션할 수 있는 사람이어야 한다.

■ 설득력

설득(persuasion)은 흥미 있는 주장으로 사람을 설득하는 일종의 기술(art)이다. 사실에 근거하고 유효한 요점을 제시하여 핵심을 파악하고 일을 완수하는 훌륭한 스킬이다. 고객설득을 통해 고객을 충성도 높은 고객으로 전환하는 기술이다. 고객과 대화를 시작하고, 안내하고 이끌어가는 스킬이며, 가장 힘든 불가능한 상황에서도 고객에게 기회를 제공하는 스킬이다.

■ 공감

공감(empathy)은 다른 사람의 감정을 이해하고 공유할 수 있는 능력을 제공하기 때문에 항상 훌륭한 커뮤니케이션 스킬이 된다. 공감하지 못한다는 것은 이해하지 못한다는 의미이다. 공감없이 문제해결을 할 수는 있지만 고객에게 감동을 전해주지는 못할 것이다.

■ 인내심

인내심(patience)은 고객서비스 담당자들이 고객과 커뮤니케이션하는 동안 침착하고 긍정적이며 세심한 주의를 기울일 수 있도록 도와주는 미덕이다. 설령 못된 고객이어도 침착하게 대응하며 냉정함을 유지해야 한다.

■ 효과적 경청

효과적 경청자는 말은 적게 하고, 더 많이 듣는다. 고객중심 마인드를 가지고 고객의 말에 큰 관심을 가지며 해결할 문제를 더 많이 공유하도록 유도한다.

■ 관심 기울이기

관심 기울이기(paying attention)는 고객서비스 담당자가 고객을 아끼고, 고객을 소중하게 여기고, 고객을 높게 평가한다는 점을 보여주는 것이다. 고객의 세부사항까지 집중하면 고객이 무엇을 기대하는지 파악할 수가 있다.

■ 긍정언어 사용능력

긍정언어 사용능력은 고객을 위로하고 대화를 긍정적인 결과로 이끄는 방식으로 고객에게 응대하는 기술이다. 말로 돕고 치유하고 상처주고, 해를 입히고 모욕하고 힘을 주는 것이 말의 힘이다. 언어는 항상 사람과 긍정을 공유하는 훌륭한 도구이다. 가장 좋은 언어의 장점을 활용하여 개인화된 맞춤형 고객경험을 제공하여 브랜드 충성도를 높여야 한다.

■ 냉정함 유지

좋은 서비스 담당자는 모든 상황에서 냉정함을 유지한다. 그들은 고객을 화나게 하거나 소외시키지 않으면서 고객의 메시지에 집중한다. 고객이 화를 내거나 욕설, 폭언을 하는 힘든 상황에서 침착함과 평온함을 유지한다. 예의를 지키면서 전문성을 보여준다.

■ 책임지는 모습

책임지는 모습은 고객에게 만족스럽게 문제해결이 되었음을 보여주는 것이고, 이는 더 나쁜 상황으로 가지 않고 곧 해결된다는 희망을 주는 것과 같다. 책임을 회피하지 않고 책임을 지는 모습을 보이기 위해서는 독립적으로 의사결정을 하는 능력과 고객에게 제공되는 제품 및 서비스에 대한 지식을 보유하고 있어야 한다.

■ 개선의지

고집불통의 사람, 지나치게 완고한 사람, 융통성 없는 사람, 경직된 사람은 좋은 서비스 요원이 될 자격이 없다. 고객서비스 지원 부서나 팀은 새로운 아이디어에 대해 개방적이어야 한다. 그렇지 않으면 과거업무에서 벗어나지 못하게 될 것이다. 새로운 기술, 추세, 유연성, 정책과 제도 등을 도입하여 개선하려는 의지가 많아야 한다.

2 고객이해

(1) 고객유형의 파악

고객이란 누구인가? 고객은 크게 내부고객과 외부고객으로 구분될 수 있다. 조직구성원이 외부고객에게 서비스를 제공할 때 조직내부 구성원을 내부고객이라 하고, 그러한 내부고객으로부터의 아낌없는 지원을 받아야 할 조직외부 사람을 외부고객이라 부른다. 내부고객이 현재 직업에 종사하고 있을 수 있는 이유가 바로 그런 외부고객이 존재하기 때문이다. 외부고객이 모두 다른 곳으로 떠나버리면 조직구성원도 그 직장에서 근속할 수 없다.

표 8-7은 고객의 유형에 따라 서비스 담당자가 전달하려는 음성이 각기 다르다. 고객의 유형에 따라 서비스 담당자가 대응할 때의 적절한 음성은 고객이 가지고 있는 성격이나 대화 성향에 따라 다르겠지만 해당되는 고객에 맞춘 음성전달이 효과적이다. 서비스 커뮤니케이션은 매우 다양한 상황에서 일어나지만 공통적인 것은 고객과의

표 8-7 고객유형과 대응할 때의 음성

고객유형	대응 시 음성
협력적 고객	목소리가 차분하고 긍정적인 음성
시스템적 고객	목소리가 차갑고 절도 있는 음성
인내하는 고객	목소리가 담담하고 차분한 음성
관대한 고객	목소리가 차분하고 편안한 음성
서두르는 고객	목소리가 크고 빠른 음성

스토리텔링 8-5

고객의 유형

콜센터(call center) 혹은 고객서비스(customer service)는 고객의 요청에 응대하고 문제해결을 돕는 곳이다. 상담원이 응대하는 5가지 유형의 고객을 식별해보자.

- **긍정적 고객**(positive customer): 친절한 고객이다. 문제해결을 원하는 이들은 제품 및 서비스, 비즈니스에 대한 통찰력을 제공하여 서비스 조직에 도움을 주는 고마운 분들이다.
- **말 많은 고객**(talkative customer): 제품 및 서비스와 관련 없는 대화를 제어하지 못하면 콜센터의 성과에 문제가 될 수도 있는 수다스러운 고객이다. 어긋나 있는 대화 주제나 주요 문제 혹은 관심사를 다시 올바른 방향으로 유도해야 한다.
- **잘못된 고객**(mistaken customer): 서비스 전문가보다 더 많이 알고 있다고 주장하지만, 실제로는 잘못된 정보에 기반하여 오류를 가진 잘못된 고객이 있다. 잘못을 바로잡는데 세심한 주의를 기울여야 한다.
- **엘리트 자처 고객**(elitist customer): 고객 자신이 영향력을 갖고 있는 우월한 사람이어서 최전선의 서비스 전문가보다는 상위 직급만 상대하기를 원하는 엘리트 고객이다.
- **무작정 화부터 내는 고객**(irate customer): 가장 다루기 싫은 진상 고객이다.

소통이다. 이러한 고객의 형태를 이해하면 고객과의 소통에 필요한 대응을 이해하고 활용하는 데 도움이 된다.

(2) 고객만족을 위한 전사적 품질경영

기업의 생존은 생산성이나 수익성에 의존하지만 그렇다고 생산성이나 수익성 같은 지표가 기업의 생존을 100% 가능하게 한다고 말할 수 없다. 이러한 부분 외에 고객만족이라는 요인이 기업생존에 절대적이다. 기업이 제공하는 제품 본래의 품질 말고도 고객이 원하는 욕구를 채울 수 있는 가치, 즉 고객의 기대나 만족가치라는 것이 있다. 이를 완벽하게 충족시킬수록 품질이 높은 것이며 이를 충족시키는 것이 고객만족의

스토리텔링 8-6 **고객불만의 해결**

고객불만이 발생하는 여러 요인이 있다. 어떤 과정으로 고객의 불만을 잠재울 것인가? 1단계는 문제의 원인을 파악하는 것이다. 이때 원인의 파악을 위해 많은 시간이 소모되지 않도록 해야 한다. 고객의 부주의가 일부 있더라도 고압적 자세는 안 된다. 2단계는 해결책을 면밀하게 검토하는 것이고, 3단계는 욕구충족을 위한 구체적 방안을 제시하는 것이다. 4단계는 처리 결과에 대한 만족 여부를 재차 확인하는 것이고, 5단계는 해결을 해주는 것이다. 해결이 없는 해결책은 해결이 아니다. 불만을 만족으로 전환하는 해결책이 도달되어야 할 궁극적 목표가 된다.

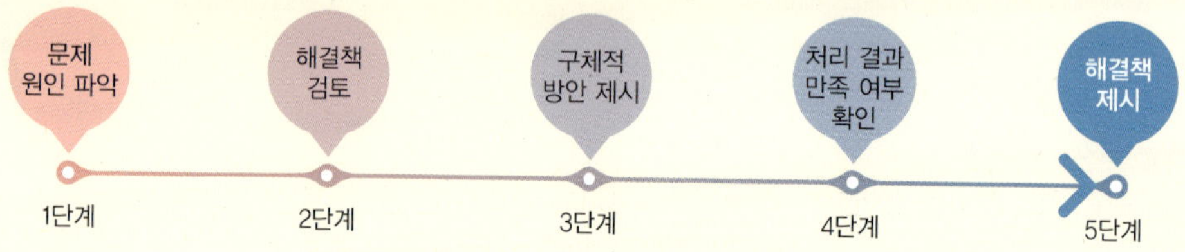

[그림 8-2] 고객불만의 해결

핵심이다. 그러므로 품질을 담당하는 특정 부서가 품질향상에 노력하기보다는 부서 전체가 고객만족을 얼마나 채웠는지 하는 품질을 높이는 커뮤니케이션에 집중해야 한다. 이것이 바로 전사적 품질경영(Total Quality Management, TQM)이다. 이러한 전사적 품질경영의 궁극적 목표는 고객만족을 높이는 것이며, 고객만족을 위해 조직의 모든 구성원과 자원이 통합된 다음과 같은 지속적인 품질개선(Continuous Quality Improvement, CQI) 활동이 필요하다.

▪ 고객에게 초점

서비스 커뮤니케이션의 성과는 고객에 의해 결정된다. 그러므로 고객이 품질을 평가하는 주체라는 고객중심의 인식이 확대됨에 따라 고객을 상대하는 서비스 커뮤니케이션의 질도 고객기대의 완전한 충족 내지 고객감동으로 이어져야 한다.

스토리텔링 8-7 고객중심이란?

고객중심이란 제품 및 서비스가 아닌 항상 고객을 비즈니스 중심에 놓고 고객감동을 추구하는 사고이다. 고객중심은 고객행동을 이해하고 예측함으로써 고객과 강력한 관계를 구축하는 것이다. 월마트(Walmart) 창업자 샘 월튼(S. Walton)은 "우리 조직에는 단 1명의 보스만 있는데, 그 보스는 바로 고객이다."라고 말해 화제를 모았다. 월마트는 고객중심 조직이 되겠다는 것을 제1원칙으로 천명했다. 모든 행동이 고객중심으로 이루어진다. 고객은 간단하게 그의 돈을 다른 곳에 사용함으로써 서비스 담당자부터 사장까지를 해고할 수 있다. 매우 부정적 고객은 한 번은 용서할 수 있고, 두 번도 용서할 수 있지만 세 번째 부정적 경험을 한 후에 그 고객은 다른 회사로 눈을 돌리고 만다.

세계적인 서비스 조직의 경우만 고객중심이 되어야 하는 것은 아니다. 예를 들어, 고객이 아주 조그마한 식당에서 다른 유명 식당에서는 느끼지 못할 그 식당만의 독보적이고 유일한 느낌이나 감정을 경험했다면 그 식당은 고객중심이 실현되는 공간이 된다. 그릇, 수저, 물컵, 냅킨 하나하나 고객이 식당 주인의 의도를 느낄 수 있을 때 그 손님은 그 식당에서 제공하는 완벽한 서비스를 경험한 것이다.

음식의 맛, 조명의 적정 밝기와 적당한 실내 온도와 습도, 청결한 냄새와 향기, 아늑한 인테리어와 자연스러운 조경 등 식당에서 제공되는 모든 요소들이 오로지 고객의 감동만을 오롯이 향하고 있을 때 그 고객은 "다음에 꼭 가족과 다시 와서 다른 음식을 주문해서 먹어봐야지!"라고 생각하고 식당의 문을 나서게 된다. 고객감동은 고객중심 사고가 출발점이다.

■ 지속적 개선

지속적 개선은 고객의 요구에 부응하여 고객이 기대하는 것을 한 번 충족시키는 데 그치지 않고 그 충족의 정도를 끊임없이 개선하려는 노력의 정신이다. 이를 일종의 고객 마인드 또는 고객중심 철학이라고 한다. 지속적 개선은 조직의 생산과정에서 투입적 요소, 과정적 요소, 산출적 요소 등 전 과정에서 이루어져야 한다.

■ 전사적 참여

조직의 전 부서와 전 구성원의 적극적인 참여를 통해 고객이 요구하는 것을 충족시키는 데 노력해야 한다. 참여를 통해 내부고객의 만족을 높이고, 이러한 만족과 몰입이 외부고객을 만족하게 한다.

전사적 참여는 부서 간의 커뮤니케이션을 신속하게 하며, 분산된 업무체계를 효율적으로 운용하게 하며, 고객을 위한 서비스의 품질을 향상하려는 경영활동이다. 이러한 경영활동은 기업의 경영혁신으로 이어지게 되며, 고객의 긍정적 공감대 형성에 영향을 준다. 전사적 참여는 조직의 신뢰와도 연관성을 가지고 있다. 고객과의 서비스 커뮤니케이션에서 조직 간 커뮤니케이션이 원활하지 않거나 부서 간 떠넘기기식의 일처리는 고객의 신뢰성을 잃게 만들기 때문이다. 전사적 참여는 조직 간 화합과 적극적 참여의 신뢰가 있는 서비스 커뮤니케이션으로 이어진다.

(3) 고객만족을 위한 가치경영

고객만족을 중요한 가치로 삼는 경영을 통해서 기업은 고객과의 좋은 관계를 계속 유지해나갈 수 있다. 신규고객의 창출과 기존고객을 유지할 수 있는 핵심은 고객이 만족할 수 있는 서비스를 제공하는 것이며 따라서 서비스 제공자의 태도와 능력이 기업경영의 성과를 결정짓는 핵심요인이 된다. 이러한 점에서 피터스(T.J. Peters)는 「초우량 기업의 조건(In Search of EXCELLENCE)」에서 초우량 기업이 되는 공통적인 조건은 고객과 기업이 얼마나 밀착되는지의 여부라고 강조한다. 고객에게로 쉽게 접근하는 기업이 성공하며 장수기업이 된다고 설명한다. 고객응대를 위한 처방 10가지를 **표 8-8**과 같이 밝히고 있다.

파라슈라만, 자이다믈과 베리(A. Parasuraman, V.A. Zeithaml, L.L. Berry)는 서비스품질

표 8-8 피터스의 고객에 대한 구체적 처방

- 전문화를 통하여 틈새(niche)시장을 창출하고 제품을 차별화할 것
- 최고의 서비스를 제공하고 무형의 것을 중시할 것
- 판매와 서비스부문의 요원을 영웅으로 만들 것
- 고객이 인정하는 최고의 서비스를 제공할 것
- 유밀무일한 것을 만들어낼 것
- 고객혁명에 적극적으로 나설 것
- 국제성을 지향할 것
- 고객의 목소리를 듣는 데 집중할 것
- 각별히 민감한 고객의 대응을 몸에 익힐 것
- 제조부문을 마케팅의 무기로 삼을 것

측정도구, 즉 서브퀄(service quality, SERVQUAL)이란 개념을 만들었다. 서브퀄이란 서비스 품질의 줄임말이다. 기업이 고객에게 서비스를 제공함에 있어 고객이 기대하는 것과 그 충족도를 측정하는 다문항 척도에 의해 서비스 품질을 측정하고 평가한다. 5가지 기준 각각은 일종의 변수이다. 설문지를 통해 각 변수를 측정한다면 22가지 평가문항이 존재한다.

표 8-9 서브퀄 평가를 위한 변수

기준	내용	평가문항
유형성	물리적 시설, 장비, 직원, 자료, 문서	1. 현대적 시설 2. 설비의 외관 3. 직원들의 깔끔함 4. 서비스와 관련된 제반 자료
신뢰성	약속한 서비스를 정확하게 제공하는 능력	5. 서비스의 약속시간 준수 6. 고객이 문제에 봉착했을 때 성심성의를 보임 7. 한 번에 제대로 서비스를 수행함 8. 약속한 시간에 서비스를 제공함 9. 작은 실수조차 없는 완벽함
반응성	고객에게 빠른 서비스를 제공하려는 의지	10. 서비스 제공 시간의 정확한 준수 11. 직원의 신속한 서비스 제공 자세 12. 언제나 고객 근처에서 고객을 지원하는 자세 13. 아무리 바빠도 고객의 요청에 응하는 직원
확신성	종업원의 지식, 정중함 및 신뢰를 줄 수 있는 능력	14. 고객에게 확신을 주는 행동 15. 고객에게 주는 거래의 안정성 16. 항상 고객에게 친절한 직원 17. 고객의 어떤 문의에도 대답가능한 직원
공감성	보살핌, 고객의 개인적인 요구에 대한 배려	18. 고객에 대한 관심 19. 고객에게 편리하게 시간대를 조절 20. 고객에게 개인적인 관심을 보이려는 직원 21. 고객에게 최대한 이익을 주려는 직원 22. 고객욕구에 대한 직원들의 이해

말콤 볼드리지 상(Malcolm Boldrige Award)은 미국의 상무장관인 말콤 볼드리지를 기념하여 1987년에 만들어졌다. 이 상은 서비스 품질이 뛰어난 기업을 엄선하여 그 노력을 치하한다. 미국 상무성이 매년 제조업, 서비스 관련 기업, 중소기업 등 3개 부문으로 구분하여, 각 부문마다 2개사를 선정한다. 심사기준은 매우 엄격하다.

표 8-10 말콤 볼드리지 상의 심사기준

심사영역	심사기준
리더십	리더십 스타일, 리더의 가치관과 공공에 대한 책임성
전략계획	전략계획 및 사업계획의 유효성과 성과요건에 초점을 둔 계획의 전개
고객 · 시장지향	고객 및 시장의 요구를 어떻게 정의하며 고객만족을 어떻게 달성할 것인가?
정보분석	고객지향적 탁월성과 시장에서의 성공을 지원하기 위한 정보시스템의 효과성
인력지향	인력의 잠재력을 최대한 실현하기 위한 노력의 성과
공정관리	제품 및 서비스의 질을 보장하기 위한 시스템 및 공정의 효과
사업성과	고객만족도, 재무제표, 인력, 공급업체, 생산부문의 성과와 경쟁력 벤치마킹

3 고객경험과 비즈니스 커뮤니케이션

(1) 고객경험이란?

고객서비스를 넘어 고객경험(Customer Experience, CX)이란 말이 더 많이 강조되고 있다. 이는 고객이 제품 및 서비스와 만나는 동안 생겨나는 모든 상호작용이 중요하다는 점이 강조된 것이다. 즉 고객이 제품 및 서비스에 대해 갖는 일종의 인식, 인상, 느낌, 감정의 총체이다. 고객경험을 고객체험이라고도 부른다. 고객은 제품 및 서비스의 질만으로 평가하지 않는다. 고객은 모든 고객접점에서 고객여정 전체를 평가한다. 고객서비스는 전체 고객경험의 일부일 뿐이다. 고객에게 서비스를 빠르게, 값싸게, 화려하게, 품질 좋게, 사용자 친화적으로 한다는 것은 과거나 현재에도 중요하다. 하지만 이제 고객서비스를 넘어서는 고객경험이다. 광고보다 힘이 있는 것이 바로 잊지 못할 고객경험이다.

▪ 고객여정

고객여정(customer journey)은 고객이 제품 및 서비스를 이용하는 동안 느끼는 전체 경험이다. 고객이 구매 결정 전 고객접점을 통해 따라가는 경로가 고객여정이다. 고객이 바라는 목표를 달성하는 과정에서 서비스 담당자로부터 경험하는 일체이다. 고객이 특정 목표를 위해 여정을 떠나 고객접점에서 경험을 얻게 된다. 그러므로 서비스 담당자는 고객과의 관계를 지속할 방법을 끊임없이 조사하고 개발해야 한다. 고객 관계 유지, 유용한 정보제공, 고객을 위한 서비스 조직의 약속 이행을 위해 고객과의 상호작용을 미세 조정하며, 고객경험을 위한 고객여정을 계획하는 것이 필수이다.

고객여정의 시작은 고객이 어떤 광고를 접하여 제품 및 서비스를 구매해야 하겠다고 생각하는 것으로부터 시작된다. 고객이 사겠다는 마음이 생기면, 자신의 머릿속에 초기에 고려하는 후보군의 제품 및 서비스를 가지고 있다. 그러한 후보군의 제품 및 서비스의 장·단점을 비교하면서 평가가 이루어진다. 이때 먼저 구매한 사람들의 후기가 영향을 미치고, 디자인, 크기, 사용기간 등이 유·무형의 정보를 찾아보며 무엇을 구매할지 결정을 하려 한다. 저관여제품과 달리 고관여제품(high involvement product), 즉 비싼 제품일수록 더욱 열심히 더욱 적극적인 평가가 된다. 제품 및 서비스를 살지 말지를 결정하고, 구매 후에는 사용을 한다. 사용하면서, "맘에 들어!", "나쁘지 않네!", "다시는 안 사!" 등의 경험과 만족, 불만족이 이루어진다. 제품 및 서비스가 주는 가치가 고객에게 제대로 전달되느냐에 따라 재구매가 결정된다.

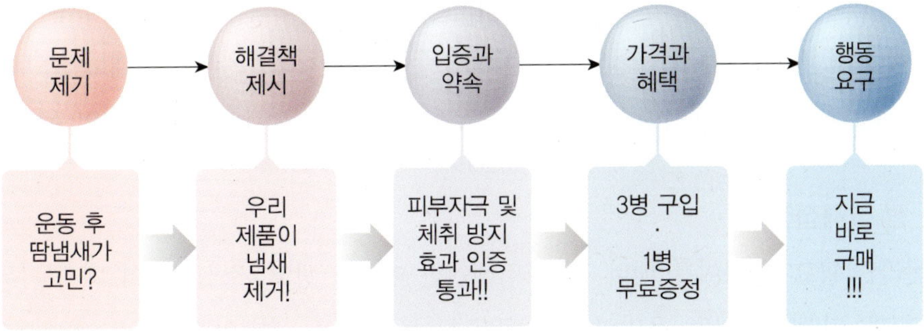

[그림 8-3] 고객여정

- **필요성 인식:** 고객 및 잠재고객이 직면한 필요성을 알아차렸을 때 어느 제품 및 서비스가 해결책이 될 것인지 찾는 단계이다.
- **필요를 해결하기 위한 옵션 비교:** 고객 및 잠재고객이 자신의 필요를 가장 잘 충족시킬 수 있는 옵션을 정하기 위해 제품 및 서비스를 비교하는 단계이다.
- **원하는 제공의 내용을 획득:** 잠재고객이 고객이 될 때 자신의 필요를 가장 충족시킬 것이라고 판단하는 제품 및 서비스를 구매 · 채택 · 사용하는 데 필요한 메커니즘을 찾을 때이다.
- **제공과 관련된 지원 요청:** 고객이 문제를 해결하거나 제품 및 서비스를 최대한 활용하도록 돕기 위해 서비스 조직의 지원 자원 혹은 서비스 담당자에게 세부 정보를 요청하는 단계이다.
- **계속 사용가능 여부 고려:** 고객이 제품 및 서비스에서 얻는 가치와 사용의 갱신, 업그레이드, 취소, 중단 여부에 대해 다른 경쟁사의 제품 및 서비스와 비교할 때이다.
- **요구사항 해결:** 고객이 제품 및 서비스에 대한 긍정적 경험을 가족, 친구, 동료, 지인 등과 공유하는 단계이다.

■ 고객접점

고객접점(customer touch points)은 고객이 구매 전, 구매 중, 구매 후, 제품 및 서비스를 접하는 순간들이다. 고객접점은 고객여정을 이해하는 열쇠이며, 고객여정을 따라 발생하는 비즈니스와 고객 간 상호작용이 발생하는 장소이다. 고객이 경험하는 연쇄적 사건을 진실의 순간, 결정적 순간으로 해석하여 MOT라 했다. 고객은 온라인에서 웹사이트를 검색하고, 리뷰, 사용후기를 읽고 평판이 좋은지 확인하고, 온라인 거래나 오프라인 매장에서 쇼핑하고, 고객서비스에 대해 문의한다. 이러한 각각이 고객접점이 된다.

구매 전 고객접점

- **온라인 광고:** 웹사이트 배너 광고, 검색엔진 페이지 광고, 소셜미디어 게시물 등
- **디지털 마케팅 콘텐츠:** 온라인 게시 콘텐츠, 블로그 포스팅, 인포그래픽, 비디오, 팟캐스트, 라이브 생방송 등

- 소셜미디어
- 회사 행사: 정보제공 이벤트, 커뮤니티 이벤트, 웨비나 온라인 이벤트 등

구매 중 고객접점

- 전자상거래: 온라인 제품 판매
- 상품평: 온라인 제품 리뷰, 고객 리뷰
- 회사 담당자와의 직접 대면 대화
- 제품 카탈로그, 온라인 카탈로그

스토리텔링 8-8 **MOT**

- 첫 번째 진실의 순간: 오늘날 MOT는 새로운 방식으로 보완되어 재해석되고 있다. 35년 전 MOT에서 응용하여 2005년 프록터앤갬블(Proctor & Gamble, P&G)의 래플리(A.G. Lafley)는 첫 번째 진실의 순간(First Moment of Truth, FMOT)이라는 용어를 사용했다. 고객이 호기심에 이끌려 제품 및 서비스 정보를 검색하고 처리하는 단계이며, 제품 및 서비스와 처음 접촉하는 순간이다. 고객이 제품 및 서비스를 바라보는 3초~5초 동안의 시간이다.
- 두 번째 진실의 순간: FMOT가 지나면, 고객이 실제로 제품을 선택하고 제품을 구매하여 사용을 시작하는 순간이 시작된다. 그 순간을 두 번째 진실의 순간(Second Moment of Truth, SMOT)이라고 하며, 이는 고객이 제품 및 서비스에 대한 인식과 구매를 결정한다.
- 세 번째 진실의 순간 혹은 궁극의 순간: 세 번째 진실의 순간(Third Moment of Truth, TMOT), 궁극의 순간(Ultimately Moment of Truth, UMOT)은 고객이 제품 및 서비스에 대한 피드백을 제공할 때이다. 이러한 피드백을 서비스 조직은 물론, 친구, 동료, 가족 등과도 활발하게 공유한다.
- 2011년 구글은 제로 진실의 순간(Zero Moment of Truth, ZMOT)을 발표했다. 또한 나르바르(Narvar)의 설립자이자 CEO인 샤르마(Amit Sharma)가 제공하는 또 다른 진실의 순간이 있는데, 새로운 진술의 순간(New Moment of Truth)이라 부른다.

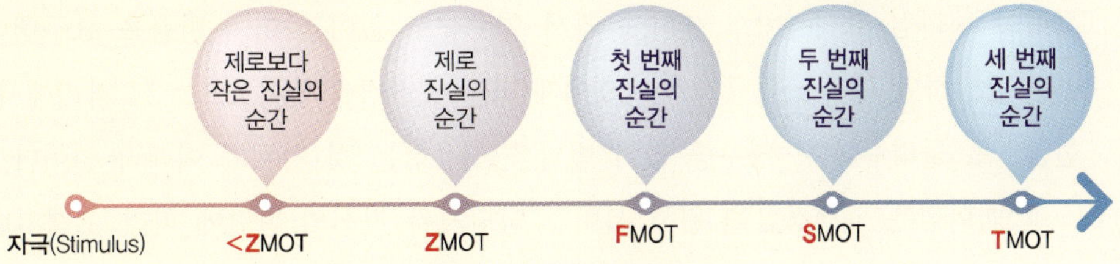

[그림 8-4] 고객과의 접점

- 웹사이트: 디지털 매장, 피지컬 매장
- 판매 시점

구매 후 고객접점

- 감사 인사: 메모, 우편, 이메일, 통화
- 마케팅 이메일: 추가 제품 및 서비스 베네핏 공유
- 고객 피드백 설문조사
- 청구
- 고객 지원 채널
- 고객 충성도 프로그램
- 셀프 서비스 리소스: 리소스 라이브러리 솔루션

서비스 조직과 서비스 담당자는 고객여정의 처음에서부터 끝까지 고객경험을 획기적으로 개선하기 위해 부단히 노력해야만 한다. 고객이 제품 및 서비스와 접촉하는 다양한 접점을 새롭게 정의하고, 개선 노력을 실행하면 고객여정이 크게 개선될 수 있다.

(2) 고객감동의 실천

■ 노드스트롬의 타이어 반품

노드스트롬은 1901년 노드스트롬(J.W. Nordstrom)과 왈린(C.F. Wallin)에 의해 설립된 백화점이다. 노드스트롬 백화점에서는 타이어를 팔지 않는다. 어느 날 화가 잔뜩 난 고객이 백화점 고객서비스 센터에 와서 영수증도 없이 타이어 반품을 요구했다. 그 순간 담당하던 서비스 담당자가 고객에게 타이어 가격을 물어보고는 그 자리에서 즉시 현금으로 돌려주었다. 영수증 없이 반납을 허용하는 것 자체가 이례적 일이다.

그 백화점은 고객경험을 위해 서비스 담당자가 자신의 판단에 따라 고객서비스를 제공할 수 있도록 많은 권한을 위임하고 있다. 불필요한 상사의 승인과정을 축소하여 속도를 높이고 담당자의 업무 만족도를 높여 놓고 있어 가능했다. 최고의 백화점에서 운영되는 매뉴얼은 "서비스 담당자, 당신이 옳다고 생각하는 대로 곧바로, 그대로 실행하라!"라는 문장으로 압축되어 있다.

고객서비스보다는 고객경험에 가치를 두고 있기에, 서비스 담당자는 고객을 더 잘 대우하는 방법에 대해서 세심한 주의를 기울이게 된다. 이 백화점은 사람의 존엄에 대한 존경과 믿음이 뿌리에 박혀 있다. 이러한 존엄과 믿음이 고객 충성도를 높이는 동시에 고객이 매장을 자주 찾도록, 추가적 고객서비스와 고객경험을 고객에게 제공한다. 이러한 백화점의 고객중심문화는 서비스 담당자에게 진정한 문제가 무엇인지, 서비스 담당자가 해야 될 일을 어떻게 해야 할 것인지, 문제가 발생했을 때 무엇을 할지 등의 실질적 문제에 대한 명확하고 폭넓은 공유된 해법을 제공하고 있다.

[그림 8-5] 노드스트롬 백화점 타이어 반품

▪ 웬디스의 야외 파라솔 우산

웬디스(Wendy's)는 1969년 데이브 토머스(D. Thomas)에 의해 설립된 패스트푸드점이다. 매우 거센 폭풍우 속에서 웬디스의 직원이 비를 맞으며 밖에 나와서 야외 테이블에 붙어 있던 파라솔 우산을 들고 거동이 불편하여 노인용 보행기(worker)를 밀고 가는 한 노신사를 그의 차량까지 데려다주는 장면이다. '웬디스의 파라솔 아래'라는 제목으로 레딧(Reddit)에 즉시 공유되었고, 좋아요 5,200여 개, 고객의 댓글이 200여 개 붙었다.

[그림 8-6] 웬디스의 야외 파라솔 우산

■ 타깃 매장에서의 넥타이

[그림 8-7] 타깃 매장에서의 넥타이

타깃(Target)은 1902년 조지 데이턴(G. Dayton)에 의해 설립된 대형 슈퍼마켓이다. 이곳의 상징은 빨간색이다. 유니폼도 빨간색이다. 노스캐롤라이나에서 취업 인터뷰를 위해 넥타이를 구입하려는 청년을 빨간색 유니폼을 입은 타깃 서비스 담당자가 도움을 주는 사진이 공중파와 소셜미디어를 타게 되었다.

어느 날 한 쇼핑객이 쇼핑을 하다가 매장 직원과 젊은 흑인 청년 사이의 훈훈한 장면을 우연히 발견하여 그 자리에서 사진을 찍었다. 청년이 자신의 최초 취업 면접(first job interview) 준비를 위해 전전긍긍하며, 넥타이를 고르며, 매장에서 쩔쩔매고 있었을 순간이다. 매장 직원인 서비스 담당자가 이를 놓치지 않고 다가가, 손수 넥타이를 매는 방법을 알려주며, 악수법도 함께 조언해주었다. 친절하게 인터뷰 팁까지 제공하면서 도움의 손길을 준 것이다. 고객서비스를 뛰어넘는 청년을 돕는 감동적 행동이 사람들로부터 많은 찬사를 받았다. 이것이 입소문을 탔고, 본인은 최고의 경험을, 사람들은 훈훈한 감동을 받았다. 사진이 페이스북에 게시되고 며칠 만에 거의 60,000개의 좋아요가 달렸다.

■ 오륜기 모양의 크리스피 크림 도넛

크리스피 크림(Krispy Kreme)은 1937년 버논 루돌프(V. Rudolph)에 의해 설립된 도넛 회사이다. 지아 장(Jia Jiang)은 사람들이 거절(rejection)을 여러 번 당하면 둔감해지기 때문에 타인으로부터 거부감을 줄일 수 있다는 아이디어를 낸 사람이다. 이 사람은 블로거로 상대로부터의 거절 장면을 찍어 업로드하는 유명인이다. 낯선 사람에게 100달러를 빌려달라고 요청한다거나 햄버거 리필을 해달라고 하면서 100일 동안 상대로부터 당한 각종 거부를 체험한다. 그가 크리스피 크림에 와서 일부러 올림픽 상징의 도넛(olympic symbol doughnuts)을 만들어 달라는 무리한 요청을 했다.

[그림 8-8] 오륜기 모양의 크리스피 크림 도넛

도넛을 올림픽 오륜기 모양으로 해서 달라는 황당한 요구를 점원인 잭키(Jackie)에게 했다. 특별한 도넛으로 포장해달라고 한 것이다. 아주 바쁜 시간이었다. 그런데 그녀는 아무런 불평이나 짜증도 내색하지 않고 진지하게 오륜기를 종이에 그려가면서 15분 동안 고객의 요구에 순순히 응해주었다. 심지어 도넛의 색깔 순서까지 오륜기와 정확히 맞추어 주었다. 잘 만들지 못해 죄송하다고도 했다. 이 장면이 유튜브에 공개되었다. 앞으로도 사람들은 유튜브에서 이 장면을 계속해서 되돌려 볼 것이다.

거절당하고 조롱을 당하리라는 예상은 일어나지 않았고 오히려 황당한 주문을 한 고객은 와우(WOW)의 순간을 경험했다. 이 장면은 2012년 11월 텍사스 오스틴(Texas Austin)에서 일어난 일이다. 그 당시 600만 회 이상 시청했고, 긍정적 댓글이 4,000개 이상 달렸다.

■ 매직 캐슬 호텔 수영장의 핫라인

매직 캐슬 호텔(Magic Castle Hotel)은 1963년 밀트와 빌 라센(Milt & B. Larsen)에 의해 설립된 호텔이다. 세계 최대 규모의 여행 플랫폼인 트립어드바이저(Tripadvisor)의 수천 개 리뷰 평가에서 매직 캐슬 호텔이 시설이 좋지 않은 B급 호텔이지만, LA에서 2번째로 높게 평가되는 호텔로 평판이 나 있다.

매직 캐슬 호텔 수영장에 설치된 빨간색 전화기를 들면 누군가 대답을 하면서 "아이스캔디(Popsicles) 핫라인입니다."라고 수화기 너머로 상냥하게 말한다. 호텔 수영장에서 은쟁반에 잉글리시 버틀러(english butler)와 같은 장갑을 끼고, 여러분에게 배달되는 포도 또는 오렌지 아이스캔디를 상상해 본적이 있는가? 모두 무료 서비스이다. 물론 유료 서비스도 있지만, 요청만 하면 치토스와 크래커잭, 크림소다를 거의 무료로 즐길 수 있는 스낵 메뉴, 보드게임 메뉴가 있고, 세탁을 무료로 맡길 수 있다. 이 호텔은 모든 투숙객을 VIP로 모시고 있다. 최고급 호텔도 아닌데도 고객중심을 철저히 실현한다.

[그림 8-9] 매직 캐슬 호텔 수영장의 핫라인

▪ 고객의 상상초월 요청도 기꺼이 들어주는 컨시어지

엑스팩스(Xtreme Personal Assistant and Concierge Services, XPACS)는 1974년 알비드 코흘러와 돈 러글스(A. Kohler & D. Ruggles)에 의해 설립된 컨시어지 서비스 조직이다. CEO인 스콧 그라함(S. Graham)은 유명인사 대상 컨시어지 서비스를 제공한다. 컨시어지(Concierge)는 프랑스에서 유래된 말로 중세시대 성을 지키며 초를 들고 성을 안내하는 사람인, 촛불 관리자를 뜻한다. 현재는 호텔에서 고객을 맞이하며 객실서비스를 총괄하는 사람으로 그 의미가 확장되었다. 고객을 위한 최상의 서비스를 제공하는 것이 컨시어지이다. 고객 편의를 위한 호텔서비스의 꽃으로 불린다.

유명인사, 즉 셀럽이 오늘 밤 안에 런던에 있는 자신의 아파트로 따듯하고 신선한 페퍼로니 피자를 배달해달라고 주문을 했다. 그것도 미국 동부 일리노이주 시카고에 있는 특정 레스토랑의 피자 배달만을 고집했다. 고객은 자신의 요청을 테스트 겸 주문했는데, XPACS는 고객의 요구를 들어주었다. 그런 일이 힘들다는 걸 알았지만 실행한 것이다.

엑스펙스의 모토는 "우리는 고객의 요청이 도덕적이고 윤리적이며 합법적인 것이라면 무엇이든 합니다."이다. 웹사이트에 "여러분이 상상할 수 있다면 우리가 그 상상을 실현시켜 드립니다!"라고 해놓았다. 고객이 원하시는 것이라면 그것이 무엇이든지 간에 서비스 조직이 그것을 제공하겠다는 것이다. 고객이 묻는 것에 대해 대답은 무조건 예이다. 예라고 답을 한 이후 그것을 가능하게 하는 방법을 찾겠다는 것이다. 그들은 전세기를 구했고, 그 비행기에 피자 오븐을 넣어 재료와 함께 피자를 런던에 상륙하기 시작할 때 시카고 피자에서 구매한 피자를 넣고 요리를 시작했다. 비행기에서 내려진 피자는 상자에 넣어져 대기 중인 리무진으로 옮겨졌다. 저녁 5시에 시카고에서 런던까지 오븐에서 갓 나온 따끈한 피자가 셀럽에게 배달되었다.

8장 수행과제

※ 각 문제가 요구하는 대로 ✔ 표시하세요.

01 서비스에 대한 설명 중 옳은 것은?

① 서비스는 유형의 활동이다.
② 서비스는 커뮤니케이션에 영향을 받지 않는다.
③ 서비스는 생산이 되고 나서 소비가 이루어진다.
④ 고객이 원하는 그 무엇의 제공을 통해 고객만족을 이끌어내는 활동이다.

02 서비스 커뮤니케이션의 설명이 잘못된 것은?

① 고객서비스 커뮤니케이션이라고도 한다.
② 서비스 제공 이전, 서비스 제공 중, 서비스 이후의 연속적 과정이다.
③ 고객에 의해 객관적으로 평가된다.
④ 만족, 효용, 가치에 의한 평가가 이루어진다.

03 서비스 커뮤니케이션 정의가 아닌 것은?

① 서비스 감각을 만들어내는 것이다.
② 서비스 감각을 전달하는 것이다.
③ 서비스 의미를 만들어내는 것이다.
④ 일종의 상징이며, 언어 혹은 비언어 메시지로 표현된다.

04 효율적인 커뮤니케이션을 위한 서비스 담당자의 태도와 관련이 없는 것은?

① 타인에게 도움을 주는 것을 즐거워하는 자세
② 나의 손님을 지극 정성으로 모신다는 자세
③ 특별한 요구를 제외한 응대
④ 어떤 누구든 사람들을 극진하게 모신다는 자세

05 (　　)은(는) 서비스 커뮤니케이션 역량 중 가장 중요한 역량이며 고객지향 마인드를 말한다.

① 서비스 마인드　② 서비스 태도
③ 전문적 업무능력　④ 고객경험

06 (　　)은 다른 사람의 감정을 이해하고 공유할 수 있는 능력으로 이것이 있어야 훌륭한 커뮤니케이션이 이루어진다.

① 인내심　② 공감
③ 효과적 경청　④ 설득력

07 상담원이 응대하는 고객의 유형이 아닌 것은?

① 긍정적 고객　② 말 많은 고객
③ 엘리트 자처 고객　④ 잠재고객

08 (　　)은(는) 전 부서의 지속적인 품질개선 활동을 말한다.

① 전사적 품질경영　② 말콤 볼드리지 상
③ 전사적 참여　④ 가치경영

09 서비스 퀄리티 측정의 기준이 아닌 것은?

① 유형성　② 신뢰성
③ 확신성　④ 자율성

10 고객경험의 내용으로 옳은 것은?

① 고객경험보다 광고가 더 중요하다.
② 이제는 고객서비스를 넘어 고객경험의 시대이다.
③ 고객서비스는 전체 고객경험이다.
④ 고객은 제품 및 서비스의 질만을 평가한다.

※ 각 문제가 요구하는 대로 괄호에 ○, × 표시하세요.

11 (　　　) 고객이 제품 및 서비스를 이용하는 동안 느끼는 전체 경험을 고객여정이라 한다.

12 (　　　) 고객이 구매 전, 구매 중, 구매 후 제품 및 서비스를 접하는 순간을 고객접점이라 한다.

13 (　　　) 구매 전 고객접점이 구매 후 고객접점보다 더 중요하다.

14 (　　　) 고객을 위한 서비스 조직의 약속 이행을 위해 고객과의 상호작용을 미세조정하며, 고객경험을 위한 고객여정을 계획하는 것이 필수이다.

15 (　　　) 저관여제품일수록 고객들은 더 열심히 적극적으로 평가한다.

※ 각 문제가 요구하는 대로 괄호에 번호를 표시하세요.

① 디지털 마케팅 콘텐츠　② 고객접점　③ 고객체험　④ 고객여정　⑤ 지속적 개선

16 (　　　) 고객이 제품 및 서비스와 만나는 동안 생겨나는 고객경험이라 한다.

17 (　　　) 고객의 요구에 부응하여 고객이 기대하는 것을 한 번 충족시키는데 그치지 않고 그 충족의 정도를 끊임없이 개선하려는 노력의 정신이다.

18 (　　　) 고객이 구매 결정 전 고객접점을 통해 따라가는 여정이다.

19 (   ) 온라인 게시 콘텐츠, 블로그 포스팅, 인포그래픽, 비디오, 팟캐스트, 라이브 생방송

20 (   ) 고객은 온라인에서 웹사이트를 검색하고, 리뷰, 사용후기를 읽고 평판이 좋은지 확인하고, 온라인 거래나 오프라인 매장에서 쇼핑하고 고객서비스에 대해 문의한다.

※ 다음 문제에 대해 토론하시오.

21 드러커(P. Drucker, 2018)의 「경영의 실제(The Practice of Management)」에서 사업의 궁극적인 목적, 기업의 비즈니스는 제품이 아닌 고객에게 있으며, 기업이 성장할 것인지를 결정하는 사람은 오직 고객이라고 재차 강조하고 있다. 드러커는 고객기업을 변화시키기 위한 비즈니스 컨설팅에서 다른 질문보다 우선하여 최고의 5가지 질문(Five Most Important Questions)을 한다.

- 사명은(What is our mission)?
- 고객은(Who is our customer)?
- 고객가치는(What does the customer value)?
- 결과는(What are our results)?
- 계획은(What is our plan)?

5가지 질문에 대한 여러분의 생각을 적고, 그 내용을 발표하자.

22 MOT는 리차드 노만(Richard Normann)이 처음으로 쓴 말로, 투우사가 여러 개의 창을 소에 꽂아 잔뜩 약을 올린 후, 죽을 힘을 다해 덤벼드는 소에게 결정적 최후의 일격을 가하는 절체절명의 순간을 말한다. 스칸디나비안 항공사(Scandinavian Airlines System, SAS) 사장 얀 칼슨(Jan Carlzon)이 1987년 「진실의 순간(Moments of Truth)」을 세상에 내놓았다. 고객지향기업(Customer Driven Company)을 위한 새로운 전략으로 한 시대를 풍미한 고전(古典)이다. 관련 글을 읽고 자신의 생각을 적고 그 내용을 발표하자.

8장 도움글

Barann, B. Hermann, A. Heuchert, M. & Becker, J. (2020). "Can't Touch this? Conceptualizing the Customer Touchpoint in the Context of Omni-Channel Retailing," *Journal of Retailing and Consumer Services*, vol,65, pp.1-11.

Blockberger, S. & Sutton, A. (2003). Toward Linguistic Competence: Language Experiences and Knowledge of Children with Extremely Limited Speech. in Light, J. Beukelman, D. R. & Reichle, J. eds., *Communicative Competence for Individuals who use AAC: From Research to Effective Practice*, Paul H. Brookes.

Bruton, N. (2002). How to Manage the IT Help Desk, Routledge.

Carlzon, J. (1987). Moments of Truth, Cambridge, MA: Ballinger Publishing.

Chaney, D. Lunardo, R. & Mencarelli, R. (2018). "Consumption Experience: Past, Present and Future," *Qualitative Market Research: An International Journal*, vol.21, no.4, pp.402-420.

DeCarlo, N.J. & Sterett, W.K. (1990). "History of the Malcolm Baldrige National Quality Award," *Quality Progress*, pp.21-27.

DeFleur, M.L. & Dennis, E.E. (2002). *Understanding Mass Communication*, 7th, ed., Houghton-Mifflin.

Edelman, D.C. & Singer, M. (2015). "Competing on Customer Journeys," *Harvard Business Review*, vol.93, no.11, pp.88-100.

Hamel, G. (2007). *The Future of Management*, Boston, Harvard Business School Press.

Hamilton, R. & Price, L.L. (2019). "Consumer Journeys: Developing Consumer-Based Strategy," *Journal of the Academy of Marketing Science*, vol.47, no.2, pp.187-191.

Parasuraman, A. Zeithaml, V.A. & Berry, L.L. (1985). "A Conceptual Model of Service Quality and Its Implications for Future Research," *The Journal of Marketing*, vol.29, no.4, pp.41-50.

Singh, P. (2023). *Customer Service Communication Skills to Add More Value*, REVE Chat.com.

PART 3

비즈니스 커뮤니케이션의 매체와 실전

비즈니스 커뮤니케이션은 메시지를 명확하게 듣고 해석하는 비즈니스 리스닝, 즉 경청이 되어야 한다. 조직에서 일을 하면서 사람들과 소통하고 대화하는 비즈니스 스피킹은 비즈니스 커뮤니케이션 매체이자 수단이다. 언어를 리딩하며, 세상의 모든 지식을 획득하는 리딩으로부터 비즈니스 커뮤니케이션 역량을 강화해야 한다. 비즈니스는 말보다 문서나 글이 훨씬 중요하며 따라서 비즈니스 라이팅이 매우 중요하다. 더불어 채용시장에서의 라이팅과 스피킹 역량을 학습함으로써 비즈니스 커뮤니케이션의 실무능력을 경험할 수 있다.

CHAPTER

09

비즈니스 리스닝

"사람이 경청한다고 느끼는 것은 단순히 그들의 생각이 경청되는 것 이상을 의미한다. 그것은 존경이다. 그것은 소중함을 느끼게 한다."

D. Tannen

"경청은 재능보다는 정신, 자아보다는 정신, 자기보다는 타인에 대한 관심이 필요한 예술이다."

D. Jacson

"나는 듣기를 좋아한다. 주의 깊게 듣고 많은 것을 배웠다. 대부분의 사람들은 절대 제대로 듣지를 않는다."

E. Hemingway

"대부분 사람은 이해하려는 의도로 듣지 않는다. 그들은 대답하려는 의도를 가지고 듣는다."

S.R. Covey

학습목표

수업 이후 학습자가 할 수 있어야 하는 역량

1 비즈니스 리스닝이 중요한 이유를 이해할 수 있다.
2 비즈니스 리스닝의 유형을 비교할 수 있다.
3 효과적인 비즈니스 리스닝에 대하여 이해할 수 있다.
4 효과적 비즈니스 리스닝의 장점과 방해를 설명할 수 있다.
5 비효율적 리스닝을 이해할 수 있다.
6 잘못된 리스닝 습관을 설명할 수 있다.

핵심키워드

리스닝
리스닝 과정
기억하기
리스닝 충실도
감정이입을 이용한 경청
공감적 리스닝
듣기 경영
회피적 리스닝
독차지하기
화자를 비판하기
카운슬링
비즈니스 리스닝
수신하기
평가하기
내용경청
적극적 리스닝
무시하는 리스닝
듣는 척하는 리스닝
방어적 리스닝
매복
지나친 자극 받기
주목
히어링
이해하기
반응하기
핵심경청
선택적 리스닝
전화응대
고립적 리스닝
둔감한 리스닝
멀티태스킹
산만함 찾기
경청

1 효과적인 비즈니스 리스닝이란?

비즈니스 리스닝(business listening, 듣기)은 비즈니스 커뮤니케이션 과정에서 메시지를 명확하게 듣고 해석하는 능력을 말한다. 본서에서는 되도록 듣기라는 말보다는 리스닝이라는 말을 쓰기로 한다. 비즈니스 리스닝은 모든 효과적인 비즈니스 커뮤니케이션의 핵심이다. 모든 사람은 리스닝으로부터 시작하여 스피킹, 리딩, 라이팅하는 것이다. 이는 아기들의 성장과정과 거의 똑같다. 그런데 사람들은 생각보다 남의 말을 대충 듣는 경향이 매우 심하다. 잘못 듣고서는 자기 마음대로 해석한다. 듣기능력이 없다면 효과적으로 메시지를 쉽게 이해할 수 없다. 비즈니스 리스닝은 스피킹, 리딩, 라이팅에 비해 사람들이 가질 수 있는 가장 쉬운 스킬 중 하나이다. 정보나 아이디어를 얻는 데 적극적 과정이 리스닝이다. 리스닝은 말하기로부터 의미를 받고 구성하고 반응하는 과정이다.

(1) 비즈니스 리스닝이 중요한 이유

언어 커뮤니케이션에는 스피킹(speaking, 말하기)과 리스닝(listening, 듣기)이 있다. 696명의 대학생을 대상으로 한 어떤 연구(R. Emanuel et al., 2008)에서 리스닝이 전체 평균 커뮤니케이션의 55.4%, 리딩이 17.1%, 스피킹이 16.1%, 라이팅이 11.4%로 나타났다. 비즈니스 조직에서 리스닝은 직원 간, 경영진과 직원 간 업무를 수행하는 데 있어 가장 기본이다. 비즈니스 리스닝 능력을 높이려면 상대에게 주의를 기울이고 눈맞춤을 하며 올바르게 이해했는지 중간중간 질문해야 한다. 조직에서 비즈니스 리스닝이 중요한 이유이다.

- 커뮤니케이션 실패를 피할 수 있다.
- 성공하는 데 도움이 된다.
- 진지하다는 것을 드러낸다.

- 다른 사람의 관점을 존중한다.
- 새로움을 학습하는 데 도움이 된다.
- 적응하고 이해할 수 있도록 돕는다.
- 공감한다.

리스닝은 다른 누군가가 말하고 있을 때 조용히 입을 다물고 있다고 되는 것이 아니다. 리스닝은 마음으로 듣는 것이다. 히어링(hearing)이 감각으로 듣는 것이라면, 리스닝은 의식적으로 의도를 갖고 하는 행동이다. 비즈니스 리스닝은 대인 간 언어소통 및 교환을 향상하기 위함이다. 말을 듣는 것으로는 충분치 않다. 잘 듣는 사람은 상대의 비언어적 커뮤니케이션에도 주의를 기울이면서 듣는다. 예를 들어, "수업들으러 가자."라는 말을 흔히 한다. 수업은 듣는 행위가 아니다. 수업은 내용을 듣고, 자신의 의견을 말하고, 교과서와 수업자료를 읽고 과제를 쓰고 쓴 글을 보면서 발표하면서 다른 사람과 커뮤니케이션하는 것이다. 수업은 참여하는 것이다.

스토리텔링 9-1 초라한 노부부

어느 날 하버드대학 총장에게 초라한 행색을 한 노부부가 찾아왔다. 그 노부부는 총장에게 "이런 대학을 운영하려면 돈이 얼마나 드는지요?"라고 물었다. 총장은 "당신들처럼 가난한 사람은 상상하지 못할 금액입니다."라고 퉁명스럽게 말했다. 노부부는 자존심이 상해서 3,400만 달러를 갖고 서부에 가서 스탠포드대학을 설립하였다. 그 노부부의 이름이 스탠포드였다.

타인을 대할 때 얼굴, 옷차림, 지위 따위를 살펴볼 게 아니라 그 사람 목에 걸린 목걸이를 눈여겨보라는 말이 있다. 그 목걸이에는 "나는 존경받고 싶다."라고 쓰여 있다.

(2) 비즈니스 리스닝 과정

리스닝은 까다롭고 복잡한 활동이다. 리스닝은 비즈니스 커뮤니케이션에서 리딩, 스피킹, 라이팅보다 더 빈도가 많다. 사람들과의 소통에서 상대방의 말을 제대로 혹은 잘 듣지 못하는 것이 문제의 발단이 되는 경우가 많다. 인간은 청각(hearing)을 가지고 있는데 이는 음파가 고막을 두드려 뇌로 전달되는 진동을 듣는 것이다. 하지만 리스닝은 히어링과 달리 생각없이 듣기도 하지만 유념해서 듣기도 한다.

커뮤니케이션 활동의 50% 이상이 리스닝과 관계가 깊다. 리스닝은 조직현상과 상대의 상황을 파악하며 바람직한 인간관계를 성립시키는 데 필수적인 수단이다. 우선 상대방의 이야기를 잘 듣는 능력은 성공을 위해서는 기본이다. 이는 승진, 급여인상, 조직 내 위상을 높이는 데 기여하며, 이러한 리스닝은 선천적으로 타고나는 것이 아니라 학습과 개선을 통해 획득된다. 대다수의 사람은 스스로를 좋은 리스닝 습관을 갖고 있다고 생각하지만 10분 정도의 대화에 있어 대다수가 내용의 절반 밖에 기억을 하지 못하며 그나마 48시간 이내에 나머지 절반만을 기억했다.

[그림 9-1] 리스닝 과정

▪ 수신하기

수신하기(receiving) 단계는 화자의 메시지를 듣는 데 의도적인 초점을 둔다. 다른 표현으로는 청력을 가지고 지각하기(sensing) 단계라 한다. 청취한 메시지를 받아들이는 과정이며 필요와 욕구에 의해 선택적 주의와 주목을 한다. 어떤 사람과 더 나은 관계를 위해서는 상대의 말에 주의를 기울여야 함을 의미한다.

스토리텔링 9-2 **리스닝 실패**

잘못된 리스닝은 오류, 비효율적 결정, 안 들어도 되는 비용 등을 발생시킨다.

- 다른 사람의 메시지를 리스닝했지만 주의를 기울이지 못했다.
- 메시지를 리스닝하고 주의를 기울였지만 메시지를 금방 잊어버렸다.
- 메시지를 리스닝하고 주의를 갖고 기억도 했는데 메시지를 이해하지 못했다.
- 메시지를 리스닝하고 주의를 갖고 기억도 하고, 메시지를 이해도 했는데 상대에게 피드백을 주지 않았다.

■ 이해하기

이해하기(understanding) 단계는 메시지의 의미가 무엇인지 알려고 시도한다. 메시지가 청중에게 무엇을 의미하는 것인지 결정된다. 청각으로 들어온 소리 중 몇 가지에 주의를 한 후 주의를 기울인 몇몇 메시지의 의미가 파악되어 이해가 되면서 오해가 줄어든다. 리스닝 충실도(listening fidelity), 듣기 충실도라 하는데, 즉 수신자가 이해한 메시지가 전달자의 메시지와 일치하는 정도를 말한다. 발신자의 메시지를 제대로 이해하지 못할 때 리스닝 충실도는 낮다.

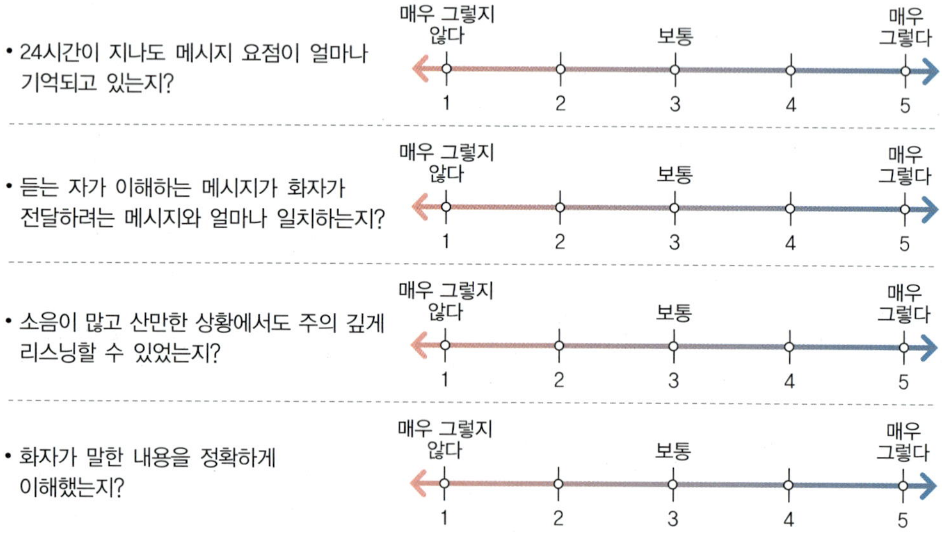

[그림 9-2] 리스닝 충실도 측정

■ 기억하기

기억하기(remembering) 단계는 리스닝으로부터 시작된다. 말한 내용을 기억할 수 없다면 효과적으로 듣지 못한 것일 수도 있다. 하지만 주의 깊게 리스닝을 하더라도 일부 메시지는 다른 메시지보다 이해하거나 기억하기가 더 어려울 수도 있다. 인간은 들은 정보를 100% 기억할 수 없다.

■ 평가하기

평가하기(evaluating) 단계는 메시지에 대한 평가는 청중마다 크게 다를 수 있다. 상대방이 강조한 내용을 판단하는 과정으로 편견을 갖거나 감정적으로 대응하지 않도록 주의해야 한다.

■ 반응하기

비즈니스 리스닝의 마지막 단계는 상대방이 메시지를 확인하는 과정으로 반응하기(responding) 단계, 즉 피드백 혹은 질문을 통해 이루어진다. 메시지에 대한 정서적 혹은 지적 반응이다. 사람들이 커뮤니케이션할 때 전달자도 그렇고 수신자 모두 반응을 보여야 한다. 한 사람은 표현을 하고 있는데 듣기만 한다면 효과적인 수신자가 될 수 없다. 항상 반응을 해야 하는 것은 아니지만 자주 반응을 표현해야 한다. 전달자의 메시지에 집중 혹은 산만, 관심 혹은 무관심 등을 보여야 한다.

스토리텔링 9-3 **상대방에게 불만을 털어놓을 때**

말을 잘하는 것보다 잘 듣는 것이 더 중요할 때가 많다. 효과적인 청취자가 되려면 기본 원칙이 필요하다.

- 상대방의 말을 거부하지 말고 맞는 말이면 적극 수용한다.
- 상대방의 올바른 관점을 잘못으로 판단하거나 평가하지 말고 존중한다.
- 상대방이 관심을 보이는 주제를 다른 주제로 전환하지 말고 상대의 말하는 내용에 집중한다.

(3) 비즈니스 리스닝의 유형

비즈니스 리스닝은 육체적 · 정신적 활동이 혼합되어 형성되는 것으로 리스닝 유형을 내용 리스닝(content listening), 핵심 리스닝(critical listening), 감정이입 리스닝(active, empathic listening)으로 구분한다([스토리텔링 9-4] 참조). 그 외 다른 유형을 참고하자.

■ 적극적 리스닝

적극적 리스닝(active listening)은 거의 모든 것을 이해하는 것이고 적절한 상호작용과 피드백을 하는 것이다. 이를 경청이라 한다.

스토리텔링 9-4 청취유형

청취는 육체적 · 정신적 활동이 혼합되어 형성되는 것이라고 할 수 있다. 청취유형은 다음과 같이 3가지로 정리할 수 있다.

- 내용 리스닝: 내용 리스닝은 전달자가 전달하는 정보를 이해하고자 하는 것이다. 메시지의 핵심을 파악하고 상대방이 말한 내용의 아웃라인을 그려보고자 할 때 필요한 방법으로, 동의나 승인을 하기보다는 이해를 도모하는 데 적당하다.
- 핵심 리스닝: 핵심 리스닝은 청취자가 신중하고 체계적인 사고와 추론을 사용하여 전달자의 메시지를 사실적 증거에 비추어 리스닝하는 것이다. 여러 방향으로 메시지를 평가하고자 할 때 필요한 방법이다. 논리정연하고 논리적인 근거가 충분해야 하며, 또한 타당한 결론을 도출할 수 있도록 평가한다. 메시지의 이해와 평가작업이 동시에 이루어질 수 없으므로 일단 상대방의 이야기가 끝난 다음 평가를 하도록 한다.
- 감정이입 리스닝: 감정이입 리스닝은 적극적인 경청이며 상대와의 공감을 통해 지적으로나 정서적으로 더 잘 이해하는 리스닝이다. 상대방의 감정, 욕구와 같은 내면적인 요소를 파악하고자 할 때 자연스럽게 감정을 이입하는 방법이다. 단 너무 감정에 치우치지 않도록 하며 상대의 개인적 감정을 극단적으로 판단하는 것도 위험하다.

■ 선택적 리스닝

인간은 선택적 리스닝(selective listening)을 한다. 전체적인 것보다는 선택적인 것을 오로지 기억할 뿐이다.

■ 공감적 리스닝

공감적 리스닝(empathetic listening)이란 다른 사람들이 어떻게 느끼는지 더 진실되게 이해하기 위해 많은 공감을 표현하면서 듣는 것이다. 성공하는 사람들이 종종 하는 리스닝이다.

■ 무시하는 리스닝

무시하는 리스닝(ignoring listening)은 전혀 듣지 않는 것이면서 상대에게 모욕감을 주려고 하는 것이며 긴장된 관계로 이어질 수도 있다. "너의 말을 안 듣고 있어!"를 드러내는 것이다.

표 9-1 좋은 리스닝 습관과 나쁜 리스닝 습관

리스닝 방법	좋은 리스닝 습관	나쁜 리스닝 습관
흥미유발 정도	자신의 상황에 적용시키면서 관심을 갖는 태도	이야기가 지루할 경우 화제 돌리기
대화내용 판단	상대방의 말실수보다는 대화내용에 집중	상대방 외모, 말하는 습관으로 내용 판단하기
감정표현 정도	상대를 이해하려고 하며, 필요한 경우 조심스럽게 건의	논쟁을 유발하려는 태도
전체 흐름 파악	핵심적인 주제를 들으려 함	핵심을 벗어난 주제에만 관심을 가짐
융통성	다양한 상황을 판단	1가지 사실에만 몰두
대화 집중도	주의 집중	쉽게 산만해짐
마인드 훈련	복잡하거나 분량이 많은 자료에도 관심	복잡하거나 분량이 많은 자료에는 관심이 없음
열린 마음 정도	감정적 표현에 쉽게 동요하지 않음	감정적 표현에 쉽게 동요됨
의미전달 정도	상대방이 전달하고자 하는 의미를 파악하려는 노력	대화도중 딴 생각을 많이 함

2 비즈니스 리스닝 방법

상대방, 파트너, 고객, 경쟁사, 상사 등과의 대화에서 리스닝에 대한 학습은 비즈니스 커뮤니케이션에서 매우 중요하다. 주의하지 않고(inattentive) 듣기는 화자의 의미를 함께 공유할 수 없게 한다. 비즈니스 커뮤니케이션은 의미의 공유와 이해를 기본으로 하기 때문에 적극적 경청을 통해 상호작용을 해야 한다. 주의를 기울여 듣기나 읽기를 하기 위해서는 많은 노력이 필요하다. 사람들은 말(words), 표현, 심지어 침묵 속에서도 커뮤니케이션을 한다. 더 나은 비즈니스 커뮤니케이터가 되기 위해 몇 가지 적극적 듣기에 대한 팁에 대한 학습이 필요하다.

- 상대가 말하는 동안 말을 멈추고, 적극적으로 듣기
- 관심을 적극적으로 표현하면서 공감하기
- 통찰력을 갖고 관심과 흥미를 위해 명확한 질문하기
- 사람과 대화할 때, 특히 말을 주고받는 사람과의 눈맞춤 유지하기
- 글을 읽고 있는 페이지에서 눈 떼지말기
- 들으면서 들은 내용 기록하기
- 자신의 자원과 시간 등 전적으로 투입하면서 듣기

스토리텔링 9-5 심상치 않은 상황으로 가고 있을 때

- 힘든 대화나 나쁜 소식을 들으려면 특별한 시간을 별도로 마련하라.
- 말하는 사람이 말하는 동안 침묵을 지키면서 방해하지 말라. 읽고 있다면 정신적 방해 없이 메시지를 이해하고 소화하도록 노력하라.
- 의견, 태도, 신념을 제쳐두고 판단과 비판 없이 메시지를 들어라.
- 메시지에 동의가 되면 마음을 열면서 들어라.
- 여러분이 답할 차례가 될 때까지 기다린 다음, 번갈아 가면서 커뮤니케이션하라. 자신의 발언권을 놓치지 말라.
- 메시지를 잘 들었고, 주의 깊게 들었음을 상대방에게 알려라.
- 상대방이 말하는 내용을 이해했는지 체크하라. 이해하지 못했다면 내용을 재차 확인하라.
- 비난하지 말고 나의 주장을 말하되, 냉정함을 유지하라.

- 자신이 제대로 이해했는지 상대에게 피드백 주기
- 산만함을 피하거나 줄이기, 들으면서 멀티태스킹 하지 말기
- 관심과 친숙함을 위해 주제에 대한 정보수집하기

(1) 효과적 비즈니스 리스닝

남의 말을 듣는다는 것은 영어로 표현하면 hear(듣는다), listen(귀를 기울이고 듣는다), active listening(적극적으로 물어보면서 듣기)의 3종류가 있다. 남의 말을 적극적으로 물어보고 들어야 하는 것이 적극적 경청이다. 창조주가 인간에게 2개의 귀와 1개의 입을 만들어준 이유는 "남의 말을 두 번 듣고, 자신은 한 번만 말하라."는 뜻이다. 귀가 양쪽에 붙어 있는 것은 한편의 의견만을 듣지 말고 반대 측의 의견도 함께 들어야 한다는 뜻도 담겨져 있다.

그러나 대부분의 사람은 남의 말을 잘 듣지 않는다. 상대방이 무슨 말을 한 번 하면 자신은 서너 번씩 말하는 사람이 더 많다. 이렇게 자기 말만 내세우는 자는 결코 현명하지 못하다. 중국에는 "바보일수록 말을 많이 한다."는 격언이 있고, 일본에는 "아는 자는 말하지 않고 잘 모르는 자가 말한다."는 속담이 있다. 또한 유대인은 "동전이 조금 들어 있는 항아리를 흔들면 짤랑짤랑 소리가 나지만 동전이 가득 차 있는 항아리는 아무리 흔들어도 소리가 나지 않는다."는 교훈을 아이들에게 가르치고 있다. 우리 속담에 "빈 수레가 요란하다."라는 말은 지식이 많은 사람은 함부로 말하지 않으나, 머리가 비어 있는 사람은 상대방이 귀찮을 정도로 말을 많이 하는 것을 비꼰다. 따라서 적극적 리스닝은 다른 어떤 기술보다도 비즈니스 커뮤니케이션 기술에서 중요하다. 남의 말을 리스닝함으로써 이미 말하는 것보다 더 큰 이득을 챙길 수 있는 것이다.

■ 올바른 리스닝과 전화응대

전화응대를 잘하려면 잘 들어야 한다. 잘 듣고 좋은 인상을 심어주어야 한다. 정문의 경비원, 회사전화를 받는 직원, 안내데스크 요원 등 그들이 대하는 태도에 따라 전

체 조직의 점수가 매겨지기도 하다. 외부인을 대하는 첫 얼굴인 셈이다. 따라서 다음과 같은 경청하기와 관련된 전화커뮤니케이션 기술이 요구된다.

- 상대방을 VIP라고 생각하고 듣는다.
- 제대로 듣기 위해서는 항상 메모할 자세를 갖춘다.
- 상대방이 먼저 전화를 걸었다면 통화가 마무리 될 때 상대가 끊은 것을 확인하고 끊는다.
- 상대방이 밝히는 신분, 그러고 나서 그 사람의 용건 및 전화를 한 용건 등을 듣는다.
- 화가 난 이유나 불평불만 사항을 끝까지 들어준다.

■ 적극적 리스닝

비즈니스 커뮤니케이션의 효과를 증진시키기 위해서는 전달자나 수신자를 이해시켜야 할 뿐만 아니라 수신자가 이해해야 한다는 측면에서 효과적 리스닝(effective listening) 또는 적극적으로 귀 기울여 들어야 한다는 적극적 리스닝(active listening)이라는 개념이 있다. 적극적 리스닝을 못하는 주된 이유는 다음과 같다.

- 사람들은 말하기보다 생각을 더 빨리한다. 보통이 사람은 1분 동안에 600개~700개의 어휘를 처리하지만, 말할 때는 약 125개 정도의 어휘를 처리한다.

스토리텔링 9-6 듣기 경영

카네기(D.B. Carnegie)의 「친구를 얻는 방법과 사람을 움직이는 방법」 중 일부분이다. "뉴욕의 어느 모임에서 나는 저명한 식물학자를 만났다. 식물학자와 대화해보기는 처음이라서 나는 그에게 흠뻑 매료되었다. 나는 다른 손님을 개의치 않은 채 몇 시간 동안 그와 이야기를 나누었을 정도였다. 그런데 그 후 식물학자는 다른 친구들에게 나를 가리켜 '지금까지 만난 사람들 중에서 가장 말주변이 좋은 사람'이라고 말했다고 한다. 말주변이 좋은 사람이라고? 그럴 리가 없다. 나는 알고 있는 것이 없어서 할 말이 없었던 것이다. 나는 단지 진심으로 흥미를 느꼈기 때문에 관심을 갖고 들어주었을 뿐이다. 듣는 것이 말하는 것이다.

- 감정이 메시지를 방해한다. 의견이 매우 다르거나 퍼스낼리티(personality, 성격)가 상대와 전혀 다른 사람이라면 적극적 리스닝을 못한다.
- 상대가 스피킹할 때 대답을 준비하고 있으면 제대로 듣지 못한다.

그러므로 효과적인 적극적 리스닝을 위한 5가지 원칙이 있다.

- 의미에 집중해야 한다. 하나의 단어를 들으려고 하지 말고 전체적인 요점을 파악하도록 노력해야 한다.
- 상대의 말에 몰입한다. 다시 말해서 생각과 사전정보를 동원한다.
- 이야기 모두를 청취해야 한다. 즉 이야기가 끝나기 전에 스스로 결론을 내려서는 안 된다.
- 감정을 인정한다. 사실 자체만을 청취하는 것은 충분히 효과적이지 못하므로 상대방의 입장에서 사실과 함께 감정과 느낌을 공유한다.
- 50 대 50 법칙으로 자신을 평가해야 한다. 이 법칙에 따르면 대화의 50% 이상의 시간을 혼자서 말하지 않는다.

(2) 효과적 비즈니스 리스닝의 장점과 방해

비즈니스 리스닝은 효율을 높이고 자신감을 높이며 실수와 오해를 감소시켜준다. 대인관계에서 인기를 얻고 개인 브랜드를 형성하고 관계 네트워크를 확장시켜주는 이점이 생긴다. 장점은 다음과 같다.

- 생산성 및 효율 향상
- 대인관계 향상
- 갈등 회피
- 이해 향상
- 협상능력 향상
- 좋은 이미지와 인성 발전

정상적인 청력을 가졌다고 비즈니스 리스닝을 잘하는 것이 아니다. 많은 요인이 화자의 메시지 수신을 방해한다.

- 화자에 대한 좋지 않은 선입견 가지기
- 화자가 중요하지 않은 정보를 제공할 것이라고 가정하기
- 연설, 프레젠테이션, 수업 등에 지각하기
- 화자의 매너리즘, 목소리, 외모, 억양 등에 영향을 받고 판단하기
- 집중력과 관심 부족
- 어렵거나 지루하고 복잡한 정보 듣기를 피하고 재미있는 정보에만 선택적 리스닝하기
- 방해로 인해 커뮤니케이터의 주의 산만해지기

3 비즈니스 리스닝 스킬

적극적 경청 혹은 효과적 청취가 어려운 원인이 있는데 비효율적 듣기 때문이다. 물론 어느 정도의 비효율적 듣기는 불가피한 부분이 있다. 화자와 청자가 의미를 공유하지 못하는 방해요인 외 부실하게 듣게 되는 비효율적 리스닝 행동은 다음과 같다.

스토리텔링 9-7 **모닝 페이지**

우리는 상대방의 말을 잘 듣는가? 답은 듣는 것에 있다. 무언가를 리스닝할 때 집중하여 리스닝하면 상대의 멋진 통찰력을 들을 수 있다. 줄리아 캐머런(J. Cameron)은 리스닝 습관 중 가장 중요한 것으로 자신의 마음에 귀 기울이는 법인 「모닝 페이지(Morning Pages)」를 권한다. 모닝 페이지는 오로지 자신 혼자서 리딩을 위해 라이팅을 하는 것이다. 기상과 동시에 침대 위에서 매일 모닝 페이지로 하루를 시작하는 것이다. 종이 3쪽에 자신의 생각구름을 기록하는 것은 자신의 감정에 귀를 기울이는 습관이다. 듣고 생각하고 쓰고 행동하는 것이다.

(1) 비효율적 리스닝 행동

■ 듣는 척하는 리스닝(pseudo listening)

청취자가 듣는 척하고 주의를 기울이는 것처럼 보이지만 정보를 이해하거나 해석하기 위해 듣지 않는다.

■ 선택적 리스닝(selective listening)

청취자가 자신의 필요 또는 관심사와 관련이 있다고 식별되는 정보만을 선택한다.

■ 고립적 리스닝 혹은 회피적 리스닝(insulated listening)

청취자가 선택적 리스닝의 반대로 정보나 대화의 특정 주제를 무시하거나 회피하는 것이다.

■ 방어적 리스닝(defensive listening)

청취자는 순진한 말을 인신공격으로 받아들이고 불안감, 질투, 죄책감, 상대방에 대한 자신감 부족 등을 잘못 해석하거나 투사한다.

■ 둔감한 리스닝(insensitive listening)

청취자는 정보의 문자 그대로의 의미를 듣고 다른 사람의 느낌과 감정을 무시하여 숨겨진 의미나 미묘한 비언어적 단서를 거의 포착하지 못하고 공감과 공감을 표현하는 데 어려움을 겪는다.

■ 독차지하기(stage hogging)

청취자의 독차지하기는 전달자에게 자신의 생각이나 관심사를 표현하고 관심의 중심이 자신이 된다.

■ 매복(ambushing)

청취자는 상대방에게 공격으로 사용될 수 있는 정보를 수집하기 위해 주의 깊게 경청한다.

■ 멀티태스킹(multitasking)

청취자는 한 번에 하나 이상의 작업을 완료하기보다는 여러 가지 작업을 동시에 수행하면서 완전히 주의를 기울이지 않고 듣는다.

(2) 잘못된 리스닝 습관 버리기

■ 대화 주제를 따분하게 여기기

잘못 듣는 사람들은 주제를 너무 무미건조하거나 대수롭지 않은 주제로 여기면서 주의를 잘 두지 못한다. 이 세상에는 흥미롭지 않은 주제란 없는 법인데, 매사에 관심 없는 사람처럼 행동한다.

■ 화자를 비판하기

나쁜 습관의 청취자들은 말하는 사람의 외모, 행동, 말하는 방식에서 결점을 찾는다.

■ 지나친 자극 받기

청취자가 프레젠테이션의 한 부분에 너무 강하게 반응하면 청취 효율성이 제로(0)로 떨어진다. 전달자의 메시지가 이해가 완료될 때까지 특정 부분에만 몰두하는 것은 잘못된 습관이다.

■ 사실만 듣기

청중은 사실을 듣는 것이 중요하지만, 좋은 경청자는 사실만이 아닌 연설이나 강의에서 주요 아이디어와 전체에 대한 올바른 감각을 얻는다.

■ 모든 것을 요약하려고 하는 것

연설이나 프레젠테이션을 들으면서 전반적인 아웃라인을 파악하는 것은 괜찮다. 하지만 주어진 모든 연설의 절반 또는 절반 이하의 요약만으로는 본질을 파악하기 어렵다.

■ 딴 생각하면서 주목하기

손으로 턱을 괴고 시선을 화자에게 고정하는 자세는 좋은 경청자세가 아니다. 좋은 경청은 결코 편안하거나 수동적이지 않고 역동적이며 건설적이어야 한다.

■ 산만함 참기

서툰 청취자는 쉽게 주의가 산만해지며 다른 청취자의 청취까지 방해할 수도 있다. 다른 사람들의 주의를 산만하게 만드는 분위기를 만들지 말아야 한다.

■ 쉬운 것만 선택하기

종종 사람들은 난이도가 높은 발표나 발표과정에 적극적으로 참여하는 좋아하지 않는다.

■ 감정이 섞인 말로 방해하는 것

일부 감정적 단어는 발표자의 메시지를 잘못 듣게 만든다.

■ 말하는 속도와 생각하는 속도의 차이를 낭비

사람들은 일상 대화에서 분당 평균 125개 단어를 말한다고 한다. 연설(speech)을 하면 대화보다는 분당 평균 단어가 약 100개 단어로 느려진다. 연설에서 경청자는 1분에 몇 단어를 들을까? 청중이 분당 평균 400개~500개 단어를 듣는다. 이런 차이는 듣는 사람들이 생각하면서 더 많이 잘못 듣는 데서 비롯된다.

스토리텔링 9-8 **좋은 리스닝**

효과적 리스닝은 이런 것이다.

- 상대방의 언급에 대한 반응과 느낌을 알아차릴 것
- 상담을 위한 개별적이고 조용한 장소를 찾을 것
- 자리에 앉아 상대에게 관심이 있다는 것을 보여줄 것
- 간단하게 자신을 소개하고 이야기를 시작할 것
- 상대방 입장에서 말할 기회를 주고 비밀을 유지할 것
- 상대의 말을 끊거나 끼어들지 않을 것
- 상대의 말을 들으며 몸짓으로 반응을 보일 것
- 적절한 침묵을 사용할 것

(3) 주목과 경청

어떤 사람이 내가 하는 말을 귀 기울여 듣는다면 그 자체가 위안이요, 대화 자체가 새로운 희망이 될 수 있다. 예를 들어, 상담자와 내담자 간 이루어지는 커뮤니케이션이라면 더더욱 그렇다. 하지만 사람은 자신의 문제, 자신에 대한 애정과 관심에만 민감할 뿐 다른 사람에게는 별다른 주목도 안하고 이야기도 잘 들으려 하지 않는다. 그러므로 대화를 할 때 무엇보다 자신이 주목하고 있고 상대의 이야기를 잘 리스닝하고 있다고 느끼게 해야 한다.

주목과 경청은 단순히 언어 커뮤니케이션만으로만 되는 것은 아니다. 다양한 비언어적 커뮤니케이션도 포함되어야 한다. 고민을 가지고 있는 부하가 상급자를 찾았다고 하자. 상급자는 상대에게 다양한 메시지로 전달함을 주의하면서 상황을 파악해야 한다. 부하가 상사에게 마음을 문을 열어 공개적인 비즈니스 커뮤니케이션이 이루어지도록 감정을 조절해가면서 기다려주고 부하에게 조력해야 한다.

사람들은 타인과의 만남을 통해 자기의 주장이나 생각에 따라 상대방의 생각이나 행동을 변화시키고자 한다. 자신도 모르는 사이에 자기방식이 아니면 틀렸다고 생각하고 상대방을 자기방식에 맞추려고 할지도 모른다. 그러므로 소통의 과정은 자신의 입장에서 상대방 이야기를 경청하고 이해하고 평가하고 판단하고 대답하는 것이 아니라 수신자의 입장에서 대하는 것이라야 한다.

스토리텔링 9-9 상담스킬

기본적 상담스킬은 경청하기로부터 시작하여 질문하기, 반영해주기 등과 관련이 있다. 정신적 문제 혹은 질병을 가진 사람을 도와주는 것이 상담인데, 가장 중요한 것이 리스닝이다. 정신적 문제는 사람의 느낌, 사고, 행동 등에 영향을 미쳐 그들의 삶에 부정적 영향을 준다. 정신적 문제나 질병으로 인해 대인관계를 기피한다거나 현실인식에 문제가 생기기도 하지만 이러한 문제는 항상 치료가 가능하다.

정신적 문제와 반대되는 정신적 웰빙의 상태라면 자신이 가진 능력을 실현하게끔 해주고 정상적인 사람의 건전한 스트레스도 즐기며, 사회에 공헌하면서 생산성 있게 자신의 업무에 몰입하게 할 것이다. 그러므로 정신건강의 문제는 정신이 아픈 사람들에게만 국한된 것이라기보다는 모든 인간이 관심을 가져야 할 주제이다. 환자를 의사와 간호사가 돌보듯, 정신문제를 가진 경우 카운슬링(counselling, 상담)이 필요하다. 상담이란 상대방의 사정을 들어주는 것으로 시작된다.

표 9-2 상담의 과정

구분	내용
1단계	오프닝: 관계설정 및 신뢰구축
2단계	탐색: 적극적 리스닝
3단계	이해: 문제의 요약, 내용의 분류, 해결을 위한 반영
4단계	개입: 상대방과 같은 내면화를 통한 상황이해
5단계	해결점을 찾는 문제의 규명
6단계	해결안 수립을 통해 상대방에게 도움주기
7단계	최대한 원상회복을 하고 그 여부를 상시적으로 감시

예를 들어, 상담의 경우를 보자. 내담자의 정보를 단순히 듣는 수준에 그치지 않고, 공감하여 정보의 내용을 알아차리는 것이 필요하다. 이렇게 하려면 적극적 리스닝을 해야 한다. 상대방의 생각을 소중하게 생각하는 자세는 상대에게 전달되기 마련이다. 적극적 리스닝이란 부하의 전달내용에 주의를 기울이고 커뮤니케이션 내용 뒤에 숨어 있는 의미에 대해서 정확하게 반응하는 과정이다. 상대의 이야기에 대한 공감에는 표면적 감정, 내면적 감정, 숨은 기분을 확인해주거나 해석해주는 일체적 감정이 있다.

- **표면적 감정**: 내담자가 겉으로 드러낸 말에 주의를 기울인다. 내담자의 감정을 다른 말로 바꾸어서 말하는 요약, 재진술이다.
- **내면적 감정**: 내담자의 감정에 의해서 정확하게 지각하고 이해하는 내용뿐 아니라 어떻게 이야기하는가까지 리스닝함으로써 정확하게 내담자의 감정을 이해하는 것이다.
- **일체적 감정**: 내담자로 하여금 한 단계 더 나아가서 새로운 수준의 자기성찰을 하도록 도움을 주고, 내담자 입장을 보다 명확히, 구체화시킨다.

스토리텔링 9-10 **듣는 비즈니스**

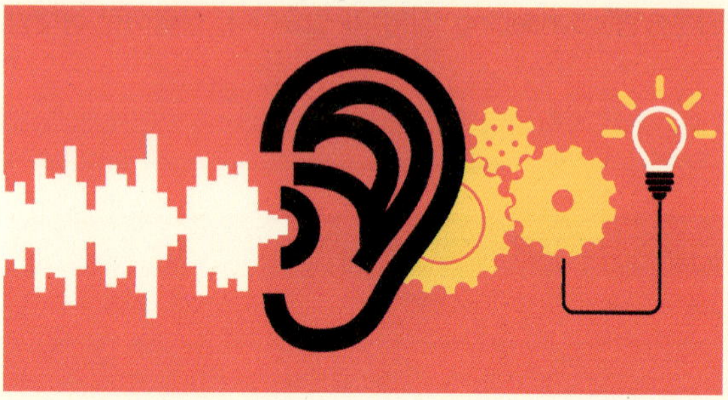

요즘은 듣는 시대이다. 고객에게도 설득하기보다는 들어야 하고 협력업체에게도 지시보다는 초청해서 들어야 한다. 샤넬의 글로벌 CEO인 모린 시케(M. Chiquet)는 사무실에 머무는 동안의 75%는 점원들이 손님을 관찰한 결과를 듣는 데 할애한다. 무엇이 팔리며 고객의 반응은 어떠하며 무엇을 바꾸기를 원하는지 점원들이 고객을 관찰해서 CEO에게 들려준다. 그는 세계 각국의 파트너들의 생각을 듣기 위해 정규적으로 미팅도 가진다. 벤츠자동차 독일 판매원은 고객과 함께 다른 회사 자동차를 구경 다니면서 고객의 소리를 듣는다. 스위스항공의 중역은 터미널에서 고객의 불만을 듣는다. 기업 안에서든 밖에서든 들어야 알게 되고 알아야 통한다. 잘 들으려면 감수성이 예민해야 한다. 우리네 조상들은 벌레소리만 듣고도 콩 타작을 할 때, 솜바지로 갈아입을 때를 구분했으며 심지어는 수확한 벼를 말질해서 가마니에 쏟을 때 그 소리만 듣고도 소출량을 가늠했다. 그와 마찬가지로 출근한 부하의 안색을 보고 피곤한지 문제가 있는지를 헤아릴 줄 아는 상사가 멋진 리더이다. 상사를 아는 데는 3일 걸리지만 부하를 아는 데는 3년이 걸린다는 말이 있는데 그 까닭은 듣는 마음상태의 차이에서 온다. 상사라면 부하에게 지시하기보다 먼저 들어야 한다.

9장 수행과제

※ 각 문제가 요구하는 대로 ✔ 표시하세요.

01 다음 중 설명 중 올바른 것은?

① 시간이 없고 바쁘므로 상대의 말 중 핵심만 가려듣는 것이 효율이다.
② 듣기능력이 없어도 효과적으로 메시지를 쉽게 해석할 수 있다.
③ 듣기로부터 시작하여 말하고 읽고 쓴다.
④ 정보나 아이디어를 얻는 적극적 과정이 비즈니스 리딩이다.

02 비즈니스 리스닝이 중요한 이유로 적합하지 않은 것은?

① 진지함을 드러낸다.
② 다른 사람의 관점을 존중한다.
③ 적응하고 이해하는 데 도움이 된다.
④ 상급자의 지시를 히어링한다.

03 리스닝 과정에 속하지 않는 것은?

① 추측하기 ② 수신하기
③ 기억하기 ④ 반응하기

04 리스닝 과정의 수신하기 단계에 대한 설명 중 잘못된 것은?

① 리스닝 과정의 첫 단계이다.
② 다른 말로 지각하기 단계라고도 한다.
③ 리스닝 충실도와 관계가 깊은 단계이다.
④ 선택적 주의와 주목을 조심해야 하는 단계이다.

05 비즈니스 리스닝 유형이 아닌 것은?

① 행동적 리스닝
② 적극적 리스닝
③ 선택적 리스닝
④ 공감적 리스닝

06 리스닝의 방법 중 옳지 않은 것은?

① 흥미유발이 되도록
② 감정표현을 절제하면서
③ 전체 흐름이 파악되도록
④ 열린 마음으로

07 (　　)은 거의 모든 것을 이해하는 것이고 적절한 상호작용과 피드백을 하는 것이며, 이를 경청이라 한다.

① 적극적 리스닝
② 소극적 리스닝
③ 선택적 리스닝
④ 공감적 리스닝

08 효과적 비즈니스 리스닝의 장점이 아닌 것은?

① 생산성 및 효율 향상
② 대인관계 향상
③ 갈등 조장
④ 협상능력 향상

09 비즈니스 리스닝의 방해요인이 아닌 것은?

① 연설, 프레젠테이션 지각하지 않기
② 화자의 매너리즘, 목소리, 외모, 억양 등의 영향
③ 집중력과 관심 부족
④ 선택적 리스닝

10 비즈니스 적극적 리스닝이 아닌 것은?

① 듣는 중간중간 질문하면서 의심스러운 것을 즉시 해결한다.
② 상대가 말하는 동안 말을 멈추고 적극적으로 듣는다.
③ 들으면서 들은 내용을 기록한다.
④ 자신이 제대로 이해했는지 상대에게 피드백을 준다.

※ 각 문제가 요구하는 대로 괄호에 ○, × 표시하세요.

11 (　　　) 언어 커뮤니케이션에는 스피킹과 리스닝이 있다.

12 (　　　) 리스닝과 히어링은 동일개념이다.

13 (　　　) 인간은 들은 정보를 모두 기억할 수 있는 능력이 있다.

14 (　　　) 효과적인 리스닝은 효과적 화법, 스피킹이다.

15 (　　　) 페이크 리스닝은 항상 필요하다.

※ 각 문제가 요구하는 대로 괄호에 번호를 표시하세요.

① 내면적 감정　② 멀티태스킹　③ 방어적 리스닝　④ 50 대 50 법칙
⑤ 적극적 리스닝

16 (　　　) 순진한 말을 인신공격으로 받아들이고 청취자는 불안감, 질투, 죄책감, 상대방에 대한 자신감 부족을 잘못 해석하거나 투사한다.

17 (　　　) 한 번에 하나 이상의 작업을 완료하려고 시도하는 동안 완전히 주의를 기울이지 않고 듣는 것이다.

18 (　　　) 감정에 의해서 정확하게 내담자를 지각하고 이해하는 내용이다.

19 (   ) 적극적으로 리스닝하는 것으로 경청이라 한다.

20 (   ) 대화의 50% 이상의 시간을 말하지 않는다.

※ 다음 문제에 대해 토론하시오.

21 페이크 리스닝(fake listening) 혹은 가짜 리스닝(pseudo listening)은 좋지 않은 소통방식이다. 다음의 글을 읽고 물음에 답하라.

> 페이크 리스닝과 가짜 리스닝은 모두 대화의 주의를 기울이는 것처럼 속이면서 실제로는 화자를 무시하거나 부분적으로만 리스닝하는 것을 말한다. 통화를 하면서 귀로는 들으면서 멀티태스킹을 하거나 TV나 유튜브를 보면서 건성건성 듣는 비효율적인 방법이다. 왜 그런가?
>
> • 대화 내용에 집중하기보다는 화자에 대충 맞장구를 친다.
> • 과거의 경험으로 상대에 대한 좋지 않은 선입견을 가지고 있다.
> • 대화 주제에 대하여 기존의 익숙함이 있어 적극적으로 들을 필요가 없다.
> • 듣고 싶은 정보만 듣고 나머지는 버려버린다.
> • 화자보다 우위를 점하기 위해 화자의 주장 중 결점만을 찾는다.
> • 지루했던 경험을 알기에 다른 사람과 대화하면서 그런 경험을 되풀이하기 싫다.
>
> 여러분이 말하고 있는데 상대가 거짓으로 듣고 있다는 것을 알았차리면 기분이 어떨까? 그래서 우리들의 페이크 리스닝과 가짜 리스닝 습관을 반성하고 진정한 적극적 리스닝이 되도록 해야 한다. 책임감 있는 청중이 되려면 어떻게 해야 하는가?

22 스티븐 코비(S.R. Covey)의 「성공하는 사람들의 7가지 습관, The 7 Habits of Highly Effective People」에서 이해받으려면 이해하려고 노력하라(seek to understand before being understood)고 주문한다. 다음의 글을 읽고 물음에 답하라.

> 사람들은 마음속에 있는 모든 것을 공유하는 경우는 거의 없다. 하지만 주의를 기울이면 대개 행간을 읽을 수 있다. 이야기를 전달하는 것은 그들의 말만이 아니고 상대의 신체언어 혹은 얼굴신호에 표현된다. 직원들과의 비즈니스 커뮤니케이션에서도 필요한 공감과 지원을 제공할 수 있도록 직원이 처한 환경과 상황, 맥락을 완전히 이해하려고 노력해야 한다. 당신은 이해받기 전에 이해하려고 노력하는 리더인가? 어떻게 해야 하는가?

9장 도움글

Adler, M.J. (1983). *How to Speak, how to Listen*, New York: Macmillan.

Bommelje, R. (2011). *LISTEN, LISTEN, LISTEN. In The Top 10 Ways to Strengthen your Self-leadership*, International Listening Leadership Institute.

Cooper, L.O. & Buchanan, T. (2010). "Listening Competency on Campus: A Psychometric Analysis of Student Listening," *The International Journal of Listening*, vol.24, pp.141-163.

DeVito, J.A. (2016). *The Interpersonal Communication Book*, 14th ed., Boston, MA: Allyn & Bacon.

Emanuel, R. Baker, A.J. Daufin, K. Ellington, E.K. Fitts, C. Himsel, Holladay, J.L. & Okeowo, D. (2008). "How College Students Spend Their Time Communicating," *International Journal of Listening*, vol.22, no.1, pp.13-28.

Ferrari, B. (2012). *Power listening: Mastering the most Critical Business Skill of all*, New York: Penguin.

Hamilton, J.F. (2008). Democratic Communications: Formations, Projects, Possibilities, Lexington Books.

McLeod, J. (2013). *An Introduction to Counselling*, 5th ed., McGraw Hill Education: Open University Press.

Mulanax, A. & Powers, W.G. (2001). "Listening Fidelity Development and Relationship to Receiver Apprehension and Locus of Control." *International Journal of Listening*, vol.15, no.1, pp.69-78.

Nichols, R.G. (1957). *Listening is a 10 Part Skill*, Chicago, IL: Enterprise Publications.

Paulson, B.L. Truscott, D. & Stuart, J. (1999). "Clients' Perceptions of Helpful Experiences in Counselling," *Journal of Counselling Psychology*, vol.43, no.3, pp.317-324.

Ralph G. Nichols, (1960). "What can be done about Listening," *The Supervisor's Notebook*, Scott, Foresman & Co., vol.22, no.1, pp.1-3.

Wobser, A. (2004). *Developing Positive Listening Skills: How to Really Listen*, Huntsville, TX. Educational Video Network.

CHAPTER

10

비즈니스 스피킹

"말을 많이 하는 사람이 많이 실수한다." B. Franklin

"준비된 연사만이 자신감을 가질 자격이 있다." D. Carnegie

"말하는 것과 말을 잘하는 것은 2가지이다. 어리석은 사람은 말하지만 현명한 사람은 말을 잘한다." B. Jonson

"말이 적은 사람이 최고의 사람이다." W. Shakespeare, Henry V

"말씀해 주세요. 저는 평생 당신을 이해하려고 노력할게요." K. Kojouri

학습목표

수업 이후 학습자가 할 수 있어야 하는 역량

1. 비즈니스 스피킹에 대하여 이해할 수 있다.
2. 비즈니스 스피킹 스킬에 대하여 비교할 수 있다.
3. 효과적인 프레젠테이션하기에 대하여 설명할 수 있다.
4. 효과적인 스피치하기에 대하여 설명할 수 있다.
5. 좋은 스피치 조건에 대하여 이해할 수 있다.

핵심키워드

스피킹	프레젠테이션	언어 커뮤니케이션
비즈니스 스피킹 스킬	스몰토크	스트로크
엘리베이터 토크	욕구	설득
인지부조화	정교화 가능성 모형	공포소구
긍정소구	언어	의제
회의용어	화용론적 규칙	구문론적 규칙
의미론적 규칙	청중	문맥규칙
추상의 사다리	페이크 리스닝	중심사상
리허설	스피치	효과적 스피킹
청중분석	공포조절	

1 비즈니스 스피킹이란?

비즈니스 스피킹(business speaking, 말하기)은 비즈니스 영어(business english) 말하기만을 의미하는 것이 아니다. 본서에서는 되도록 말하기라는 말보다는 스피킹이란 말을 쓰기로 한다. 비즈니스 스피킹은 업무에서 사람들과 어떻게 대화하며, 회의나 협상, 비즈니스 프레젠테이션, 비즈니스 전화 스킬, 고객서비스 및 고객경험 스킬, 비즈니스 말하기 능력 등을 포함한 필수적인 비즈니스 커뮤니케이션 수단이다.

말하기와 듣기와 같은 언어 커뮤니케이션은 가장 빈번히 사용된다. 비즈니스 스피킹은 비즈니스 라이팅에 비해 피드백과 상호작용을 촉진하며 시간을 절약하는 특징이 있다. 또한 대화를 통해 의견을 나누고 문제를 해결하며 비언어적 정보(얼굴표정, 눈짓, 목소리 톤, 몸짓 등)를 전달하기도 한다. 언어 커뮤니케이션과 비언어 커뮤니케이션 속에서 인간적인 공감대가 형성되고 집단의 정체성이 형성되어 간다.

언어 커뮤니케이션은 자발적으로 발생한다는 특징도 있다. 그러므로 의도한 바와 전혀 다르게 상대방이 이해하는 경우가 있는가 하면, 상대방이 이야기 도중에 끼어드는 바람에 말하고자 하는 것을 놓치는 경우도 흔하다. 그 밖에도 언어 커뮤니케이션은 지극히 개인적인 판단을 반영하기도 한다. 예를 들어, 상대방의 외모나 말투로 상대방의 대화 내용을 판단하는 경우가 있다. 때로는 문화적인 장벽이 문제를 발생시키기도 하는데, 이러한 경우 문화차이를 인정하여 대화태도나 분위기를 맞춰나가는 자세가 필요하다. 그러므로 언어 커뮤니케이션의 장점을 최대한 살리도록 해야 한다. 상대에게 자신의 의견이나 주장을 효과적으로 전달하고, 상대가 전하는 메시지를 제대로 듣고 이해하는 것이 필요하다.

회의에서 비즈니스 스피킹을 잘 하려면 회의 전 준비를 철저히 하고 상대의 주장을 잘 리스닝하면서 회의 의제에 적합한 스피킹을 해야 한다. 내 주장을 리스닝하는 사람들을 살피면서 간단한 언어와 정확한 발음으로 천천히 분위기를 잡아 나가야 한다.

(1) 비즈니스 스피킹 스킬

비즈니스 스피킹은 필수적인 비즈니스 커뮤니케이션 수단이다. 비즈니스 상황에 맞추어 소기의 성과를 달성하기 위해서는 스피킹을 잘 활용해야 하며 사전에 대화내용을 점검하고 계획을 철저하게 수립해야 한다. 그러므로 대화목적과 주제 및 상대방에 대한 정보수집이 중요한 요인으로 작용하고, 대화할 때 상대방의 피드백에도 귀 기울여 개선점을 찾아야 한다.

표 10-1 비즈니스 스피킹 기술

- 말할 때의 발음, 단어, 속도, 강약 지키기
- 목소리의 활기참, 자신감
- 자세와 시선처리
- 강조하려는 것의 명확화
- 상대가 경청하도록 설득하며 말하기
- 상대가 얼마나 이해했는지 사이사이 확인하기

또한 상황에 따라 다양한 대화법을 시도해보는 것도 좋은 방법이다. 예를 들어, 친구와 대화할 때와 상사나 다른 사람과 대화할 때 스타일에 차이가 나는 것은 당연하다. 말하는 스타일을 고려한 다음에는 비언어적 표현을 고려해야 한다. 얼굴표정, 목소리 톤, 몸짓언어에 따라 상대의 호응을 이끌어내는 정도에도 커다란 차이가 있기 마련이다. 이 중 자신을 상대방에게 효과적으로 알리기 위한 방법 중 하나가 바로 나 메시지(I-message) 대화법과 너 메시지(You-message) 대화법이다. 다른 사람과 커뮤니케이션할 때 나를 주어로 하든지 너를 주어로 하여 대화하는 것이다. 너 메시지 대화법은 비판적 표현을 담고 있기 때문에 강요, 비난, 공격의 느낌을 줄 수 있다.

표 10-2 대화법

구분	나 메시지	너 메시지
부하 직원이 결재 서류를 늦게 올릴 때	"서류 작성하느라 수고 많았네, 그런데 시간이 늦어서 우리 부서가 조금 손해를 보았어, 다음에는 꼼꼼하게 작성하는 것도 좋지만 시간도 생각을 해주면 좋겠네"	"자네는 왜그리 항상 늦나? 자네 때문에 우리 부서가 항상 손해를 보잖아?"

스토리텔링 10-1

긍정적 혹은 부정적 스트로크

수영에서 손으로 물을 당기는 동작을 스트로크(stroke)라 한다. 쓰다듬거나 어루만진다는 의미를 갖는다. 배드민턴에서 공을 강하게 치면서 상대방과 공을 주고받는 것도 스트로크를 친다고 한다. 비즈니스 커뮤니케이션 상황에서 두 사람 사이에 이루어지는 칭찬, 격려, 관심, 동의, 맞장구 등을 긍정적 스트로크라 한다. 반면에 비난, 비판, 무시, 꾸지람 등은 부정적 스트로크가 된다.

우리는 커뮤니케이션을 하면서 상대방과 끊임없이 스트로크를 주고받는다. 물론 아무 반응이 없는 무관심, 즉 제로(0) 스트로크도 있다. 일종의 교감이라고도 표현할 수 있다. 대개의 사람들은 긍정적 스트로크보다 부정적 스트로크를 더 많이 사용하는 경향이 있다. 다음과 같은 긍정적 스트로크를 자주 사용하자.

- 미스터 김, 정말 잘했어, 당신 최고야!
- 기발한 아이디어입니다.
- 네, 그럴 수도 있을 것 같습니다. 좋은 지적입니다.

언어 커뮤니케이션의 방법 중 전화는 거리상의 제약을 극복하기 위한 좋은 방법이며 전화 걸기 전에는 미리 말할 내용을 정리하고 통화 시에는 용건만 간단히 하도록 하는 것이 좋다. 전할 내용이 많은 경우에는 이메일, SNS, 팩스를 함께 이용하면서 대화를 하면 시간을 절약할 수 있다.

■ 올바른 대화의 4단계

상대와 비즈니스 커뮤니케이션을 할 때 옳은 대화법은 다음과 같다.

- 공감의 단계이다. 상대방의 말을 경청하고 그가 원하는 바가 무엇인지 파악하는 것이다.
- 이해의 단계이다. 상대의 상황과 입장, 주장을 이해한다.
- 감정표현의 단계이다. 상대의 것을 모두 이해했다면 이제 나의 감정과 요구도 상대에게 알려야 한다.
- 협상의 단계이다. 서로의 주장과 욕구를 모두 충족할 수 있는 해결책을 찾는 것이다.

■ 좋은 표현법

상대와 대화를 하고 있을 때 상대가 무슨 고민을 하고 있는지 어떤 문제를 가지고 있는지 아는 것이 필요하다. 상대에게 관심을 가질수록 고민과 문제를 더 많이 파악하게 되고 그 사람으로부터 공감을 얻게 될 것이다. 결국 상대도 나를 대화의 상대로 인정하게 된다. 나쁜 표현을 삼가고 좋은 표현을 구사하는 것이 좋은 방법이다.

표 10-3 비즈니스 스피킹의 표현

나쁜 표현	좋은 표현
평가적 표현(보고서 수준이 낮다)	설명적 표현(예산과 인원 배정이 미흡하다)
통계적 표현(왜 내가 명령한 대로 보고서 작성을 안 한 거야!)	문제중심적 표현(서론 부분에 문제제기가 모호하게 기술된 것 같아!)
전략적 표현(오늘 모임에 늦은 이유는 더 중요한 회의가 있어서야!)	자연스러운 표현(나무 늦어서 미안해! 할말이 없어. 양해해주라)
중립적 표현(내 알 바 아니야. 그건 네 문제지, 내 문제는 아니야!)	감정이입적 표현(네 표현이 얼마나 힘든지 알아. 이렇게 다시 해볼래!)
우월한 표현(내가 말한 것이 맞다는 걸 곧 알게 될 거야!)	대등한 표현(누구도 완벽하게 모든 것을 다 해결하는 것은 아니야!)
단정적 표현(엉뚱한 소리나 하는 사람들 때문에 이 모양이 된 거야!)	잠정적 표현(누가 한 것으로 밝혀지지 않았으니 일단 결정을 유보합시다)

스토리텔링 10-2 엘리베이터 토크

첫 만남, 소개팅, 협력업체와의 회의 시작 전 상대를 기다리는 순간, 엘리베이터를 기다리는데 얼굴만 아는 사람을 만났을 때, 엘리베이터에서 짧은 순간에 어색함을 없애는 대화, 여행지 기차간의 옆자리에 앉은 아가씨나 꽃미남과 잠깐잠깐 이야기를 하는 엘리베이터 토크도 일종의 스몰토크(small talk)라 한다. 스몰토크는 날씨, TV, 스포츠처럼 일상적인 대화를 가볍게 나누는 것을 말한다. 부담 없이 가벼운 소재로 이야기를 주고받으면서 인간관계의 친밀도를 높이는 것이다. 엘리베이터에서 상대를 모른척 하지 말고 스몰토크를 주고받으면서 서로의 존재를 아는 것은 타인에 대한 존중이다. 최근 젊은이들은 MBTI 성격 유형을 엘리베이터 토크로 많이 사용한다.

(2) 설득력 있는 비즈니스 스피킹

설득(persuasion)이란 알아들을 수 있도록 여러 가지로 깨우쳐 말하는 것으로 상대의 태도, 신념, 가치관, 행동을 변화시키는 시도의 과정이다. 설득 커뮤니케이션과 다른 것을 강압 커뮤니케이션이라고 한다. 강압 커뮤니케이션은 개인이 가지고 있는 자유 선택을 빼앗는 것이다. 본래 효과적인 커뮤니케이션은 전달자와 수신자 간 목표를 달성하거나 메시지를 이해할 뿐 아니라 소통의 윤리적 측면까지 담고 있어야 하는데, 강압을 한다면 이것은 설득이 아니다. 그러므로 상대에게 승낙을 얻어내는 설득 기법은 다음과 같다.

▪ 인지부조화 활용

인지부조화(cognitive dissonance)란 믿음, 생각, 가치 등에 있어 반대의 생각을 가져 심적으로 불편함을 느끼는 것을 말한다. 설득함에 있어 서로 생각하고 있는 균형을 의도적으로 파괴하여 인지부조화를 오히려 조장해 놓은 뒤 설득을 통해 조화쪽으로 의견을 유도하는 방법이다.

▪ 욕구 활용

욕구(needs)는 최상의 동기부여 중 하나이다. 매슬로우(A. Maslow)는 가장 기초적인 생리욕구, 안전욕구, 사회욕구, 자기존경욕구, 자아실현욕구로 낮은 차원의 욕구인 생리욕구로부터 높은 차원의 자아실현욕구로 각자의 욕구가 이동함을 설명한다. 이처럼 설득력 있는 전달자는 욕구를 이해하거나 활용함으로써 청중을 자극하면서 설득력을 얻어낼 수 있다.

▪ 공포소구

공포소구(fear appeals)란 인간의 감정 중 공포심, 불안감 등을 활용하여 상대의 관심을 유도해내는 것을 말한다. “감기예방주사를 맞지 않는다면 당신은 감기에 걸리게 될 거야!"라고 말하는 것도 공포를 활용한 것이다. 공포로 인해 부조화를 만들어낼 수도 있는 것이다.

▪ 긍정소구

긍정소구(positive appeals)란 인간행동의 긍정적인 면을 부각하여 설득에 활용하는 것이다. 대부분 정치인이 후보로서 자신의 좋은 장점을 집중호소하는 경우가 그것이다. 광고에서 긍정적 동기부여 소구도 여기에 해당된다.

▪ 정교화 가능성 모형

정교화 가능성 모형(Elaboration Likelihood Model, ELM)이란 설득심리학 용어로서 소비자가 설득적 메시지에 노출될 때 메시지 정보에 주의를 기울이며 자신의 욕구와 관련지어 정보를 처리하게 된다는 이론이다. 이 이론에 따르면 소비자는 중심경로 및 주변경로를 통해 정보를 처리하게 되는데, 중심경로란 정교화 가능성이 높을 때 중심경로를 통해 메시지에 주의를 기울인다. 반면 주변경로라는 것은 정교화 가능성이 낮을 때 주변의 단서들을 통해 메시지에 관심을 보이지만, 변화는 지속되지 못하고 일시적일 뿐이다. 정교화 가능성이 높을수록 소비자는 설득당할 가능성이 높아진다.

스토리텔링 10-3 **상대방에게 불만을 털어놓을 때**

상대방에게 얼굴 붉힐 만한 얘기를 한다는 것은 쉽지 않다. 더구나 불만의 대상이 내가 사랑하고 아끼는 사람이라면 더욱 속앓이를 하며, 괴롭고 답답한 날을 보내게 될 것이다. 그러나 불만은 더 큰 오해와 불편함을 가져올 뿐이다. 다음과 같은 점을 주의한다면 서로가 보다 아름답고 깊은 관계로 발전할 것이다.

- 집중해서 잘 들어 준다.
- 사소한 일에 얽매이지 않는다.
- 둘만의 자리를 마련한다.
- 솔직하게 말한다.
- 나쁜 감정으로 말하지 않는다.
- 한 번에 1가지만 말한다.

(3) 회의에서 말하기

회의는 언어 커뮤니케이션으로, 세 사람 이상이 같은 목적으로 같은 장소에 있어야 이루어진다. 이는 비즈니스 커뮤니케이션 기능을 갖는 공식적 대화이다. 정해진 회의 원칙이 있다. 정족수의 원칙, 발언의 원칙, 과반수 원칙, 단일의제 원칙, 평등원칙, 폭력사용금지 원칙, 소수의견 존중원칙 등이 그것이다.

개인의 능력에 한계가 있기에 여러 사람의 중지(衆智)를 모으면 개인능력 이상의 탁월한 결론을 얻을 수 있다. 그러므로 회의에서는 발언자의 발언배경을 이해하고 요점을 파악하는 것이 중요하다. 회의는 눈에 띄는 효율화 지표로 나타나지는 않지만 대인관계, 대집단관계, 대조직관계를 이루어내는 유효한 비즈니스 커뮤니케이션이다. 다음은 효과적인 회의방법이다.

- 합의를 도출해낼 수 있도록 의제(agenda)의 취지를 분명히 말한다.
- 참가자가 통제를 받는다는 느낌을 갖지 않도록 자유스럽게 질문하고 답하여야 한다. 왜 그렇게 생각하는가, 어떻게 하면 좋은가 하는 식의 육하원칙으로 질문한다.

표 10-4 회의용어

용어	내용
개회	회의의 시작
동의	어떤 의견을 일정한 형식을 갖추어 회의의제로 제출하는 것
재청	제출된 동의는 일반적으로 제출자 이외에 한 사람 이상의 찬성(재청)이 있어야 동의(動議)로서 성립된다. 재청이 없으면 제출된 동의는 성립되지 못한다.
의제, 의안, 안건	회의에서 다루어야 할 과제(agenda)
제안설명	동의자 또는 의안의 제출자가 그 제안 이유를 설명하는 것으로 간단명료하면서도 배경, 과정, 효과에 대하여 설득력 있게 설명한다.
질의응답	제출된 의안 또는 동의의 제안설명에 대해 의문이 되는 부분의 설명을 요구하고 이에 응답하는 것이다.
표결	안건의 토론과정이 끝나면 최종적으로 그 안건의 내용을 결정하는 과정을 말한다. 표결에는 우선순위에 따른 절차가 있으며, 표결방법으로는 만장일치, 거수, 기립, 투표(기명 혹은 무기명), 호명 등이 있다.
폐회	회의의 끝

- 커뮤니케이션 채널은 전체연결형(all channel)의 방식이 좋으며 회의 시 좌석의 위치도 중요하다. 그러므로 가능하면 원형으로 앉아서 리더는 구성원의 자유로운 갑론을박을 유도해내도록 해야 한다.
- 피드백 없이 침묵으로 일관된 회의는 공포와 압력이다. 이때 분위기를 바꾸어주는 말 한마디가 필요할 수도 있다. 모든 회의 때마다 말한마디 하지 않는 것도 좋은 회의 참석자가 아니다.

(4) 언어의 이해

언어(language)는 의미를 소통하기 위해 사용되는 상징체계, 말, 제스처를 말한다. 사람들은 서로 다른 가치관, 신념, 관습, 언어와 함께 각자의 문화에서 성장했다. 동일 언어를 사용하더라도 자신이 속한 지역의 말을 가지고 사람들과 교류한다. 그래서 한 국가나 지역 안에서도 상당히 서로 다른 말들이 존재한다. 현재 세계에는 약 3,000개의 언어가 존재한다. 이 언어에 따라 수많은 방언을 포함하면 인류의 언어는 상상도 하지 못할 정도로 많다. 일례로 인도에는 적어도 850여 종의 언어가 사용되고 있다고

스토리텔링 10-4 언어, 말을 제어하자

언어를 바꾸면 인생이 바뀐다. 잔소리, 껄렁한 말투, 언어폭력, 불평, 원망, 비난, 부정여론, 악한 말, 험담, 저주, 짜증 등은 인간이 말을 얼마나 조심해야 하는지를 알게 해주는 단어들이다. 어느 초등학생의 일기의 내용이다. "나에게 엄마는 꼭 있어야 하는데 엄마의 입은 없었으면 좋겠습니다."

성공한 사장님은 초등학교 수준의 말이 아닌 대학원 수준의 어휘력을 가지고 있는 것으로 밝혀졌다. 성공한 CEO는 중졸, 고졸 사장님보다 말을 세련되게 하고, 말을 고상하게 하고 말을 긍정적으로 하는 삶을 산 것으로 알려졌다. 말의 어휘력을 풍성하게 키워야 하고 효율적인 비즈니스 스피킹을 해야 성공과 성장이 앞당겨지는 것이다.

한다. 그런데 언어의 종류가 많다는 말은 그만큼 언어권이 다른 사람과 커뮤니케이션하기 어렵다는 점을 의미하는 것인데, 이상하게도 세계는 더욱 가까워지고 있다. 국가 간의 경제적 · 문화적 교류가 증가하고 있고, 다른 나라를 여행하거나 다른 나라의 제품 및 서비스를 이용하는 일이 빈번해지고 있다. 다른 나라의 언어를 습득하는 일이 절실하게 필요한 것이다. 현대 세계에서 문법체계를 제대로 표현한 언어는 100여 개 정도에 불과하다.

말 자체에는 의미가 없다. 말이 오가면서 말을 한 목적을 주고받는다. 말은 시간이 지나면 그 의미가 바뀌기도 한다. 예를 들어, 나이스(nice)라는 말은 옛날엔 너무 지나치다, 너무 까다롭다는 말이었는데, 지금은 즐겁거나 기분 좋아라는 의미로 쓰인다. 이렇듯 말은 여러 가지 의미도 갖고 있어, 사람들의 소통이 잘못될 수도 있는 것이다.

언어는 임의의 의미를 가진 문자 또는 단어, 상징의 집합, 코드 등으로 구문의 규칙에 따라 커뮤니케이션하는 데 사용된다. 애초에 글보다 말이 먼저 있었고, 인간은 글보다 말을 먼저 배운다.

스토리텔링 10-5 아베롱의 야생아

1799년 프랑스 남부 아베롱(Aveyron) 마을에서 벌거숭이 야생아 소년을 붙잡았다. 날것을 먹고 사람들이 접근하면 이빨을 드러내며 으르렁거렸다. 의사였던 이타르(Jean Marc Gaspard Itard)에 의해서 교육을 받았고 빅토르라는 이름도 주어졌다. 교육에도 불구하고 말은 두서너 마디 밖에 할 수 없었다. 결정적 시기에 애착이 동반되면서 언어가 습득되어야 하는데 아무리 훈련을 해도 언어를 성취하지 못했다. 이는 일종의 모글리 현상(Mowgli syndrome)으로, 사람이 인간 또는 인간사회와 격리된 환경에서 성장하게 되면 사회화 교육을 해도 인간과 소통하는 능력을 쉽게 갖추지 못하는 현상을 뜻한다.

■ 언어는 규칙이다

말을 사용하거나 제어하는 3가지 유형의 규칙이 있다.

구문론적 규칙

구문론적 규칙(syntactic rules)은 한 문장에서 단어 순서를 제어한다. 말에서 단어의 조합이 옳고 그르게 사용된다.

- 수요일 오후 2시, B207호에서 회의합니다.
- 수요일 회의 있어요. B207호에서 오후 2시입니다.
- 수요일 B207호, 오후 2시에 모입니다.

의미론적 규칙

의미론적 규칙(semantic rules)은 단어의 의미와 이를 해석하는 방법을 제어한다. 의미론학(semantics)이란 언어의 의미를 연구하는 것이다. 이는 소리, 철자, 문법기능 등에 반하는 의도된 의미 혹은 의미가 무엇인지 알아보는 것이다. 말속에 포함된 의미, 특정 언급이나 진술의 거짓과 참을 찾거나 어떤 의도였는지를 분석하는 것이다. 전달자 혹은 수신자가 의미를 어떻게 이해하고 있는지 의미론적 규칙을 찾는 것이다.

- 경영학도/가/ 경영학/교과서/를 읽다.
- 비즈니스 스피킹은 매우 중요하다.
- 성공한 비즈니스맨은 스피킹을 잘한다.

화용론적 규칙 혹은 문맥 규칙

문맥 규칙(contextual rules)은 문맥과 사회관습에 의한 의미와 단어를 선택하고 제어한다. 예를 들어, “김대리는 마감시간을 잘 지킵니다.”라는 직설적 언급이 있다. 그러나 “홍팀장, 김대리와 함께 일하는 것, 어때?”했을 때 팀장이 말을 한참 멈춘 뒤 “김대리는 마감시간을 잘 지켜요?”라고 한다면 전혀 다른 의미가 된다. 맥락이 영향을 미치는 것이다.

■ 언어는 현실을 결정한다

우리가 지금 태어난 국가가 아닌 다른 나라에서 태어나 다른 언어를 쓰고 있다면 여러분의 삶은 어떨까? 혹은 당신의 이름이 달라졌다면? 그렇다면 현재 여러분이 가진 정체성을 가지고 있지 않을 수도 있다. 성인이 되면서 다양한 관점을 갖게 되고 끊임없이 변하고 성장한 언어가 현실을 결정한다. 우리가 쓰는 언어나 문화에서 완벽하게 벗어날 수 없다. 언어를 배웠고 학습되었고 경험되었고 그것을 통해 세상을 본 것이다.

■ 언어는 상징적이다

시간이 흘러감에 따라 언어의 의미도 변한다. 글자, 숫자, 문장부호(punctuation marks)를 포함하는 임의상징(arbitray symbols)은 경험의 개념을 나타낸다. 말에는 외연적 의미(denotative meaning)와 함축적 의미(connotative meaning)가 있다. 잘못된 해석을 줄이기 위해 2가지 모두를 사용하는 것이 바람직하다. 외연적 의미는 사전에서 보듯 일반적 의미이다. 함축적 의미는 사전적 의미가 아닌 공동체 자체에서 찾는 의미이다. 보편적이지 않지만 정서적 연관성을 포함한다. 수화(sign language)는 말이지만 상징이다. 판토마임(pantomime)은 말 없는 연극이다. 대부분 상징을 쓴다. 이러한 상징을 똑같은 방식으로 사용하지는 않는다.

■ 언어는 추상이다

언어는 사람들의 환경의 다양한 측면을 표현하기도 하고, 환경 내 핵심적 역할을 할 수 있게 한다. 언어는 중요한 아이디어나 개념을 설명한다. 언어는 단어에 명칭을 붙이지만 가끔은 사물 자체의 개념이 왜곡되기도 한다. 추상화(abstraction)를 통해 전달하려는 특별한 의미를 잘못 파악하기도 한다. 추상의 사다리(abstract ladder, 추론의 사다리)는 동일 현상이 다양한 추상화 수준에서 다르게 묘사될 수 있음을 보여준다.

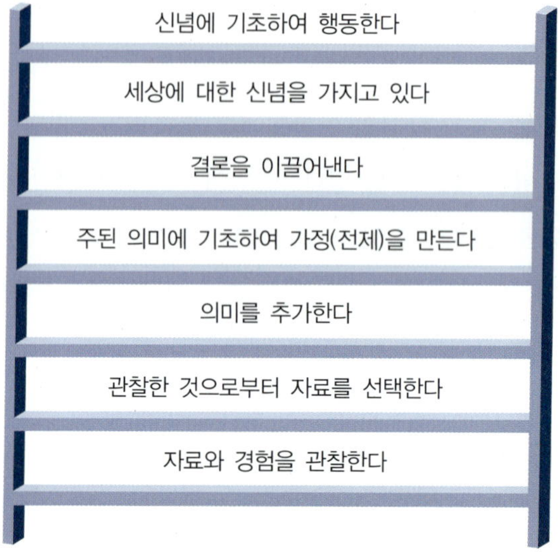

[그림 10-1] 추상의 사다리

스토리텔링 10-6 절대로 해서는 안 되는 말

- 협박: "너 그렇게 계속 울면 경찰 아저씨한테 잡아가라고 해야겠다."
- 비교: "옆집 아들은 반장만 한다더라."
- 빈정: "내 그럴 줄 알았어. 네가 하는 일이 항상 그렇지 뭐."
- 논쟁: "저는 한 발자국도 뒤로 물러설 수 없습니다."

- 심문: "아까 한 말, 몇 번을 되풀이해서 물었는지 알아?"
- 동정: "괜찮아, 신경쓰지마, 아무것도 아닐 것야."
- 확대: "그렇게 나오실 줄 꿈에도 몰랐습니다. 그 상황에서 그렇게 하시다니.

아무리 화가 나도, 이런 말을 해서는 안 된다.

- 네가 항상 그렇지 뭐.
- 네가 해준 게 뭔데.
- 정말 지긋지긋해.
- 너를 안 것이 정말 후회된다.

■ 언어는 방해물이 될 수 있다

- 클리세(cliché): 진부한 표현이나 상투적인 말이다.
- 자곤(jargon): 특정 직업에 종사한 사람들이 사용하는 특수용어, 전문용어를 말한다.
- 슬랭(slang): 기존의 표준어가 아닌 비관습적, 비표준적, 반항적 속어를 말한다.
- 더블스피크(doublespeak): 한 입으로 두말하는 것처럼 의도적으로 둘러대거나 과장한 말이다. 다운사이징이란 해고(layoff · dismissal)를 더블스피크한 것이고, 전쟁에서 부수적 피해(collateral demage)는 사망자를 교묘히 피해서 언급한 것이다.

■ 발음의 정확성

발음이 정확해야 올바른 메시지 전달이 이루어진다. 언어 장애가 없는 이상 또박또박 발음하여 정확한 음을 내는 것은 좋은 커뮤니케이션을 위해 중요하다. 발음은 지속적인 연습으로 향상되는 것으로 발음 장애는 극복될 수 있다.

- 호흡을 충분히 할 것
- 목에 힘을 주지 말 것
- 머리와 목구멍과 가슴의 공명을 적당한 비율로 할 것
- 입술과 혀와 턱을 빨리 움직일 것
- 혀의 위치를 정확하게 할 것
- 모음을 발음하는 입의 모양을 정확하게 할 것

정확한 발음을 위해서는, 먼저 입을 다물고 턱을 전후와 좌우로 변화 있게 움직인다. 운동범위를 크게 하여 입을 벌린 채 턱을 전후와 좌우로 활발하게 움직인다. 이렇게 몇 번을 반복한 다음, **표 10-5**에 나와 있는 글자들을 한 글자씩 짧게 끊어 또박또박 발음하면서 실습한다.

표 10-5 발음연습

갸	괴	겨	귀	교	궤	규	계	과	괘	궈	걔
냐	뇌	녀	뉘	뇨	눼	뉴	녜	놔	놰	눠	냬
댜	되	뎌	뒤	됴	뒈	듀	뎨	돠	돼	둬	댸
랴	뢰	려	뤼	료	뤠	류	례	롸	뢔	뤄	럐
먀	뫼	며	뮈	묘	뭬	뮤	몌	뫄	뫠	뭐	먜
뱌	뵈	벼	뷔	뵤	붸	뷰	볘	봐	봬	붜	뱨
샤	쇠	셔	쉬	쇼	쉐	뷰	셰	솨	쇄	숴	섀
야	외	여	위	요	웨	유	예	와	왜	워	얘
쟈	죄	져	쥐	죠	줴	쥬	졔	좌	좨	줘	쟤
챠	최	쳐	취	쵸	췌	츄	쳬	촤	채	춰	챼
캬	쾨	켜	퀴	교	궤	큐	켸	콰	캐	쿼	컈
탸	퇴	텨	튀	툐	퉤	튜	톄	톼	태	퉈	턔
퍄	푀	펴	퓌	표	풰	퓨	폐	퐈	패	풔	퍠
햐	회	혀	휘	효	훼	휴	혜	화	해	훠	햬

■ 적절한 어휘의 선택

단어란 말을 구성하는 가장 기초적인 단위이며, 이러한 단어의 수효를 어휘라고 한다. 언어적 커뮤니케이션의 핵심은 어휘를 선택할 때 특정한 상황맥락에서 적절한 것인가를 고려하는 것이다. 어휘는 말하는 내용과 직결되어서 말할 내용의 올바른 전달 여부에 큰 영향을 주기도 하지만 말하는 이의 지식과 교양 정도를 드러내는 직접적인 척도가 되기도 한다. 가급적 음절이 많은 어휘보다 음절수가 적은 어휘를, 어려운 한자어보다 일상어를 사용하는 것이 상대방의 이해를 도모하는 데 용이할 것이며, 의미가 모호한 어휘는 피해야 한다. 그리고 쓸데없는 외래어 사용은 지양되어야 한다.

■ 어법에 맞는 표현

문장이 중첩되거나 어순에 맞지 않는 말, 지나치게 생략이 많은 말, 문법적인 호응관계가 전혀 이루어지지 못하는 말, 문장길이가 지나치게 긴 말 등은 문법 측면에서도 문제가 되지만 자신이 생각하는 의미, 생각, 정보 등의 의사전달에서도 문제가 된다.

어법에 맞지 않는 문장은 상대방이 의미를 제대로 파악할 수 없다. 따라서 어법에 맞으면서도 가급적 길지 않은 문장으로 표현하는 것이 바람직하다.

2 발표하기

(1) 발표의 단계

청중 앞에서 발표하기 전 준비해야 할 것을 정리하면 ▌표 10-6▐과 같다. 1단계부터 8단계까지 전달자 입장이 아닌 수신자, 즉 청중의 입장을 고려한다.

▌표 10-6▐ 커뮤니케이터의 단계별 발표준비

단계	내용
1	구체인 주제 선택
2	목적을 분명하게
3	핵심 강조사항 개발하기
4	중심사상 만들기
5	전달내용을 돕는 다양한 재료 수집하기
6	중심사상 구성하기
7	발표 리허설
8	발표에서 제대로 전달하기

■ 구체적인 주제 선택과 목적을 분명하게

발표를 잘하기 위해서는 발표내용과 발표자에 집중하도록 청중을 사로잡는 것이 중요하다. 이처럼 발표자가 설득력 있는 발표가 되기 위해 3가지 사전 질문을 스스로 해보는 것도 좋다.

청중은 누구인가?

발표에서의 핵심은 수신자가 전달자의 메시지를 정확하게 받아들이는 것이다. 발표 과정에서 청중의 수용은 구체적 주제 선택으로부터 시작된다. 청중이 누구인가라는 질문은 청중이 어떤 부류의 사람들로 구성되어 있는가? 그들이 공통으로 갖는 관심사나 흥미, 요구가 무엇인가? 청중이 어떤 궁금증을 갖고 어떤 것을 원하는지, 발표자에게 질의하는가 등과 관련되는 질문이다.

어떤 상황인가?

발표자는 청중의 상황이 어떠한지도 파악해야 한다. 특정 종교, 특정 조직, 특정 집단 등에 따라 처해진 상황이 다르기 때문이다. 예를 들어, 대학총장이 교직원 대상 연설을 하는 상황에서는 대학의 과거 현황에 대한 것(As-is)과 미래 계획 및 추진내용(To-be)이 주요한 주제가 될 것이다. 그러나 학생을 대상으로 발표를 하게 된다면 인생설계, 선배로서의 충고, 미래 진로, 취업에 대한 조언 등으로 그 주제가 달라질 것이다.

발표자의 관심과 경험?

자신감 있는 발표는 청중으로 하여금 주제를 파악하고 흥미를 모으는 데 도움을 줄 것이다. 그러므로 발표자는 자신의 관심사, 태도, 경험 등을 발표 중간중간에 노출하면서 청중이 관심을 갖도록 해야 한다.

스토리텔링 10-7 **발표의 일반목적과 특수목적**

말이든 글이든 목적을 명확하게 하는 것은 그 목적이 달성되기 위해 분명하게 정의가 내려져야 한다. 무엇을 하는지가 불명확하면 장황하고 애매모호하면서 혼란을 느끼게 된다. 그러므로 발표자는 일반목적과 특수목적으로 구분해도 좋다. 일반목적이란 발표를 하게 된 폭넓은 이유라 보면 된다. 발표에는 정의하기, 기술하기, 설명하기, 개념 혹은 과정 등이 모두 동원되는데, 발표를 통해 정보를 제공하기 위한 기본적 목적에 해당한다. 이에 비해 특수목적은 청중에게 전달되어야만 하는 구체적이고 간결한 핵심언급으로서 발표를 통해 청중을 향해 수정하기를 원하는 행동에 초점을 둔다. 예를 들어, 발표 이후에 설득을 통해 변화될 행동이 무엇인지 언급한다면 이것이 바로 특수목적이 된다.

■ 핵심 강조사항 개발하기와 중심사상 만들기

핵심 강조사항은 정해진 주제에 대한 결정적 주장 및 언급이다. 발표에서는 핵심 강조사항이 강조되어야 한다. 여러 하부단위로 나눈 상세한 요점이나 요지가 바로 중심사상이다. 핵심 강조사항을 이루는 생각들이 논리적으로 구성되어 있어야 한다. 중심사상이 되기 위해 여러 가지 원인이 밝혀져야 하며 시간적 혹은 단계별로 순서가 명확해야 한다.

표 10-7 중심사상 만들기

구분	내용
Ⅰ. 논리적인 하부단위로 구성	1. 어쿠스틱 기타 2. 클래식 기타 3. 일렉트릭 기타
Ⅱ. 사실을 향한 원인	1. 태권도는 책임을 가르친다. 2. 태권도는 자기통제를 가르친다. 3. 태권도는 자기방어 수단을 가르친다.
Ⅲ. 명확한 순서	1. 1933년 세계무역센터 지하주차장 폭발사고로 6명이 사망함. 2. 1995년 사우디아라비아 차량 폭발로 7명이 사망함. 3. 2001년 세계무역센터에 납치된 비행기 2대가 충돌하여 3,000명 이상 사망함.

■ 전달내용을 돕는 다양한 재료 수집하기와 중심사상 구성하기

구체적 주제 선택에서 중심사상까지 골격이 완성되었다면 이제는 그 골격 위에 풍성한 내용을 앉히고 더 돋보이게 하는 것이 필요하다. 삽화, 설명문구, 묘사, 정의, 분류, 통계, 여론결과 등을 통해 주제를 지원한다. 중심사상을 구성할 때도 원칙이 있다. 연대기적 순서로 구성하는 것 또는 순서도에 나오는 위치, 지위, 방향 등처럼 공간적 진행상태에 일치하도록 구성하는 것, 원인과 결과 순으로 조직하는 것, 문제와 해결책 순으로 조직하는 것 등이다.

■ 발표 리허설과 발표에서 제대로 전달하기

발표를 성공적으로 이끌기 위해 사전 연습하는 것이 리허설이다. 리허설은 예행연습이지만 실전에 가깝게 해야 한다.

- 리허설은 발표 당일 날보다는 며칠 전부터 시작한다.
- 가능한 리허설을 많이 해본다.
- 리허설하면서 비언어적 메시지를 모두 동원한다.
- 누군가 앞에서 리허설을 한다.
- 녹화 혹은 녹음하면서 리허설 내용을 분석한다.
- 완벽하게 최종 리허설을 마친다.
- 충분한 휴식을 하면서 리허설을 한다.
- 일찍 발표장에 도착해서 리허설을 한다.
- 청중들의 예상치 못한 질문에 대비한다.

발표가 시작되면 핵심사상에 대한 비언어적 수단을 비롯해 청중들과 일일이 눈을 마주치면서 적절한 음색과 목소리, 여유 있는 몸동작, 움직임, 강조점 재확인 등 모든 커뮤니케이션 메시지를 총동원하여 청중으로부터 호응을 이끌어낸다.

(2) 프레젠테이션하기

말은 그 쓰임에 따라 묘미를 가지듯, 말 한마디가 상대방을 웃게도 울게도 만든다.

■ 발표의 기본규칙

어느 나라 말에든 소리와 그 뜻이 있다. 소리가 명확해야 뜻이 제대로 전달된다. 한국어로 의사를 주고받는다면, 우선 어휘가 풍부하고 다양해야 하며 뜻을 제대로 이해하고 소리를 올바르게 내야 메시지의 공유가 효과적일 수 있다. 바로 어휘가 풍부해야 자유자재로 자기 의중을 남에게 진솔하게 전할 수 있다. 따라서 커뮤니케이션에서 가장 중요한 매체는 언어이다.

어휘선택의 기준을 보면 먼저 쉬운 말을 선택해서 사용해야 한다. 사람들은 쉽게 이해할 수 있는 말을 좋아한다. 말이 쉽다고 할 때 그것을 비속어쯤으로 오해해서는 안 된다. 삼갈 것이 비속어이지 쉬운 말은 비속어가 아니다. 또한 뜻을 담은 말을 택하되 경어법을 염두에 두어야 한다. 중간중간 가벼운 농담(joke)이나 유머(humor)로 분위기를 반전하는 시도를 한다.

한편 청중의 리스닝에서 가장 경계할 일이 속임수이다. 이를 페이크 리스닝(fake listening)이라 하는데 수신자가 전달자의 이야기를 리스닝하는 척하는 경우이다. 남의 이야기를 들을 때 전달자 이야기에 정신을 집중해야 한다. 그리고 적절한 질문을 할 줄 알아야 한다. 상대방을 존중해주며 동시에 질문을 통해 상대편 생각과 느낌을 정확히 파악하고 내가 모르는 사실을 자세히 알아낸다는 입장을 취할 필요가 있다.

효과적 스피킹

효과적 비즈니스 리스닝은 곧 효과적 스피킹을 말한다. 효과적 스피킹을 위해서는 윤리적 표현을 염두에 두어야 한다. 이는 사실과 정보를 토대로 진실하게 말하는 것으로 허구적이거나 가식적이고 과장된 사실을 피하는 것이다. 내뱉은 말은 사라지지 않는다.

스피킹 속도도 중요하다. 스피킹 속도는 비교적 느리게 하되 때로는 빠르게 유연성을 주고 띄어 말하기를 해야 상대가 듣기 쉽다. 어조는 자연스럽고 고저(高低)는 비교적 낮게 하되 이것 역시 때로는 높여 강조하거나 심리상태를 표현한다. 목소리는 어떤가? 정말로 큰 것만이 좋은가? 그렇지 않다. 상황에 알맞은 크기가 선택되어야 한다. 효과적 비즈니스 스피킹을 위해 유의할 것을 정리하면 다음과 같다.

- 간략하게 말해야 하며, 요점을 흐리고 장황하게 말해서는 안 된다.
- 청중을 주시해야 하며, 그들의 시선을 피하면 안 된다.
- 요점을 조직적으로 말해야 하며, 산만하게 말해서는 안 된다.
- 적절한 비언어적 도구, 즉 시각적 도구를 사용해야 하며, 지나치게 말하기에만 의존해서는 안 된다.
- 편안한 말하기 페이스를 유지해야 하며, 지나치게 급하거나 지나치게 지루하면 안

된다.

- 자연스럽게 제스처를 함께 쓰면서 말해야 하며, 너무 긴장한 채 말해서는 안 된다.
- 소리, 톤, 음조, 볼륨 등을 다양하게 구사해야 하며, 감정의 표현이나 정서를 나타내는 말을 전혀 쓰지 않는 것은 좋지 않다.
- 청중의 태도를 살피기도 해야 하며, 청중의 코멘트를 무시해서는 안 된다.

▪ 발표계획 수립

발표 준비단계에서 목적을 확실히 정의하고, 청중을 분석하고 요점을 분명히 하는 것이 필요하다. 발표는 공적인 상황에서 진행되기 때문에 특별한 커뮤니케이션 기술이 필요하다.

목적의 명확한 정의

- 청중을 유도해야 한다. 대체로 청중은 간단한 코멘트나 질문에 답을 하는 경우를 제외하고는 수동적인 자세를 보이는 것이 일반적이다.

스토리텔링 10-8 발표 유의사항

- 발표주제에 알맞은 다양한 자료를 준비해야 한다. 주제를 흥미롭게 전개해 나갈 보충자료 등이 필요하다.
- 발표자가 자신감을 갖고 스스로를 전문가로 인정한다면 청중도 발표자에게 공감하게 될 것이다.
- 분위기를 조성하는 데는 약간의 긴장감이 오히려 도움이 된다.
- 1가지 내용에 너무 오랫동안 얽매이지 않는다.
- 시작을 할 때의 멘트를 준비해둔다.
- 청중이 발표내용에 무관심하다고 해서 지나치게 신경 쓸 필요는 없다. 청중의 흥미를 유발할 수 있도록 노력한다.
- 시각자료를 최대한 활용하여 청중이 지루해하지 않도록 한다.

- 정보전달, 정보분석 시 청중과 연설자가 상호작용을 하게 되는데 발표문 등의 문서를 읽고 말함으로써 청중이 간단한 코멘트와 질문을 하는 경우라고 할 수 있다.
- 설득 또는 협력 시 상대방을 설득해야 할 경우 혹은 문제해결 및 결론도출을 위해 협력해야 하는 경우에는 상호작용이 가장 빈번하게 일어난다.
- 청중의 이해를 돕기 위해 주제와 관련된 사실적 데이터를 제시하며 또한 반대로 이의를 제기하여 논쟁이 유발되기도 한다.
- 청중으로 하여금 요구사항을 말하게 하고, 문제해결방안을 도출하고 결론을 맺도록 한다. 이러한 경우 발표자 통제는 상대적으로 적어지므로 예기치 못한 상황이 발생할 수 있는데 준비해둔 원고 외, 발표자의 임기응변 능력이 요구된다.

청중분석

- 청중의 인원수를 파악하여 어떠한 사람들로 구성되어 있는지를 알아본다. 예를 들어, 청중의 수가 일정 이상이 되면 발표 시 일 대 일로 상호작용하면서 이야기를 이끌어나가기가 힘들어진다. 이러한 경우 질문보다는 이야기 쪽에 치중한다.
- 일반적으로 동일한 직업에 종사하는 집단에게 특정한 주제를 가지고 이야기를 전달하기가 쉽다. 전문적인 용어를 많이 사용하기보다 시각적 자료를 제시하면서 설명하는 방법이 더욱더 청중의 이해를 높인다.
- 청중의 이해수준이 어느 정도인지를 파악하는 것이 중요하다. 이미 알고 있는 주제에 대하여 이야기하는 것은 피한다.
- 청중과의 인간관계가 중요하다. 평소 그들과 안면이 있다든지 발표자가 평소 청중들이 존경해 왔던 인물인 경우 분위기를 이끌어가는데 매우 중요한 역할을 하게 된다.

발표문 작성

언어에 의한 메시지도 문서 메시지와 유사하다. 주제를 정하면 발표개요(아웃라인)를 잡고 발표의 분량을 정한다. 이 단계가 끝나면 효과적인 발표형식을 결정한다.

■ 서론, 본론, 결론의 발표

서론

발표 초반부에 몇 분 동안 발표주제에 대한 흥미를 유발하고 신뢰감을 조성하며 발표내용을 간단하게 소개한다.

본론

발표하고자 하는 주안점을 크게 3가지~4가지로 구분한다. 청중에게 전달하고자 하는 것을 명확하게 전달하여 그들이 발표내용에 집중할 수 있도록 한다.

- 문장구조에 역점을 둔다. "자, 지금까지 문제를 살펴봤습니다. 그러면 이제부터 해결책에 대해 알아보도록 하겠습니다."식이다.
- 청중의 개인적인 관심사, 그들의 욕구와 가치있게 생각하는 것에 관심을 가지고 강조한다.
- 명료하고 생동감 있는 언어를 골라 사용한다. 이해하기 어려운 내용은 청중을 쉽게 지루하게 한다. 친숙한 단어, 간단명료한 문장, 적절한 실례를 들어 설명한다.
- 발표주제와 청중이 이미 이해하고 있는 것을 잘 연계시킨다. 이미 청중이 이해하고 있는 내용에 대해서는 발표주제와 연결시켜 기억할 수 있도록 설명한다.
- 다음 주제로 넘어가기 전에 청중이 잘 이해하고 있는지 확인하기 위해 질문을 받거나 조언을 듣는 것도 좋은 방법이다. 이는 청중의 적극적인 참여를 유도하는 방법이다. 또한 동영상 자료와 제스처의 변화, 목소리의 조절도 청중의 관심을 유발하기 위한 좋은 방법이다.

결론

마무리단계는 청중의 집중이 가장 절정에 도달할 수 있도록 신중히 발표를 진행한다. 결론단계에 할애하는 시간은 전체 배정된 시간의 1/10 정도가 바람직하다. 청중이 다소 지루하게 생각할 경우 발표자는 청중에게 끝나는 시간을 알려줌으로써 끝까지 몰입해줄 것을 요구할 수 있다.

- 요점의 반복
- 진행단계의 윤곽
- 긍정적인 이미지
- 질의응답 시간
- 경청에 감사 표현

스토리텔링 10-9 발표 끝맺음

- 요지를 강조할 수 있는 짤막한 이야기로
- 속담 혹은 격언과 같이 잘 알려진 문구로
- 주제를 대신할 수 있는 예를 들면서
- 지금까지 거론된 내용을 요약하면서

스토리텔링 10-10 피해야 할 질문

- **막연한 생각이나 의견, 태도 질문**: 우리 회사의 비전에 대해 어떻게 생각하나요?
- **현재형으로 묻는 질문**: 어떻게 지금도 그 일을 하나요?
- **예스나 노로 대답이 가능한 질문**: 본인의 성과관리는 잘하나요?
- **가정형 질문**: 만약 이런 상황이라면 어떻게 하실 건가요?
- **답변자가 도덕적 판단을 하면서 방어를 할 수밖에 없는 질문**: 특정 상황에서 더욱 체계적 전략수립이 선행되어야 한다고 생각하죠?
- **애매모호한 질문**: 자신에 대하여 말해보세요?
- **다중선택질문**: 이직 사유는 임금 때문인가요 미래비전 때문인가요?
- **유도질문**: 리더십이 조직관리에 얼마나 중요한가요?
- **관련 없는 질문**: 남북통일이 되면?
- **이중질문**: 문제원인은 무엇이고 어떤 해결책이 있나요?
- **마라톤 질문**: …(blah blah blah)…어떻게 생각하세요?
- **비방적 질문**: A회사 인재수준이 별로죠?
- **성차별적 질문**: 몇 살?

■ 시각자료의 활용

한 장의 그림은 천 마디 말의 가치가 있다. 해당되는 시각 자료를 적합하게 활용하는 것이 효율적이다.

[그림 10-2] 시각자료

3 비즈니스 스피치

대부분의 사람들은 말을 통해 커뮤니케이션한다. 스피치(speech)는 말로 하는 언어이다. 스피치란 모임에서 청중에게 공감대를 형성할 목적으로 전달자의 의견을 조리 있게 말하는 것이다. 스피치에는 간단한 연설부터 설득, 정보전달, 격려 등이 있다. 스피치의 특징은 다음과 같다.

- 스피치는 호흡하고, 침을 삼키고 음식을 먹는 것처럼 인간의 신체와 동일한 체계를 사용한다.
- 스피치는 안면근육, 손짓의 사용 등 이미 짜놓은 행동, 움직임, 조정 등을 포함한다.
- 스피치는 호흡, 음성, 떨림과 울림, 절도 있는 발음 등을 포함한다.

(1) 효과적 스피치하기

■ 불안 극복하기

청중 앞에서 자연스럽고 편하게 발표하지 못하는 것을 커뮤니케이션 걱정 혹은 커뮤니케이션 염려라 한다. 일종의 무대공포이다. 약간의 떨림과 긴장은 필요하지만 지나친 걱정과 염려, 붉어지는 얼굴, 갑자기 생각이 멈추고 아무 생각이 나지 않으며 발표를 이어나가지 못하는 상황 등은 수정해야 한다.

표 10-8 공포조절 방안

- 발표 당일이 오기 전 스피치를 연습하고 연습하라.
- 발표자 소개가 이루어지고 청중과 만나는 첫 5분 내 친근한 얼굴표정, 즉 긴장하지 않고 자신감에 차 있으며 온화한 웃음을 머금은 표정을 지어라.
- 깊은 호흡을 하면서 긴장을 이완시켜라.
- 지난날 자신의 좋은 실적을 슬쩍 꺼내라. 물론 지나친 자기 자랑은 금한다.
- 누구나 공감대를 얻을 수 있는 사례를 동원하여 공감대를 얻어라.

■ 상황에 맞는 적절한 톤(tone) 정하기

톤은 말하는 사람의 기분, 느낌, 감정 등이 담겨져 있다. 예를 들어, 결혼식 사회자의 톤과 장례식 사회자의 톤이 전혀 다르다. 마틴 루터 킹 주니어(M. Luther King Jr.)의 연설에서도 연설자의 톤은 다양하게 사용된 것을 알 수 있다. 따라서 연설문, 회의에서의 발언, 상대방과의 열띤 토론 등에서 사용되는 음색이나 장단, 적절한 톤의 수위를 정해야 한다.

■ 언어와 스타일(style) 고려하기

스타일(style)은 언어의 유형을 의미한다. 어떤 사람은 매우 딱딱하게 지시적으로 이야기하는 스타일을 가졌고, 어떤 이는 아주 부드럽고 화려한 미사여구를 자주 쓰는

스토리텔링 10-11 의상에 어울리는 액세서리

명품이나 고급 옷을 잘 차려 입었어도 포인트를 주는 액세서리가 없으면 의상이 돋보이지 않는다. 완벽한 외모를 위해서는 완벽한 의상만큼 완벽한 엑세서리가 있어야 베스트 드레서가 된다. 마찬가지로 최고의 커뮤니케이터는 유추와 일화, 보증, 사례, 통계, 증거로 이야기를 잘 꾸민다.

- **유추**: 보수는 매년 상승했다. 보수위원회에서는 도베르만(경비견)이 아닌 코커스 패니얼(애완견)을 더 좋아하는 경향이 있는 것 같다. –웨런 버핏
- **일화**: 2010년은 삼성의 고 이병철 회장의 탄생 100주년이 되는 해이다. 제일모직 대구공장의 한국 최초 여사원 기숙사는 당시 호텔수준이었다는 전설 같은 실화가 있다.
- **보증**: 해마다 베스트 제품을 뽑는 CNET(세계적인 IT 전문업체)는 포토 프린터기 부문에 HP 포토 스마트 7550을, 베스트 사무용 레이저 부문에 HP 레이저 제프 2300을 선정했다. –휴렛팩커드
- **통계**: 우리는 첫날 아이패드를 30만 대 팔았습니다. 과거에 우리는 1분기에 336,000대의 아이팟을 팔았습니다. 하루 24시간 내내 1분마다 2.5대를 판매한 셈입니다. –스티브 잡스
- **증거**: 이곳에 근무하는 우리는 포춘지가 선정한 100대 베스트 직장에 속하는 것이 자랑스럽습니다. –하워드 슐츠

스타일일 수 있다. 동종업종에 종사하는 사람들, 예를 들어, 의사나 간호사가 쓰는 전문용어를 피하면서 간결한 언어로 누구든지 이해하도록 해야 하며, 스타일 형식은 은유적 표현 혹은 과장어구 사용 등을 적절한 상황에서 선택하여 사용해야 한다.

■ 비주얼 보조물 삽입하기

시각자료를 함께 보여주면서 동시에 말을 하는 것과 그렇지 않은 것과는 큰 차이가 있다. 유치원생 앞에서 구연동화를 할 때 그림판을 들고 노인 흉내를 냈다가 늑대소리도 내는 것은 시각자료 없이 하는 것보다 보조자료가 있을 때 더 효율적이다. 동영상파일, 음성파일, 인기 있는 음원, 음성과 글을 함께 시연할 때가 더 효율적이다.

■ 시간준수하기

시간은 전달자인가 수신자인가에 따라 느껴지는 길이에 차이가 있다. 전달자는 짧게 느끼는 것을 청중들은 길게 느낄 수 있다. 그런 만큼 스피치의 길이는 청중의 기대와 상황에 따라 결정되어야 한다. 스피치가 너무 길어지면 청중은 참을성에 한계를 보이며 불안감을 느끼고 적대적이 될 수도 있다. 반면 기대보다 너무 짧으면 실망하게 된다.

■ 전달방법 선택하기

스피치를 하는 사람은 메시지를 전달하는 몇 가지 방법을 가지고 있는데 즉흥적으로 발표가 이루어질 수도 있고, 충분하게 연습하고 리허설된 연설일 수도 있다. 즉석연설의 경우 발표 이전에 준비가 거의 되어 있지 않은 상태에서 요청을 받고 자발적으로 이야기되기도 한다. 준비된 원고연설도 있다. 이 경우에 준비된 원고를 거의 읽다시피 하지만 연설이 끝나고 나면 질의응답 시간을 별도로 갖는 것도 필요하다.

■ 발표 도중에 전달자의 성격 투사하기

성격은 일종의 가면과 같은 것이어서 겉으로 어떻게 드러내느냐에 따라 청중이

스토리텔링 10-12 어려운 문장을 통한 연습

발음하기 어려운 낱말이나 문장을 미리 소리내어 읽어보는 것도 좋은 연습이다.

표 10-9 읽기 연습

한영양복점 옆 한양양장점 한양양장점 옆 한영양복점	간장공장 공장장은 강공장장이고 된장공장 공장장은 공공장장이다
저기 있는 상 장수는 새 상 장수냐 헌상 장수냐	전등 알 40촉 알을 켤까요 60촉 알을 켤까요 전등 알 60촉 알을 끌까요 40촉 알을 끌까요
저기 있는 저 말뚝은 말 맬 말뚝인가 말 못 맬 말뚝인가	이가와 지가의 이기기 내기에서 이가가 지고 이가와 지가의 지기 내기에서 지가가 졌습니다.
열 살 먹은 아이가 먹는 쌀은 찹쌀이고 네 살 먹은 아이가 먹는 쌀은 햅쌀이다	저기 있는 저 분이 박법학박사이고 여기 있는 이분이 백법학박사이다
신신사장의 사장은 신사장이고 구구사장의 사장은 구사장이다	강낭콩 옆 빈 콩깍지는 완두콩 깐 콩깍지이고 완두콩 옆 빈 콩까지는 강낭콩 깐 콩깍지이다

스토리텔링 10-13 입 푸는 방법

안면근육을 부드럽게 하고 굳어진 입을 풀어주어야 좋은 발성을 할 수 있다. 정확한 입 모양은 올바른 언어를 구사하게 한다. 다음 표를 보고 연습하자.

표 10-10 입 푸는 연습

3음 연습					4음 연습			
아침해	저녁달	바닷가	모래성	소나무	아네모네	저산너머	아지랑이	맨드라미
개나리	진달래	수수밭	아버지	인간성	고국산천	타향살이	부모형제	삼강오륜
주전자	부뚜막	수돗물	백두산	고구려	사서삼경	고등고시	좋은날씨	급행버스
어머니	태극기	월남땅	내고향	가고파	완행열차	안전제일	문화예술	밝은달밤
대구탕	만두국	신선로	구절판	수정과	독서주간	문화행사	장원급제	해바라기

다음 3음절을 호흡에 맞추어 입을 크고 넓게 활짝 벌리고 소리 내어보자.

보...아...라...들...어...라...느...껴...라...생...각...해...말...하...라...힘...차...게...멋...있...게... 신...나...게

전달자의 이미지를 좋게 혹은 나쁘게 해석할 수 있다. 방송에서 진행자의 이미지는 실제와 다를 수 있지만, 특정 이미지나 캐릭터가 고정되어 메시지 전달에 효과를 볼 수 있다. 이처럼 전달자가 의도적으로 혹은 계산적으로 자신의 성격을 표현하는 것도 스피치에서 유용한 전술이 된다.

■ 연설 전체과정을 연습하기

좋은 연설을 완성하기 위해서는 연설 이전에 앞서 제기된 앞의 7가지 상황 모두를 연습하고 또 연습하는 것이다. 친한 친구 앞에서 그것이 불가능하다면 거울 앞에서 혹은 녹화하거나 녹음하면서 부족한 것을 점검하는 것이다.

(2) 좋은 스피치 조건

현대사회는 자기 PR의 시대라고 한다. 자기표현 능력을 높여서 상대가 나를 더 존중하도록 해야 한다. 스피치 능력이 높아지면 자신감도 그만큼 높아지게 되어 있다. 조직 내 높은 자리에 있는 사람들을 보면 스피치 능력이 높은 사람이 훨씬 많다. 그들은 남들보다 비즈니스 커뮤니케이션 능력을 많이 보유하고 있는 사람들이다. 그렇다면 좋은 스피치의 조건은 어떤 것인가?

■ 신뢰할 만한 내용의 스피치

상대를 신뢰하면 상대의 거의 모든 말을 믿게 된다. 그래서 청중으로부터 신뢰를 유도해내야 한다. 이를 위해서는 관련 분야의 전문가임을 충분히 강조하고 그러한 자격요건을 보유하고 있음을 알려야 한다.

■ 자연스러우면서 자신만만한 스피치

경직되지 않으면서 자연스러움을 연출하게 되면 스피치를 듣는 사람도 편안함을 느끼게 될 것이다. 또한 자신감에 찬 행동이나 목소리, 제스처가 더해지면 사람들은 스피치에 주목하게 될 것이다.

■ 명쾌하면서도 간결한 스피치

지지부진하고 논리적이지 못한 상황이나 내용의 전개가 아닌, 최소의 말과 행동으로 최대의 효과를 보는 것이 중요하다.

■ 적절한 사례와 통계에 근거한 자료를 사용하는 스피치

과학적 방법에 근거하여 도출된 다양한 사례와 정량적 자료나 통계정보에 사람들은 신뢰를 보이게 될 것이고 스피치의 타당성에 더 빠져들 것이다.

■ 스피치 전 200% 준비와 점검

준비하고 또 준비해야 한다. 마이크도 그렇고, USB도 그렇고 인터넷 연결도 그렇다. 스피치 전 자신의 복장 등 외모를 살피고, 첫 말을 무엇으로 시작할 것인지 생각을 점검하면서 전체 상황을 꼼꼼하게 리허설한다.

■ 좋은 음성을 가진 스피치

좋은 음성이 되기 위한 3가지는 음성의 크기(volume), 음량속도(speed), 다양성이다. 음성의 크기의 경우 가능한 풍부한 음성으로 스피치해야 한다. 청중이 듣기에 편안하며 쉽게 들릴 수 있는 음성이 중요하기 때문이다. 너무 작은 목소리나 너무 큰 목소리는 스피치의 효과를 떨어뜨린다. 스피치에서 사람들이 일반적으로 평소보다 빨리 말을 하게 되는 경향이 있는데, 이는 긴장해서이다. 상황에 따라 스피치를 빨리한다든가 높낮이를 적절히 조절한다든가 등의 다양성은 청중의 이해를 돕는 데 도움이 된다. 물론 침묵도 적절하게 사용하면 효과가 있다.

■ 제스처를 사용하는 스피치

손은 적절하게 사용되면서 놀려져야 한다. 경직된 자세보다는 스피치의 보조도구로서의 손의 사용은 또 다른 강력한 메시지가 된다. 몸의 자세도 마찬가지이다. 이는 강한 호소로 작동하기도 하지만 자신감의 표현이 된다. 발표자의 위치도 일종의 제스처이다. 장소를 약간씩 옮겨가면서 스피치가 이루어지는 것도 효과를 볼 수 있다.

표 10-11 스피치 커뮤니케이션 체크리스트

구분	문항	그렇다	아니다
1	명료한 발음으로 정확하게 말한다.		
2	알맞은 속도로 여유있게 말한다.		
3	알맞은 목소리 크기로 자신감 있게 말한다.		
4	대화하듯 자연스럽게 말한다.		
5	알기 쉽게 명쾌하게 말한다.		
6	호감 가는 밝은 표정으로 말한다.		
7	인사도 대답도 말도 내가 먼저 자신 있게 한다.		
8	항상 자신감 있게 행동하는 편이다.		
9	누구든 자신과의 대화를 즐거워한다.		
10	항상 긍정적인 말을 사용한다.		
11	사람들을 잘 사귀고, 대인관계가 원만한 편이다.		
12	말을 할 때나 들을 때 상대방의 눈을 본다.		
13	솔직하고 진실하게 속마음을 털어 놓는다.		
14	남의 말을 중단하지 않고 주의 깊게 듣는다.		
15	상대방의 입장을 생각하며 이야기한다.		
16	상대방이 이야기할 때 "아하 그렇구나." 하고 맞장구를 친다.		
17	있잖아요, 어 등과 같은 말을 되풀이하지 않는다.		
18	장황하게 말하기보다 요점을 간략하게 말한다.		
19	무엇을 만지지 않고 태도를 바르게 하고 말하고 듣는다.		
20	의견차이가 있어도 화내지 않고 자기조절을 할줄 안다.		
21	낯선 많은 사람들 앞에서도 자신 있게 말할 수 있다.		
22	말을 할 때 얼굴이 빨개진다.		
23	남의 말을 적당히 듣고 나중에 다시 되묻는다.		
24	타인에게 비난, 비평, 지적, 충고를 자주 한다.		
25	타인의 말을 무시하고 자기 말만 계속하려 한다.		

10장 수행과제

※ 각 문제가 요구하는 대로 ✔ 표시하세요.

01 다음 중 설명 중 올바른 것은?

① 비즈니스 스피킹은 비즈니스 영어 말하기를 말한다.
② 읽기와 쓰기가 가장 빈번하게 사용된다.
③ 비즈니스 라이팅이 비즈니스 스피킹보다 시간을 더 절약하는 특징이 있다.
④ 조직에서 사람들과 대화, 업무회의, 협상, 비즈니스 프레젠테이션, 전화 스킬, 고객서비스 및 고객경험 스킬, 말하기 능력 등을 포함한다.

02 비즈니스 스피킹 스킬로 적합하지 않은 것은?

① 말할 때의 발음, 단어, 속도, 강약을 지켜야 한다.
② 목소리는 크게 하여 항상 자신감을 드러낸다.
③ 자세와 시선처리도 주의한다.
④ 상대가 얼마나 이해했는지 사이사이 확인한다.

03 (　　)는(은) 칭찬, 격려, 관심, 동의, 맞장구 등을 의미한다.

① 긍정적 스트로크
② 부정적 스트로크
③ 제로 스트로크
④ You 대화법

04 상대와 비즈니스 커뮤니케이션할 때 옳은 대화의 단계가 아닌 것은?

① 공감의 단계　　② 이해의 단계
③ 감정억제의 단계　　④ 협상의 단계

05 비즈니스 스피킹에서 좋은 표현이 아닌 것은?

① 문제중심적 표현 ② 대등한 표현
③ 단정적 표현 ④ 설명적 표현

06 설득 커뮤니케이션의 방법 중 옳지 않은 것은?

① 인지부조화 활용 ② 욕구의 통제
③ 공포소구 ④ 긍정소구

07 (   )은 소비자가 설득적 메시지에 노출될 때 메시지 정보에 주의를 기울이며 자신의 욕구와 관련지어 정보를 처리하게 된다는 이론이다.

① 인지부화이론 ② 욕구단계설
③ 정교화 가능성 모형 ④ 언어 커뮤니케이션이론

08 (   )는(은) 회의용어로 어떤 의견을 일정한 형식을 갖추어 회의의제로 제출하는 것은?

① 동의 ② 재청
③ 의제 ④ 표결

09 언어의 규칙이 아닌 것은?

① 상징체계 규칙 ② 구문론적 규칙
③ 의미론적 규칙 ④ 문맥 규칙

10 (   )는(은) 동일 현상이 다양한 수준에서 다르게 묘사됨을 말한다.

① 추상의 사다리 ② 클리세
③ 더블스피크 ④ 자곤

※ 각 문제가 요구하는 대로 괄호에 ○, × 표시하세요.

11 (   ) 청중은 어떤 관심, 흥미, 요구를 가진 집단이다.

12 (   ) 핵심 강조사항은 정해진 주제에 대한 결정적인 주장 및 언급이다.

13 (   ) 발표에 자신이 있다면 리허설은 필요 없다.

14 (   ) 발표에는 조크나 유머는 들어가면 안 된다.

15 (   ) 청중의 코멘트는 무시해도 된다.

※ 각 문제가 요구하는 대로 괄호에 번호를 표시하세요.

① 청중분석 ② 시각자료 ③ 200% 준비와 점검 ④ 성격 ⑤ 공포조절

16 (   ) 발표 전까지 연습하고 연습하라.

17 (   ) 어떠한 사람들로 구성되어 있는지 인원수도 파악한다.

18 (   ) SD차트, 플로우차트, 간트차트

19 (   ) 스피치를 준비하고 또 준비하라.

20 (   ) 일종의 가면과 같아서 겉으로 어떻게 드러내느냐에 따라 청중의 해석이 달라진다.

※ 다음 문제에 대해 토론하시오.

21 면접장에 들어서면 중앙에 앉아 있는 분이 심사위원장이고, 그 양옆에 2명의 면접관이 자리할 가능성이 높다. 그들은 전문가이며, 예리한 질문과 편안한 질문 등 구조화되고 비구조화되지 않은 질문을 준비하고 있다. 면접이 시작되면 위원장이 이렇게 말을 한다. "회사에 지원해주셔서 감사합니다. 지원자는 먼저 자기소개를 3분 내외로 해주세요!" 어떻게 인상깊은 자기소개를 할 것인지? 그 내용을 작성하시오. 그리고 그 내용을 암기하지 말고 스피킹 연습을 꾸준히 해보자.

22 유명 인플루언서의 발표력은 보통 사람과 어떤 점이 다르다고 생각하는가? 발표를 잘한다는 것은 무엇을 의미하는가? 이런 점을 두고 볼 때 나는 어떤 점을 개선하고 무엇을 더 훈련해야 하는가?

10장 도움글

Baron, N.S. (1981). *Speech, Writing and Sign*, Bloomington, IN: Indiana University Press.

Biber, D. (1986). "On the Investigation of Spoken/Written Differences," *Studia Linguistica*, 40, no.1, pp.1-21.

Brown, P. & Fraser, C. (1979). Speech as a Marker of Situation, in Scherer, K.R. & Giles, H., eds., *Social Makers in Speech*, pp.33-62.

Chafe, W. & Tannen, D. (1987). "The Relation between Written and Spoken Language," *Annual Review of Anthropology*, vol.16, pp.383-407.

Cheung, S.K. & Kwok, S. (2003). "How do Hong Kong Children React to Maternal I-Messages and Inductive Reasoning," *The Hong Kong Journal of Social Work*, vol.37, no.1, pp.3-14.

Gibson, J.W. Gruner, C.R. Kibler, R.J. & Kelly, F.J. (1966). "A Quantitative Examination of Differences and Similarities in Written and Spoken Message," *Speech Monographs*, vol.33, no.4, pp.444-451.

Guffey, M.E. (2002). *Essential of Business Writing*, Ohio: South-Western College Pubg.

Halliday, M.A.K. (1985). *Spoken and Written Language*, Oxford: oxford University Press.

Hymes, D.H. (1972). On Communicative Competence, In Pride, J.B. & Holmes, J. *Sociolinguistics*, pp.269-293.

Janis, I. (1991). Groupthink, In Griffin, E. eds., *A First Look at Communication Theory*, pp.235-246.

Kroehnert, G. (2010). *Basic Presentation Skills*, Sidney: McGraw-Hill.

Lanza, J.R. (2008). *Guide to Communication Milestones*, East Moline, Illinois, USA.

Martinich, A.P. (1996). *Philosophical Writing: An Introduction*, Hoboken: Blackwell.

McCroskey, J.C. Wrench, J.S. & Richmond, V.P. (2003). *Principles of Public Speaking*, Indianapolis, IN: The College Network.

Pearson, J. & Nelson, S. Titsworth, S. & Hosek, A.M. (2016). *Human Communication*, 6th., Lenka Tulenka.

Whorf, B.L. (1956). *Language Thought and Reality*, Cambridge Ma: MIT Press.

Wrench, J.S. McCroskey, J.C. & Richmond, V.P. (2008). *Human Communication in Everyday Life: Explanations and Applications*, Boston, MA: Allyn & Bacon.

CHAPTER

11

비즈니스 리딩

"운동이 몸에 중요하듯 리딩은 정신에 중요하다." J. Addison

"클래식은 사람들이 칭찬만 하고 읽지 않는 책이다." M. Twain

"더 많이 읽을수록 더 많은 것을 알게 될 것이다. 더 많이 배울수록 더 많은 곳을 갈 수 있을 것이다." Dr. Seuss

"나는 항상 주머니에 2권의 책을 가지고 있는데 1권은 읽을 책, 1권은 내가 쓰고 있는 책이다." R.L. Stevenson

"자신이 읽지 않은 책을 절대로 아이에게 추천하지 않을 거라는 규칙을 만드세요." G.B. Shaw

학습 목표

수업 이후 학습자가 할 수 있어야 하는 역량

1 비즈니스 리딩이 무엇인지 설명할 수 있다.
2 효율적 리더가 되기 위한 스킬에 대하여 이해할 수 있다.
3 비즈니스 리딩의 유형을 비교할 수 있다.
4 비즈니스 리딩 능력을 향상시키는 방법을 설명할 수 있다.
5 효과적 비즈니스 리딩의 전략을 비교할 수 있다.

핵심 키워드

리딩	소극적 스킬	적극적 스킬
비즈니스 리딩	리딩 스킬	화자
리딩습관	수용적 스킬	행동
리더	난독증	리딩 과정
광범위한 리딩	집중적 리딩	스캐닝
스키밍	비판적 리딩	개요
요약	번아웃	메디치 효과
리딩 전략	리딩 전략의 단계	프레이징
태도	학습의 6단계	동사

1 비즈니스 리딩과 리딩 스킬

(1) 비즈니스 리딩이란?

리딩(business reading, 읽기)은 단순하게 문자를 눈으로 보는 것이 아닌 문자, 기호 등의 의미를 시각이나 촉각(청각, 손끝)으로 받아들이는 과정이다. 리딩은 언어 스킬 중 하나이며 세상의 지식을 얻는 관문(gateway)이기도 하다. 본서에서는 되도록 읽기라는 말보다 리딩이라는 말을 쓰기로 한다. 모든 공부와 학습은 글을 읽는 것에서 시작된다. 과거에는 리딩이 소극적 스킬(passive skill, 수동적 스킬)이었지만 최근에는 적극적 스킬(active skill, 능동적 스킬)로 간주되고 있다. 더불어 한 사람의 리딩 능력이 그 사람의 학업성공을 결정짓는다. 리딩은 자기자신을 교육하는 데 좋은 자원(resource)이다. 리딩을 통해 세상의 학문, 지식, 과학, 문학, 뉴스, 정보 등을 알 수 있다. 이 장에서는 비즈니스 리딩(business reading)을 배워 그 능력을 향상하려 한다.

스토리텔링 11-1 **기분이 즉시 좋아지는 8가지 공식**

- 생각이 너무 많을 때 글을 쓰고
- 불안할 때는 명상을 하고
- 피곤할 때는 낮잠을 자고
- 기분이 울적할 때는 운동을 하고
- 스트레스를 받을 때는 산책을 가고
- 화가 날 때에는 음악을 듣고
- 귀찮을 때는 화면을 잠시 끄고
- 번아웃(burn out)이 왔을 때는 글을 읽는다.

(2) 리딩 스킬

리딩 스킬은 말과 글을 이해하는 리더(reader, 독자)의 능력을 의미한다. 리딩 스킬은 리더가 쓴 글(writing)의 의미를 알아차리고 온전한 내용, 문장 이해력, 언어의 유창함을 달성하는 데 도움을 주는 능력이다. 예를 들어, 신문기사를 리딩하면, 독자는 리딩 스킬이 향상될 뿐 아니라 현재 발생된 이슈에 대한 지식과 용어, 즉 어휘력이 생기거나 향상된다. 그러므로 일반적으로 훌륭한 리더(reader)는 훌륭한 화자(speaker)이다. 리딩습관을 가지면 훌륭한 언어 커뮤니케이션 스킬을 가지게 된다.

리더가 알아야 할 리딩 스킬에는 훑어보면서 일반적 정보얻기(skimming), 특정 정보를 캐치해내기(scanning), 상세하게 혹은 정확하게 리딩하기(intensive reading), 속도있게 리딩하기(speed reading)가 있다. 뒤에서 또 다른 리딩의 유형을 살펴보자.

리딩은 언어 스킬 중 하나이며, 수용적 스킬(receptive skill)에 속한다. 새로운 언어를 배우는 과정에서 학습자는 새로운 항목에 대한 수용적인 이해로 시작한 다음 나중에 생산적인 사용으로 이동한다. 이처럼 수용적 스킬은 외국어 교육에서 중요한 역할을 한다. 이처럼 리딩은 학습된 행동(behavior)이다. 리딩은 소극적(수동적) 활동이지만 적극적 몰입과 열정이 자신의 지식이나 경험을 풍부하게 한다. 리딩은 복잡하고 다양한 의식적인 활동이다.

▌표 11-1 ▌리딩 스킬이란?

- 글로 된 것을 의미 있는 언어로 읽을 수 있는 능력
- 어느 누구의 도움 없이도 읽을 수 있는 능력
- 완전한 이해력을 가지고 읽을 수 있는 능력
- 유창하게 읽을 수 있는 능력
- 읽으면서 문맥을 파악할 수 있는 능력

(3) 효율적 리더(reader)가 되기 위한 스킬

리딩은 큰소리로 읽든 조용히 읽든 문자, 그래픽 상징, 기호에 대한 반응이다. 큰소리로 읽기, 좋은 발음, 적절한 말 끊기, 목소리 변조 등은 리더와 경청자의 이해를 높인다. 조용히 읽는 것은 더 나은 이해와 읽는 속도를 나아지게 하는 데 도움이 된다. 리딩은 소극적 스킬 혹은 수용적 스킬과 리스닝 스킬과 결합된다. 이해 없는 리딩은 리딩이 아니다. 행간을 읽어야 한다. 글에 직접적으로 나타나 있지 않으나 그 글을 통하여 나타내려고 하는 숨은 뜻까지 읽어야 한다는 의미이다. 예를 들어, 책의 저자가 송신자(encoder)라면 리더가 수신자(decoder)이다. 독자는 사전지식에 따라 메시지에 반응한다. 독자는 문자(text)를 흡수하는 것이 아니다. 독자는 사실 혹은 해석의 무지, 익숙하지 않은 어휘문제로 비즈니스 커뮤니케이션에 방해를 받는다.

스토리텔링 11-2 16세 난독증 소녀가 최연소 단독 요트 세계일주

16세 호주의 제시카 왓슨(J. Watson)이란 소녀가 호주에서 출발해 적도주변을 횡으로 돌아오는 여행을 시작했다. 210일 동안 항해는 단 한번의 중간 기착을 허용하지 않는다. 홀로 작은 요트 안에서 모든 것을 혼자서 해결해야 했다. 그런 소녀는 놀랍게도 난독증을 앓고 있다. 9살 때부터 세계일주의 꿈을 가지고 있었고, 7년간의 준비를 거쳐 항해를 시작했다. 고독과 우울증, 거대한 폭풍을 만나 요트가 전복되는 위기를 극복하고 항해를 성공으로 이끌었다.

인터넷에서 지식을 찾아 읽기만 하는 것을 가지고 지식을 축적할 수 없다. 너무 쉽게 손끝을 이용하여 찾아본 지식은 내것이 아니다. 철저하게 준비하고 수시로 글을 읽고 난독증을 극복하면서 1%의 인터넷 지식에 99%의 확인의 확인을 거듭해 만들어낸 위대한 도전이다. 가장 높은 곳에 자신의 가치를 둔 도전이 자신의 단점마저도 극복하게 한 것이다.

리더(독자)는 문자를 이해함으로써 여러 가지 문제를 해결한다. 문제를 해결하기 전에 문제가 무엇인지 리딩하는 것이 우선한다. 문제를 정확하게 정의해야 해결할 수 있다. 리딩은 신체적, 정신적, 심리적 요인을 포함한 사고의 복잡한 조합이다.

표 11-2 효율적 리더가 되기 위한 필요 스킬

- 소리내어 리딩
- 글의 요지를 파악하는 능력
- 이미 알고 있는 정보, 아이디어를 추론하는 능력
- 읽을 거리에서, 인쇄물 등에서 사실과 정보를 찾아내는 능력
- 정확한 정보를 메모할 수 있는 능력

[그림 11-1] 리딩 과정

표 11-3 리딩의 목적

- 읽은 책 혹은 문서를 이해하여 자신에게 입력한다.
- 듣기, 말하기, 쓰기와 같은 언어 스킬을 향상시킬 수 있다.
- 새로운 단어, 새로운 문구, 표현을 학습하여 어휘력을 강화할 수 있다.
- 불필요한 산만함을 방지하여 리더의 마음이 주제에 집중하게 만든다.
- 효율적으로 제한된 시간 내 유용한 정보를 추론할 수 있다.
- 과거에 배운 언어, 지식을 한 단계 높인다.
- 새로운 문자를 배우는 데 자신감을 키운다.
- 리딩은 가장 신뢰할 수 있는 친구이자 최고의 즐거움과 휴식을 준다.
- 효과적 리딩은 다양한 신규 기술의 개발을 촉진한다.

송신기는 메시지를 부호화하고 수신기는 메시지를 해독하고 이해한다. 리딩활동은 지각, 회상(recall), 추론하기, 평가하기, 상상하기, 조직하기, 적용과 문제해결을 포함한다. 리딩의 목표는 의미와 이해이다. 효과적 읽기는 글을 쓴 저자의 말이나 문자적

이해뿐 아니라 저자의 분위기, 기분, 어조, 감정, 태도의 해석이다.

2 효과적 비즈니스 리딩이란?

비즈니스 리딩(business reading)은 독서만을 의미하는 것이 아니다. 매일 시간을 내어 독서를 하면 리더십은 물론 비즈니스에도 도움이 된다. 조직 속의 다수의 팀, 팀원이 숙고해야 할 활동, 관행, 지침, 나아가 비전 등을 제대로 혹은 자주 리딩하는 것이 팀워크를 형성하는 데 도움이 된다. 비즈니스 리딩은 어휘를 확장하고 비전과 리더십을 공유하며 개방성을 높이고 영감과 혁신을 주도한다.

새로운 어휘를 접하게 되면 비즈니스 커뮤니케이션은 더 좋아질 것이고, 쉽게 사람들과 네트워크를 형성하고 동료와 교류할 수 있게 된다. 배운 교훈을 전달할 수도 있다. 리딩은 비즈니스 커뮤니케이션을 확장하는 가장 중요한 기술이다. 리딩을 하면 생각할 시간이 증가하고 업무문제를 해결할 집중력과 창의성을 제공받는다. 머스크(E. Musk)는 하루에 10시간 이상 공상과학소설을 리딩했다고 전해진다. 다른 사람의 글을 리딩하면 개방성과 공감이 증가한다. 이제 적극적으로 읽어야 한다. 비즈니스 커뮤니케이션을 위한 비즈니스 리딩 능력을 향상해야 한다.

- 리더(leader)는 독자(reader)다. 특히 다독자이다.
- 글을 쓰면서 리딩한다.
- 리딩시간을 정해 놓고 습관적으로 리딩한다.
- 다 읽고 나면 생각을 적어서 글쓰기를 한다. 그리고 또 리딩한다.

리딩은 일련의 쓰여진 기호를 보고 의미를 찾는 과정이다. 리딩은 눈으로 문자기호, 문장부호, 공백을 수용하고 뇌를 사용하여 이를 우리에게 전달하는 단어, 문장, 단락으로 변환한다. 비즈니스에서 리딩 능력이 왜 중요한가? 비즈니스 리딩은 커뮤니케이션 능력을 향상시킨다. 누군가 명확한 메시지를 보냈으나 수신자가 잘못 읽거나 너무 빨리 읽거나 하여 오해를 하면 잘못된 커뮤니케이션이 시작된다. 텍스트, 이메일, 문서 커뮤니케이션할 때 리딩 능력이 어느 때보다 중요하다.

비즈니스 리딩에 능한 비즈니스맨은 자신의 감정을 제어하면서 열린 마음으로 메시지를 읽고 상대방이 말하려는 내용을 이해하게 될 것이다. 왜 올바르게 리딩 못하는가?

- 너무 빨리 리딩하기
- 특정 단어에 치중되어 본질을 파악 못하는 경우
- 메시지를 리딩하면서 멀티태스킹하기
- 한 번 리딩하고 그만두기
- 리딩하면서 그 글에 집중하기보다는 다른 대화 등을 생각하기
- 대충 훑어보기

스토리텔링 11-3 **리딩을 통한 집중력 향상 및 동기부여**

우리가 책을 읽을 때 초점 없이는 읽을 수 없으며 이야기를 완전히 이해하기 위해서는 읽는 각 페이지에 집중해야 한다. 리딩은 집중력을 향상시키는 활동이다. 도전을 극복한 주인공에 관한 책을 읽으면 우리도 종종 같은 일을 하도록 격려를 받는다. 올바른 책은 로맨스 소설이든 자기계발서이든 상관없이 포기하지 않고 긍정적인 자세를 유지하도록 동기부여를 준다.

(1) 비즈니스 리딩의 유형

▪ 광범위한 리딩

다양한 종류의 리딩을 의미하며, 하나의 리딩을 넘어 여러 개를 리딩하는, 즉 다독이라고 할 수 있다. 특정 분야를 읽다가 관련 분야로 확대해가면서 광범위한 리딩(extensive reading)을 하는 것이다. 참고문헌을 참조하면서 확장해서 읽어나가면 관련

분야의 전문성을 획득할 수 있다. 예를 들어, 업무관련 문서, 신문기사, 경영·경제잡지, 통계자료, 보고서, 이메일 내용, 제안서, 기획서 등이 있다.

■ 집중적 리딩

집중적 리딩(intensive reading)은 광범위한 리딩과 달리 목표로 하는 특정 분야를 집중 리딩하는 것으로 심층적으로 테마와 주제에 초점을 둔다.

■ 스캐닝

스캐닝(scanning)은 특정한 정보에 도달하기 위해 빠르게 문장을 가로지르며, 자신이 원하는 문장을 찾을 때까지 빠르게 문장을 훑어보는 것이다. 루브르 박물관에서 모나리자를 보기 위해서 모나리자의 벽을 발견할 때까지 다른 벽과 모든 복도와 방을 스캐닝하며 빠르게 걸을 것이다. 고객이 리뷰를 볼 때 일반적으로 이 스캐닝을 사용한다.

■ 스키밍

여러분은 읽을 때 단어 하나하나를 모두 다 읽나요? 문서를 훑어보고 핵심 용어와 주제를 파악하려고 노력하나요? 숫자와 통계에 집중 아니면 텍스트를 무시하고 사진에 집중하나요? 스키밍(skimming)은 요점읽기이며, 훑어보면서 주요 의미를 파악하기 위해 문장과 글자를 훑어보는 것이다. 시간을 절약할 수 있지만 얕은 이해를 얻는다. 예를 들어, 책을 들고 스키밍을 하면서 페이지를 넘기는 것이다. "시간은 돈이다(B. Franklin, 1748)."라는 격언은 시간관리는 물론 업무를 스피드하게 완성하라는 가치로 사람들에게 교훈이 되고 있다. 이런 습성이 문서를 넉넉한 시간을 두고 자세히 리딩하지 않고 대충 훑어 리딩하는 경우가 많아졌다. 시간이 별로 없는 직장인의 주목을 끌기 위해서 주요 요점을 눈에 띄게 만드는 것은 중요하지만, 리딩하는 사람의 입장에서 대충 읽기는 금물이다.

▪ 비판적 리딩

비판적 리딩(critical reading)은 비평적 리딩이며, 명확성과 이해력을 향상시키는 프로세스, 모형, 질문과 이론을 적용하는 것이다. 비판적 리딩은 일종의 사고방식으로 논리적이고 수사적인 기술을 사용한다. 사실과 정보의 정확성을 검증하고 언급된 아이디어를 살펴보고 결론에 도달할 때까지 분석한다. 리딩은 말한 내용에 관심이 있고, 이해는 의미하는 바에 관심이 있으며, 비판적 리딩은 실제 사실에 관심이 있는 것이다. 비판적 리딩이 비즈니스 리딩에서 가장 중요한 리딩이다.

스토리텔링 11-4 **비즈니스 리딩이 안 되면?**

- 리딩 능력이 좋은지 나쁜지를 모르고 있는 것이 제일 나쁘다.
- 서투른 작문 스킬은 리딩이 부족한 구성원에게서 나타난다.
- 비즈니스 리딩이 부족한 직원은 팀 협업에 나쁜 영향을 미친다.
- 잘못된 비즈니스 커뮤니케이션으로 문제가 발생한다.
- 메시지를 다시 읽고 꼼꼼히 읽어야 한다.
- 당면한 대화에 집중해서 상황까지 읽어야 한다.

(2) 비즈니스 문서 리딩

모든 글이 있어 리딩이 있다. 예외적인 글이 있다면 그건 일기(日記)일 것이다. 업무에서, 비즈니스에서 자주 등장하는 문서들은 다이어그램, 디렉토리, 서신, 매뉴얼, 기록, 차트, 그래프, 표, 사양, 프로젝트 기획, 웹페이지, 포스팅, 저널, 보도자료, 이메일 등이다. 이러한 문서를 이해하고 해석하는 능력이 있어야 한다.

■ 이메일

이메일의 경우 수신자가 메시지를 열기 전에 메시지의 요지를 알려주는 제목란을 효과적으로 사용할 필요가 있다. 예를 들어, 목요일 오후 4시 회의를 오후 5시로 연기하는 메일을 보낸다고 하자. 이메일의 제목에서 가장 중요한 정보를 전달해야 한다.

이메일 본문 혹은 이메일 제목란

이메일 본문에 여러 부서원, 팀원이 참석하는 오후 4시 모임이 있어 프로젝트 미팅을 목요일 오후 5시로 연기한다는 설명을 할 수 있다. '목요일 회의'라고 제목란에 썼다면 전달받은 사람들이 이메일 편지함을 흘끗 보고, 목요일 회의 변경은 인지하지 못하고 메시지 본문을 리딩하지 않을 수도 있다. 결국 연기된 회의 사실을 공유하지 못할 수도 있다.

■ 보고서와 제안서

보고서나 제안서와 같은 긴 글의 경우 수신자가 핵심사항을 파악하는 데 도움이 되는 몇 가지 기술이 있다. 문서의 시작 부분에 개요(abstract) 또는 요약(summary)을 제시하는 것이다. 서론, 본론, 결론의 제목은 다른 글자보다 더 굵고 큰 글자를 사용한다. 제목만 리딩해도 전체가 가늠이 되도록 만들어야 한다. 원인과 결과로 표현하는 것도 좋다.

서론에는 최근 동향, 문장의 구성, 문서의 목적, 본론에는 원인과 결과, 자료의 제시와 분석, 그리고 해석 등이, 결론에는 요약, 글 작성의 한계, 미래 다른 관심자들에 대한 제언을 제시한다. 부록에는 추가 정보나 자료를 제시하고 별도로 출처를 표기한다. 여러분이 직장에서 기업의 핵심 보고서를 작성하여 제출했는데 청중이 여러분이 의도한 것과 전혀 다른 메시지로 해석하고 있다면 여러분의 고생은 헛고생이 될 것이다.

(3) 리딩 능력을 향상시키는 방법

▪ 올바른 환경 내에서 리딩

책이나 문서를 45도 각도로 기울이고, 서가(書架)가 있는 서고(書庫)를 사용하면 리딩 속도가 대폭 향상되고 피로도 줄일 수 있다. 몸과 마음이 너무 편안해지는 침대에서 비즈니스 리딩, 즉 비즈니스 관련 중요 자료를 리딩하지 말아야 한다. 대신 책상에 앉으면 경계심을 가지고 주목하면서 리딩할 수 있다.

▪ 리딩 전에 미리보기

흥미롭고 중요한 것과 건너뛰어도 될 만한 것을 구분하여 다른 사람이 리딩하고 비평한 자료, 요약문, 메모 등을 리딩 전에 미리 보는 것이 좋다.

▪ 리딩 우선순위 지정

필수적 자료, 중간 정도 필요한 자료, 가장 중요하지 않은 자료 등 3가지로 구분하고 중요한 순서대로 리딩을 한다.

▪ 다양한 리딩속도 사용

리딩자료의 종류와 리딩목적에 따라 리딩속도가 달라질 수 있다. 일부 리딩자료는 시간을 두고 천천히 탐색해야 하는데 법률 계약문서가 좋은 예이다. 신문, 잡지 및 소설과 같은 읽을거리는 빠른 속도로 스캔된다.

▪ 강조 표시의 생략

독자는 강조 표시를 다른 색상 혹은 굵게 표시하는 것이 효율적이라고 생각하지만 실제로는 그 반대이다. 하이라이트도 마찬가지이다. 특정 부분을 강조하면 특정 부분 외를 놓치게 된다.

스토리텔링 11-5 리딩 스킬과 스피킹 스킬의 연결

리딩은 스피킹 능력을 향상시키고 스피킹은 리딩 능력을 향상시킨다. 서로 깊은 관계가 있다. 하나가 증가하면 다른 하나가 증가한다. 사람들은 읽는 법을 배우기 전에 말하는 법을 먼저 배운다. 단어와 소리가 상호작용하면서 의미를 생성하는 법과 이해하는 법이 생겨나고 말하는 법이 리딩과 연결된다. 결국 리딩 능력과 스피킹 능력은 연결된다. 매일매일 규칙적으로 리딩을 하게 되면 놀라운 일이 벌어질 것이다.

■ 질문 만들기

리딩을 하면서 분석을 했다면 질문을 기록하고 그 답을 찾으려는 노력을 기울인다.

■ 목차 먼저 보기

문서의 주요 아이디어, 주요 개념, 목차와 모든 단락의 첫 문장과 마지막 문장을 리딩한다. 문자의 구조를 먼저 인지하면 리딩 속도와 이해력이 향상된다.

■ 아침 일찍 리딩하기

많은 사람이 아침 일찍 필요한 내용을 읽음으로써 리딩속도를 2배로 늘리고 집중력을 향상시킬 수 있다.

3 비즈니스 리딩의 장점과 중요성

(1) 비즈니스 리딩의 장점

▪ 지적 건강함

비즈니스 리딩은 구성원을 창의적으로 만들고 상상할 수 없었던 것을 상상하도록 지식 충족을 촉진한다. 이를 통해 구성원은 지적 건강함을 얻을 수 있다. 고용주가 사내에 작은 도서관이나 유사한 공간을 만들면 구성원의 사기와 역량강화, 생산성 향상 등에 도움이 될 수 있다.

▪ 스트레스 감소

직무스트레스와 업무스트레스는 직장에서 얻은 것으로 그 해소 역시 직장에서 줄여야 한다. 이런 스트레스나 번아웃(burn out)을 줄이는 방법이 리딩이다. 리딩을 통해 더 나은 아이디어를 찾는 데 도움이 되며 작업흐름, 작업방식, 새로움에 대한 도전 등 생산성을 높인다. 자신에 맞는 올바른 리딩을 하면 집중력이 향상되어 스트레스와 불안을 줄일 수 있다.

▪ 공감능력 향상

상대와 협업하려면 상대와 공감능력이 있어야 하는데, 이를 위해서는 복잡한 인간행동의 이해가 요구된다. 리딩을 하면 공감의 마음과 비판적 사고를 개발하는 데 도움이 된다. 다른 사람의 감정을 소중히 여기고 서로 더 응원하고 후원하며 다양성을 인정하면서 조직의 문화로 분위기가 잡힌다.

스토리텔링 11-6 **비즈니스 서적을 읽는 것이 그를 실제로 부자로 만드는가?**

독서습관이 비즈니스 성공과 관련 있는가? 이 질문의 답은 성공한 CEO와 창업자의 공통점에서 찾을 수 있는데, 이들은 연간 최소 7권의 비즈니스 서적을 읽었고, 이런 사람들이 더 많은 돈을 번다고 한다. 실제로 1권의 책만 읽는 사람보다 2.3배 더 많은 돈을 버는 것으로 알려져 있다. 독서는 성공한 사람들의 공통된 습관 중 하나이다. 부자의 88%는 매일 30분 이상 자기계발 독서에 할애한다.

■ 커뮤니케이션 능력의 향상

직장에서 리딩을 통해 새로운 아이디어를 형성하는 능력이 향상되고 개선점과 소통할 수 있는 역량이 커지면서 문제에 대한 인식과 문제해결의 접근법과 더 넓어진 관점 등이 생긴다.

(2) 비즈니스 리딩의 중요성

비즈니스 리딩은 행복한 직장생활이 되도록 도와준다. 비즈니스 커뮤니케이션에서의 리딩의 중요성은 다음과 같다.

■ 다른 사람과의 협업을 통한 발전

「메디치 효과(The Medici Effect)」라는 저서에서 메디치 효과란 배경, 문화, 생각이 다른 사람들이 모여 토론할 때 획기적인 통찰력과 혁신을 불러오는 현상을 말한다(F. Johansson). 이는 다양한 분야의 아이디어와 재능 있는 사람들이 모여 협업을 할 때 창의성과 혁신이 단계적으로 나타난다는 것이다. 사람들이 관심을 갖는 중심 주제는 창의성이 교차하는 방식으로 인해 중요한 아이디어가 증대되어 혁신으로 이어진다. 하나의 매체와 산업에서 탄생한 아이디어는 다른 사람에게 영감을 준다. 작가는 다른 작가로부터 영감을 받아 자신의 기술을 완성하는 법이다. 책을 리딩하지 않으면 좋은 작가가 될 수 없다.

■ 완벽한 웅변기술 제공

꼭 소리내서 리딩을 하면 눈으로 볼 때 보이지 않던 부분이 보인다. 비즈니스 커뮤니케이션에서 리딩기술의 또 다른 중요한 역할이 바로 완벽한 웅변기술, 즉 스피치 능력이다. 독서는 새로운 단어와 관점을 가르쳐주고 그것은 언어를 강화하고 문장 구조를 날카롭게 하는 데 도움이 된다. 그것은 여러분에게 언어에 대한 더 나은 기술을 제공하여 좋은 연사가 되도록 만든다.

■ 세상을 이해하는 데 도움을 준다

잘 읽는 사람, 책을 많이 읽은 사람, 다독한 사람은 다른 사람들로부터 존경을 받는다. 학식이 풍부하고 지혜가 풍부한 사람으로 간주된다. 인터넷이 활성화되기 이전, 책이 정보와 지식의 유일한 원천이었다. 지금도 책의 영향은 매우 크다. 책에는 우리 시대의 집단적 지혜가 담겨져 있다. 더 많이 읽을수록 세상과 그 안에 있는 사람에 대해 더 많이 알게 될 것이고, 세상을 이해하는 데 도움이 된다.

■ 내 자신을 변화시키기

책은 새로운 세계로 가는 중심 역할을 한다. 책은 여러분의 관점을 넓히고, 타인과 삶에 대한 태도를 형성하고, 일상생활 및 직장생활에 대한 새로운 사고방식을 열어줄

스토리텔링 11-7 **리딩의 힘**

리딩은 의사결정에 도움이 된다. 사실 직장에서 의사결정을 내리려 할 때 주변 인물로부터 도움을 받기가 어렵다. 그래서 사장의 의사결정은 항상 고독하고 외롭다. 잘 알아주지도 않고 온전히 혼자의 책임인 경우도 많다. 해당분야의 전문가로부터 기사나 글, 책의 내용이 유용한 도움이 된다. 이는 꼭 전문가의 의견을 따르라는 의미가 아니다. 전문가의 아이디어를 통해 새로운 사고방식의 촉매역할을 자극하고 해결책을 찾는 데 리딩이 큰 도움이 될 수 있다는 것이다.

잠재력을 가지고 있다. 리딩을 통해 정체성을 형성하는 데 도움이 된다. 여러분이 리딩을 통해 되고 싶은 사람을 스스로 결정하기도 한다. 셜록 홈즈(S. Holmes)를 읽으며 경찰관을 꿈꾸고 워런 버핏(W. Buffett)을 보면서 파생상품전문가나 주식부자를 꿈꾼다.

4 효과적 비즈니스 리딩의 전략

(1) 리딩 전략의 사용

리딩은 습관이고, 취미이며, 누군가에게는 직업적 압박이다. 사람들이 영상을 좋아하지만 어떤 사람은 여전히 리딩을 선호한다. 이런 사람은 리딩시간이 부족하면 짬을 내서라도 오디오북으로 리딩을 대신한다. 여하튼 어떤 방식으로 읽든 리딩 스킬 개발이 중요하다. 그러므로 리딩 향상 전략이 필요하다.

표 11-4 리딩 향상 전략

- 리딩의 중요성을 이해하면서 시작한다.
- 마음에 드는 것부터 리딩을 시작한다.
- 매일 일정한 시간을 할애하여 리딩을 한다.
- 리딩시간을 늘려나간다.
- 광범위한 리딩으로 확대한다.
- 리딩의 즐거움을 넓힌다.

리딩 전략은 개인들이 문제를 다루기 위해 리딩행동을 조정하는 데 도움이 될 수 있다. 리딩 전략은 상황을 이해하고, 리딩목적을 달성하고, 미래의 관점을 변화시키는 데 기여한다.

(2) 리딩 전략의 단계

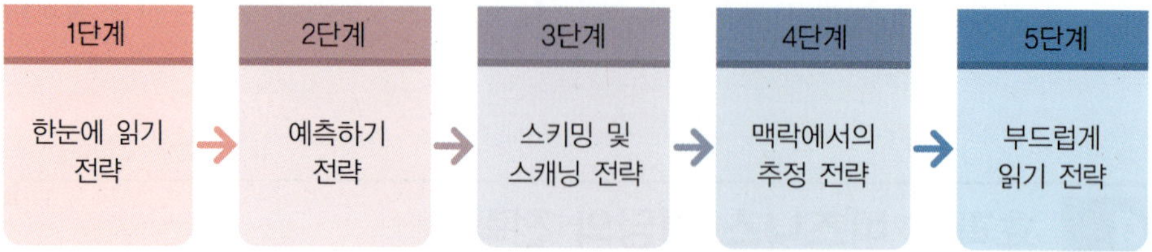

[그림 11-2] 효과적인 리딩단계

■ 한눈에 읽기 전략

비언어 항목 혹은 주요 주제를 살짝 훑어보면서 선택된 내용 이면에 있는 논리를 읽어내야 한다. 한눈에 읽기(reading at a glance)는 리딩에 대한 개요를 얻고 아이디어를 이해하는 데 빠른 전략이다.

- 제목 및 헤드라인
- 자막
- 사진이나 도표를 살펴보기
- 그래프, 표, 원형 차트, 흐름도 살펴보기
- 출처 확인

■ 예측하기 전략

예측하기(forecasting) 전략은 규칙적이고 다양한 리딩을 통해 어휘력을 향상시키는 데 도움이 된다. 어학 사전에서 새로운 단어를 찾고 동의어, 반대말, 대체어 등으로 어휘를 넓혀보는 것이다. 예측하기 전략은 텍스트 유형, 콘텐츠 구조 및 목적에 대한 사전의 경험이나 정보를 가지고 어휘, 내용 및 의미 파악은 물론 작문 스타일 등을 예측할 수 있다.

▪ 스키밍과 스캐닝 전략

훑어보고 스캔하려면 빠른 리딩속도가 요구된다. 훑어보기를 통해 대상을 빠르게 조사할 수 있기 때문이다.

▪ 맥락에서의 추정전략

- 내용 추적: 단서를 사용하여 주제에 대한 아이디어를 얻거나 의미를 추출한다.
- 논리적 사고: 다양한 상황에 대한 논리적 사고와 문제는 제시된 아이디어를 서로 연결하고 합리적으로 보는 능력을 향상시킨다. 주제 및 기타 연결된 아이디어를 파악하는 능력이 향상된다.

▪ 부드럽게 읽기 전략

본래 프레이징(phrasing)이란 단어를 의미 있는 구문을 그룹화하여 부드럽게 리딩하는(repharsing) 것이다. 예를 들어 "Not one word at a time."을 읽을 때 Not(·) one(·) word(·) at(·) a(·) time(·)으로 혹은 "reading words in phrases."을 국자선(drawing scoop lines, ⌒)을 써 reading word in phrases.로 쓰는 것을 말한다. 구문을 다시 재해석하는 것의 의미인 리프레이징(rephrasing)은 리딩의 내용을 완전하게 이해함을 의미한다.

스토리텔링 11-8 다시 읽기

다시 읽기(rereading)란 다시 읽는 행동을 말한다. 다시 읽기를 하면 어휘력과 이해력이 증가하고 자신감이 형성된다. 이는 더 나은 리더가 되는 데 큰 도움이 된다. 처음 읽었을 때 알지 못했던 내용과 유창함이 강화되어 더 잘 이해할 수 있다. 읽고 난 후의 경험에 추가하여 더 명확한 이해가 깊어진다. 자신이 좋아하는 책으로 돌아가는 것 자체가 재미있고, 의미가 있으며 위로가 된다. 여러 번 반복하여 리딩을 되풀이하는 것은 스마트한 학습법이다.

(3) 리딩행동의 영향요인

■ 태도

긍정적인 태도는 리딩에 대한 이해를 촉진하고 향후 사용할 콘텐츠를 파악하는데 도움이 된다. 가지고 있는 지식을 사용할 수 있는 기회를 제공한다. 올바른 태도로 리딩하는 것은 부정적인 생각에 빠지지 않게 하여 자신을 유지하는 데 도움이 된다.

■ 동료의 영향

또래의 영향은 사람들에게 많은 영향을 미친다. 특히 어린 나이에는 영향을 더 많이 받는다. 그러므로 동아리, 공동체 등에서 리딩을 많이 격려해야 하며 동료와 함께 리딩의 중요성을 인식하고 리딩문화로 연결하여 서로의 생각을 토론하고 공유해야 한다.

■ 조직의 환경

리딩문화의 올바른 분위기 조성을 위해 많은 노력을 기울여야 한다. 리딩하기 가장 좋은 환경은 리딩유형에 많은 영향을 미친다. 특히 기업의 적합한 리딩환경은 직원 만족도와 관계가 깊다. 리딩자료의 비용이 리딩습관에 영향을 미친다.

스토리텔링 11-9 **잘못 읽기**

잘못 읽기(misreading)란 리딩을 잘못하는 실수 행동을 말한다. 이는 리딩과정에서 상황을 잘못 판단하여 해석을 잘못하는 행위이다. 듣고 말하는 것에는 어려움이 없지만 문자를 판독하는 데 이상이 있는 증세가 난독증(dyslexia)이다. 톰 크루즈, 토머스 에디슨, 팀 버튼 모두 난독증 환자이다. 좌뇌가 약하지만 우뇌가 월등히 좋아져 창의력이 좋다고 한다. 글의 요지를 잘못 파악하거나 동문서답 수준의 댓글 역시 이런 병을 앓고 있는 사람들을 가리킨다.

(4) 리딩모형

로빈슨(F.P. Robinson, 1941)은 리딩수준을 점증적으로 향상하는 방법을 주장한다. 그의 주장은 SQ3R이라 불린다. 좋은 리딩을 하면 좋은 학습자가 될 수 있고, 높은 성취를 달성할 수 있다고 보았다. 이러한 모형에 의한 리딩을 통해 성공적인 학습자는 열정적이고 역동적 태도를 가지게 되고, 그렇지 못한 학습자보다 2배 이상의 성과를 보이게 되었다.

[그림 11-3] 로빈슨의 리딩모형

■ 조사하기

1단계인 조사하기(survey, 서베이하기) 혹은 스킴(skim)은 책을 읽으려는 유혹(temptation)을 견디고 대신에 각 장(chapter), 각주의 주요 내용(note heading), 부제(subheading), 두드러지는 특징, 즉 그림(figures), 표(table), 요약문(summary paragraphs) 등을 우선 훑어보는 것이다.

이 단계는 보통 3분에서 5분 정도 소요되며, 이 단계를 통해 앞으로 책에서 제시될 내용을 위한 개요와 전체적인 문맥 등을 파악할 수 있다. 리더는 저자의 생각을 식별하고 각 장의 내용에 대한 질문을 만든다.

■ 질문하기

2단계는 리딩 내용에 대한 질문하기이다. 예를 들어, 제목과 부제목을 질문으로 변환한 후 문자내용에서 답을 찾는다. 다음과 같이 일반적 질문을 만든다.

- 이 장은 무엇에 관한 것인가?

- 이 장은 어떤 질문에 답하려고 하는가?
- 이 정보가 나에게 어떤 도움이 되는가?

질문하기를 완료하는 데 3분에서 5분 정도 소요되며, 리더에게 질문에 답을 찾는 데 동기부여가 된다.

■ 리딩하기

3단계인 리딩하기를 적극적으로 시작하기 위해서 1단계와 2단계를 마무리한 뒤에 3단계가 이루어져야 한다. 2단계에서 제기된 물음에 답을 얻기 위해서 리딩한다는 의미이다. 반대로 수동적 리딩은 결과적으로 학습하는 자료와 관계없는 단순한 리딩이다.

■ 되새겨보기

되새겨보기(recite)란 어떤 정보에 대해 누군가가 스피킹을 하게 되어 배울 수 있는 것처럼, 기억하고 있는 것으로부터 회상을 하는 것이다. 독자들이 재료를 공식화하고 개념화하기 위해 자신의 단어를 사용하는 것은 매우 중요하다. 2단계로부터의 질문에 대한 답과 제목 및 부제의 주요 요점을 식별하고 회상하는 단계이다. 되새겨보기 단계는 언어 혹은 문서 형식으로 수행되며 재료에 대한 장기기억을 향상하는 데 있어 이점이 있다.

■ 다시보기

다시보기(review)는 리딩하고 또다시보기 리딩하는 방법으로 대부분의 학습자들이 이런 방법을 사용한다. 모든 추천사항을 준수한 학생은 핵심문구를 기억하기 위해 자기 스스로를 평가해보기도 한다. 이 방법은 핵심용어를 잊지 않도록 하는 데 도움이 된다.

스토리텔링 11-10 독서백편의자현(讀書百遍義自見)

학문을 열심히 탐구하면 뜻한 바를 이룰 수 있다. 책을 혼자 몇 번이고 자꾸 읽어보면 스스로 그 뜻을 알게 된다. 스스로가 스스로의 힘으로 깨우쳐가는 과정에서 완성과 성취가 생긴다. 같은 글을 백번 읽으면 의미가 저절로 드러나게 된다는 말이 독서백편의자현이다.

소크라테스는 남이 고생해서 만든 지식을 아주 쉽게 내 것으로 만들 수 있고 그것으로 자기발전을 이룰 수 있는 것이 독서라고 하였다. 그런데 요즘은 책에 쓰인 책을 읽는 것보다 화면에 쓰인 것을 보는 것을 독서라고 할 수 있다.

백과사전의 대명사는 역시 영국의 브리태니커이다. 그런데 언제인가부터 브리태니커 백과사전이 인터넷에 밀려 판매가 격감하더니 종이사전의 종말을 고하고 말았다. 1768년 영국 에든버러에서 첫 선을 보인 이 사전은 영어로 된 사전 중 가장 내노라 하고 깊이 있는 것으로 200여 년간 최고의 권위와 전통을 자랑해 왔다. 새로운 개념을 끊임없이 수록해야 하기 때문에 계속되는 증보를 통해 15판이나 나와 있었다. 이 사전의 종말은 무엇보다도 인터넷 등 슈퍼 커뮤니케이션이라 불리는 최신 정보기기 때문이다. 두꺼운 책을 들춰 보지 않고도 필요한 정보를 얻을 수 있는 스마트폰이나 아이패드 등이 32권의 이 사전을 무용지물로 만든 것이다. 드디어 2012년 창간 244년 만에 종이판 출판을 마감하고 전자출판으로 대신하지만 '주적'인 누리꾼들이 자유롭게 편집하는 온라인 백과사전 '위키피디아'에 밀린다. 하지만 브리태니커는 온라인 교육으로 새로운 시장을 개척하기 시작한다. 인터넷으로 망했으나 인터넷으로 재기하려는 것이다. 초・중・고 대상의 온라인 교재로 새로운 시장을 개척해 흑자를 내고 있다. 백과사전은 온라인으로 전환해 구독료를 받는다. 2011년 매출이 2억 달러 수준으로 알려졌지만 이듬해 전년 대비 18%가 늘었다. 전 매출액의 15%만 전자 백과사전 이용료이고 85%는 교육자료에서 나온다. 브리태니커사는 이미 오래전부터 종이출판의 마감에 대비하여 온라인 교육자료 개발에 투자했다. 본사의 400명 직원 중 250명은 IT기술자이다.

커뮤니케이션 방식의 변화에 목숨을 걸고 있는 회사가 오직 브리태니커뿐일까? 그런데 또 하나의 변화가 일어났다. 글보다는 그림과 영상을 보고 듣는 것이 지식확보의 주요 수단이 되었으며 읽는 것보다 보고 듣는 것을 선호한다. 오늘날 대개의 사람들은 유튜브로 지식을 얻는다. 하지만 동영상이든 책이든 만화든 상호 커뮤니케이션이 많아지면서 지식의 발전이 가속화되고 있는 것은 다행이다. 과거 우리 조상들은 나만의 지식으로 나만 혼자 비밀로 유지하다가 그냥 떠나는 경우가 많았으므로 발전 속도가 느렸지만 지금은 오히려 우리나라가 상대적으로 IT기술의 발전을 이용하여 상호간 지식의 교류와 축적이 가속화되고 있다. 즉 소크라테스 시대는 책에서 지식을 얻었더라도 현대에서는 타인으로부터 더 많은 지식을 얻게 된 것이다.

11장 수행과제

※ 각 문제가 요구하는 대로 ✔ 표시하세요.

01 다음 중 설명 중 올바른 것은?

① 리딩은 소극적 스킬이다.
② 리딩은 수동적 스킬이다.
③ 리딩은 적극적 스킬이다.
④ 리딩은 방어적 스킬이다.

02 리딩 스킬이란?

① 말과 글을 이해하는 리더의 능력이다.
② 영어를 유창하게 읽는 실력이다.
③ 리딩은 단순하게 문자를 보는 것이다.
④ 모든 공부와 학습은 글을 쓰는 능력에 달려 있다.

03 리딩 스킬의 유형이 아닌 것은?

① 훑어보면서 일반적 정보 얻기
② 특정 정보를 캐치해내기
③ 상세하게 읽기
④ 대충 읽기

04 리딩 스킬이 아닌 것은?

① 글로 된 것을 의미 있는 언어로 읽을 수 있는 능력
② 어느 누구의 도움 없이도 읽을 수 있는 능력
③ 50%의 이해력을 가지고 읽을 수 있는 능력
④ 유창하게 읽을 수 있는 능력

05 효율적 리더가 되기 위한 필요 스킬이 아닌 것은?

① 남들에게 피해 주지 않기 위해 항상 조용히 읽기
② 글의 요지를 파악하는 능력
③ 이미 알고 있는 정보, 아이디어를 추론하는 능력
④ 읽을거리나 인쇄물에서 사실과 정보를 찾아내는 능력

06 리딩 과정 중 옳지 않은 것은?

① 지각, 회상하기　　② 암기하기
③ 평가하기　　④ 상상하기

07 (　　)은 특정한 정보에 도달하기 위해 빠르게 문장을 가로지르며, 자신이 원하는 문장을 찾을 때까지 문장을 훑어보는 것

① 스키밍　　② 집중적 리딩
③ 스캐닝　　④ 비판적 리딩

08 리딩 능력을 향상시키는 방법이 아닌 것은?

① 잠자리에서 리딩　　② 올바른 환경 내에서 리딩
③ 리딩 우선순위 지정　　④ 강조 표시의 생략

09 비즈니스 리딩의 장점이 아닌 것은?

① 정신적 압박　　② 지적 건강함
③ 직무스트레스 감소　　④ 공감능력 향상

10 (　　)는(은) 배경, 문화, 생각이 다른 사람들이 모여 이야기를 하면 획기적인 통찰력을 남들로부터 배울 수 있다.

① 메디치 효과　　② 밀그램 효과
③ 자기충족예언　　④ 자기효능감

※ 각 문제가 요구하는 대로 괄호에 ○, × 표시하세요.

11 (　　　) 한눈에 읽기 전략이란 리딩에 대한 개요와 아이디어를 얻는 데 좋은 전략이다.

12 (　　　) 리딩은 세상의 지식을 얻는 일종의 관문이다.

13 (　　　) 이해 없는 리딩도 리딩이다.

14 (　　　) 비즈니스 리딩은 독서만을 의미하는 것이 아니다.

15 (　　　) 리프레이징은 단어를 의미 있는 구문으로 그룹화하는 것을 말한다.

※ 각 문제가 요구하는 대로 괄호에 번호를 표시하세요.

① 조사하기	② 되새겨보기	③ 다시보기	④ 독자(reader)	⑤ 스키밍

16 (　　　) 리더(leader)는 이것이다.

17 (　　　) 요점읽기이며 문장과 글자를 훑어보는 것이다.

18 (　　　) 로빈슨 모형의 4단계로 읽었던 내용을 기억해서 지식으로 만드는 것이다.

19 (　　　) 로빈슨 모형의 마지막 5단계로 읽은 내용을 다시 검토해보는 것이다.

20 (　　　) 로빈슨 모형의 첫 단계로 전체를 읽기 전 대강 짐작해서 훑어보는 것이다.

※ 다음 문제에 대해 토론하시오.

21 비즈니스에 진입하기 전 학생은 사장님도 되어보고, 회장님도 되어보면서 가상의 세계에서 경영을 실습해야 한다. 그러기 위해서는 강력한 리딩과 이해 능력을 개발해야 한다. 그러므로 정보를 분류하고, 명료하게 메모하고 해당 정보를 실질적인 지식으로 변환할 수 있어야 한다. 이를 위해 학문적 출처를 분명하게 확장하면서 각 영역에서 읽기 연습을 해야 한다. 마케터가 되기 위해 읽어야 할 비즈니스 관련 서적은 무엇인가? 그 리스트(경영 관련 잡지의 글 포함)를 만들고 한 권, 한 권 읽기를 강하게 추천한다.

22 비즈니스 리딩의 중요성에 대하여 관련된 문헌들을 찾아 고찰(review)하고, 온라인 참조 및 리소스를 리딩하여 자신의 리딩역량을 향상시켜보자.

11장 도움글

Afflerbach, P. Pearson, D. & Paris, S. (2008). "Clarifying Differences between Reading Skills and Reading Strategies," *The Reading Teacher*, vol.61, no.5, pp.364-373.

Anderson, L.W. & Krathwohl, D.R. (2001). *A Taxonomy for Learning, Teaching and Assessing: A Revision of Bloom's Taxonomy of Educational Objectives: Complete Edition*. New York: Longman.

Bloom, B.S. (1956). *Taxonomy of Educational Objectives, Handbook I: The Cognitive Domain*, New York, NY: David McKay.

Fabian, R. (2015). *Strategies in Developing Reading Skills*.

Franklin, B. (1748). *Advice to a Young Tradesman, Written by an Old one*. Philadelphia, PA.

Goodman, K.S. (1979). Reading: A Psycholinguistic Guessing Game, in Singer, H. & Ruddell, R.B. (1970). *Theoretical Models and Processes of Reading*, pp.259-271.

Pearson, J.C. & Nelson, P.E. (2000). *An Introduction to Human Communication: Understanding and Sharing*, Boston: McGraw-Hill.

Rennie, J. (2011). "Learning to Read: A Professional Learning Journey," *Aust. Educ. Res*, vol.38, pp.221-238.

Robbison, F.P. (1941). *Effective Study*, NY: Harper & Brothers Publishers.

CHAPTER

12

비즈니스 라이팅

"당신은 훌륭한 아이디어를 가질 수 있지만 그것을 전달할 수 없다면 당신의 아이디어는 아무데도 도달하지 못할 것이다."
L. Iacocca

"비즈니스 글쓰기가 무서운 이유는 사람들이 두려워하기 때문이다. 비난받을 수 있기 때문에 의미하는 바를 말하는 것을 두려워한다. 오해를 받을까봐, 의도하지 않은 말을 했다는 비난을 받을까봐, 비난을 받을지도 모르기 때문이다."
S. Godin

"쓸쓸할 정도로 외로운 일이 글쓰기다."
T.C. Bambara

학습 목표

수업 이후 학습자가 할 수 있어야 하는 역량

1. 효과적인 비즈니스 라이팅이 무엇인지 설명할 수 있다.
2. 비즈니스 라이팅의 필수사항에 대하여 이해할 수 있다.
3. 비즈니스 라이팅의 역량에 대하여 이해할 수 있다.
4. 비즈니스 라이팅의 유형에 대하여 비교할 수 있다.
5. 비즈니스 라이팅 스킬에 대하여 설명할 수 있다.
6. 비즈니스 라이팅 스킬에 대하여 설명할 수 있다.
7. 비즈니스 편지, 메모, 이메일, 기안문, 회의록 라이팅에 대하여 설명할 수 있다.
8. 보고서 라이팅에 대하여 설명할 수 있다.

핵심 키워드

비즈니스 라이팅	문서 커뮤니케이션	청중
비판적 사고	확증편향	자기중심주의
톤앤매너	콘텐츠	라이팅 원칙
고객여정	진실의 순간	단문주의
단락 사용	메시지 라이팅	브레인스토밍
피라미드 원칙	연역적 접근법	귀납적 접근법
아웃라인	비즈니스 편지	비즈니스 메모
비즈니스 이메일	비즈니스 기안문	회의록
의제	MCME	보고서
제안서	관찰법	설문조사법
실험조사법	사업계획서	초고

1 효과적 비즈니스 라이팅이란?

비즈니스 라이팅(business writing, 쓰기)은 비즈니스 환경에서 사용되는 비즈니스 글쓰기이다. 본서에서는 되도록 글쓰기라는 말보다는 라이팅이라는 말을 쓰기로 한다. 비즈니스 라이팅은 회사가 내부 및 외부 이해관계자와 커뮤니케이션하기 위해 사용하는 채널이다. 비즈니스에서는 말보다는 문서나 글이 훨씬 더 중요하다. 예를 들어, 계약 내용을 구두계약이 아닌 서면으로 남겨두는 것이 훗날 당사자 간 분쟁에서 유리한 위치를 정하게 해준다. 알파고(AlphaGo)가 이세돌 기사에게 승리를 거두더니, 인공지능(AI)이 날로 발전하고 있다. 이제는 AI가 뉴스기사, 일기예보, 스포츠 뉴스, 주식투자분석, 소설 등을 라이팅하고 있다. 그런데 인간의 라이팅 역량은 어떤가? 앞으로 글 잘 쓰는 사람의 가치가 더 귀해질 것이다. SNS에서 영상 · 그림보다 글이 더 중요하다.

여러분이 조직에 채용되면 직무가 지정되고 비즈니스를 관리하면서 해결할 문제들이 여러분 앞에 놓이게 될 것이다. 어떤 역할을 맡게 될까? 여러분은 곧 거래업체와 공급업체, 서비스를 제공해야 하는 고객 등 이해관계자를 대상으로 조직을 대표하여 비즈니스 라이팅이 시작될 것이다. 기업 외부뿐 아니라 조직 내부의 구성원, 다른 부서원, 팀원과 조직의 공식(표준)포맷을 준수하면서 좋은 비즈니스 라이팅을 해야 한다. 비즈니스 상황에 따라 조직의 내부 및 외부 역할, 직무 및 책무 등이 주어지고 명확하고 간결한 비즈니스 라이팅이 이루어지면 잘못된 메시지의 해석이나 오해가 감소

스토리텔링 12-1 **보그병신체에 대한 단상**

보그병신체는 외래어에 조사만 한글을 붙여서 쓰는 문체를 비꼬는 말이다. 보그(Vogue)와 비속어 병신을 합쳐서 만든 순수 우리말이다.

'이번 스프링 시즌의 릴랙스한 위크앤드, 블루톤이 가미된 쉬크하고 큐트한 원피스는 로맨스를 꿈꾸는 당신의 머스트 해브'

포장해서 있어 보이려는 라이팅이 잘못됐다. 읽기 쉽고 쓰기 쉬운 라이팅이 실력이다.

스토리텔링 12-2 **라이팅 프로젝트**

인간은 스피킹과 라이팅 방법을 배워야 하고, 스피킹과 라이팅 솜씨는 삶을 사는 내내 계속해서 발전시켜야 한다. 여러분이 쉽게 구할 수 있는 정보나 자신의 관점을 확증하는 정보만을 수집한 상태에서 라이팅을 한다면 잘못된 글이 되고 말 것이다.

대신에 여러분이 라이팅의 목적을 정하고, 라이팅 목적을 지원하는 정보, 사실 및 통계결과를 갖추고, 전달하려는 메시지와 모순되는 정보를 인식하고 있다면 훨씬 좋은 라이팅이 만들어진다.

된다. 그러므로 비즈니스 라이팅의 목표는 비즈니스에서 효과적이고 효율적인 비즈니스 라이팅을 통해 비즈니스 커뮤니케이션의 효율을 달성하는 것이다.

조직에서의 비즈니스 라이팅은 짧은 메모나 쪽지, 문자메시지, 트위터나 페이스북의 글쓰기, SNS 메시지, 이메일, 보고서, 기획서, 제안서, 회의록, 기안문, 공문서 등 거의 모든 문서 커뮤니케이션(written communication)을 말한다.

(1) 비즈니스 라이팅의 필수사항

비즈니스 라이팅에서 가장 중요한 하나는 중요한 정보를 공유하는 것이고, 또 다른 하나는 청중의 관심이 무엇인지를 염두에 두는 것이다.

▪ 중요한 정보 공유하기

이메일로 비즈니스 라이팅을 한다고 할 때 라이팅의 목적이 무엇인지, 응답을 원하는 것인지, 명령을 내리는 것인지, 동기나 행동을 촉진하는 것인지, 모임이나 회의를 하려는 것인지 등 목적에 맞게 명확하게 비즈니스 라이팅을 하는 데 있다.

- 불필요한 단어 생략하기
- 가능한 짧고 명확하게 만들기
- 단락은 메시지에 초점을 두고 짧은 단락으로
- 글쓰기 이후 다시 수정하고 교정하기
- 부탁과 감사의 말 넣기

■ 청중의 이해

독자는 누구인가? 라이팅은 어떤 독자에게 무엇을 전달하려는 것인가와 관련된다. 라이팅 전에 독자에 대해 생각을 명확하게 정리한다. 독자는 한 명 혹은 여러 명일 수도 있다. 작가가 아닌 독자에 초점을 둔다. 독자를 참여시키고 관련 지식을 제공한다. 청중을 어떻게 생각하고 있는지 다음을 살펴보자.

- 청중의 지식: 청중이 가장 좋아하는 주제는 무엇인가?
- 청중의 기술: 청중은 무엇을 할 수 있는가?

스토리텔링 12-3 이순신 장군의 꼼꼼한 기록정신

기록은 일의 효율성을 높이는 데 중요한 역할을 한다. 이순신 장군은 1592년부터 7년간 계속된 임진왜란 동안 모두 1,604일에 걸쳐 일기를 써서 「난중일기」라는 귀중한 자료를 남겼다. 전쟁 중에 문인이 아닌 무인이, 그것도 뱃멀미와 병에 시달리면서 끈질기게 일기를 쓴 이순신의 투철한 기록정신은 세계역사에서도 찾아보기 힘들다. 후세 사람들은 난중일기를 통해 당시의 전투상황뿐 아니라 정치, 경제, 사회의 여러 면을 생생하게 파악할 수 있다. 또한 외롭고 어려운 처지에도 불구하고 23전 23승이라는 위업을 이룬 이순신의 자세와 전략, 그리고 그의 인간 됨됨이도 알 수 있다.

지식은 꾸준한 기록에 의해 축적되어야 널리 활용될 수 있다. 직원들 개개인이 갖는 지식을 모아 기록하면 회사의 지식이 쌓인다. 어느 한 사람이 그만둔다고 해도 회사의 업무에 크게 지장받는 일이 없다. 세계적인 기업들은 생산, 구매, 판매, 인사, 재무, 회계 등 많은 업무의 처리방법을 자세히 기록한 지침서를 만들어 실제 업무에서는 물론 직원을 교육할 때에도 활용하고 있다. 그러므로 각자가 습득한 지식을 자신만을 위해 쓰다 소멸시킬 것이 아니라 철저한 기록으로 더 큰 용도를 남기는 지혜를 발휘하여야 할 것이다.

- 청중의 경험: 청중은 현재까지 어떠한 경험을 가지고 있는가?
- 청중의 관심사: 청중이 즐거워하는 관심은 무엇인가?
- 청중과의 관계: 청중이 가장 중요하게 생각하는 사람은 누구인가?

(2) 준비된 라이팅

비즈니스 라이팅을 어떻게 준비해야 하는지에 대한 답이 있는 것은 아니지만 비즈니스에서 보다 더 효율적 비즈니스 라이팅이 되려면 정신을 바짝 차리고 일할 준비가 되어 있어야 하며 비교적 쉽게 작업을 수행할 수 있어야 한다. 여러분이 담당할 업무가 효율적이려면 비즈니스 라이팅에 주의를 많이 기울여야 한다. 다양한 비즈니스 상황에서는 개인이 단독으로 글을 작성하는 것이 아니라 직장동료, 다른 회사의 구성원, 고객과 연계되어 문서를 작업하는 경우가 대부분이다. 비즈니스 라이팅 작업에 집중하는 능력은 비즈니스 상황에서 매우 중요하다.

여러분이 라이팅을 잘하려면 비판적으로 생각하는 습관을 들이는 것이 필요하다. 이러한 비판적 사고(critical thinking)는 자기 주도적, 자기 규율적, 자기 감시적, 자기

스토리텔링 12-4 라이팅이 두렵다

사람들은 3가지 원인으로 라이팅을 두려워한다. 첫째, 부정적 지향점(negative orientation), 즉 라이팅하는 사람이 기존의 부정적 경험이나 견해를 가지고 있는 경우이다. 측정가능한 이득을 보여주거나 격려, 확증, 보상이 있으면 긍정적 지향점으로 변할 수도 있다. 실망스러운 피드백, 긍정의 부족, 부정적인 강화로 부정적 지향점이 생긴다. 둘째, 실패위험(risk of failure), 즉 실패할 것 같다는 두려움을 말한다. 글을 쓸 때 무엇을 써야 할지, 어디서부터 시작해야 할지 모르는 압박을 받는 느낌 등 일종의 암담함을 경험한다. 셋째, 인정받지 못할까봐 두려워(fear the unknown)한다. 이는 인간이 가진 속성 중 하나이다.

교정적 사고로 정의된다. 멍하게 텔레비전을 보는 것과 관객에게 영향을 미치는 조명, 카메라 각도, 음악에 주의를 기울여 영화를 분석하는 것은 하늘과 땅 차이이다. 어떤 활동은 정신적 노력이 거의 필요하지 않은 반면, 다른 활동은 세부 사항에 대한 주의, 비교 및 대조 능력, 모든 자극을 수용할 수 있는 예리한 감각을 필요로 한다.

기존 신념을 강화하는 정보에만 주의를 기울이고 자신의 신념과 모순되는 정보를 무시하거나 신용을 떨어뜨리면 확증편향(confirmation bias)이 생긴다. 자기가 확증하는 것만 믿으려는 것은 잘못이다. 그러므로 글을 리딩하고, 조사하고, 준비할 때, 정보가 예상하지 못한 결론으로 이어지는지에 관계없이 신뢰할 수 있는 출처에서 정보를 수집하도록 노력해야 한다. 자기중심주의(egocentrism)는 무엇을 믿고 무엇을 거부할지 결정하기 위해 자기중심 기준을 사용하는 것으로 정의된다. 이러한 자기중심주의는 버려야 한다. 자기중심주의는 확증편향과 집단사고(groupthink)로 이어져 신념에 대한 사실적 뒷받침이 거의 또는 전혀 없는 잘못된 결론을 초래한다.

(3) 비즈니스 라이팅 역량

일하는 사람에게는 비즈니스 라이팅이 곧 일하는 것이다. 전화통화는 줄고 일상적 대화나 업무연락도 직접대면이나 말이 아닌 글로 하는 경우가 훨씬 많아지고 있다. 효율적 비즈니스 라이팅이 되느냐 안 되느냐가 업무성과를 좌우한다. 기업은 라이팅 능력이 뛰어난 사람을 찾는다. 기업에 입문하는 첫 비즈니스 문서가 이력서 혹은 자기소개서이다. 이제 이력서나 자기소개서에 '엑셀 능숙, 포토샵 사용'과 함께 '비즈니스 라이팅 역량 보유'라는 키워드가 필수적으로 들어가야 하는 시대이다.

■ 영상매체의 라이팅

전통적인 TV, 유튜브, 넷플릭스, 왓챠 등 OTT(Over The Top) 서비스, 틱톡과 같은 숏폼(short form, 짧은 형식) 등의 영상매체가 넘쳐난다. 이러한 영상매체의 주목과 성공여부는 영상도 중요하지만, 더더욱 중요한 성공요인은 라이팅에 달려 있다.

스토리텔링 12-5 **톤앤매너(Tone & Manner)**

Tone & Manner에서 Tone은 어조, 말투를 의미하고 Manner는 태도, 방식을 말한다. 톤과 매너는 커뮤니케이션할 때 전달하려는 메시지를 잘 전달할 수 있도록 일정한 톤을 유지하는 방식이다. 광고뿐 아니라 경영과 마케팅, 비즈니스 라이팅에서 일관적이고 지속적으로 전달해서 사람들에게 무언가를 연상하게 하는 방식이다. "스타벅스의 톤앤매너는?" "스타벅스의 컨셉은?" "스타벅스 하면 무엇이 연상되는가?" 모두 같은 질문이다. 스타벅스의 전체적 프리미엄 이미지, 직원의 과하지 않은 고객친절, 초록색 색감과 도서관 같은 분위기, 고급스러운 커피콩 등이다. 비즈니스에서 톤앤매너를 준수하는 것은 그 기업의 문화와도 같은 것이다.

■ 콘텐츠에서의 라이팅

콘텐츠(contents)는 문자, 부호, 음성, 음향, 이미지, 영상 등의 내용물을 뜻한다. 플랫폼이 채널(매체)이라면 플랫폼에 담기는 콘텐츠는 메시지이다. 물론 이 경계도 사라지고 있다.

- 유튜브 쇼츠(shorts) 동영상
- 블로그 포스팅(blog posting), 뉴스레터(newsletter)
- 팟캐스트
- 인스타그램 피드(feed), 릴스(reels), 스토리(story)
- 아이디어, 경험, 상품
- 넷플릭스, 오징어게임 등
- 네이버웹툰
- 퍼블리(publy) 플랫폼
- 페이스북, 트위터
- 웹서비스의 브랜딩, 네이버 포스트
- 홈페이지의 상세페이지

스토리텔링 12-6 **라이팅 원칙(writing principle)**

글을 잘쓰기 위한 원칙은 매우 많다. 3원칙, 4원칙, 10원칙 수도 없이 많다. 하지만 일반적이고 상식적인 글쓰기 원칙은 글을 읽는 사람 입장에서 생각하며 라이팅하기(userside writing), 쓰여진 문서에서 잡초를 뽑듯 의미없는 문자를 제거하기(weed cutting), 말하기 쉽게 라이팅하기(easy to speak), 일관성을 유지하면서(keep consistency) 라이팅하는 것이다.

수도 셀 수 없는 콘텐츠가 채널이면서 메시지가 되고 있는 현상이 나타나고 있다. 그런데 분명한 것은 다양한 콘텐츠의 원형이 바로 글이라는 점이다. 생각을 정리하고 생각의 결과인 행동을 구체화시키는 것을 라이팅을 통해 가능하게 만드는 것이다. 콘텐츠에는 목적을 가지고 상대(고객)에게 도움을 주는 탄탄한 라이팅이 계획되고 실행되어야 한다.

■ 커뮤니케이터의 라이팅

이메일, 보고서, 기획안, 보도자료, 상세페이지, 블로그 포스팅, 상품평, 리뷰, 댓글 등등에서의 라이팅은 각각의 목적을 가진다. 상대방, 즉 이해관계자인 소비자, 직장상사, 타부서의 부서장, 클라이언트, 기자, 협력사, 마케터 등으로부터 컨펌(confirm), 계약성사, 채용결정, 회신, 결재, 구매, 재구매 등의 반응을 얻는 것이 목적이다.

상대방이 주목하지 않거나 읽지 않으면 소용없는 것이 라이팅이다. 그러므로 목적을 가진 라이팅에서 상대방의 주목을 이끌어내는 라이팅이어야 한다. “쉽고, 짧게, 말하듯(예, 주가가 하락했어! → 주가가 떨어졌어!) 라이팅한다.”가 원칙이다. 독자는 바쁘고, 읽기 쉬운 글을 원한다.

스토리텔링 12-7 **블로그와 SNS 라이팅**

- 신문처럼 독자가 원하는 새로운 정보 라이팅
- 라디오처럼 매일 새로운 콘텐츠 라이팅
- 지속적으로 업로드하는 양질의 콘텐츠 라이팅

■ 온라인 판매와 라이팅

인터넷 온라인 판매 마켓에서 고객은 글과 이미지를 보고 제품 및 서비스를 구매한다. 고객이 글을 읽으며 구매를 결정하는 고객여정(customer journey) 모두에 비즈니스 라이팅이 개입되어 있다. 그 여정은 다음과 같다. 각 여정에서의 1차, 2차, 3차의 진실의 순간(Moment of Truth, MOT)이 이어진다(8장 **[그림 8-4]** 참조).

스토리텔링 12-8 아마존 방식

제품 및 서비스를 개발하고 성공하면 보도자료를 쓰는 게 일반적이다. 하지만 아마존은 기획단계에서 보도자료를 먼저 쓰고 제품 및 서비스를 개발한다. 이처럼 거꾸로 일하는 방식을 워킹 백워드(working backward)라 한다. 보도자료의 내용은 고객입장에서 쓴다.

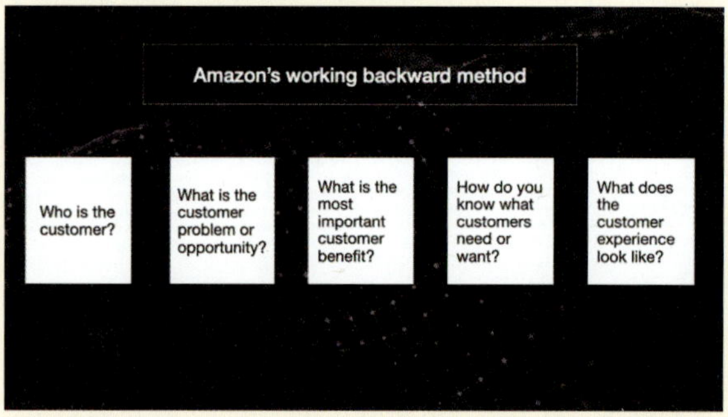

- 한 줄의 카피 • 새로운 서비스의 내용
- 고객이 받는 혜택 • 고객의 궁금한 점
- 신제품 개발취지

보도자료의 내용을 바탕으로 계획을 수립한다.

- 블로그 • SNS • 홈페이지 • 제품 판매 페이지 • 플랫폼

(4) 비즈니스 라이팅 유형

비즈니스 라이팅은 문서의 목적에 따라 4가지 유형으로 분류할 수 있다.

■ 교육을 위한 라이팅

직원을 교육하기 위해 교육목적을 가지고 교육훈련이 종료될 때까지 청중을 안내한다. 가이드라인, 사용자설명서, 지침, 매뉴얼 등이 해당된다.

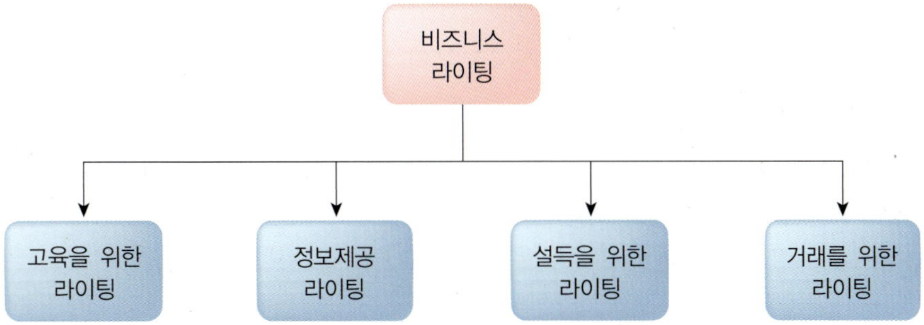

[그림 12-1] 비즈니스 라이팅 유형

▪ 정보제공 라이팅

비즈니스 정보제공을 위해서 일관성을 가지고 서로 공유하며 기록에 남겨둔다. 재무제표, 회의록, 결과보고서 등이다.

▪ 설득을 위한 라이팅

청중을 설득하여 깊은 인상을 주고 그들의 결정에 영향을 미치는 것이다. 제안서, 고객분석보고서, 마케팅보고서 등이다.

▪ 거래를 위한 라이팅

외부와의 비즈니스나 거래를 위한 일상적 비즈니스 커뮤니케이션은 이메일, 비즈니스 서신, 기안문, 송장(invoice) 등이다.

(5) 비즈니스 라이팅 원칙

상사에게 인정받는 비즈니스 라이팅에 도움이 되는 원칙이 있다.

- 라이팅의 명확한 목적
- 정확하고 부가가치가 있는 완전한 정보전달
- 시간에 쫓기는 비즈니스맨이 대충 훑어보는 것만으로도 메시지가 전달되도록

- 유행어와 약어, 거창한 글을 피해야
- 자신이 쓴 글을 읽고 수정하고 동료로부터 건설적인 피드백을 받아 수정하기
- 매일 지속적인 라이팅하기

표 12-1 문서 구조화 원칙과 적용

구조화 원칙	내용
시간	시간대(연대기)별로 문서 구조화
비교	개념 사이의 유사점 및 차이점 비교에 초점을 둔 문서 구조화
대비	차이점을 강조하는 대비점을 사용한 문서 구조화
원인과 결과	사건 간 관계를 명확하게 연계할 수 있는 원인과 결과에 의한 문서 구조화
문제와 해결	문제 언급하고 해결 방법에 대한 상세한 문제와 해결책을 문서 구조화
분류(범주화)	범주를 설정하는 분류에 의한 문서 구조화
인물의 역사	중심 주제와 관련된 특정 인물을 시대별로 조사하여 문서 구조화
공간	일부를 포함하고 전체를 형성하기 위해 공간별로 문서 구조화
오름·내림차순	글의 질과 양 그리고 오름차순 혹은 내림차순에 의한 문서 구조화
심리적 측면	청중의 필요와 욕구에 초점을 둔 심리적 측면을 고려한 문서 구조화
제거	모든 가능성을 설명하고 제거의 과정을 사용한 문서 구조화
실례	주요 요점을 지원하기 위해 구체적인 정보를 제공한 문서 구조화
과정과 절차	최종 목표로 이어지는 단계를 구별하면서 과정과 절차에 의한 문서 구조화
요점 패턴	다양하게 표출된 주장을 허용하는 일련의 요점을 통한 문서 구조화
정의	용어와 개념 소개를 명확하게 하면서 정의를 제시하는 문서 구조화
증언	요약된 개념을 제공하는 효과적인 방식, 즉 1인칭 기록 등의 문서 구조화
행사	이벤트의 중요성, 참여, 의식, 축하 등 청중에 대한 감사에 중점을 둔 문서 구조화

2 비즈니스 라이팅 기술

(1) 효율적 문서표현

■ 정확성

우선 전달하려는 정보 자체가 정확해야 한다. 사실(fact)에 초점을 두려는 자세나 사실에 대한 발견자세가 필요하다. 여기에는 정보수집능력, 정보선택능력, 정보정리능력이 결정적 수단이 된다. 특히 정보의 출처에 대한 무비판적 추종은 금물이다. 나아가 표현의 정확성이 필요하다. 적절한 용어의 선택, 문법적 구성, 주관성, 과장에 의한 표현으로 인해 사실이 왜곡되지 않도록 유념해야 한다.

■ 간결성

긴 문장은 독자로 하여금 흥미를 잃게 만들거나 혼돈을 유발시킬 여지가 있다. 혼돈이란 무엇을 전달하고 싶은 것에 대해 불명확한 경우와 상대방이 쉽게 이해할 수 있을 정도로 정리되어 있지 않은 경우에 발생한다. 문서의 간결성을 단문주의(短文

스토리텔링 12-9 주목을 끄는 제목 쓰기

긴 글이든 짧은 글이든, 그 생명은 혹하는 제목에 있다.

- 임팩트 주는 단어의 사용
- 목표청중(target audience) 사용
- 숫자 사용
- 적절한 공포 사용
- 물음과 물음기호의 사용

主義)라 한다. 따라서 짧게 쓰되 길게 쓴 것과 같은 효과를 나타내는 것이 좋다. 한편으로 알아보기 쉬워야 한다. 너무 간결하게 써서 이해하기가 더 곤란해지면 안 된다. 따라서 난해한 표현을 쓸 때는 특히 주의를 기울여야 한다. 결국 간결성을 가지고 의미를 충분히 살려야 한다는 점이 강조되어야 한다.

■ 경제성

비즈니스 문서는 타이밍과 비용이 매우 중요하다. 전달자는 문서작성에 있어 참고자료를 인용할 틈도 없이 시간에 쫓기게 되고, 수신자도 서재에서 차분히 읽을 틈이 없다고 생각해야 한다. "빨리, 즐겁게, 저렴하게!"의 요구를 만족시키면서 적시성을 유지하면 비즈니스 문서는 그 역할을 다하는 것이다. 문서의 홍수는 비용을 유발시키기 때문에 서류의 간소화가 필요하다.

■ 공식성

비즈니스 라이팅의 공식성과 관련하여 고려해야 할 점은 단문 및 장문보고서 형태, 분량 및 구성방법을 결정하는 것이다. 이러한 경우 보고를 받는 상대방의 입장을 고려해야 한다는 사실은 매우 중요하며 앞에서도 확인한 바 있다. 공식성이란 조직 내 규칙, 절차, 지시 등이 표준화된 문서로 정해져 있는 것이다.

전통적으로 분량이 많거나 복잡한 주제를 다룰 때 혹은 보고를 받는 상대가 외부인일 경우에는 공식문서를 많이 사용한다. 적절한 공식성을 위해서는 자신의 입장을 공적으로 표현해야 하며(예를 들어, '나', '당신', '저'라는 표현보다 '저희', '본사', '귀사' 등의 표현) 기술의 객관성을 확보해야 함은 두말할 필요가 없다. 예를 들어, 실제 데이터를 활용하여 통계나 숫자 등을 많이 삽입하게 되면 객관성이 확보된다. 또한 상대방과 적절한 거리를 두고 감정적인 표현은 삼가며 비즈니스 관계를 유지하도록 해야 하며 사실을 객관적으로 파악해야 한다.

공정한 보고서가 되기 위해서는 충분한 근거를 제공해야 하며 개인적인 견해가 들어가지 않도록 유의한다. 예를 들어, 조사자의 입장에서 상황을 판단하거나 과장하는 경우가 있는데 이러한 점을 각별히 유의해야 한다.

(2) 문장 및 단락의 표현

읽는 사람에게 심리적으로 불쾌감을 주는 문서는 비즈니스 커뮤니케이션의 3가지 목적, 즉 정보전달, 묘사하여 설명하기, 설득하기 중에서 특히 설득하는 데 문제가 된다. 따라서 올바른 비즈니스 커뮤니케이션을 위해서는 상대방을 설득할 수 있는 문서가 되어야 한다.

■ 단문주의

비즈니스 문서는 소설이나 시 같은 문서와 다르기 때문에 객관성이 필요하다. 또한 질질 끄는 장문은 집중력을 감소시키고 이해력을 떨어뜨린다. 그러므로 한 문장을 최고 50자나 20자~30자 정도로 끊어주는 것이 좋다. 너무 짧게 하면 유치해지거나 단조로워질 확률이 높아진다. 또한 문장이 길어지는 경향은 '때문에, ~에 의해, ~을 위하여, 하지만, ~와 함께' 등의 접속사 사용이 많아지면 그렇게 된다.

■ 단락 사용

단락(paragraph)은 비즈니스 커뮤니케이션에서 전하려는 정보와 지식을 하나의 중심 아이디어로 묶는 일종의 패키지이다. 그러므로 하나의 단락은 하나의 중심 아이디어, 즉 하나의 메시지를 전달하는데 간결하게 라이팅을 한다. 한 장의 종이에 단락의 구분 없이 빼곡하게 채운 문서는 효율적이지 못하다. 이는 문장 레이아웃(layout)의 감각 및 문장흐름에 따라 묶어주는 단락 사용이 안 되어 생긴 결과이다. 단락은 글 쓰는 사람의 의도, 논리구획을 표시하는 포인트로서 중요하고, 뛰어난 행 바꾸기의 기술은 읽는 이를 편안하게 한다. 단락은 메시지를 전달하는 데 필요한 만큼 짧게 하되 청중이 쉽게 기억하도록 길어지지 않아야 한다. 한 단락은 3개~4개 문장, 즉 90자~200자를 목표로 하는 것이 좋다.

■ 요약문 쓰기

보고서 분량이 많아지는 경향이 있다. 그렇지만 분량이 정해져 있는 연구보고서가 아닌 기업 내 보고서라면 굳이 분량을 늘릴 필요가 없다. 기업에서 일의 성과를 보고서의 두께로 재는 나쁜 경향이 아직도 남아 있다는 것이다. 읽히지도 않을 두꺼운 분량의 보고서를 작성하는 일 자체가 낭비이다. 그러므로 긴 보고서는 요약문이 꼭 있어야 한다.

보고서를 대하는 사람은 다음과 같은 일반적인 특징을 가진다. 보고서 본문은 들여다보지도 않고 나중에 시간여유가 주어지면 읽을 거라고 한다. 이러한 특성 때문에 상대방을 본문까지 이끌어가기 위한 요약문을 제대로 쓸 줄 알아야 한다. 요약문은 A4용지 1장에 최대 20행~30행 정도로 정리하는 것이 좋다. 요약문의 포인트는 다음과 같다.

- 문제점이나 목적을 명확히 한다.
- 가장 중요한 사항을 뽑아내어 정리한다.
- 키워드(keyword, 핵심단어)를 추출한다.
- 제목을 붙인다.
- 자세한 설명부분은 생략한다.
- 본문을 읽지 않고 요약문만 읽어도 의미를 파악할 수 있도록 한다.

(3) 메시지 라이팅

어느 조직이든 메시지 전달자는 복잡한 생각을 간결하게 하려고 한다. 사람들은 현실과 동떨어지거나 자기 생각과 일치되지 않는 사건을 오랫동안 기억하지 못한다. 그러므로 성공적인 커뮤니케이터가 되려면 전달하려는 메시지를 의미있게 만들어야 한다. 어떤 메시지가 좋은 메시지인가를 고려하기 전에 메시지 전달의 목적이 무엇이며, 전달하려는 메시지가 왜 중요한가를 먼저 생각해야 한다.

■ 좋은 메시지 완성하기

메시지를 받으면 수신자는 곧바로 의미를 해석하려 할 것이고, 혼란한 생각을 정리하려고 애쓸 것이다. 그러다 도저히 이해를 하지 못하는 수도 생긴다. 잘못 쓰인 편지로 인해 편지를 받은 사람이 곤란을 겪는 경우를 볼 수도 있다. 그렇다면 이런 왜곡현상이 발생하는 이유가 무엇인지 살펴보기로 하자.

- 요점을 간략하게 간추리지 못하고 장황하게 설명
- 전혀 상관없는 소재를 포함
- 주장이 일관적이지 못하고 오락가락
- 필수정보의 누락

그렇다면 좋은 메시지를 완성하기 위해서 필요한 것은 무엇인가? 앞의 4가지 잘못을 수정한다면 오해나 왜곡되지 않은 메시지를 완성할 수 있다. 좋은 메시지를 완성

스토리텔링 12-10 **고(故) 노무현 대통령의 라이팅 지침**

대통령은 자신의 연설비서관에게 다음과 같은 지시를 내린다.

- 굳이 다 말하려고 할 필요 없음. 경우에 따라서는 질문을 던지는 것이 좋음.
- 쉽고 친근한 글
- 글의 목적(설득인지, 설명인지, 반박인지, 감동인지) 명확화
- 짧고 간결하게 작성, 군더더기야말로 글쓰기의 최대 적
- 문장을 자를 수 있으면 최대한 잘라서 단문으로
- 통계수치 통한 글의 신뢰 향상
- 중언부언 절대금물
- 반복은 좋지만 중복은 안됨
- 중요한 것을 앞에 배치
- 사례는 많이 포함
- 평소에 쓰는 말로 글쓰기(영토보다는 땅, 치하보다는 칭찬)
- 글은 논리가 기본
- 이전에 한 말들과 일관성 유지
- 단 한 줄로 표현할 수 있는 주제

하기 위한 4가지 규칙은 다음과 같다.

- 주제와 목적의 명확성
- 정보는 주제와 목적과 관계있는 것만 제시
- 논리정연하게 주요 장점을 강조
- 필수정보의 충분한 제시

■ 좋은 메시지가 중요한 이유

좋은 메시지는 전달하려는 요점이 어느 정도 사실적으로 표현되어 있어야 한다. 왜 수신자가 메시지의 의미를 제대로 파악 못하며, 메시지 내용을 신뢰하지 못하는 것일까? 전달하려는 생각을 논리적으로 배열하고 문서양식에 충실했다면 수신자가 메시지에 집중 못할 리 없다. 수신자가 메시지를 읽으면서 관심을 기울여야 할 의무는 없다. 그런 의무는 오히려 전달자에게 있으며 좋은 메시지라면 당연히 수신자가 관심을 기울이게 될 것이다. 전달자가 수신자에게 도움을 주어야 할 것은 다음과 같다.

- 전달자의 메시지를 수신자가 이해하도록 도와주어야 한다.
- 전달자의 메시지를 수신자가 받아들이도록 도와주어야 한다.
- 수신자가 메시지를 받고 이해하는 시간을 최소화해야 한다.
- 커뮤니케이션과 관련된 과업을 최소화하여 효율성을 높이도록 한다.

■ 좋은 메시지 만드는 법

좋은 메시지를 만들려고 했다면 거의 반은 성공한 것이나 다름없다. 좋은 메시지를 만들기 위한 3단계, 즉 1단계는 생각을 구체화하고 정리하는 것이며, 2단계는 연역적 혹은 귀납적 접근법 중 1가지를 선택하는 것이다. 3단계는 단문 혹은 장문을 선택하는 것이다.

생각의 구체화 및 정리

브레인스토밍(Brainstorming)은 집단의 다양한 생각을 창조해내는 기법 중 하나이다.

하지만 집단이 어떻게 가장 논리적이고 효과적으로 아이디어를 전달하는지에 대한 방법에 대하여는 자세하게 알려져 있지 않다. 그러므로 브레인스토밍이라는 토의가 종료되고 나서 메시지를 분명하게 정리하는 비즈니스 라이팅이 핵심이다. 전달하려는 메시지를 완성하려고 할 때 메시지의 요점이나 주장이 잘 표현되었는지를 살피는 것도 매우 중요하다.

이처럼 생각을 구체화하고 정리하는 방식 중 하나가 바로 전체 아웃라인(outline, 개요, 윤곽)을 살펴보는 것이다. 대개 전달하려고 하는 긴 메시지 중 요점을 3가지~4가지로 축약할 수 있다. 따라서 긴 보고서나 복잡한 메시지를 준비할 때 아웃라인을 살피는 작업은 필수적이다. 메시지의 목적을 분명하게 할 수 있기 때문이다. 아웃라인을 살피는 작업이 생략된다면 장황하고 쓸데없는 메시지가 만들어질 위험이 있다.

[그림 12-2]를 보자. 민토(B. Minto)는 논리적으로 라이팅할 때 피라미드 구조(pyramid principle)를 강조한다. 메시지에 가장 높은 수준에 전달하려는 메시지 목적이 있고, 그 메시지 목적 아래 주요 주장이 존재하고, 그 밑에 주요 주장을 받쳐줄 각종 증거들이 존재하는 것이다. 그는 사실에 근거한 글을 쓰고, 그러한 사실들을 통해 3가지 주요 주장을 정리하고, 최종 메시지 목적을 달성해야 함을 주장한다. 스피킹을 하면서도 피라미드 구조를 가지고 이야기하면 상대를 더 쉽게 설득할 수 있다.

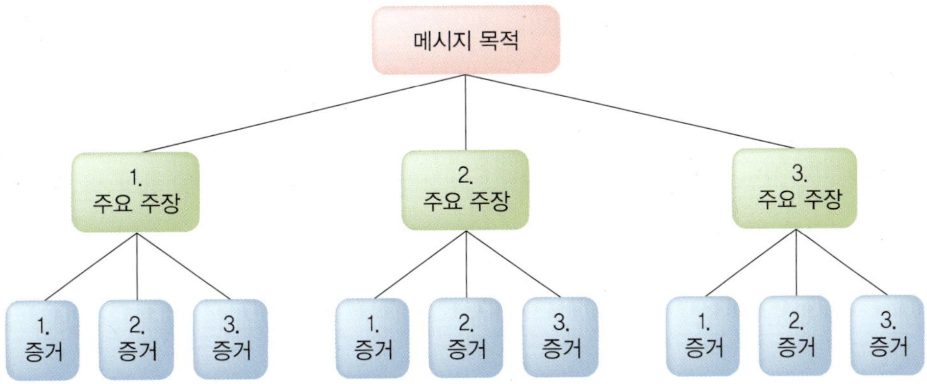

[그림 12-2] 메시지의 피라미드 원칙

연역적 접근법 혹은 귀납적 접근법의 선택

전달하려는 생각을 구체화하고 정리했다면 이제 연역적 혹은 귀납적 접근법 중 하나를 선택해야 한다.

- **연역적 접근법**(deductive method): 직접적 접근법으로 메시지 목적이나 결론을 먼저 라이팅하고 구체적 사실을 제시하는 방법
- **귀납적 접근법**(inductive method): 간접적 접근법으로 구체적 사실이나 이유를 먼저 제시하고 나중에 메시지 목적을 설명하는 방법

이러한 접근법은 단문메시지(비즈니스 메모, 비즈니스 서신), 장문메시지(보고서, 사업계획서, 발표문)의 모든 경우에 적용된다. 전달자의 목적과 메시지에 대한 수신자의 반응을 분석하기 위해서는 2가지 접근법 중 하나를 선택해야 한다.

일반적으로 연역적 접근법 혹은 직접적 접근법은 수신자가 감수성이 매우 풍부하거나 남의 생각을 잘 받아들일 줄 아는 경우에 적합하다. 예를 들어, 어떤 일이든지 열심히 하는 자, 흥미를 보이는 자, 부드러운 성격을 가진 자 혹은 중립적인 입장을 자주 취하는 사람의 경우 연역적 방법이 효과적일 것이다. 반면에 전달자의 메시지를 받아들이기를 꺼려 하는 경우라면(시무룩하거나, 심각한 표정을 보이는, 또는 마지못해 들으려는 사람의 경우) 귀납적 접근법이나 간접적 접근법이 더 나을 것이다.

하지만 각 메시지가 담고 있는 의미를 파악하는 데 공식이 있을 리 없다. 만약 전달자가 외부의 수신자에게 승진에서 탈락되었다는 불행한 소식을 알리려 한다면 아마도 귀납적 방법이 좋을 것이다. 여러 즐겁지 않은 내용을 포함시키기보다 간단한 메모 같은 직접적인 방식으로 '승진탈락'이라고 요점만 전달하는 경우가 오히려 나을 수도 있다. 직접적인 메시지 전달이 혼란이나 괜한 오해를 없앨 수 있기 때문이다. 무엇보다 메시지가 명확하게 구성되어야 한다는 점을 놓치지 말자.

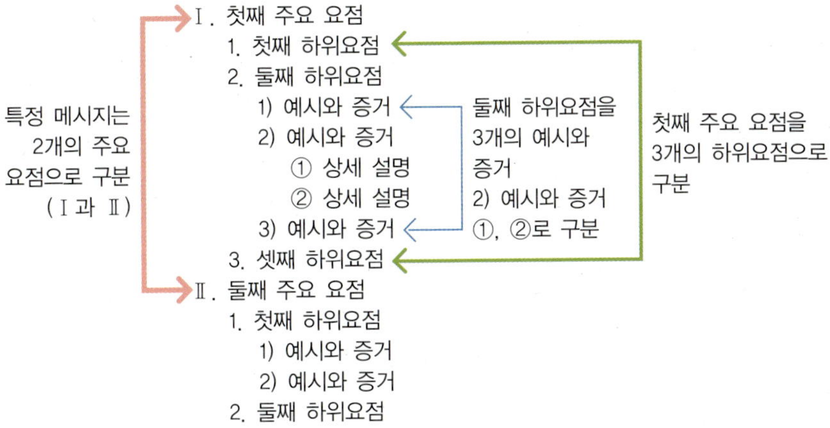

[그림 12-3] 전체 문장의 구조

단문 혹은 장문의 선택

다음의 경우라면 단문 형태가 바람직하다.

- 직접적인 요구
- 호재(好材, good news) 혹은 호의적 메시지
- 악재(惡材, bad news) 혹은 악의적 메시지
- 설득메시지

그러나 장문메시지가 효율적인 경우도 있다. 보고서, 사업계획서, 발표문과 같은 장문메시지는 많은 정보를 가지고 있어 다루기가 아주 복잡하다. 이러한 유형은 보통 2가지 범주로 구분되는데, 하나는 정보적 메시지이며 다른 하나는 분석적 메시지이다. 일반적으로 직접적인 접근법은 보고서나 발표문에 쓰이며, 사용지시서나 상태보고서, 제품사용기술서, 회사연혁 등도 모두 정보적 메시지에 속한다. 보고서는 분명한 메시지 목적을 가지고 있으며 다양한 기술(記述)을 함축하고 있다.

이에 비해 분석적 보고서나 발표문은 수신자에게 특정 결론에 이르도록 유도하는 목적에서 만들어진다. 따라서 아주 논리적인 주장이 포함되어야 한다. 수신자가 전달자와 이해 측면에서 일치되기를 바란다면 결론을 이끌어낼 수 있는 형식을 사용해야

한다. 그리고 수신자가 전달자의 결론에 대하여 회의적이라면 전달자의 관점을 지지할 수 있는 합리적 근거를 제시해야 한다.

표 12-2 비즈니스 문서작성의 구성

서론	주요 생각	일반 목적, 주장, 이글의 목적
본론	I. 주요 아이디어: 요점 1 1. 하위항목 1 가. 특정 정보 1 나. 특정 정보 2	요점 1:
본론	II. 주요 아이디어: 요점 2 1. 하위항목 1 가. 특정 정보 1 나. 특정 정보 2	요점 2:
	III. 주요 아이디어: 요점 3 1. 하위항목 1 가. 특정 정보 1 나. 특정 정보 2	요점 3:
결론	요약: 주요 요점 1-3	주요 요점의 요약

3 비즈니스 편지, 메모, 이메일, 기안문, 회의록 라이팅

(1) 비즈니스 편지

다른 회사와 비즈니스 커뮤니케이션하기 위해 비즈니스 편지를 발송하는 것은 클래식한 것이지만 형식을 잘 갖춘다면 세련된 방식이 될 수 있다. 격식을 갖춘 비즈니스 편지는 상대로부터 가독성을 높여주면서 효과적인 문서로 전달될 가능성이 높다.

- 주소, 날짜를 포함한 오프닝
- 인사말
- 본문

- 결론
- 서명
- 붙임: 동봉물

(2) 비즈니스 메모

비즈니스 메모는 비즈니스 커뮤니케이션 수단의 또 다른 유형이다. 메모는 사내에서 통지, 공유, 공고, 알림, 조회의 목적으로 사용되며 구성원 상호 간에 중요한 사항을 전달하기 위한 신속하고 간단한 방법이다.

- 날짜
- 수신자, 발신자
- 주제 및 메시지 내용

회사에서 칠판에 쓴 글귀를 그대로 베끼는 정도로 메모를 해서는 안 된다. 메모는 나(전달자) 메시지보다는 너(수신자) 메시지 표현이 필수적이다. 전달자 입장이 아닌 수신자 입장이 고려되어야 한다. 메모 및 서신에 쓰이는 단어는 친근하고 부드러워야 한다. 상대에게 공감을 느끼도록 라이팅한다.

한편 상사의 지시를 그대로 쓰는 수동적 메모와 자신의 의사를 주체적으로 표현하는 능동적 메모 중에서, 전자가 단순한 비망록으로서의 메모라 한다면, 후자는 더욱 발전성이 있는 미래지향적 메모이다. 메모나 편지를 작성하기 위해서는 사실의 기록과 자기 스스로의 판단이 중요하다. 따라서 다음과 같은 메모법이 바람직하다.

- 메시지는 간결하게 표현한다.
- 요점은 정확하게, 강조점은 밑줄 혹은 다른 부분과 색이 다른 펜으로 표현하면 더 효과적이다.
- 상대방이 쉽게 이해할 수 있는 언어가 사용되어야 한다.
- 수집한 정보와 가공한 정보를 구분하여 표기한다.

(3) 비즈니스 이메일

모든 비즈니스 이메일은 직접적이고 명확하며 읽기가 쉬워야 한다. 공식적 비즈니스 이메일과 비공식적 비즈니스 이메일의 어조는 조금 다를 수 있다. 한번 발송된 비즈니스 이메일을 거두는 기능이 있긴 하지만 시간이 지나면 거둘 수 없다. 그래서 보내진 비즈니스 이메일은 전문성을 유지하면서 세심함을 유지해야 한다. 다른 사람에게 무한정 전달될 수도 있다는 점을 유념해야 한다.

- 인사말: 간단하고 친근하게
- 본문: 주요 요점
- 끝맺음: 감사 표현, 성명과 연락처 제공

(4) 비즈니스 기안문

■ 정확성

- 육하원칙(5W1H)에 의하여 작성한다.
- 애매한 표현이나 과장된 표현을 피한다.

■ 용이성

- 알기 쉬운 말을 쓴다.
- 한자나 어려운 전문용어는 되도록 피한다. 한자 또는 전문용어를 쓸 필요가 있을 때에는 괄호를 사용하여 한자를 쓰거나 용어의 해설을 덧붙인다.
- 받는 사람의 이해력과 독해력을 고려하여 작성한다.

■ 신속성

- 문장은 짧게 끊어서 한 줄씩 개조식으로 쓴다.

- 가급적 먼저 결론을 쓰고 그 다음에 이유 또는 설명을 쓴다.

■ 경제성

- 일상의 반복적인 업무는 표준기안문, 공식 기안문서를 활용한다.
- 용지의 규격, 용지의 질을 표준화한다.
- 문자를 부호화하여 활용한다.

(5) 회의록

기업에서 업무 중 가장 많은 시간이 투입되는 것은 회의이다. 회의는 회의록으로 작성하여 그 내용을 보존하고 추적관리해야 한다. 회의록은 MECE(Mutually Exclusive, Collectively Exhaustive), 즉 상호배제, 전체포괄이라는 뜻으로 회의내용이 누락없이, 중복없이, 빠짐없이 기록되어야 함을 말한다.

- 일시

스토리텔링 12-11 **결정적인 단서, 회의록**

경주엑스포 프로젝트에 한 건축가가 디자인 공모전에 자신의 설계안을 출품했다. 황룡사 9층 석탑의 82미터 높이를 재현해 음각으로 새겨놓은 디자인이었지만 2등으로 공모전에서 탈락하고 말았다. 그런데 3년이 흘러 완성된 경주타워는 2위 한 작가의 설계안과 매우 흡사한 모습으로 건축되었다. 그 작가는 즉각 형사소송을 냈지만 증거불충분 처분이 났다. 소송은 민사로 이어지고 결국 항소심에서 승소하며, 지금의 경주타워 앞에는 세계적 건축가이면서 한국인 고(故) 이타미 준(한국인 이름 유동룡) 이름의 표지석이 놓였다. 소송에서 그 당시 타워설립을 맡은 위원회 회의록이 발견되면서 분위기는 급반전됐다. 회의록에 "2등의 음각처럼 만들자."라는 문구를 발견한 것이다.

- 장소
- 참석자
- 회의내용 및 회의의제(agenda)
- 조치항목: 결정사항, 책임자 및 기한
- 첨부자료

4 단문보고서 라이팅

(1) 단문보고서 작성

경영에 있어 각종 보고서는 필수적 수단이다. 경영진은 모든 경영상황을 꼼꼼하게 점검할 여유가 많지 않다. 그러므로 간결하게 작성한 보고서는 경영자로 하여금 경영 의사결정을 돕고 새로운 전략을 수립하는 데 많은 공헌을 한다. 보고서는 사실상 많은 의미를 담고 있다. 보고서는 요약문이나 비공식적인 편지나 메모에서부터 공식보고서에 이르기까지 그 용도와 범위가 매우 다양하다. 구두로 전달하는 형태(프레젠테이션 및 브리핑)도 있지만 일반적으로 비즈니스에서의 보고서는 문서의 형태를 말한다.

보고서의 목적은 상대방에게 정보를 명확히 제공하고 가능한 한 편리성을 추구하기 위함이며, 보고서를 작성할 때는 정확성, 유용성, 읽는 사람의 필요를 고려한 형식 및 구조가 필수적이다.

■ 정확성

정확성은 보고서의 생명이다. 정확성이 없는 보고서 때문에 잘못된 의사결정을 하는 예는 너무도 많다. 몇 가지 지침이 있다.

분명한 용어의 사용

예를 들어, 매출액이 매우 향상된 것을 단순히 문장으로 표현하는 것보다는 실제 숫자를 제시하며 설명하는 것이 훨씬 정확할 뿐만 아니라 신뢰감을 줄 수 있다.

관련 사항까지 기록

실제 현황뿐만 아니라 관련 사항을 함께 기록하는 것이 상대방의 이해를 돕는다.

전체적 사실 기록

특정 정보에만 치우쳐 전체 진행상황을 파악하지 못한 보고서는 잘못된 보고서이다.

충분한 근거 제공

충분한 정보와 객관적 숫자 제시가 상대방의 이해와 신뢰를 높인다.

개인적 편견 지양

감정에 치우친 표현을 하지 않도록 주의하며, 항상 객관적인 입장에서 상황판단을 하도록 한다.

▪ 유용성

때로는 비즈니스 문서가 법적 증거로 사용되는 경우가 있으므로 비윤리적인 내용이나 회사에 피해를 입히는 내용은 삼가도록 한다. 인신공격, 비난, 편파적인 내용 등은 피하도록 한다. 일반적으로 관리자들이 선호하는 보고서는 서론 부분에 주요 이슈가 소개되고, 현황이 파악된 내용이 들어가며, 관련 분야를 포함하여 해당분야 전반에 관한 정보를 얻을 수 있어야 한다. 이해하기 쉬운 문장구성으로 경영의사결정을 하는 데 있어 충분한 참고자료가 될 수 있는 문서이다. 결국 비즈니스 문서는 비즈니스 상황에 도움이 되는 유용성을 가져야 하는 것이다.

■ 형식

보고서를 작성하기 전에 우선 보고서의 분량을 정해야 하며, 관련 이슈를 하나로 통일할 것인지 아닌지 또한 공식문서로 작성할 것인지 아닌지에 관해 결정해야 한다. 여기서 중요한 점은 어떠한 형태의 보고서든 항상 보고서를 읽는 사람의 요구사항을 고려해야 한다는 점이다. 그러므로 몇 가지 사항에 유의해야 한다.

보고의 대상

본인의 필요로 작성하는 것인지 아니면 다른 사람의 요청으로 작성하는 것인지에 대해 목적을 분명히 하도록 한다. 예를 들어, 타인이 필요에 의해 작성하는 경우에는 보고의 목적과 경위 등을 보다 상세히 기록하여야 한다.

주제의 범위

감사를 목적으로 하는 보고서의 경우 대부분이 숫자와 표, 그림 등으로 구성되어 있으며, 법무관련 부서의 보고서는 법률용어로 구성되어 있듯이 주제에 따라 사용되는 전문용어 및 보고서의 구성이 달라진다.

보고서 준비

일상적인 보고서는 일별, 주별, 월별, 분기별, 연차별로 발생된다. 반면 특수성격을 지니는 보고서는 특정한 목적으로 특정 상황에 발생하므로 보고서 작성시기가 중요한 관건이다. 그러므로 사전에 자료수집과 관련하여 계획을 잘 수립하도록 한다.

보고서 용도

사내보고서는 사외보고서에 비해 비공식적인 형식을 갖추고 있다. 사내보고서는 대체로 10장 이내의 분량이며 메모 형식이 대다수인 반면, 사외보고서는 공식적인 편지 형식을 갖춘 보고서가 대부분이다.

스토리텔링 12-12

단문 비즈니스 보고서 라이팅

비즈니스 보고서는 객관성이 핵심이므로 상대에게 느낌을 전달하는 주관성을 배제한 형식적이고 객관적인 사실에 입각한 보고서가 되어야 한다.

- 머리말
- 배경
- 주요 결과: 사실, 정보, 자료
- 결론
- 해결책 제안
- 출처

단문 비즈니스 보고서를 작성할 때 계획할 것이 있다. 보고서의 용도를 고려해야 한다. 보고서의 형식과 분량을 결정해야 하는데 보고서의 길이는 보고의 주제와 목적 및 보고를 받는 사람에 따라 결정된다. 일반적으로 비즈니스 상황에서는 단문보고서는 5장 이내가 많이 통용된다. 보고서의 형식과 분량이 결정되면 보고서의 기본구조를 결정해야 한다. 보고서의 핵심 선정, 상대방의 요구 수용 등이다.

보고서 목적

정보전달을 목적으로 하는 보고서와 분석을 목적으로 하는 보고서로 구분된다. 정보전달용 보고서는 사실을 있는 그대로 표현하여 정확한 정보전달을 목적으로 하며, 분석용 보고서는 분석 · 해설 · 결론 · 제안 등의 내용이 포함된다.

보고받는 사람의 관심을 끌 것

보고하고자 하는 내용을 정확하게 기록하고 보고서 서론에 요점을 기재하도록 하여 보고받는 사람의 관심을 끄는 것이 중요하다.

(2) 정보전달 보고서 작성

정보전달 보고서는 단순히 기존 정보를 다른 사람에게서 받아서 전달해주는 것이다.

▪ 정보전달 보고서의 구성

특징

정보전달 보고서는 비즈니스 정보, 정책, 과정, 정부지침에 대한 조직의 대응방안, 개인적인 활동보고 등과 같이 설명을 목적으로 하는 보고서이다. 정보전달 보고서를 작성할 때는 상대방의 반응에 지나치게 염려할 필요가 없다. 다만 상대방의 이해를 도모하는 방향에서 작성한다는 것에 유의하여 논리적이고 정확하게 내용을 구성할 수 있도록 한다. 예를 들어, 한 기업의 매출액에 대해 보고하기 위해 해당기업의 국가 전체 매출액을 대비시키고 각 지역별 비교를 첨부한다면 훌륭한 내용이 될 것이다. 그러므로 각 구분에 대한 설명과 전체설명이 연결될 수 있도록 유의한다. 또한 특정 사건에 대한 설명은 연대순으로 작성하는 것이 효과적이다. 어떤 보고서는 미리 인쇄가 되어 있는 형식에 일정한 데이터를 기입하기도 하며 이외에도 조사제안서와 같이 상대방이 요구하는 내용(조사기간, 조사팀 구성, 조사비용, 조사내용 등)을 기재하는 양식도 흔히 볼 수 있다.

중간보고서

계약에 명시된 계약기간 중 중반까지 진행되어온 조사내용을 보고하는 것으로 대체로 문제의 정의, 조사의 틀을 확립하여 조사의 진행상황을 조사계획서에 의거하여 작성하도록 한다. 또한 조사를 의뢰한 기관의 입장에서 볼 때, 중간보고서는 계약서에 의거한 조사 진행상황을 점검할 수 있을 뿐만 아니라 조사팀과의 지속적인 커뮤니케이션을 통해 그동안 발생한 문제점이나 조사의 특이사항 등의 중간 과정을 점검하는 좋은 기회가 된다.

중간보고서는 사내보고서와 달리 매우 공식적인 것이 특징이다. 그러나 최종보고서를 만들기 위한 중간단계이므로 분량이나 공식성 정도가 최종보고서보다는 미치지 못한다. 중간보고서를 작성할 때는 내용을 간결하게 작성한다는 점에 유의한다.

중간보고서의 내용은 소정의 조사목적 달성 외에 현상을 파악하여 문제점이 무엇인지 밝히는 것이 매우 중요하다. 문제점이 발견되면 대안을 수립하여 다음 행동방향을 결정할 수 있기 때문에 기업의 입장에서 좋은 점보다는 개선이 필요한 점 등을 집중적으로 밝히는 것이 바람직하다. 중간보고서의 양식은 대체로 서론과 결론의 구조로 나누어지며, 서론에는 조사의 진행내용을 밝히도록 하고 결론에는 앞으로 남아 있는 조사진행 사항 등을 명시하도록 한다.

활동보고서

회의, 출장 및 기타 활동기간에 발생한 일에 대해 보고서를 작성하는 것을 주위에서 흔히 볼 수 있다. 이러한 보고서는 행사에 참여한 개인이 기관에 중요한 정보나 결정을 보고하는 내용을 담고 있다. 활동보고서는 일반적으로 메모의 형태로 작성되기도 한다. 작성방법은 업무가 발생한 순서대로 기록하는 것이 원칙이나 특별한 경우 관리자가 관심을 갖고 있는 주제를 보고서 서론에서 강조하기도 한다.

(3) 분석보고서의 작성

■ 특징

분석보고서는 설명보고서와 근본적으로 작성하는 취지가 다르다. 설명보고서는 단순히 상대방을 교육·학습시키고자 하는 의도에서 작성되지만, 분석보고서는 상대방이 특정 결론이나 정책적 제안을 받아들일 수 있도록 권유하거나 설득하는 의미가 더욱 강조된다. 분석보고서에는 타당성 검토를 위한 보고서, 조사보고서, 조사제안서 및 문제점 개선을 위한 보고서 등이 포함된다.

예를 들어, 인사제도의 개선을 요약한다거나 구성원의 의식조사를 하는 경우와 같이 특별한 목적이 발생한 경우에 분석보고서를 작성할 수 있으며, 조사를 의뢰한 상대방의 의사결정을 돕고자 하는 목적을 가지고 있다. 그러므로 분석보고서를 작성하기 위해서는 보고자의 생각을 정리하고 상대방이 원하는 조사방향과 결과에 대한 예측을 할 수 있어야 한다. 또한 상대방에게 좀 더 직접적인 접근법을 사용하려는 경우에는 조사결과와 제언을 중심으로 표현하도록 하며, 간접적 접근법의 경우에는 조사팀이 의도하는 결론으로 자연스럽게 상대방을 유도하도록 한다.

■ 검토용 보고서

특정 사안에 대해 최고경영자를 설득하기 위한 목적을 가진 보고서로서 상대방의 관심을 집중시켜 필요한 사항을 주지시킨다. 문제를 분석하고 결론을 도출하고자 하는 경우에 사용되는 방법으로 제안보다 결과적 표현법을 사용하는 것이 효과적이다.

■ 조사계획서

외부의 고객에게 제품, 공장, 프로젝트와 관련하여 문제점을 제시하고 해결책을 모색함으로써 조사를 수락할 수 있도록 하는 목적을 갖는 보고서이다. 조사계획서는 문제의 정의, 조사의 목적, 조사기간, 조사팀 구성, 조사비용 내역, 필요 기자재 등을 구체적으로 기입한다.

■ 문제점 개선 보고서

조직 내부에 문제가 발생한 경우 최고경영층에게 문제해결책을 제시하기 위해 작성하는 보고서이다. 그러므로 문제해결과 관련한 의사결정이 명확하게 이루어질 수 있도록 아이디어를 제공하는 것을 목적으로 한다. 예를 들어, 레스토랑 체인점의 효과적인 관리를 위해서 현재 페이스를 유지하면서 사업성이 낮은 지점은 폐쇄하고 레스토랑 내부의 주방시설 및 인테리어를 개선하는 대안을 제시하는 경우 이러한 보고서를 사용하는 것이 바람직하다.

서론에서는 조사목적과 조사범위 및 선행연구를 제시하고, 조사방법 및 조사계획을 수립한다. 본론에서는 객관적이고 정확한 사실을 제시하여 결론이 자연스럽게 도출될 수 있도록 한다. 여러 가지 대안을 비교하여 결론을 도출하는 형식을 갖춘 보고서가 있는가 하면 가장 핵심이 되는 대안을 놓고 이모저모로 시뮬레이션한 결과를 보여주는 보고서도 있다. 그러므로 문제해결을 위한 합리적인 단계를 설정하는 것이 이러한 보고서의 필수조건이 된다.

(4) 제안서 작성

■ 전체적 구조 확인

보고서의 각 페이지를 구상할 때는 다른 장과의 연계를 반드시 검토해야 한다. 그리고 보고를 받는 상대방이 쉽게 전반적인 보고서 내용을 파악할 수 있도록 작성한다. 실패한 보고서는 각 장의 내용 사이에 연계가 안 되는 경우를 흔히 볼 수 있는데 상대방의 입장을 고려하여 이러한 점은 반드시 점검하도록 한다. 다음과 같이 인사말, 본론 제목과 목차 내용의 전개 및 결론 구성에 유의한다. 제안서는 발표자가 비용(funding)을 제공하는 스폰서에게 일반현황과 프로젝트의 수행능력을 평가받는 것이다. 일반적인 제안서의 목차이다.

- 개요: 제안목적 및 배경, 제안요청 요건 수용, 제안의 특징과 장점
- 제안사 소개: 현황(참여조직 현황, 전담인력 현황), 주요 실적
- 수행부문: 수행방안, 투입인력
- 관리부문: 사후관리, 보안관리, 기타 추가지원
- 부록: 일반현황 및 총괄표, 각종 증명서, 동의서, 서약서 등

5 장문보고서 라이팅

(1) 장문보고서 라이팅의 5단계

■ 문제의 정의와 조사목적의 수립

보고서 작성의 1단계는 문제를 정확하게 파악하는 것이다. 문제를 중심으로 조사이슈가 잡히므로 현재상황에서 점검해야 할 문제를 자세히 구체적으로 파악해야 한다. 정보를 수집하고 의사결정을 돕기 위해서는 반드시 문제에 대한 정의가 명확하게 이루어져야 한다.

예를 들어, 직장인의 알콜중독 및 약물남용 실태를 분석하는 보고서를 작성하기 위해서는 직장 내 문제를 파악하고, 조사기간을 설정하고 조사대상으로 누구를 선정할 것인가와 어떠한 조사방법을 사용할지에 대한 계획이 필요하다. 그러므로 문제를 정의하는 것은 조사가 어떠한 방향으로 전개될지에 대한 기본틀(framework, 분석틀, 뼈대)을 제공하게 된다.

문제의 구체적 정의

문제에 대한 정의가 이루어지고 나면 해당 이슈의 중요성, 관련된 상황, 관련 이해관계자, 조사시기 등을 파악하도록 한다. 분석보고서의 경우 상황을 분석하고 결론을 도출하여 관련 분야에 적용해야 하므로 보고서 작성목적과 병행하여 심도 있는 질문을 할 수 있도록 준비한다. 그러므로 질문목록을 작성해두어 추후 보완하면서 조사에 활용할 수 있도록 하는 것이 바람직하다.

조사목적의 수립

문제파악이 되고 나면 조사의 목적을 수립하여야 한다. 조사분석 이후 달성하게 될 최종적인 목적이 무엇인가에 대해 상세히 기술하도록 한다. 예를 들어, 분석보고서의 문장은 상황을 있는 그대로 알리는 보고서와 달리 필요한 상황을 선별하여 논리적으로 결과까지 제시하는 것이 바람직하다.

조사목적을 구체적으로 작성하면 조사계획을 수립하여 결론을 도출하기가 수월하다. 또한 조사목적을 수립한 다음에는 관련 조사팀장 또는 조사를 의뢰한 실무팀장의 조언을 받아 최종적으로 확정하도록 한다.

■ 조사 이유(이슈) 선정

문제파악과 조사목적이 수립되고 나면 다음 2단계에서는 조사를 위한 이슈를 선정한다. 이슈 선정 시 가장 중요한 점은 조사목적 달성과 관련된 이슈여야 한다는 것이다. 또한 이 단계에서는 문제파악과 관련하여 문제를 분석하고 가설(hypothesis)을 수립하여 체계적인 조사가 이루어지도록 한다.

논리적 형식 수립

조사의 목적을 면밀히 검토한 다음에는 보고서의 논리적인 구조를 잡아야 한다. 논리적인 구조는 일반적으로 정보를 제공하기 위한 목적과 분석의 목적으로 구분된다. 상대방에게 정보를 제공할 목적이 강한 경우 정보보고서 양식이 적절하며, 몇 가지 상황을 분석하고 데이터를 수집하여 결론을 도출하고자 할 때는 분석보고서 양식을 이용하도록 한다.

각 항목의 작성요령

자신이 가지고 있는 생각을 구분한다는 것이 쉬운 작업은 아니다. 논리적·체계적으로 보고서를 작성하기 위해서는 적절한 분량, 형태, 순서대로 아이디어를 구분한다.

- 주제를 한두 개 정도로 구분할 것
- 각 항목의 주제를 선정할 것
- 항목을 구분할 때는 동일한 기준으로 할 것
- 한 항목의 내용이 다른 항목과 중복되지 않을 것
- 전체적으로 항목구성을 점검할 것

목차선정

목차를 선정함으로써 보고서의 전체적인 틀을 수립하고 전체 내용을 간단히 검토할 수 있다. 목차를 선정할 때는 각 장의 주제를 명확하게 나타낼 수 있는 간결한 단어를 선택한다.

■ 조사 진행계획 수립

3단계는 조사 진행계획을 수립하는 것이다. 조사계획서는 구체적이고 자세하게 작성해야 한다. 조사계획서 작성 시 다음 사항을 기입한다.

- 조사목적 및 필요성
- 조사내용, 범위 및 방법
- 국내외 연구동향
- 조사 추진일정
- 조사팀 구성 및 조사비용

■ 조사의 실시

보고서의 가치는 정보의 수준에 달려 있다고 해도 과언이 아니다. 4단계인 조사실시를 통해 필요한 정보를 수집하고 분석하는 것은 매우 중요한 작업이다. 정보는 2차정보와 1차정보로 구분되며, 2차정보는 목적의식에 따른 수집된 자료를 말하며, 1차정보는 일정한 절차(평가, 분석, 가공)에 따라 처리된 유용한 정보를 말한다. 1차정보는 2차정보에 비해 수집하는 데 비용, 인력, 시간이 더 많이 든다. 그러므로 조사목적에 적합한 2차정보가 이미 있는지의 여부를 확인한 후 없는 것에 한하며 1차정보를 수집하는 것이 경제적이다.

관찰법

필요한 정보를 갖고 있는 응답자로 하여금 행동으로 그 정보를 표현하게 함으로써 조사자가 이를 관찰하도록 하는 방법이다.

설문조사법

전화조사, 인터뷰 및 설문조사법이 여기에 속하며 특정 주제와 관련하여 설문내용을 구성한 다음 전화 또는 인터뷰를 실시하거나 설문조사를 실시한다.

실험조사법

기술적인 방법을 이용하여 다양한 변수들을 조작하고 상황을 통제하는 실험조사법은 실험집단과 통제집단을 선정하여 각 실험결과를 비교하는 방법이다.

▪ 자료의 분석과 해석

분석

일반적으로 평균이나 표준편차 등의 기술통계량을 계산하거나 추세분석, 상관관계분석, 회귀분석 등의 통계분석의 구체적인 통계값을 도출하여 분석에 활용한다.

결론 도출

자료를 분석하고 나면 결론을 도출한다. 결론도출은 가설을 검증한 내용의 정리와 가치판단이 동시에 이루어지는 논리적인 작업이다. 그러므로 조사결과에 의거하여 공정하고 합리적인 기준으로 결론을 이끌어내야 한다.

발전방향의 제시

발전방향을 제시할 때는 조사결과에 의거하여 앞으로의 진행방향 모색과 비전부여를 포함하도록 한다. 이는 조사자와 조사의뢰기관 혹은 응답자의 이해관계에도 영향을 미치는 부분이므로 신중하며 긍정적으로 언급하도록 한다.

- 해당기관의 입장을 최대한 고려해야 한다.
- 재무적 · 정책적 유연성을 가져야 한다.
- 해당기관의 강 · 약점을 정확히 지적한다.
- 시간과 비용의 한계를 초월하는 건의사항은 피한다.

스토리텔링 12-13 **경영계획의 메시지**

경영계획을 수립하는 것은 명확한 메시지를 만드는 일을 시작하는 것이라고 보아도 좋다. 하루 이틀 걸려 전체 아웃라인을 살피고, 메시지 조직도를 만들며, 생각했던 대로 표현되었는지 신중하게 그 경영계획을 살펴야 한다. 그러므로 경영계획안을 써내려가기 전에 목적을 분명하게 달성할 수 있는 메시지 구조를 조심스럽게 살펴보는 것이 매우 중요하다.

- 막연한 제안이 아닌 구체적 수정방안을 제시한다.
- 자료수집과 분석의 한계와 제한점을 추가한다.
- 활동방안이 명확하게 제시되어야 한다.
- 조직의 발전을 위해 필연적으로 발생하는 위험관리에 대해 제시한다.
- 조직의 미래상에 대해 명확하게 제시한다.

(2) 사업계획서 작성

일반적으로 기업 내부의 전략 및 계획수립은 최고경영자층에서 주로 이루어진다. 계획이 잘 수립되어야 그 계획에 적합한 운영이 이루어질 수 있고, 계획 대비 운영의 차이가 얼마나 있는지에 따라 차년도 계획이 변경될 수도 있는 것이다. 비행기 조종사는 이륙에 앞서 비행계획 파일을 자세히 살펴본다. 변호사는 재판에 앞서 여러 공문서들을 보고 또 본다. 선생님들은 수업 전에 강의교안을 통해 수업계획을 설정한다. 이처럼 계획(planning)이란 여러 가지 일을 수행하는 데 있어서 방법, 순서 등을 정립하는 것이라고 할 수 있다.

스토리텔링 12-14 센스있는 사업계획서 라이팅

흔히 오늘날을 영업의 시대라 한다. 총무, 인사, 경리 등의 내부 업무보다는 환경의 경계에서 움직이는 광고, 홍보, 영업 등이 기업의 중요한 무기가 되고 있는 것이다. 개인은 물론 기업의 사업계획력은 생산된 제품과 서비스를 수요자인 소비자에게 적극적으로 알리는 일종의 비즈니스 커뮤니케이션이라 할 수 있다. 더불어 경영요소에 있어서 사업계획의 비중이 높아짐에 따라 전략도 사업계획이 되고 제품개발도 사업계획이 되며 마케팅도, 영업도, 심지어 인사·총무까지도 사업계획이 되고 있다.

사업계획서(proposal)를 작성하는 경우 체제, 구성, 내용 등에 대하여 세심한 주의를 기울여야 한다. 사업계획서의 힘은 충분한 설득력이라 할 수 있다. 설득력 있는 사업계획서는 초고(draft)의 단계부터 사업계획서의 품질이 결정되기 때문에 사업계획서를 쓰기 전에 목적, 현황, 수요 등에 대한 철저한 스케치가 선행되어야 한다. 또한 사업계획서에는 정확하고 세심한 사업계획센스가 온전하게 반영되어야 한다,

사람들은 흔히 "시작이 반이다."라고 한다. 이는 업무를 수행할 때 사전에 좋은 계획(순서)을 세우기만 한다면 그 업무는 이미 50%쯤 완성되어 있다는 뜻이다. 그렇다면 계획안을 마련하고자 할 때 고려해야 할 사항은 무엇인가?

- 목적: 글을 쓰는 사람이 전달하려는 것은 무엇인가?
- 독자: 이 글을 읽는 사람은 누구인가?
- 철저한 탐색: 표현하려는 아이디어에 대한 사전준비는?
- 형식과 구성: 글 쓰는 사람의 생각을 최상으로 배열하는 방법은?
- 상세한 설명과 실제적 예시: 글 쓰는 사람의 요점을 지원해줄 방법은?

12장 수행과제

※ 각 문제가 요구하는 대로 ✔ 표시하세요.

01 다음 중 설명 중 올바른 것은?

① 비즈니스에서는 말보다는 문서나 글이 훨씬 더 중요하다.
② 계약은 구두계약이 신속하고 좋다.
③ 인공지능이 라이팅을 할 것이기 때문에 인간의 라이팅은 포기한다.
④ 조직에 채용되면 공식포맷보다는 자율양식에 의해 라이팅을 한다.

02 비즈니스 라이팅이 아닌 것은?

① 짧은 메모나 쪽지
② 페이스북, 트위터 등에 글쓰기
③ 발표하기
④ 이메일, 보고서 쓰기

03 비즈니스 라이팅의 필수사항이 아닌 것은?

① 중요한 정보 독점하기
② 청중의 이해
③ 불필요한 단어 생략하기
④ 라이팅 이후 다시 수정하고 교정하기

04 준비된 라이팅에 해당되지 않는 것은?

① 라이팅을 잘하려면 비판적으로 생각하는 습관이 있어야 한다.
② 확증편향을 가진 라이팅
③ 자기중심적 경향 버리기
④ 잘못된 집단사고에 빠지지 않기

05 비즈니스 라이팅 역량이 아닌 것은?

① 새로운 영상매체에서의 라이팅
② 전통 콘텐츠에서의 고집스러운 라이팅
③ 효과적인 커뮤니케이터의 라이팅
④ 온라인 판매와 라이팅

06 (　　)은 청중을 위하여 깊은 인상을 주고 그들의 결정에 영향을 미치는 것이다. 제안서, 고객분석보고서, 마케팅보고서 등이 있다.

① 교육을 위한 글쓰기　　② 정보제공 글쓰기
③ 설득을 위한 글쓰기　　④ 거래를 위한 글쓰기

07 (　　)은 비즈니스 라이팅에서 독자로 하여금 흥미를 잃게 만드는 일이 없도록 상대방이 쉽게 이해할 수 있도록 글을 쓰는 것이다.

① 정확성　　② 간결성
③ 경제성　　④ 공식성

08 좋은 메시지 완성하기에서 왜곡현상이 발생하는 이유가 아닌 것은?

① 요점을 간략하게 간추리지 못함
② 정황하게 설명
③ 전혀 상관없는 소재를 포함
④ 통계수치를 통한 글의 신뢰 향상

09 민토는 논리적으로 글쓰기 할 때 (　　)을(를) 강조한다.

① 역피라미드　　② 피라미드 구조
③ 연역적 접근법　　④ 귀납적 접근법

10 조사방법으로 옳지 않은 것은?

① 직접판단법　　② 관찰법
③ 설문조사법　　④ 실험조사법

※ **각 문제가 요구하는 대로 괄호에 ○, × 표시하세요.**

11 (　　　) 비판적 사고는 확증편향과 자기중심주의에 빠지는 잘못을 초래한다.

12 (　　　) 커뮤니케이션할 때 전달하려는 메시지를 잘 전달할 수 있도록 일정한 톤을 유지하는 것을 라이팅 원칙이라 한다.

13 (　　　) 유행어와 약어를 사용하는 라이팅은 좋다.

14 (　　　) 비즈니스 커뮤니케이션의 3가지 목적은 정보전달, 묘사하여 설명하기, 설득하기이다.

15 (　　　) 좋은 메시지가 중요한 이유는 수신자가 메시지를 받고 이해하는 시간을 최소화해주어야 하기 때문이다.

※ **각 문제가 요구하는 대로 괄호에 번호를 표시하세요.**

① 연역적 접근법　② 비즈니스 메모　③ 회의록　④ 활동보고서　⑤ 제안서

16 (　　　) 회의, 출장, 기타 기간에 발생한 일에 대해 보고서를 작성하는 것이다.

17 (　　　) 발표자가 비용을 제공하는 스폰서에게 일반현황과 프로젝트의 수행능력을 평가받는 것이다.

18 (　　　) 사내에서 통지, 공유, 공고, 알림, 조회의 목적으로 사용되는 방법이다.

19 (　　　) 직접적인 접근법이며, 메시지 목적이나 결론을 먼저 이야기하고 구체적 사실을 제시하는 방법

20 (　　　) 회의록은 MECE, 즉 상호배제, 전체포괄이라는 뜻으로 내용이 누락없이 중복없이 빠짐없이 기록되는 것이다.

※ 다음 문제에 대해 토론하시오.

맨 밑의 실무자가 계장에게 기안을 올리면, 그가 글자 한 자 한 자를 수정하여 과장에게 올린다. 과장의 의견이 한 줄 이상이 되면 기안문서는 다시 내려와 고쳐져서 똑같은 방법으로 과장, 차장, 부장에게 올라간다. 그러고는 수정된 기안서가 임원에게 도착한다. 이런 작업이 수없이 반복되어 결국 사장 앞에 놓인 품의서는 그간의 수정사항이 하나도 드러나지 않은 채 깔끔한 모습을 하고 있다. 거기에 부장의견과 대리의견이 서로 어떻게 다른지, 임원은 어떤 의견을 추가했는지 나타날 리 없다. 원래 품의제도는 계층별 의견을 수렴하는 취지가 크다. 그러나 품의제도가 제 기능을 못하기 때문에 회사에서는 사원들의 아이디어, 간부들의 생각 등을 알아보기 위해 별별 커뮤니케이션 제도를 도입하고 있다. 그러나 품의제도를 손볼 수도 있다. 품의제도가 바로 가장 현장감 있는 커뮤니케이션 장치이기 때문이다. 결재 단계마다 각자 의견을 추가하고 토론해서 줄 긋고, 다시 쓰고 옆에 멘트를 달아놓고, 포스트잇을 붙이는 등 기안문서를 누덕누덕한 누더기처럼 만드는 것이 좋다. 시간도 절약되고 정보소통도 잘되고, 종이도 아끼고 좋은 점이 한두 가지가 아니다. 완전무결한 깨끗한 기안문서는 서랍장 속에 사장될 뿐 아무 쓸모가 없다.

21 위의 글을 읽고 회사의 품의제도에 대한 A4용지 1장의 라이팅을 하시오.

사업계획서 중요 항목

- 표지의 작성
- 목차의 작성
- 관여자 일람표 작성
- 사업계획의뢰 내용
- 머리말의 작성
- 요약판의 작성
- 사업계획의 전체 윤곽 작성
- 사업계획서의 설계도 작성
- 사업계획개요 작성
- 사업계획의 전제 작성
- 현상분석의 작성
- 콘텐츠의 작성
- 사업계획의 목적, 목표 작성
- 사업계획의 내용 작성
- 개별사업계획의 작성
- 문제점 및 유의점의 작성
- 스케줄, 예산, 체제의 작성
- 참고자료의 첨부

22 위의 사업계획서 중요 항목에 대한 내용을 다음 예를 참조하여 작성하시오.

- **표지의 작성**: 제출처 명칭, 문서의 종류, 사업계획의 서브 타이틀, 사업계획서 작성자 성명 및 소속, 제출일, 작성일, 회의일자, 사업계획서의 관리번호, 비밀의 구분, 사업계획서에 대한 책임 및 신용표시, 표지 포함 몇 매라는 분량 표시 등

12장 도움글

Bailey, E. (2008). *Writing and Speaking*, New York, NY: McGraw-Hill.

Barnard, J.L. (1991). The Information Environments of New Managers, *International Journal of Business Communication*, vol.28, no.4, pp.312-325.

Barnlund, D.D. (1968). *Interpersonal Communication: Survey and Studies*, Houghton Mifflin.

Bell, A.H. (1992). *Business Communication: Toward 2000*, Cincinnati, OH: South-Western.

Bovee, C.L. & Thill, J. (2016). *Business Communication Today*, 13th ed., Pearson.

Cronen, V. & Pearce, W.B. (1982). The Coordinated Management of Meaning: A Theory of Communication. in Dance, F.E. (ed.), *Human Communication Theory*, pp.61-89., New York, NY: Harper & Row.

Gates, B. (1996). *The Road Ahead*, Penguin Books.

Gilovich, T. (1993). *How we know what isn't so: the Fallibility of Human Reason in Everyday Life*, New York, NY: Free Press.

Guffey, M.L. & Loewy, D. (2014). *Essential of Business Communication*, 10th ed., Cengage Learning.

Hamper, R.J. & Baugh, L.S. (2010). *Handbooks for Writing Proposals*, 2nd ed., Paperback.

Irish R. & Weiss, P. (2013). *Engineering Communication: From Principles to Practice*, 2nd ed., Oxford.

Leavitt, H. & Mueller, R. (1951). "Some Effects of Feedback on Communication," *Human Relations*, vol.4, pp.401-410.

Lewis, P.V. (1987). *Organizational Communication: The Essence of Effective Management*, Wiley.

Minto, B. (2009). *The Pyramid Principle: Logic in Writing and Thinking*, Prentice-Hall.

Nickerson, R.S. Perkins, D.N. & Smith, E.E. (1985). *The Teaching of Thinking*, New York, Routledge.

Paul, R. & Elder, L. (2007). *A Guide for Educators to Critical Thinking*

Competency Standards: Standards, Principles, Performance Indicators, and Outcomes with a Critical Thinking Master Rubric, Foundation for Critical Thinking.

Sullivan, J. Kameda, N. & Nobu, T. (1991). "Bypassing in Managerial Communication," *Business Horizons*, vol.34, no.1, pp.71-80.

Winston, W. & Granat, J.P. (1994). *Persuasive Advertising for Entrepreneurs and Small Business Owners How to Create More Effective Sales Messages*, New York, Routledge.

Wood, J. (1997). *Communication in our Lives*, Boston, MA: Wadsworth.

CHAPTER

13

비즈니스 커뮤니케이션 실전

"기회는 생기는 것이 아니라 직접 만드는 것이다." C. Grosser

"당신을 가로막고 있는 역사에서 벗어나라. 당신이 만들고자 하는 새로운 이야기 속으로 들어가라." Oprah Winfrey

"시작하는 방법은 말을 그만두고 행동을 시작하는 것이다." Walt Disney

"성공은 준비와 기회가 만나는 곳이다." Bobby Unser

학습목표

수업 이후 학습자가 할 수 있어야 하는 역량

1. 채용을 위한 라이팅에 대하여 이해할 수 있다.
2. 이력서 라이팅에 대하여 설명할 수 있다.
3. 성공적인 인터뷰에 대하여 이해할 수 있다.
4. 인터뷰 절차와 준비, 유의사항을 비교할 수 있다.
5. 인터뷰 서신에 대하여 설명할 수 있다.

핵심키워드

구직 포트폴리오	이력서	구직
고용주	핵심 비즈니스 스킬	개인적 자질
라이팅의 단계	고용 포트폴리오	자기소개서
기능 이력서	스킬 이력서	이력서 라이팅
제안요청서	자격	직업별 키워드
취업 인터뷰	비즈니스 인터뷰 유형	인터뷰 절차
패널 인터뷰	지시형 인터뷰	개방형 인터뷰
스트레스 인터뷰	질문유형	채용직전 검사
사전조사	예상질문	응답요령
인터뷰 습관	인터뷰 직전 준비	인터뷰 유의사항
감사편지	문의편지	요청편지
수락편지	거절편지	인재상

1 채용을 위한 라이팅

더 많은 학습, 지식, 훈련과 경험을 쌓을수록 직업선택의 기회는 넓어진다. 졸업 후 처음으로 경력을 시작하거나 그동안 쌓아온 경력을 관리할 수 있으려면 지원자의 이력서나 자기소개서에 그런 것들이 잘 누적되어 기록되어 있어야 할 것이다. 기업의 인적자원 채용에 관한 고용주(employer)의 관점을 이해한다면 구직자의 접근도 최상의 직장을 구하는 데 있어 효율적이어야만 한다. 이를 위해서 직장을 구하는 구직 포트폴리오(job-search portfolio)가 마련되어 있어야 한다.

■ 구직자의 이야기 라이팅

구직을 탄탄하게 준비한 자가 먼저 채용 기회를 잡는 것이다. 이력서(résumé)를 라이팅하고 업데이트하는 행동은 매우 기본적이고 좋은 기회를 탐색하는 중요한 방법이다. 가고 있는 길이 맞는지, 아니면 시간이 더 흘러 더 나은 곳으로 전환하기 위해 현재 어떤 직무에 집중하고 있는지, 그러면서 지원자가 열정적으로 하는 것, 지원자의 기술, 지원자의 능력, 여러분의 이야기(story of you)를 라이팅해야 한다. 학문적 재능, 유능한 리더십, 특정 분야의 전문적 재능, 창의적 문제해결, 기술(skill)을 가지고 있는지, 여러분 자신의 삶과 직장에서의 이야기가 담겨진 문서가 되어야 한다. 또한 분명하게 이력서와 자기소개서는 일자리를 얻는 문서가 아니다. 2개의 문서가 먼저 지원회사에 도달하면서 승인이 있어야, 즉 서류전형을 통과해야 인터뷰에 갈 수 있다. 그러므로 2개의 문서는 면접을 보기 위한 문서라는 점을 분명히 인식해야 한다.

■ 고용주 입장을 생각하는 법

입장을 바꿔 고용주 관점에서 인적자원을 채용한다고 할 때 기업에서 직원을 잘 선발하느냐 못하느냐는 기업이 가지는 커다란 위험(risk)이다. 지원자들이 얼마나 회사의 요구를 충족할 것인지, 지원자가 가진 직무수행능력은 과연 신뢰할 수 있을지에 관심

표 13-1 구직시장에서 두각을 나타내게 해주는 속성

핵심 비즈니스 스킬	개인적 자질
• 언어 및 문서 커뮤니케이션	• 탁월함에 전념하고, 평범함에 불만족함
• 다양한 청중과의 커뮤니케이션	• 신뢰할 수 있고 책임감 있음
• 정보기술 스킬	• 자신보다 더 위대한 무언가에 전념함
• 데이터 리터러시(literacy)	• 사전 예방적, 지시를 기다리지 않고 주도적으로 대응
• 협업	• 호기심, 배움에 대한 의욕 넘침
• 상황분석 및 문제해결	• 유연하고 적응력이 뛰어나며 변화에 개방적임
• 시간 및 자원관리	• 겸손하고 포용심 많음
• 프로젝트관리	• 윤리적이고 성실하게 살고 일함
• 리더십	• 긍정적이고, 탄력적이며, 좌절에서 회복할 수 있음
• 비판적 사고	• 야심차고 목표지향적임

이 많다.

■ 관심 있는 산업, 기업에 대해 조사하기

직업, 산업, 개별 기업에 대해 더 많은 지식을 가지고 있는 것은 필수적이다. 최신 비즈니스 주제에 대해 인식하고 있어야 하며, 최근 비즈니스 유행어와 전문용어, 유명 블로거의 글이나 유명 팟캐스트, 유튜브 쇼츠와 릴스 등 직업과 관련된 기회와 콘텐츠를 조사해야 한다.

■ 여러분의 미래 잠재능력을 보여주기

지원자가 가진 특출난 특성과 경험이 잘 드러나도록 라이팅이 되어야 한다. 스피킹을 통해 잠재력이 어떻게 설명되는지에 따라 고용주에게 주는 깊은 인상을 줄 수 있다. 더구나 이력서든 자기소개서든 특정 조직에 제출했다가 탈락한 문서는 재활용해서는 안 된다. 어떻게든 새로운 취업처에 맞도록 새롭게 맞춤화하는 것이 절대적으로 필요하다.

스토리텔링 13-1 **이력서 라이팅**

- 이력서는 면접을 보기 전 필요한 필수문서이다.
- 이력서는 절대적으로 포장하지 않는다. 사실에 근거한 정보가 담겨야 한다.
- 서류심사, 1차, 2차 면접에 모두 쓰이므로 중요하다.
- 연대기적으로 순서에 맞추어 발생한 이벤트를 정리한다.
- 사진의 부착은 알맞은 사진으로 최신사진으로 오차 없이 붙인다.
- 이력서의 내용은 면접관이 질문해 올 것이라는 가정을 한다.
- 이력서에는 맞춤법, 오타 등이 전혀 없어야 한다.

이력서

희망연봉	만원

1.인적사항

(사 진)	성 명			
	주민등록번호			
	전자우편			
	전화번호		휴 대 폰	
	주 소			
호적관계	호주성명		호주와의 관계	

2. 학력사항

기 간	학 교 명	전공(학과)
–		
–		
–		
–		

3. 경력사항

기 간	회 사 명	부서	직위
–			
–			
–			
–			
–			

4. 어학능력

어 학	TOEIC	점	일본어	급
	TOEFL	점	중국어	급

(1) 이력서 계획하기

구직활동을 하는 과정에서 가장 중요한 문서가 이력서이다. 예를 들어, 면접을 보게 되었다면 지원자가 제출한 2개의 문서가 모두 합격했다는 의미를 갖는다. 면접기회조차 부여되지 못했다면 2개의 문서가 첨부된 이메일부터 잘못되었을 가능성이 높다. 온라인 지원양식은 빈칸 없이 채워져야 한다. 빈칸이 많고 채울 내용이 부족하다는 것은 경쟁력이 그만큼 없다는 뜻이다. 이력서를 라이팅한다는 것은 충분한 시간을 갖고 주의를 기울여 낯선 사람들에게 문서로 자신의 매력적인 이야기를 제시함을 의미한다.

이력서 라이팅의 3단계는 다음과 같다.

1 기획하기

① 상황 분석하기
- 이력서 작성의 목적은 면접을 보기 위함을 인지

② 정보 수집하기
- 목표 산업과 기업에 대한 조사

③ 매체와 채널 선택하기
- 문서이력서 외 스캔자료, 플레인 텍스트(plain text), PDF, 소셜온라인 텍스트 등

④ 정보를 체계화하기
- 시대순으로 장점을 강조, 단점을 약화하면서 모형을 선택

2 글쓰기

① 청중에 적합하기
- 교육, 경험과 함께 고용주가 가치있게 여기는 속성을 포함한 글쓰기

② 메시지 작성하기
- 분명하고 간결하게 능동형과 강한 강조점으로 어필하기

3 완성하기

① 메시지 수정하기
- 내용 평가와 검토, 다시 쓰기

② 메시지 생성하기
- 적합한 레이아웃과 편집, 양질의 종이

③ 메시지 교정하기
- 맞춤법과 최종 내용 확인

④ 메시지 발송하기
- 이력서의 신중한 발송 (고용주 측의 지시에 따름)

[그림 13-1] 이력서 작성의 과정

■ 이력서 작성의 목적과 청중은 누구인가?

효과적인 이력서를 계획하는 것은 이력서의 기능을 이해하는 것으로부터 시작된다. 이력서는 고용주가 지원자를 만나고 지원자에 대해 더 많은 것을 알고자 하는 고용주의 관심을 자극하기 위한 간단하고 설득력 있는 비즈니스 메시지로서의 기능이다. 그러므로 이력서는 일자리를 얻기 위해서라기보다는 면접을 보기 위함이다.

표 13-2 이력서에 대한 오해와 진실

오해	진실
이력서의 목적은 여러분의 모든 스킬과 능력의 리스트을 담는 데 있다.	이력서의 목적은 채용담당자의 흥미를 유발하여 면접으로 가는 것이다.
좋은 이력서는 원하는 직업을 얻을 수 있게 해준다.	이력서가 할 수 있는 건 면접실로 안내하는 것이다.
지원자 이력서는 채용담당자에게 항상 주의 깊게, 철두철미하게 읽힐 것이다.	지원자의 이력서는 몇 초 이내에 긍정적인 인상을 주어야 한다. 하지만 실제로는 몇몇 키워드를 제외하고는 제대로 읽히지 않는다.
지원자 이력서에 더 많고 좋은 정보가 포함되어 있을수록 모든 긍정적 세부 사항까지 포함한 이력서가 좋을 것이다.	채용 담당자는 초기 서류심사 단계에서 당신에 대한 많은 정보가 필요하지 않으며, 읽지도 않을 것이다.

스토리텔링 13-2 자기소개서 라이팅

자기소개서는 면접을 보기 위한 문서이다. 자기소개서를 요구하는 이유는 지원자를 파악하여 면접을 보기 위함이다.

- 가정환경, 성장과정, 입사지원동기, 지원자의 근성과 능력
- 성격, 대인관계, 상벌, 장래희망, 의지력
- 필체와 문장력
- 출생지, 가족관계, 가족의 사회적 지위

자기소개서에 다음과 같은 사항이 들어가면 매우 유리하다고 할 수 있는데, 자기소개서를 읽는 사람에 적합한 내용이 좋다.

- 대학시절 교우관계, 동아리 활동, 장학금 수여 등을 통해 얻은 점
- 단점을 최소화한 자신의 장점
- 지원회사와 특별한 관계, 평소의 지원회사에 대한 전문성과 지식
- 내용 이외에 문장력 발휘, 읽는 이에게 감동을 주는 내용
- 숫자를 적절하게 섞을 것
- 긴 문장보다 짧은 문장으로 간결하게 표현할 것

■ 관련 정보 수집

지원자는 자신의 지금까지의 고용 포트폴리오(employment portfolio)를 구축해 두어야 한다. 포트폴리오에는 자신이 잘하는 분야와 연구, 직무와 관련하여 수행한 모든 업무 성과, 관련 업무 이력, 정식 학위, 교육 자격증, 전문 및 국가자격증, 학술상 및 장학금을 포함한 교육성과, 학교나 자원봉사활동, 장기간 꾸준하게 땀 흘린 아르바이트, 사회경험, 프레젠테이션, 인쇄출판물, 독후감 등의 글쓰기 작품 등의 정보가 포함된다.

■ 최상의 매체와 채널 선택하기

여러분은 시대에 맞는 매체와 채널을 선택하여 자신을 PR해야 한다.

■ 자신의 강점이 들어간 이력서 체계화하기

이력서는 시간순서 이력서(chronological résumé), 기능 이력서(functional résumé)로 구분할 수 있다. 시간순서 이력서란 이력서상의 모든 업무경험을 연대순 시간의 내림차순 혹은 올림차순으로 배치하는 것이다. 기능 이력서는 일종의 스킬 이력서(skills résumé)로 직업이력보다는 자신의 개별적인 역량, 학력, 기술을 통한 경험 등을 강조한다. 좋은 방법으로는 시간순서와 기능을 조합한 균형잡힌 이력서이다.

(2) 이력서 라이팅

■ 정직한 이력서 쓰기

사람들은 이력서가 자신을 홍보하는 메시지이기 때문에 최고의 모습으로 표현하고 싶어하는 경향이 있다. 하지만 진실을 과장하려는 어떠한 거짓도 절대적으로 피해야 한다. 이력서 위조는 발각되어 해고로 이어진다. 그러므로 성과를 부풀리지 않는 청렴결백(integrity)이 있어야 한다.

■ 청중에게 맞는 이력서

스폰을 하는 기관에 제안서를 낼 때, 제안서를 이렇게 저렇게 작성하라고 요구하는 지시서가 있는데 이를 제안요청서(Requset For Proposal, RFP)라 한다. 이처럼 청중이 온라인에 제시하는 지침과 세부사항에 주의를 기울여야 한다.

■ 이력서 작성하기

이력서는 명확하고 직접적인 스타일로 작성하며 짧고 간결한 문구와 문장이 사용되어 채용관련자가 집중할 수 있게 작성한다. 이때 강한 행동동사의 사용이 포함되면 더 좋다. 예를 들어, "성취했다. 조율했다. 참여했다. 경영했다." 등이다.

- 직업별 키워드(job specific keywords)를 포함하여 이름과 접촉정보, 즉 주소, 이메일

주소, 전화번호, URL 등을 넣는다.

- 자신을 소개하는 문장에는 자신의 교육, 경력목표, 자격(qualification), 경력경험을 포함한다.
- 업무경험, 스킬과 성취했던 업적을 기록한다.
- 다양한 활동, 취미, 성과, 봉사 등을 쓴다.

(3) 이력서 완성하기

▪ 이력서 수정하기

명확성과 간결성을 위해 이력서를 수정하는 것은 필수적이다. 사소한 것과 불필요함을 제거한다.

▪ 메시지 생성하기

이력서의 글쓰기 등이 완료되고 나서 이제 디자인 전략을 가지고 필요한 만큼의 형식을 작성한다. 예를 들어, 워드프로세서를 넘어서 작은 기호나 부호 등을 디자인해서 혹은 디자인된 것을 사용할 수도 있다.

▪ 메시지 교정하기

메시지는 좋을 필요가 있는 게 아니라 완벽해야 한다. 오류가 있다면 부주의함을 드러내는 것이기에 맞춤법과 문법 오류가 없도록 해야 한다.

▪ 메시지 발송하기

이력서를 우편 혹은 이메일로 발송할 수도 있다. 웹사이트에 탑재하는 방식도 있다. 이때 개인정보보호에 유의하면서 파일이 첨부되었는지를 잘 살펴야 한다.

스토리텔링 13-3 '나'라는 상품을 파는 라이팅

- "저는 엄하신 아버님과 자상하신 어머님 슬하에 1남 1녀 중 첫째로 태어났습니다."로 시작하는 자기소개서는 뒷부분에 제아무리 멋진 반전이 있더라도 면접관에게 당연히 읽히지 않는다. 면접관은 글에 흥미가 없으면 인내심이 사라진다. 글을 읽어야 할 이유를 제공하지 않으면 소개서는 실패다. 흥미로운 도입에는 나의 능력, 나의 근성, 나의 경험을 쓴다.
- 상대방으로부터 면접성공 같은 반응을 이끌어내는 라이팅이 되어야 한다. 창의성이라는 강박을 버리고 원칙을 지켜 라이팅을 하자. 하나의 문장에는 하나의 메시지만 넣는 것이 reader를 배려하는 것이다. 나의 소개서에 몇 단락으로 할 것이고, 단락 안에 몇 문장을 넣을 것인가를 정하라.
- "내가 지원한 회사에 가장 적합한 인재이다."라는 정보를 제공해야 면접관이 안심하고 면접으로 이어진다. 회사의 인재상과 상관없는 글을 구구절절 늘어놓는 건 내가 하고 싶은 말만 하는 것과 같다.
- 단어선택에 유의한다. 작은 변화로 문장이 더 세련되어진다. "나는 대학에서 출근할 때 아침 8시에 직장에 도착하라고 배웠다." → "나는 대학 경영학 수업에서 출근 시간보다 1시간 전 출근하라는 가르침을 받았다."
- **뭉뚱그리는 '부분'의 사용**: "그 부분은 아직 경과가 어떻게 되었는지 확인되지 않는 부분이 있어서 제가 말씀드리기 어려운 부분입니다." → "그 문제는 아직 경과가 확인되지 않아서 제가 말씀드리기 어렵습니다." '부분'을 제거하면 훨씬 더 신뢰감을 주는 글이 된다.
- **글을 써놓고 잡초를 뽑자**: "이번 강원도 산불은 인재라 하지 않을 수 없다." → "이번 강원도 산불은 인재다."
- **중간중간 짧은 문장의 사용**: "신념은 우리를 도울 수도 있고 잘못 인도할 수도 있다." → "신념은 우리를 도울 수 있다. 잘못 인도할 수도 있다."
- **능동문을 쓰자**: "실내에서는 여전히 마스크를 착용해야 할 것으로 보인다." → "우리는 실내에서 여전히 마스크를 착용해야 한다."
- 내용은 Fact로 채워야, 숫자(가치를 숫자로 표현)를 반드시 포함, 의지를 피력하는 메시지, "엑셀 능숙, 포토샵 가능, 비즈니스 라이팅(글쓰기) 역량 보유하고 있습니다."
- 글의 생명은 제목이 결정, 스토리를 담은 소제목, 즉 직무관점, 목표와 포부, 개인덕목 부각하면서 솔직하고 담백한 문장, 소박한 문장 좋다. 글솜씨를 평가하는 것이 아니라 지원하는 사람 자체를 평가한다.

2 성공적 인터뷰

취업 인터뷰를 준비하는 가장 좋은 방법은 본인이 할 수 있는 업무인지에 대해 주의깊게 생각해보는 것과 지원회사에서 지원자에게 호감을 가질 수 있도록 이미지 관리에 신경쓰는 것이다. 회사의 입장에서는 적절한 직무수행능력을 지닌 사람을 채용하여 소정의 성과를 달성하려는 나름대로의 목적이 있으며, 취업희망자의 경우 본인의 적성에 알맞은 직업을 선택하여 성취감을 느끼고 싶어 하는 목적이 있다. 그러므로

스토리텔링 13-4 비즈니스 인터뷰 유형

비즈니스 인터뷰는 대체로 면접관이 면접유형과 질문양식을 정하게 된다.

- **취업 인터뷰**: 면접관은 취업희망자의 자질과 능력을 체크하며, 취업희망자는 지원하고자 하는 회사의 조직구조 및 자신의 처우문제에 관한 질문을 하게 된다.
- **정보수집 인터뷰**(information interview): 특정 분야에 대한 기초지식을 얻거나 특정 사안을 결정하고자 할 때 사용하는 방법으로 질문양식을 사전에 지원자에게 배부하여 기록하도록 한다.
- **설득적 인터뷰**(persuasive interview): 비즈니스 거래에서 많이 이루어지며 제품 및 서비스와 관련된 새로운 아이디어 수집 및 상대방의 관심을 얻고자 할 때 사용하는 방법이다. 단지 재화와 용역의 판매만을 목적으로 하는 것이 아닌 상대방의 욕구를 파악하기 위한 중요한 수단이 된다.
- **평가 인터뷰**(evaluation interview): 정기적으로 종업원 성과를 평가하고자 할 때 사용하는 인터뷰로 평가양식을 이용하여 목표달성도 혹은 업적향상도 등을 점검한다.
- **상담 인터뷰**(counselling interview): 조직구성원이 직무성과와 관련하여 문제에 부딪치게 되는 경우나 조직과 조직구성원의 공동이익을 추구하는 차원에서 행해지는 인터뷰이다.
- **갈등해결 인터뷰**(conflict resolution interview): 조직구성원 간에 갈등이 발생한 경우 협력을 유도하고 조직내부에 생산적이고 협력적인 분위기를 조성하기 위해 행해지는 인터뷰이다.
- **훈련용 인터뷰**(disciplinary interview): 구성원의 행동이 조직규율이나 규칙에 위배될 때 행동을 바로잡기 위해 사용되며, 구성원의 태도와 행동을 지켜보면서 조언하는 인터뷰이다. 이때 유의할 점은 비판을 하기보다는 중립적인 자세에서 충고하는 것이 바람직하다.

취업 인터뷰는 양자의 목적을 달성하기 위한 중요한 관문이다.

(1) 인터뷰 절차

지원회사에 도착하여 면접 담당자와 공식적인 질문이 오가며, 양자는 서로 필요한 정보를 수집한다. 기업의 입장에서는 업무와 적절하게 조화를 이룰 수 있는 능력 있는 인물을 채용하기를 원한다. 그러므로 지원자에게 다양한 질문을 하게 된다.

■ 전형적 인터뷰 방법

대부분의 기업이 채용을 결정하기 전 두세 차례의 인터뷰를 실시한다. 1차 인터뷰에서 우수한 지원자를 선별하기 위해 대학 내에서 사전 선별 인터뷰를 하기도 한다. 일정한 자격요건을 갖춘 자와 그렇지 못한 자들이 1차적으로 구분된다. 지원자에게 일정한 양식을 갖춘 질문지를 배부하여 질문하는 방식을 거치며 이러한 절차를 거쳐 지원자들을 선별한다. 주의할 것은 일단 면접관의 요구에 잘 따라서 간단 명료한 대답을 해야 하는 것이다. 간혹 자신에 대해 표현할 기회가 생긴다면 자신의 이력과 관련된 이야기를 하도록 한다. 또한 다른 취업희망자와 구별될 만한 특이사항을 이야기함으로써 본인이 가지고 있는 강점과 자격에 대해 면접관에게 적극적으로 호소한다.

다음 단계로 1차 인터뷰에서 선별된 사람들이 회사를 방문하여 패널 인터뷰(pannel interview)를 실시하게 되는데 소수의 면접관과 인터뷰를 한다. 이 단계에서 유의할 점은 바로 기업이 필요로 하는 기능, 경력, 업무에 대한 관심을 적극적으로 표현하고 면접관들의 질문에 대해서는 심사숙고하여 답변을 해야 한다. 이때 업무에 대한 열정을 보인다면 더욱 좋은 인상을 남길 수 있다. 면접담당관과의 1차 면접 이후, 인·적성검사 후 2차 면접, 최종 경영진이나 사장님 면접이 3차인 경우도 있다.

■ 인터뷰 유형

인터뷰 유형은 지시형 인터뷰(directive interview)와 개방형 인터뷰(open-ended interview), 스트레스 인터뷰로 나뉜다.

- **지시형 인터뷰**: 대체로 사전선별 작업을 위해 사용되는 방법이며, 인터뷰 과정을 면접관이 주도해가는 편이다. 체크리스트를 사용하여 순서대로 취업희망자에게 질문을 하며, 면접관의 개인적인 질문보다는 구조화된 양식에 맞춰 면접 주최기관이 의도하는 객관적인 정보를 수집하는 절차이다.
- **개방형 인터뷰**: 지시형 인터뷰보다 자유로운 성격을 갖는다. 면접관은 지원자에게 자유롭게 말할 기회를 부여하며 그러한 과정에서 그 사람의 적성이나 개인적인 특성을 파악한다. 몇몇 기업에서는 여러 취업희망자를 한꺼번에 단체로 인터뷰하기도 하며 집단과제를 부여하여 특정 주제에 대하여 집단토론을 통해 상호의견을 교환하는 태도를 평가하기도 한다.
- **스트레스 인터뷰**: 많이 쓰이지는 않지만 이는 지원자들이 스트레스 상황을 어떻게 잘 관리해나가는지를 평가하는 방법이다. 예를 들어, 면접관이 취업희망자에게 질문하는 과정에서 이야기를 비꼬기도 하고 방해하기도 하며 오랫동안 침묵하기도 하며 또한 상대방의 이야기를 비판하는 등의 상황을 만든 후, 이런 스트레스 상황에 어떻게 대처하는지를 평가한다. 그러나 때로는 이러한 인터뷰 형식이 상황에 적절

스토리텔링 13-5 질문 유형

인터뷰의 목적과 성격에 따라 질문 유형이 결정된다. 그러므로 인터뷰 계획을 수립할 때는 정보수집 목적, 지원자의 자발적이고 솔직한 반응유도 및 지원자와 우호적인 관계유지라는 목적을 가지고 질문을 작성하도록 한다.

- **지시형 인터뷰**: 지원자의 답변에 대해 미비한 점이 발견될 경우 보충설명을 요청하는 방법이 있으며 특정 의사결정이나 특정 사건이 발생한 이유에 대해 알아보고 명확한 결론을 도출하고자 할 때 사용한다.
- **개방형 인터뷰**: 인터뷰 시간이 비교적 여유가 있고 상대방의 답을 적극적으로 이끌어낼 필요가 있는 경우에 사용하는 방법으로 단순한 예/아니오 식의 대답보다는 충분한 부연설명을 유도하는 질문법이다.
- **폐쇄형 인터뷰**: 시간적인 여유가 없는 경우 혹은 지원자의 대답에 편견이나 선입견이 포함될 우려가 있는 경우에 예/아니오로 혹은 등급을 정해놓고 선택하는 방법이다. 이러한 방법은 지원자의 창의성이나 자발성이 배제되어 있기 때문에 깊이 있는 정보를 얻기에는 효과적이지 못하다.

하지 못하고 비윤리적이라는 비판을 받기도 한다.

▪ 채용직전 검사

자격을 제대로 갖추지 못한 인력을 채용하면 회사에 많은 문제와 손실이 발생한다. 이러한 문제가 발생하면서부터 기업은 채용직전 검사를 통해 지원자의 회사 및 특정 직무에서 요구하는 인성, 적성이나 건강상태를 확인하게 되었다. 많은 기업이 신입사원에게 약물검사와 혈액검사 등의 건강검진을 실시하며, 이외에도 종업원 절도와 업무습성을 검사하기 위해 정직성 검사를 실시하는 기업도 늘어나고 있다.

이러한 방법에 대해 몇몇 사람은 학교에서 이미 제대로 교육을 받은 사람들에게 굳이 비용을 유발하면서 검사를 실시할 필요가 있는지에 대해 이의를 제기하기도 하고 또한 일부 지원자들은 개인의 사생활 침해라는 이유로 달갑지 않은 반응을 보이기도 한다. 그러나 아직까지는 지원자들의 자격을 측정하는 객관적인 수단이 없으므로 특정 전문기관에 검사를 의뢰하여 실시하는 경우가 많다. 우리나라의 경우 대부분의 기업들이 적성검사를 실시하고 있으며 신입사원에게는 신체검사를 실시하여 건강상태를 점검하고 최종적인 채용 여부를 결정한다.

▪ 지원자의 점검사항

인터뷰가 진행되는 동안 지원자는 몇 가지 사항을 고려해야 한다.

- 지원 조직만의 분위기 파악
- 취업 이후 업무를 처리할 능력이 있는지의 여부
- 담당하게 될 업무를 즐거운 마음으로 수행할 수 있는지의 여부
- 본인이 진심으로 원하는 직업인지에 대한 확신
- 채용 후 임금이나 처우 등의 문제
- 직장생활을 통한 성취감이나 자아실현의 달성

(2) 인터뷰를 위한 준비

대부분 긴장된 마음으로 인터뷰를 준비하게 되므로 무엇을 어떻게 준비해야 하는지에 대해 예측하기 어렵다. 그러나 몇 가지 기본적인 것만 파악한다면 자신감을 갖게 되고 최선을 다할 수 있을 것이다.

■ 사전조사

취업하고자 하는 회사와 담당하고자 하는 업무에 대한 기본적인 내용을 알아야 한다. 예를 들어 희망하는 회사의 업종, 종업원 규모, 매출액의 규모 및 자회사 여부, 해외진출 정도, 주력사업, 핵심제품 등에 대해서 파악하고 있다면 인터뷰할 때 상대방에게 상당한 호감을 줄 수 있다.

■ 예상질문

대부분의 취업 인터뷰는 질문과 대답이 반복된다. 면접관과 지원자는 서로가 필요로 하는 정보를 얻기 위해 계속 질문과 대답으로 시간을 보내게 된다. 그러므로 인터뷰를 준비하면서 이러한 상황을 예측하여 어떠한 질문을 받게 될지 미리 준비하여 성공적인 인터뷰를 만들도록 한다.

대체로 면접관들이 많이 하는 질문으로는 지원자의 기능, 자격유무, 직무에 대한 태도, 학창시절의 대인관계 및 취미와 특기이다. 그러므로 이러한 질문에는 어떻게 답변해야 할지 사전에 종이에 적어 연습해보는 것이 좋다. 혹은 본인의 음성을 녹음해서 말소리가 명확한지, 자신감 있는 어투인지를 점검해보는 것도 좋은 방법이다. 사전에 충분히 연습하는 것이 실제 인터뷰 현장에서 실수를 줄이고 자신감을 부여하는 지름길이다. 인터뷰할 때는 대화를 자연스럽게 해야 한다. 자신이 외운 내용을 쏜살같이 얘기하거나 암기한 것이 막혀 우물쭈물 다시 반복하는 실수를 하지 말아야 한다.

답변을 미리 달달 외우면 듣는 사람이 외웠다는 사실을 금방 알아차린다. 여유가 없는 암기보다는 자연스럽게 연습한 발표가 되어야 한다. 이러한 연습을 리허설(rehearsal)

이라 부른다. 그 밖에 친구나 가족들에게 예상되는 질문을 적어준 다음 실제로 면접관이 질문하듯 질문을 하고 대답하는 것도 좋은 방법이다. 면접관의 질문에 대답하는 것만큼 본인이 궁금한 사실에 대해 질문하는 것도 매우 중요한 일이다. 이때 취업하고자 하는 조직과 업무에 대해 궁금한 사항을 질문하도록 한다. 그러나 개인의 감정이나 편견이 들어 있는 질문은 피하도록 하며 정중하고 예의 바른 태도를 잃지 않도록 한다.

■ 자신감

인터뷰에서 중요한 것은 바로 자신감이다. 다른 지원자들과 비교해볼 때 자신의 학력이나 경력 등이 조금 떨어지지 않나 하는 우려로 지나치게 자신 없어 하는 태도는 결코 바람직하지 않다. 그러한 경우 자신의 약점보다 강점을 찾아보고 이러한 강점을 면접관에게 적극적으로 표현하는 것이 현명한 인터뷰 방법이다. 그러므로 사전에 자신의 강점, 경쟁력 등을 파악해놓도록 한다. 취업 인터뷰 시 자신뿐만 아니라 다른 지원자들도 똑같이 긴장한다는 사실을 알아야 한다.

스토리텔링 13-6 응답요령

- 시선은 항상 질문을 하는 면접관을 응시한다.
- 질문 시와 응답 시에는 면접관을 향하고 끝나면 다시 중앙면접관으로 향한다. 이때 손은 언제나 고정시켜 둔다. 제스처도 삼간다.
- 손을 비비거나 옷을 만지작거리지 않는다.
- 땅을 쳐다보고 답하지 않는다.
- 너무 빨리 대답하지도 말고, 너무 느리게 대답하지도 않는다.
- 대답은 짧게 10초 이내로 한다.
- 질문을 잘못 알아들었을 때를 제외하고는 면접관에게 질문하지 않는다.
- 면접관의 질문은 그 해답을 알고 싶어서 묻는 경우도 있지만 어떻게 대답하는가에 관심을 더 둔다. 따라서 정확성보다는 임기응변의 재치가 필요하다. 그러나 이럴 때일수록 서두르거나 말이 빨라져서는 안 된다.
- 필요시에는 약간의 미소를 지으며 얼굴이 굳어 있으면 안 좋다.

■ 인터뷰 습관의 점검

자신감만큼 중요한 것이 인터뷰에 응하는 태도이다. 면접이 진행되는 동안 계속해서 바른 자세를 유지하고 면접관에게 공손하고 예의 바른 태도를 보여야 한다. 그러므로 사전에 연습을 해보는 것이 좋다. 상대방의 의견을 들으면서 자세, 얼굴표정, 제스처, 시선처리 및 어투에 대해 개선해야 할 점을 찾도록 한다. 그 밖에 동영상으로 자신의 인터뷰 태도를 녹화한 다음 모니터하여 문제점을 개선하는 것도 좋은 방법이다.

상대방과 시선을 마주하며, 자주 미소 지으며, 의자에 기대지 말고 자세를 바로 하는 것, 적절한 제스처 취하기 등과 같은 비언어적 태도가 상대방에게 신뢰감을 형성하고 의욕적이 인상을 주는데 기여한다.

뿐만 아니라 음성처리 또한 성공적인 인터뷰에 있어서 중요한 요소이다. 그러므로 인터뷰 전에 자신의 음성을 녹음하여 문제점을 알아내고 개선하도록 한다. 주의할 점은 말을 너무 빨리 하거나 혹은 느리게 하는 것은 피해야 하며, 너무 목소리가 크거나 작아도 좋지 않다. 목소리는 최대한 자연스럽게 음량을 조절하고 자신이 표현하고자 하는 얘기를 또박또박 절도 있게 상대방에게 전달하는 것이야말로 인터뷰를 성공적으로 이끄는 지름길이다.

■ 옷차림

옷차림에 따라 상대방에게 비치는 모습이 다르므로 취업 인터뷰 때는 되도록 보수적인 옷차림을 하는 것이 바람직하다. 원색이나 화려한 색상 또는 디자인을 피하도록 하고 비즈니스에 어울리는 옷차림을 한다. 상황과 분위기에 맞는 옷차림은 그 사람을 한결 돋보이게 한다는 사실을 꼭 기억하도록 한다. 구두 및 헤어스타일은 단정하고 청결하게 유지하도록 한다.

■ 인터뷰 직전 준비

인터뷰 날짜가 다가오면 간단한 필기도구와 이력서, 자시소개서, 경력증명서, 재직증명서 외에도 몇 가지 예상질문을 적어 놓은 목록과 해당기업에 대해 질문과 답변 내용

스토리텔링 13-7 **인터뷰 장소의 입실과 퇴실**

- 대기실 직원에게도 공손하게 대한다.
- 닫힌 문은 노크한다.
- 문을 닫고 인사한다. 인사는 굽힌 채로 1초 정도 기다렸다 편다.
- 다가가 의자 옆에 서서 인사하고 "지원번호 몇 번 아무개 입니다."라고 말한다.
- "앉으세요."라는 말에 앉고 목례한다.
- 손은 무릎 위에 가지런히 둔다.

다음은 퇴실자세이다.
- 일어나기 전에 목례한다.
- 정식 인사는 앉아서가 아니라 일어서서 한다.
- "면접기회를 주셔서 감사합니다."라고 말하고 공손한 자세로 나가면서 문을 조용히 닫는다.

등의 필요한 서류를 빠짐없이 점검한다. 인터뷰 장소를 사전에 확인하고 교통편을 점검하며 인터뷰 시간에 늦지 않도록 주의한다. 되도록 인터뷰 장소에 일찍 도착하여 마음가짐을 편안하게 하도록 노력한다. 인터뷰 진행 인사 스태프에게도 공손하게 대하며 흡연자의 경우 되도록 인터뷰 전에는 흡연을 삼가는 것이 좋다.

(3) 인터뷰 유의사항

인터뷰가 시작되면 면접관들에게 공손히 인사를 하고, 자신의 이름을 밝힌다. 면접관들이 묻는 질문에 대해서는 공손한 태도로 또박또박 대답을 한다. 기회가 된다면 자신이 갖고 있는 강점이나 도움이 될 만한 자격이나 경험에 대해 간단하게 설명을 하며 지원회사에 대해 궁금한 점이 있으면 정중하게 질문하도록 한다.

대체로 1차 인터뷰는 채용담당자에 의해 이루어지는 경우가 많으며 제출한 서류내용에 의거한 질문을 많이 받게 된다. 2차 인터뷰는 인사관련 부서나 지원부서의 상급자들과 회사의 중역 혹은 사장단이 면접관으로 참석하게 되는데, 이 면접관이 인사권한을 가지고 있는 경우가 많으므로 각별히 신경쓰도록 한다. 그 밖에 3차 인터뷰를 실시하는 경우도 있으며, 2차와 3차 인터뷰는 이미 개인적인 신상을 파악한 상태이므로 사회전반에 대한 이해 등과 같은 개인의 의견을 물어보는 경우가 있는데, 이때에는 너무 긴장하지 말고 소신껏 논리정연하게 자신의 생각을 정리해서 말하는 것이 바람직하다. 인터뷰가 진행되는 가운데 항상 최선을 다하는 자세는 무엇보다 중요하다.

■ 공손하고 정중한 자세

어느 학자에 의하면 면접관의 대부분이 인터뷰 처음 30초에서 60초 사이에 채용결정의 50%가 이루어진다고 한다. 나머지 25%는 15분 이내에 이루어지므로 결국 첫인상이 채용결정을 좌우한다고 할 수 있다. 면접관의 이름을 확실히 알고 있는 경우 직함과 함께 면접관의 이름을 부르면서 공손하게 인사한다. 이때 면접관이 악수를 권하면 점잖게 악수를 한다. 면접관이 의자에 앉을 것을 권하면 그때 앉도록 하며, 면접관이 이야기를 시작하면 즉시 경청하도록 한다.

■ 질문과 응답단계

질문과 응답단계는 인터뷰 과정에서 가장 핵심이 된다. 면접관은 지원자의 이력서를 참고하면서 자격요건과 관련하여 질문을 하며 지원자에 대한 궁금한 사항을 듣게 된다. 면접관의 질문을 받게 되면 공손하고 호의적 태도로 답변하도록 한다. 단순히 예/아니오 식의 답은 피하도록 하며, 대답하기 곤란한 질문을 받게 되었을 경우에는 질문방향을 다시 한 번 생각해보고 가능한 범위 내에서 대답하거나 정중하게 양해를 구하면서 거부하도록 한다.

면접관이 얘기할 때는 다른 곳에 신경써서는 안 되며 정신을 집중하도록 한다. 인터뷰가 진행되는 동안 절반가량의 시간이 상대방 이야기를 듣는 시간이다. 그러므로 면접관의 얼굴표정, 시선의 움직임, 몸동작 등과 같은 것들을 살펴보면서 지원자에게 하고자 하는 이야기의 요점을 파악하도록 한다. 한편 지원자는 궁금한 사항에 대해 공손하고 정중하게 질문하도록 한다. 이 경우 지원자의 상황에 적합한 질문이 대체로 면접관에게 적극적인 인상을 남기기도 하며, 너무 사실과 거리가 멀거나 편견에 치우친 질문은 피하도록 한다.

스토리텔링 13-8

퇴사 인터뷰(exit interview)란?

퇴사 인터뷰는 자발적으로 혹은 해고를 통해 직장을 떠날 때 회사의 인적자원관리 혹은 부서의 책임자, 경영진 대표와 함께 진행되는 인터뷰이다. 퇴사 인터뷰는은 회사에 대한 자신의 경험에 대한 정직한 리뷰를 조직에 남겨놓고 떠나는 것이다. 주요 목적은 떠나는 사람에게 좋은 감정을 주면서 동시에 그들이 조직에 바라는 제안을 청취하기 위함이다. 인터뷰는 대면, 전화, 채팅, 이메일, 온라인 설문조사를 통해 실시된다.

■ 마무리단계

인터뷰 도중 면접관이 채용할 의사를 보이는 경우가 있는데, 이때에는 자연스럽게 임금이나 처우에 대해 물어보는 것도 좋으나 면접관이 먼저 이야기를 꺼내도록 하는 것이 바람직하다. 임금에 대한 질문을 받게 되면 동일업종, 동일직무에서 일반적으로 받고 있는 임금수준을 말하면 된다. 이 경우 자신의 경력과 능력을 같이 고려하여 이야기하면 상대방의 이해를 도울 수 있다. 인터뷰 도중 물어보지 못했던 사항이 있으면 마무리단계에서 질문하도록 하며 정식으로 면접관이 인터뷰가 종료됐음을 알려주면 서두르지 말고 자리에서 일어나 인터뷰 기회를 갖게 된 것에 대한 감사의 뜻을 전하고 나온다.

스토리텔링 13-9

단체 인터뷰

- 주어진 주제에 대한 의견을 집단 중 가장 먼저 꺼내지 않는다.
- 3번째나 4번째 순서에서 말한다.
- 지나치게 큰소리나 언성을 높이지 않는다.
- 제스처를 과하게 쓰지 말고 손은 모아서 무릎 위에 유지한다.
- 상대방을 이기려고 하지 않는다.
- 말하기보다는 남들이 말할 때 경청하는 태도를 보인다.
- 상대편 말도 인정하면서 자기의견을 말한다.
- 상대의 말을 꼼꼼히 기록하면서 내가 할 말을 적어 놓는다.

■ 인터뷰 노트 작성

인터뷰가 끝난 이후 인터뷰 전반에 대한 기록을 남겨 놓으면 추후에 좋은 참고자료가 된다. 회사의 이름에 면접관 이름 이외에도 인터뷰 때 받았던 느낌이나 질문내용 및 본인의 답변 등을 기록하여 평가하고 개선점을 찾는 것은 매우 의미 있는 일이다. 또한 다른 인터뷰 기회가 왔을 때 훌륭한 참고자료가 된다.

(4) 인터뷰 서신

외국에서는 인터뷰가 종료되면 편지를 관련 지원자에게 보내는 것이 일반적이다. 간단하게 전화를 사용할 수도 있느나 문서를 통해 서신을 보내는 것이 공식절차이다.

■ 감사편지

지원자가 인터뷰가 끝나고 나면 이틀 안에 감사편지(thank you message)를 보내는 것이다. 채용가능성이 없을 수도 있지만 감사편지를 통해 회사에 좋은 인상을 남기게 되어 추후 또다시 지원하거나 합격자의 번복으로 결원이 생기면 혹시 행운이 생길 수도 있다. 자신이 지원한 부서와 면접관의 이름을 정확히 기입하고 문장을 간단하게 기입하도록 한다. 감사편지에는 본인이 지원한 부서와 업무에 대한 관심을 계속 보이며, 이 또한 면접관에게 긍정적인 이미지를 주게 된다.

■ 문의편지

만약 지원한 회사측에서 약속한 날짜에 통보가 없으면 문의편지(inquiry)를 보낼 수 있다. 현재 다른 회사에서 입사 권유를 받고 있으나 아직 결정을 내리지 못한 경우에 사용한다.

■ 요청편지

여러 회사에 입사지원서를 제출한 경우 쉽게 결정을 내리지 못한 상태에서 인터뷰를 마친 회사의 입사요청을 받을 때까지 시간이 필요하다면 해당회사에 시간적 여유를 요청편지(request for time extension)에 담아 보낼 수 있다. 이때는 상대방의 입장을 고려하여 사과의 말과 함께 매우 정중한 표현으로 문장을 작성하도록 하며 지원회사에 대한 관심과 의욕을 지속적으로 표현한다. 질문에는 특정일까지 답변을 하겠다는 약속을 명시한다.

▪ 수락편지

입사요청을 받은 경우 대부분이 수일 내로 수락의사를 전하는 편지가 수락편지(letter of acceptance)이다. 이때 감사의 뜻과 의욕을 전달하며 필요한 서류(주민등록등본, 호적등본, 가족관계증명서, 건강검진서 등)를 첨부하도록 한다.

▪ 거절편지

입사요청을 거절해야 하는 경우에는 우선 사과의 표현을 하고, 거절하는 이유에 대해 거절편지(letter of declining a job offer)를 통해 거절사유를 분명하게 밝히도록 한다. 상대방의 입장을 고려하여 유감의 뜻을 전하고 정중함을 잃지 않도록 작성한다.

스토리텔링 13-10 기업이 찾는 인재상

어려운 취업관문을 뚫기 위해 알고 있어야 할 기업의 인재상은 다양하나, 여기서는 다음과 같이 3가지를 가정한다. 여러분이 한 기업의 면접관이라면 이런 사람을 선발하려는 면접장에서 어떤 질문을 할 것인지 예상 질문을 만들어 보고, 면접에 대비해야 한다.

- 긍정적 사고와 열정을 가진 인재
- 변화를 만드는 창의적인 인재
- 비즈니스 커뮤니케이션 역량이 뛰어난 인재

13장 수행과제

※ 각 문제가 요구하는 대로 ✔ 표시하세요.

01 다음 중 설명 중 올바른 것은?

① 구직을 준비하는 자가 먼저 채용기회를 잡는다.
② 구직 포트폴리오는 취업하려는 직장에 대한 조사이다.
③ 이력서는 한번 잘 써두면 그것으로 끝이다.
④ 이력서는 내 자신의 이력을 최대한 포장하는 것이다.

02 고용주 입장을 생각하는 이력서의 작성으로 옳은 것은?

① 위험감수를 위한 이력서 작성
② 지원자의 직무수행능력을 신뢰할 수 있는 이력서 작성
③ 학력위주와 경험위주의 이력서 작성
④ 최대한 부풀린 이력서의 작성

03 직무마켓에서 요청되는 속성이 아닌 것은?

① 혼자서 일을 해결하는 능력
② 언어 및 문서 커뮤니케이션
③ 정보기술 스킬과 데이터 리터러시
④ 리더십과 비판적 사고

04 이력서에 대한 오해가 아닌 것은?

① 좋은 이력서는 원하는 직업을 얻게 해준다.
② 지원자 이력서는 채용담당자에게 항상 주의 깊게 읽힐 것이다.
③ 이력서에는 지원자의 모든 스킬과 능력이 담겨져 있다.
④ 이력서의 목적은 면접으로 가는 것이다.

05 (　　)는(은) 자신이 잘하는 분야와 연구, 직무와 관련하여 수행한 모든 업무성과, 관련 업무 이력, 정식 학위, 교육 자격증, 전문 및 국가자격증, 학술상 및 장학금을 포함한 교육성과, 학교나 자원봉사활동, 아르바이트 등의 정보가 포함된다.

① 자기소개서　　② 고용 포트폴리오
③ 프레젠테이션　　④ 기획서

06 (　　)는 이력서상의 모든 업무경험을 연대기 순으로 시간의 내림차순과 올림차순으로 배치하는 것이다.

① 시간순서 이력서　　② 기능 이력서
③ 스킬 이력서　　④ 공식 이력서

07 올바른 이력서 작성에 속하지 않는 것은?

① 정직한 이력서 쓰기
② 화려한 이력서 쓰기
③ 청중에게 맞는 이력서 쓰기
④ 강한 행동동사가 사용된 이력서 작성하기

08 '나'라는 상품을 파는 자기소개서의 내용이 잘못된 것은?

① 나의 능력, 나의 근성, 나의 경험을 쓴 흥미로운 도입
② 면접성공의 반응을 이끌어내는 라이팅
③ 창의성있는 문장의 기술
④ 글을 써 놓고 불필요한 단어(잡초)를 제외시킨다.

09 (　　)을(를) 쓰자. 예를 들어 "실내에서는 여전히 마스크를 착용해야 할 것으로 보인다." 보다는 "실내에서 여전히 마스크를 착용해야 한다."

① 부정문 사용　　② 공포의 사용
③ 능동문　　④ 뭉뚱그리기

10 (　　) 인터뷰는 조직구성원의 행동이 조직규율이나 규칙에 위배될 때 행동을 바로잡기 위해 사용된다.

① 훈련용　　② 설득적
③ 취업　　④ 정보수집

※ 각 문제가 요구하는 대로 괄호에 ○, × 표시하세요.

11 (　　) 대체로 사전선별 작업을 위해 사용되는 방법이며, 인터뷰 과정을 면접관이 주도해가는 것이 지시형 인터뷰이다.

12 (　　) 인터뷰 처음 30초에서 60초 사이에 채용결정의 50%가 이루어진다는 보고가 있다.

13 (　　) 질문에는 예/아니오 식으로 답한다.

14 (　　) 인터뷰가 끝난 이후 인터뷰 전반에 대한 기록을 남겨 놓으면 추후에 좋은 참고자료가 된다.

15 (　　) 지원자가 인터뷰가 끝나고 한 달 안에 감사편지를 보낼 수도 있다.

※ 각 문제가 요구하는 대로 괄호에 번호를 표시하세요.

① 문의편지	② 수락편지	③ 집단 인터뷰	④ 모니터링(리허설)	⑤ 사전조사

16 (　　　　) 지원한 회사측에서 약속한 날짜에 아무런 통보가 없으면 이 편지를 보낼 수 있다.

17 (　　　　) 회사의 업종, 종업원 규모, 매출액의 규모, 자회사 여부, 해외진출 정도, 주력사업, 핵심제품 등에 대하여 파악한다.

18 (　　　　) 수일 내로 의사를 전하는 편지를 보내면서 감사의 뜻과 의욕을 전달한다.

19 (　　　　) 인터뷰 태도 및 리허설을 녹화 혹은 녹음하면서 잘못된 것을 수정한다.

20 (　　　　) 개별이 아닌 단체로 인터뷰를 하는데 상대방의 의견도 인정하면서 자신의 의견을 개진한다.

※ 다음 문제에 대해 토론하시오.

사람들은 자신의 이미지를 잘 보이기 위해 수없이 많은 투자를 한다. 회장, 성형수술, 명품, 고가의 자동차 등 남들에게 잘 보이면 자신에게 이득이 될 것이라고 생각하기 때문이다. 이런 것들을 수단으로 실제의 자신을 더 나은 자신으로 보이게 하려는 행동을 인상관리(Impression Manager: IM)라 한다. 고객을 대할 때나 상급자에게 보고할 때나 입사 인터뷰에서 자신을 더 나아 보이도록 포장하는 인상관리가 중요하지만 서투르게 했다가는 오히려 실체가 드러나고 위선자로 보일 수도 있기 때문에 주의를 해야 한다. 인상관리 테크닉 몇 가지를 소개하면 다음과 같다.

- 동조: 상대방의 허락을 얻어내기 위해 그의 의견에 무조건 찬성한다.
- 사과: 닥칠 불이익을 최소화하기 위해 미리 용서를 빈다.
- 변명: 상황과 사정을 자세히 설명하면서 핑계를 댄다.
- 과장: 자신의 업적이라고 자랑한다.
- 아첨: 칭찬하고 추켜세운다.
- 혜택: 선물 제공이나 편의를 도모한다.
- 연고: 동창, 동향관계를 들먹이면서 연줄을 찾는다.

21 위의 글을 읽고 인상관리 테크닉에 대하여 A4용지 한 장 정도의 라이팅을 하시오.

22 다음 상황처럼 여러분도 인터뷰에서 나올 질문과 대답의 상황을 만들어 면접관과 지원자의 인터뷰 실사례를 작성해보자.

(대표과제의 확인)

- 면접관: 지원자가 최근 심혈을 기울여 성과를 창출했던 과제는 무엇입니까?
- 지원자: 2년간 음악 동아리에서 후배들을 지도하고 육성하는데 힘을 쏟았습니다.

(성과의 확인)

- 면접관: 그 결과 후배들은 어느 정도 성장했습니까? 혹은 어떤 구체적인 성과를 확인할 수 있었습니까?
- 지원자: 대회에 나가 단체적 3위 입상을 했습니다.

(장애요인 확인)

- 면접관: 그렇군요. 그렇다면 지원자께서 후배들을 지도하고 육성할 때 특별히 고생스러웠던 점이 있었습니까?
- 지원자: 후배 한 명이 갑자기 연습에 불참한 적이 있었습니다. 그 후배를 다시 연습에 참여시키기 위해 고생했습니다.

(장애극복의 상황으로 유도)

- 면접관: 저런, 어떤 방법으로 그 후배를 연습에 복귀시켰습니까? 뭔가 구체적인 행동을 했습니까?
- 지원자: 몇 번씩이나 후배를 만나서 설득을 했습니다.

13장 도움글

Courtland L.B. & Thill, J.V. (2020). *Business in Action*, 9th ed., Boston: Pearson.

Doyle, A. (2016). "Top 10 Resume Mistakes to Avoid," *The Balance*, 7.

Galletta, A.M. (2013). *Mastering the Semi-Structured Interview and Beyond*, New York: NYU Press.

Hansen, R.S. & Hansen, K. (2010). *What Résumé Format Is Best for You?*, QuintCareers.com.

Heathfield, S.M. (2016). "Job Applications Serve Employer Needs That a Resume Doesn't Meet," *The Balance*.

Heathfield, S.M. (2017). Why Employers Use an Employment Application, *The Balance*.

Isaacs, K. (2017). "Lying on Your Resume," *Monster*.

Leech, B.L. (2002). "Asking Questions: Techniques for Semistructured Interview," *Political Science & Politics*, vol.35, no.4, pp.665-668.

Hansen, R.S. & Hansen, K. (2010). "What Résumé Format Is Best for You?" *QuintCareers.com*.

McCracken, G. (1988). *The Long Interview*, Thousand Oaks, CA: Sage.

Rockport Institute, (2010). "How to Write a Masterpiece of a Résumé," info@rockportinstitute.com

Ryan, L. (2016). "Are 'Stress Interviews' Effective?" *Forbes*.

Silverman, R.E. (2012). "No More Résumés, Say Some Firms," *Wall Street Journal*, 24, pp.1-3.

Silverstein, M. (2017). "Structured vs. Unstructured Interviews: The Verdict," *Criteria Corp Blog*.

Susan M. & Heathfield, S.M. (2016). "Do You Know Who You're Hiring?" *The Balance*.

Vaas, L. (2010). "Resume, Meet Technology: Making Your Resume Format Machine-Friendly," *Ladders*.

찾아보기

국문

영문

| 저자소개 |

임창희

서강대학교 경제학과를 졸업하고 서울대학교에서 경영학 석사학위를 취득한 후 프랑스 정부 장학생으로 도불하여 엑쌍프로방스대학(Aix-Marseille Ⅲ-IAE)에서 박사기초학위(DEA)를 받고 파리국립대학-돌핀(Université Nationale de Paris Dauphine)에서 경영학 박사학위(인사 · 조직전공)를 취득하였다. 홍익대학교에 부임하여 교무부처장, 경영대학원장, 세무대학원장, 중앙도서관장, 대학원장을 역임하였으며 경영대학 교수로 30여 년간 봉직하고 현재 홍익대학교 명예교수이다. 프랑스 HEC(Hautes Etudes Commerciales)대학의 연구교수, 한국인사조직학회 편집위원장, 한국윤리경영학회 부회장, 한국인적자원관리학회 부회장, 한국경영학회 국제교류위원 외에도 주요 학회의 임원을 역임하였다. 국내 유수의 기업과 정부 각 부처의 자문위원과 공기업 평가위원으로 활동하였다. 저자의 박사학위 논문은 우수논문으로 파리시 교육감(Rectorat de Paris) 상을 수상하였으며 그 후 프랑스 SEDEIS지, Personnel지 등 다수의 논문을 국내 외 학술지에 게재하였다. 「조직행동」, 「인적자원관리」, 「경영학원론」, 「경영조직론」, 「인간관계론」, 「리더십」 등의 대학교재 이외에도 저자의 「한국형 팀제」는 장기간 베스트셀러로 우리나라 정부와 기업계의 전반적 혁신을 이끌었으며 이어서 「한국형 팀제를 넘어서」를 출간하였고 「스마트 학습조직」, 「360도 다면평가」, 「실행의 리더십」을 번역하였다.

E-mail: sky33@hongik.ac.kr

홍용기

홍익대학교에서 경영학 학사, 석사, 박사학위를 취득하였다. 경영학 인사조직을 전공하였으며, 오하이오대학교 직무분석가(DACUM) 자격을 가지고 있다. 샌디에이고 주립대학교(SDSU)에서 리더십, 조직개발, 기업문화 등 조직행동 분야를 연구하였다. 현재 대림대학교 경영학과 교수로 있으면서 인적자원관리, 조직행동, 조직론, 비즈니스 커뮤니케이션, 리더십 등의 강의를 하고 있다. 대한경영정보학회 학회장, 고등직업교육 연구소장, 고등직업교육평가인증원 평가팀장, 대림대학교 학술종합정보원장과 기획처장을 역임하였다. 「산업 및 조직심리학」 3판, 「조직론」 2판, 「커뮤니케이션」, 「인간관계론」, 「비즈니스 커뮤니케이션」, 「서비스 커뮤니케이션」, 「리더십」 등의 전문교재를 비롯하여, 「성공으로 가는 경영학(Milestones in Management」, 「세일즈맨 기살리기(The Mentor: 15 Keys to Success in Sales, Business and Life」의 번역서를 출판하였다. 현재는 리더십, 비즈니스 커뮤니케이션, 고객경험 등에 관심을 갖고 연구하고 있다. 네이버 블로그(소통성장행복)를 포스팅하고 있다.

E-mail: yghong@daelim.ac.kr

비즈니스 커뮤니케이션(4판)

2021년 3월 5일 3판 1쇄 발행
2023년 8월 25일 4판 1쇄 발행

저 자 | 임창희 · 홍용기
발 행 인 | 이수영
발 행 처 | 도서출판 청람
서울시 마포구 독막로 288(대흥동, 세양상가 109호)
전 화 | 02) 3272-2601~2
팩 스 | 02) 3272-2603
홈페이지 | http://www.crbooks.co.kr
이 메 일 | crbooks@daum.net
등 록 | 2000년 8월 26일 제6-0509호

ISBN 978-89-5972-972-2 93320 [정가 32,000원]